Im Erleben einer Krebserkrankung

Liebste Monika,

in tiefster Dankbarkeit für unser gemeinsames Sein.

Herzlichst,
Helene

Wien, 20.5.2017

Psychotherapiewissenschaft in Forschung, Profession und Kultur

Schriftenreihe der
Sigmund-Freud-Privatuniversität Wien

Herausgegeben von Bernd Rieken

Band 19

Die Sigmund-Freud-Privatuniversität in Wien ist die erste akademische Lehrstätte, an der die Ausbildung zum Psychotherapeuten integraler Bestandteil eines eigenen wissenschaftlichen Studiums ist. Durch das Studium der Psychotherapiewissenschaft (PTW) wird dem Umstand Rechnung getragen, dass Psychotherapie eine hoch professionelle Tätigkeit ist, die – wie andere hoch professionelle Tätigkeiten auch – neben einer praktischen Ausbildung eines eigenen akademischen Studiums bedarf. Das hat zur Konsequenz, dass die wissenschaftliche Beschäftigung mit ihr nicht mehr ausschließlich den Nachbardisziplinen Psychiatrie und Klinische Psychologie mit ihrer nomologischen Orientierung obliegt, sodass die PTW als eigene Disziplin an Konturen gewinnen kann.

Vor diesem Hintergrund wird die Titelwahl der wissenschaftlichen Reihe transparent: Es soll nicht nur die Kluft, welche zwischen Psychotherapieforschung und Profession besteht, verringert, sondern auch berücksichtigt werden, dass man der Komplexität des Gegenstands am ehesten dann gerecht wird, wenn neben den üblichen Zugängen der Human- und Naturwissenschaften auch Methoden und/oder Fragestellungen aus dem Bereich der Kultur-, Sozial- und Geisteswissenschaften Berücksichtigung finden.

Helena Maria Topaloglou

Im Erleben einer Krebserkrankung

Personenzentrierte Psychotherapie zwischen Diagnose,
onkologischer Versorgung und Lebensrealität

Waxmann 2017
Münster • New York

Diese Arbeit wurde 2011 von der Sigmund-Freud-Privatuniversität Wien im Fach Psychotherapiewissenschaft als Dissertation angenommen und für die Publikation überarbeitet und aktualisiert.

Bibliografische Informationen der Deutschen Nationalbibliothek
Die Deutsche Nationalbibliothek verzeichnet diese Publikation in der Deutschen Nationalbibliografie; detaillierte bibliografische Daten sind im Internet über http://dnb.d-nb.de abrufbar.

Psychotherapiewissenschaft in Forschung, Profession und Kultur, Band 19
ISSN 2192-2233

Print-ISBN 978-3-8309-3605-3
E-Book-ISBN 978-3-8309-8605-8

© Waxmann Verlag GmbH, 2017
www.waxmann.com
info@waxmann.com

Umschlaggestaltung: Anne Breitenbach, Münster
Umschlagfoto: macroart – Photocase.de
Druck: CPI Books, Leck
Gedruckt auf alterungsbeständigem Papier, säurefrei gemäß ISO 9706

Printed in Germany
Alle Rechte vorbehalten. Nachdruck, auch auszugsweise, verboten.
Kein Teil dieses Werkes darf ohne schriftliche Genehmigung des Verlages in irgendeiner Form reproduziert oder unter Verwendung elektronischer Systeme verarbeitet, vervielfältigt oder verbreitet werden.

Danksagung

Ohne meinen Mann Haymo, gäbe es dieses Buch nicht. Ihm, Frau Geli, Frau Monika, Herrn Löwe, Frau Brigitte, Frau Rosamaria, Frau Heidi, Frau Vera, Frau Christine und all ihren Angehörigen möchte ich diese Niederschrift in tiefster Wertschätzung und Dankbarkeit für die gemeinsame Zeit widmen. Die erlebte Begegnungs- und Beziehungsqualität mündete in eine Verbundenheit, die mir intensive und berührende Erfahrungen auf persönlicher und institutioneller Ebene gewährte. Der gemeinsame Prozess fand seinen Weg über tiefgehende Auseinandersetzungen mit dem Erleben und dem in zahlreichen Gesprächen Ausgesprochenen, bis hin zu der im Jahre 2011 an der Sigmund-Freud-Privatuniversität in Wien verfassten Dissertation unter dem Titel: „Erleben zwischen Diagnose, onkologischer Versorgung und Lebensrealität: Personenzentrierte Psychotherapie mit krebskranken Menschen". Es sind viele Menschen, die mich auf diesem Weg begleiteten, und einigen kann ich bloß anonym danken.

Für ihr Dabeisein, den intensiven Gedankenaustausch, die fachlichen Gespräche, Kommentare und Rücküberprüfungen der Verdichtungsprotokolle bin ich Frau Mag. Dr. Sabine Tschugguel sehr verbunden. Auch Frau Mag. Magdalena Kriesche danke ich für ihre fachlichen Anmerkungen und Rücküberprüfungen der Verdichtungsprotokolle. Für die Aufarbeitung eigener Prozesse waren Supervision und Intervision haltgebende Orte. Mein Dank gilt hier Frau Mag. Christine Wakolbinger, die mir in ihrer achtsamen Begleitung vor allem dabei half, die therapeutische Beziehungsqualität im psychoonkologischen Kontext zu analysieren und mir den sicheren Raum zur Verfügung stellte, um zu sein, wie ich bin. Die spürbare Unterstützung von Kolleginnen und Kollegen, die sich in ihrer Bereitschaft nicht scheuten, gemeinsam mit mir in die Tiefe zu gehen, war für mich sehr hilfreich. Mein besonderer Dank gilt daher auch ihnen. Frau Dr. Beatrix Teichmann-Wirth danke ich für ihre anregende fachliche Anteilnahme, ihre Korrekturen, ihr spürbares Mit-Erleben, ihr Interesse an und ihre Anregungen zu dieser Niederschrift sowie für die Intensität unserer Gespräche und das Eintauchen in eine scheinbar andere Welt, die doch die unsre ist.

In den schwierigen Projektphasen boten mir insbesondere meine Betreuer, Herr Univ.-Prof. Mag. DDr. Bernd Rieken und Herr Univ.-Prof. Dr. Thomas Stephenson sowie Herr Univ.-Prof. Dr. Dr. h. c. mult. Alfred Pritz, immer wieder Halt und waren eine kraftgebende Stütze. Ihr Zuhören, Mit-Sein und der befruchtende Gedankenaustausch halfen mir über einige Hürden hinweg und ermutigten mich dabeizubleiben. Herrn Prof. Mag. DDr. Bernd Rieken danke ich darüber hinaus für seine tragende Rolle bei der Veröffentlichung dieses Buches. Durch ihn, und seine ganz spezielle Art und Weise des Seins und Zugehens, konnte wohl mein Mut siegen.

Inhalt

Vorwort 11

1 Einleitung und Einführung 14
1.1 Persönlicher Bezug und Zugang 14
1.2 Relevanz und Anliegen 16
1.3 Aufbau und Ziel des Forschungsprojekts 18
1.4 Die Forscherin und Psychotherapeutin als Person 19
1.5 Zur Subjektivität der Phänomene 19
1.6 Psychotherapie und Psychotherapiewissenschaft 25
1.7 Objektivitäts- und Subjektivitätsdebatte: Hürde oder Brücke? 28
1.7.1 Von einer „authentischen Wissenschaft" 29
1.7.2 Vom „impliziten Wissen" 31

2 Personenzentrierte Psychotherapie 34
2.1 Anthropologie und wissenschaftstheoretische Zusammenhänge 34
2.2 Organismus als Leitsystem: Aktualisierung – Selbstaktualisierung ... 39
2.3 Persönlichkeitstheorie im Fokus des Selbstkonzepts 41
2.4 Der Veränderungsprozess durch Begegnung und Beziehung 54
2.5 Ein kritischer Blick auf die Nicht-Direktivität 58

3 Über das Erleben 60
3.1 Was kann Erleben theoretisch bedeuten? 60
3.2 Psychoonkologische und psychosoziale Betrachtungen 64
3.3 Psychotherapie mit krebskranken Menschen 68
3.4 Resilienz und Ressourcen 71
3.5 Kurze Zwischenbilanz 73

4 Forschungslücke und Forschungsfrage 75

5 Die methodische Vorgehensweise 77
5.1 Qualitative Forschung und Gütekriterien 77
5.2 Das Forschungsfeld 79
5.2.1 Aufbau einer therapeutischen Beziehung 82
5.2.2 Bruch und Abschied 83
5.2.3 Inkongruenzen einer Psychotherapeutin und Forscherin 84
5.2.4 Ende eines institutionellen Projekts 86
5.3 Das Persönliche Gespräch nach Inghard Langer 87
5.3.1 Eingangsvoraussetzungen – Eigeninterviews 89
5.3.2 Auswahl der Projektteilnehmerinnen 89
5.3.3 Vorbereitung auf die Gespräche 89
5.3.4 Die Gespräche 90

5.3.5	Die Verdichtungsprotokolle	92
5.3.6	Zusammenschau und Gültigkeit der Aussagen	94
6	**Begegnungen und Gespräche**	**96**
6.1	Frau Geli – Diagnose: Brustkrebs	96
6.1.1	Die Starke – mein Platz in der Familie	96
6.1.2	Ich kann heute loslassen	104
6.2	Frau Monika – Diagnose: Brustkrebs	108
6.2.1	Eine schöne Kindheit – das kann ich nie wieder aufholen	108
6.2.2	Ich denke jetzt wirklich wieder bewusst an mich selber	117
6.3	Herr Löwe – Diagnose: Non-Hodgkin-Lymphom	120
6.3.1	Ohne einen Willen funktioniert das nicht	120
6.3.2	Das Finden einer verloren gegangenen Betriebsanleitung	128
6.4	Frau Brigitte – Diagnose: Darmkrebs	132
6.4.1	Auch ich habe gelernt: du hast, du sollst, du musst	132
6.4.2	Ein Glück, dass ich auch noch andere Dinge kennenlerne	140
6.5	Frau Rosamaria – Diagnose: Brustkrebs	144
6.5.1	Das ist mein Lebensproblem – wahrhaft dünn zu sein	144
6.5.2	Das Leben wieder lebenswert zu machen	152
6.6	Frau Heidi – Diagnose: Lungenkrebs	156
6.6.1	Ich lasse mir im Leben nur einmal wehtun	156
6.6.2	Es ist noch nicht vorbei, sondern erst am letzten Tag	165
6.7	Frau Vera – Diagnose: Lennert-Lymphom	169
6.7.1	Das würde niemand in der Familie verstehen	169
6.7.2	Mit meinem Mann kann ich jetzt darüber reden	177
6.8	Frau Christine – Diagnose: Morbus Hodgkin	180
6.8.1	Da war ich am Limit	180
6.8.2	Das habe ich ja genau so empfunden	191
7	**Ein Panorama von Lebenswirklichkeiten**	**195**
7.1	Selbstkonzept und die Vielfalt der Erlebensdimensionen	195
7.1.1	Erfahrungen des Geworden-Seins	195
7.1.2	Bin das ich?	197
7.1.3	Berufliche Existenz	199
7.1.4	Diagnose: Warum ich?	200
7.1.5	Onkologische Versorgung	202
7.1.6	Krebs: Gehörst du zu mir?	204
7.1.7	Organismisches Erleben: Wie spüre ich mich?	207
7.1.8	Frau – Mann – Partnerschaft	210
7.1.9	Auswirkungen auf die Sexualität	211
7.1.10	Vorbild Eltern	213
7.1.11	Außen-Wirkung und soziales Umfeld	215
7.1.12	Woran glaube ich noch?	218
7.1.13	Gewesen-Sein	219

7.2	Psychotherapie und die Vielfalt der Veränderungen	221
7.2.1	Das bin ich	223
7.2.2	Ich in meiner Krebserkrankung	224
7.2.3	Organismische Aktualisierung	226
7.2.4	Innen-Wirkung und soziales Umfeld	227
7.2.5	Beziehung als rhythmische Bewegung	228
7.3	Gemeinsamkeiten im Erleben	231
8	**Nichts ist endgültig**	**235**
9	**Eine disziplinäre Rückbindung**	**242**
10	**Was ich noch lernen durfte?**	**252**
11	**Ausblick**	**255**
12	**Kurzes Nachwort**	**256**
Literatur		257

Vorwort

Die Diagnose, das Dasein und Sosein mit einer Krebserkrankung verursachen körperliche Veränderungen und seelische Prozesse, die mit einer völligen Umstellung des Lebensalltags einhergehen. Die Diagnose Krebs ist für Betroffene ein Faktum. Krebskranke Menschen sind oft leidvoll mit ihrem Selbsterleben und der Spannung zwischen Selbstbestimmung, Würde und Abhängigkeit konfrontiert. Dieser subjektiven Lebensrealität und Erlebensqualität widmete sich das Forschungsprojekt in den Jahren 2010 und 2011 unter dem phänomenologischen Blickwinkel der Personenzentrierten Psychotherapie[1], dem Selbstkonzept und dem Potenzial für Entfaltung und Entwicklung. Persönlichkeitsentwicklung ist dann möglich, wenn organismische Erfahrungen in Übereinstimmung mit der Aktualisierungstendenz und den Erfahrungen des Selbst exakt symbolisiert und in das Selbstkonzept integriert werden können.

Das Persönliche Gespräch nach Inghard Langer und das Client Change Interview nach Elliott, Slatick und Urman erlaubten mir dabei eine Darstellung der Vielfalt an Erlebensdimensionen und Veränderungen durch Personenzentrierte Psychotherapie mit krebskranken Menschen im Rahmen eines qualitativen Forschungsdesigns. Durch die Einbindung eigener Prozesse versuchte ich mich in der theoretischen und praktischen Auseinandersetzung einer brückenbauenden Triade zwischen der Phänomenologie, der Subjektivität und möglichen Lebensrealitäten beziehungsweise Lebensqualitäten anzunähern. Nicht-Direktivität bedeutet dabei, dem Potenzial innewohnender Kräfte zu vertrauen und dieses, im Sinne von – Jeder ist Experte für sich selbst –, zur Entfaltung kommen zu lassen. Der direkte Bezug auf das Selbstkonzept krebskranker Personen, die Verknüpfungen phänomenologischer Betrachtungen unter Einbindung und Akzeptanz von Subjektivität bieten nicht nur der Psychotherapieforschung offene Räume und Möglichkeiten für Erkenntniszuwachs. Ziele sind das Aufzeigen, das Hinweisen und das Öffnen von Optionen: Denn, das Erleben ist nicht auf einen Nenner reduzierbar und hält daher Variationen von Veränderungen der Lebensrealität krebserkrankter Menschen im subjektiven Erleben, im Verhalten und in der ihnen möglichen Bewältigung der Erkrankung bereit.

Mein Mann Haymo verstarb sechs Jahre nach der Erstdiagnose an den Folgen seiner Krebserkrankung. Als Angehörige, Personenzentrierte Psychotherapeutin und Pädagogin wurde das *Thema Krebs* so Bestandteil meines Lebens. Die persönliche Erfahrung war in dieser Lebenssituation eine ganz spezielle Art der Sinneswahrnehmung, deren Intensität mir damals manchmal kaum erträglich erschien. Es war für mich so, als ob jeder meiner Sinne über einen zusätzlichen Verstärker verfügte und, über das Gewollte hinaus, viel diffus Gespürtes im Verborgenen lag. In jedem Fall schmerzte es, auch

---

1 Zwecks leichterer Lesbarkeit beschränke ich mich in meinen Ausführungen auf den Begriff „Personenzentrierte Psychotherapie". Gemeint sind jedoch auch synonyme Begriffe wie „Klientenzentrierte Psychotherapie", „Rogerianische Psychotherapie", „Personzentrierte Psychotherapie" oder „Gesprächspsychotherapie".

ohne genauere Bestimmung. Wenn es mir so geht, fragte ich mich, wie mag es wohl erst meinem Mann ergangen sein? Oder, wie ergeht es all jenen Menschen, die mit der Diagnose Krebs ihr *Dasein* neu finden müssen? Was ich als wirklich hilfreich empfand, war – in echter Begegnung und Beziehung – in meinem Erleben wertfrei *wahr-genommen* zu werden und mich selbst *wahr-nehmen* zu dürfen gerade so, wie ich im Augenblick bin.

Als ich selbst vor zwei Jahren mit einer sogenannten Verdachtsdiagnose und der unwillkürlich einhergehenden Dynamik der Angst konfrontiert wurde, verstärkte sich der Drang, meine Dissertation zu veröffentlichen. Hatte ich doch nun zusätzlich auch eine Ahnung von der Intensität der Betroffenheit, die in ihrer Gedanken- und Gefühlspermanenz mein Leben von dem Moment an veränderte. Das Leben wählt manchmal sonderbare Wege der Erfahrung, dachte ich mir an einem dieser Tage, als ich das Wolkenspiel am Himmel beobachtete. Ich erkannte, dass meine naive Vorstellung eines vielleicht ewig sonnigen, blauen Himmels platzte und die in unterschiedlichen Formen aufziehenden Wolken der Angst Raum nehmen wollten. Irgendwie war und ist er vielleicht in gewisser Weise noch immer da, dieser Wunsch, selbst Wettergöttin spielen zu wollen. Doch reicht die Kraft, die Wolken über dem eigenen Haupt zu verscheuchen? Denn, während der ewig blau strahlende Himmel meiner Illusion entspringt, führte mir die Intensität der vorbeiziehenden oder hängenbleibenden Wolken in Form einer Verdachtsdiagnose die Realität vor Augen. Der krafttraubende Kampf gegen diese dunklen Wolken war vor allem dann schwer annehmbar, wenn ich spürte, dass mein Umfeld mich, gegen meine Intuition, zum Handeln zwingen wollte. Kann ich selbst noch Entscheidungen treffen? – fragte ich mich. Was bemächtigt sich da meiner? Andererseits fühlte ich, wie eben aus diesen Erfahrungen heraus eine Kraft frei wurde, die ein aufkeimendes Bedürfnis in Mut verwandelte. Es war das starke Gefühl, ein Tabu öffnen zu wollen. Es war die tiefe Dankbarkeit und Wertschätzung dafür, durch das Ausgesprochene und Anvertraute meiner Gesprächspartnerinnen und Gesprächspartner andere Lebensqualitäten und Lebensintensitäten kennengelernt zu haben. Sie schafften es, ihre Erlebnisse in etwas Neuartiges zu verwandeln, in dem sie den durch die Diagnose scheinbar durchschnittenen Lebensfaden neu zusammenbanden.

In dieser Zeit vergegenwärtigte ich mir auch wiederholt das Bild eines Tisches. Jenes Tisches nämlich, der bildhaft auftauchte, sobald ein von mir geschätzter Universitätsprofessor in seinen Seminaren die Frage nach „*der* Wissenschaft", „*der* Wirklichkeit", „*der* Realität" und „*der* Wahrheit" stellte. Zu diesen und ähnlichen Experimenten wurden wir, an Wissenschaftstheorie und Kognitionswissenschaft interessierten Studierenden, damals eingeladen. Wir erkannten schmunzelnd, wie selbstverständlich wir davon ausgingen, dass der Tisch eben ein Tisch ist und jeder natürlich wisse, was damit gemeint sei. Andererseits erlebten wir, dass keiner der von uns aufgezeichneten Tische dem anderen glich und dennoch jeder einzelne unserer individuellen, subjektiven Vorstellung und Auslegung nach einem Tisch entsprach. „Der Tisch" ist ein Konstrukt, wie das Wort an sich ein Konstrukt ist. Ich fragte mich, ob diese Antwort allein genüge? Denn, in der Folge kamen Gedanken wie: Wie genau erlebe ich diese Erfahrung? Wie fühlt und spürt sich das an? Was macht diese Erfahrung mit mir und meinem Erleben?

Und, wie geht es den anderen? Gibt es Ähnlichkeiten oder vielleicht gar etwas, das wir als gemeinsames Erleben bezeichnen wollen und können? In diesem Erleben, das mir im Rahmen des Studiums der Bildungswissenschaft schon wesentlich war und mir heute für den Gegenstand Psychotherapiewissenschaft grundlegend erscheint, liegt die Ursache meines Hinweisens auf „*die* Subjektivität", wohl wissend, dass es sich hierbei ebenfalls *bloß* um etwas Individuelles handeln kann. Und dennoch, in dieser Unendlichkeit an Möglichkeiten liegt vielleicht eben die eine Chance, die eine Erkenntnis, die für eine x-beliebige weitere Entwicklung hilfreich sein kann –, die *eine* Lösung, die bereitsteht. Genau diesen Blickwinkel, nämlich jenen der subjektiven Bedeutung von Erleben und ihrem innewohnenden Potenzial, wollte ich näher beschreiben und diskutieren. Es ist das Subjekt, das das Objekt zum Objekt macht. Es ist das Subjekt, das das Subjekt zum Objekt macht. Dieses Subjekt, das etwas macht, ist der Mensch, die Person in und mit ihrem Erleben. Dies ist der Ursprung meiner Niederschrift[2].

---

2 Die grammatikalisch weibliche und männliche Geschlechtsform wird in meinen Ausführungen abwechselnd verwendet und gilt dennoch immer für beide Geschlechter. Es ist ausdrücklich nicht mein Ansinnen, ein Geschlecht zu bevorzugen.

1 Einleitung und Einführung

„In unserer tiefsten Seele wissen wir immer, woran wir mit uns sind".[3]

1.1 Persönlicher Bezug und Zugang

Denke ich an Krebs, bin ich intuitiv in Gefühlen und Gedanken mit meiner Endlichkeit konfrontiert. Der Nährboden für eine empathische Form des Miteinanderseins wird erst dann möglich, wenn Endlichkeit als Grundlage unseres Lebens in die Öffentlichkeit treten darf und akzeptiert werden kann.[4] Diese sinngemäß wiedergegebene Aussage Judith Butlers berührte mich Ende April 2009 und ließ mich nicht mehr los. Ich fragte mich, was genau mich daran so berührte?

Im Verlaufe der Geburt meines Sohnes vor einunddreißig Jahren[5] erlebte ich einen bewusstlosen Zustand. Ich möchte diese subjektive Erfahrung *Übergangserfahrung* nennen. Eine Erfahrung des Loslassens und des sich, wie von einem Magnet auf der anderen Seite, Angezogen-Fühlens. Obwohl ich nicht weiß, wie es tatsächlich sein wird, habe ich seitdem keine Furcht mehr vor dem Tod, wohl aber vor einem würdelosen Sterben. Durch die Krebserkrankung und den Tod meines Mannes wurden diese Gefühle wieder aktuell. Ich spürte, dass ich mir die Endlichkeit als integrierten Bestandteil meines Lebens bewusst machen kann und annehmen will. Diese Erfahrungen öffnen mir einerseits mehr Raum für Autonomie, Lebensfreude und Genuss, erfordern jedoch zudem eine grundsätzliche und bewusste Konfrontation mit meiner subjektiven Wahrnehmung. Vor Projektbeginn war es mir daher besonders wichtig, gut in mich selbst hineinzuhören und die Fülle an Gedanken zu ordnen, um nicht von mir auf andere zu schließen. Ich wollte nachspüren, nachdenken und erforschen, was genau ich erlebte und immer noch erlebe, um vertieft darauf zu achten, von welcher Position ich spreche und handle, wenn ich spreche und handle: „Es [das Bewusstsein über die Endlichkeit] ist Teil meines Lebens geworden, und das tut ja auch etwas mit mir in jedem Augenblick meines Lebens, [...] dieses Bewusstsein [ist vorhanden]".[6] Ein Prozess, der mich beschäftigt, eine *Aus-ein-ander-Setzung*, die mich befruchtet und den Sinn meines Lebens vertieft.

In der Zeit der Trauer um meinen Mann war es mir unerträglich zu hören, in welcher theoretischen Trauerphase ich sei. Ich fühlte mich unter Druck gesetzt, in eine Kategorie abgeschoben. Ich wünschte mir, dass mein Erleben und Fühlen mehr wahr- und angenommen werden: In meiner Trauer fühlte ich mich überfordert. Und trotzdem gab es Momente, wo die neugierige Position aus meinen Professionen durchschimmerte, die

---

3 Schnitzler 1962, 82.
4 Judith Butler – Philosophin der Gender. ARTE Dokumentation 2006, die vom Sender im April 2009 ausgestrahlt wurde.
5 Leider verstarb mein Sohn während der Geburt.
6 Diese und nachfolgend zitierte Textpassagen in diesem Kapitel stammen aus dem Eigeninterview vom 05.11.2009 (Topaloglou 2009, I).

Dinge aus einer anderen Perspektive zu betrachten – „auch wenn es so verdammt wehtut!"

Inmitten vieler Menschen intensivierten sich das Empfinden von Einsamkeit und das Gefühl der Verlorenheit. Verloren mit dem Entdecken in einer ganz anderen Welt zu sein, Einsamkeit durch den Gedanken andere eventuell zu belasten und der inneren Frage: Gilt das Interesse denn wirklich meiner Person oder bloß der Sensation? Die Qualität meiner Wahrnehmungen und Beobachtungen erschien mir wesentlich intensiver. Sie fühlte sich so wahrhaftig an. Wie eine Zwiebel, die geschält wird, bis nur mehr das Herzstück der Zwiebel offen liegt und alles, jeden noch so feinen Luftzug, spürt. Das Sein, welches ertragen und mit meiner Welt der Gefühle und Gedanken ausgehalten werden will.

> „Also wer bin ich, und wer bin ich für meine Umwelt? Wie ist meine Umwelt für mich? Wie spüre ich? Berühre ich tatsächlich jemanden? Was von draußen berührt mich? Ja, es sind [...] unendlich viele Fragen, die dann in deinem Kopf sind. Bist du normal? Bist du nicht normal? Kann das der andere spüren und sehen? Was macht das mit dem anderen?"

Ich wünschte mir in meiner Schwäche und Stärke, in den Gefühlen und Bedürfnissen gleichermaßen wahrgenommen zu werden. Etwas, ohne den Beigeschmack mein Gegenüber eventuell zu kränken, äußern zu dürfen. Und – ich spürte, wenn es für andere unangenehm war. Auch die Furcht der anderen über Tod, Sterben und Trauer zu reden schockierte mich. Bin ich nicht zumutbar?

> „Einfach zu sein, sein zu dürfen im Sprechen, im Tun, im Weinen, im Traurig-Sein, im Sichberühren-Lassen oder eben Berührung nicht zulassen. Ich glaube, wichtig war dieses: Bitte nimm mich wahr, und nimm [mich] wirklich [wahr], und teile es mit mir. Lass dich von mir berühren. Ich wünsche mir deine tröstliche Hand oder dein tröstliches Wort oder [...] mich halten, indem du einfach neben mir sitzt. Das sind eben diese viele Fragen: Braucht es wirklich große Worte?"

Ich wünschte mir von meinem Umfeld mehr Mut für den Austausch von Gefühlen. Den Mut beispielsweise zu sagen: „Ich habe keine Ahnung, wie ich damit umgehen soll, aber ich spüre, dass es furchtbar für dich ist". Oder offen zu sagen: „Ich kann dir nicht versprechen es auszuhalten, aber ich bemühe mich". Oder ehrlich zu sich selbst zu stehen und mir als betroffene Person beispielsweise mitzuteilen: „Du, ich kann nicht". Für mich war es wichtig, genau zu differenzieren, was passierte, wenn ich mich öffnete. Es war fast eine existenzielle Notwendigkeit.

> „Ich bin überzeugt davon, dass jede Person einen eigenen Zeitrahmen hat, und das ist gut so, wie es ist. Und auch rechtzeitig spüren kann, wann sie oder er etwas verändern möchte". Die Fragen nach Veränderungen und deren Möglichkeiten beschäftigten mich. Sie berührten, machten neugierig und konfrontierten mich zu Beginn vor allem mit der Frage, wie genau ich aus meinem Geworden-Sein an dieses Projekt herantrete? Wie kann ich aus dem phänomenal Wahrgenommenen, obgleich die Fülle phasenweise noch gar nicht so klar ist, die Hürde zwischen persönlicher Betroffenheit, einer gewissen Abstraktion und dem Anspruch der Professionalität in meinen Rollen überbrücken?

> „Wenn ich jetzt versuche, auf eine übergeordnete Ebene zu gehen, auf die Ebene der Forscherin in diesem Projekt – das würde für mich heißen, in keinem Fall von einer Erfahrung auf

etwas Allgemeingültiges zu schließen. Auch die Frage – darf ich das in meiner Situation und in meiner Position überhaupt, mich damit wissenschaftlich auseinandersetzen? – jetzt in dem Sinn, bin ich in der Lage das so abzugrenzen, dass ich sage: Gut, da ist jetzt meine persönliche Erfahrung, da ist vieles, was ich gesehen habe, was mich berührt hat, betroffen hat. Ich bin vielem begegnet, was nachhaltig noch in mir steckt und arbeitet, und darf ich mich trotzdem jetzt auch noch aus meiner abstrakten Neugierde heraus in die Position der Forscherin begeben und sagen: Okay, ich nehme mir das Recht und versuche es so wissenschaftlich vorsichtig zu machen, aber garantieren kann ich nichts. Und garantieren kann ich auch nicht, dass mich das Außen dann [nicht] zerpflückt und sagt: Was für ein Nonsens. Deine Ausgangslage ist ja gar nicht professionell genug".

1.2 Relevanz und Anliegen

35.356 Personen sind im Jahr 2007 in Österreich an Krebs neu erkrankt, 2012 stieg die Zahl auf 39.014 Personen an.[7] Krebs, so Christoph Hürny, ist ein Sammelbegriff für verschiedenste Krankheiten.[8] Die Diagnose Krebs umfasst mehrere zusammenhängende Krankheitsbilder, die miteinander korrespondieren und Psyche, Körper und Geist eines Menschen in Besitz nehmen.[9] Sie zwingt Krebskranke zu einer unmittelbaren Auseinandersetzung mit ihrer Wahrnehmung, ihrem Empfinden, ihrem Erleben, ihrer Endlichkeit und der reagierenden Öffentlichkeit. Für Betroffene ist die Diagnose Krebs meist ein zwischen Todesurteil, chronischer Erkrankung und Hoffnung auf Heilung liegender Schock, ein traumatisches Ereignis.[10] Eine Krebserkrankung, ebenso wie das Leben mit oder nach einer Krebserkrankung, erschüttert das Dasein in seinen Grundformen. Oft bleiben Betroffene in ihrer „Welt der Empfindungen sich selbst überlassen".[11] Es gilt, den Mythos der Krebse „als meist unsichtbare Lebewesen der Nacht, die sich in unberechenbarem ‚Krebsgang', scheinbar widersinnig, fortbewegen" abzulegen.[12] Krebs – dies zeigt dieses Projekt einmal ‚mehr durchgängig' – löst Angst aus, ist nach wie vor nicht gesellschaftsfähig.[13]

In den Fachbereichen Psychotherapie, Psychologie, Psychosomatik, Psychoonkologie und Psychosoziale-Onkologie, stimmt die gesichtete Literatur besonders in einem Punkt überein: Die Aktivierung persönlicher Ressourcen und eine Behandlung unter Berücksichtigung der psychischen, körperlichen und sozialen Verfasstheit können die Lebensqualität krebskranker Menschen maßgeblich verbessern und das Leben verlängern.[14] Bestätigt werden diese Ergebnisse durch die noch relativ junge Resilienzfor-

---

7   Statistik Austria, URL: www.statistik.at. Krebsinzidenz und Krebsmortalität in Österreich 2010. Download vom 09.05.2011 und 04.04.2016.
8   Hürny 2008, 1015.
9   Vgl. LeShan 2008, 12.
10 Vgl. Tschuschke 2006, 40.
11 Fässler-Weibel & Gaiger 2009, 7.
12 Meerwein & Bräutigam 2000, 13.
13 Vgl. Tausch 2004, 43.
14 Vgl. Fässler-Weibel & Gaiger 2009; Hartmann 1991; Hürny 2008; LeShan 2006; Macke-Bruck & Nemeskeri 2002; Meerwein & Bräutigam 2000; Schwarz 1994, 2000; Schwarz & Singer 2008; Tausch 2004; Tausch & Tausch 2004; Tschuschke 2006, 2009.

schung.[15] Psychotherapie kann in diesem Kontext als eine das Immunsystem stimulierende und die individuell vorhandenen Selbstheilungskräfte aktivierende Möglichkeit und Unterstützung verstanden werden.

Die Personenzentrierte Psychotherapie ist eine humanistische, ressourcenorientierte, nichtdirektive Therapieform, die sich an dem phänomenologischen Erleben der Klientin[16] orientiert. Die innere Haltung der Therapeutin, beschreiben Brigitte Macke-Bruck und Nora Nemeskeri, ist vor allem von Echtheit, Wahrhaftigkeit und Gegenwärtigkeit geprägt. Selbst in schwierigen Situationen ist die Therapeutin in der Lage respektvoll und einfühlend in Kontakt zu treten. Sie hört zu und erspürt, ob und wie es der Klientin möglich ist, das Beziehungsangebot aufzunehmen. Dieses ist durch die persönliche Anteilnahme der Therapeutin, ihre Bereitschaft sich wirklich einzulassen und die Bemühung, die Exploration des inneren Erlebens der Klientin zu verstehen, charakterisiert. Die Klientin fühlt sich durch diesen offenen Umgang ermutigt, ihre Sorgen, Befürchtungen und Wünsche zu äußern. Durch diese therapeutische Beziehungsqualität kann die Klientin eigene Ressourcen entdecken und erfahren, wie sie mit ihrer belastenden Situation umgehen kann und will.[17] Für mich stellte sich nun daher die Frage, was genau hilfreich sein kann, und was genau die Klientin braucht, um ihre Ressourcen auf körperlicher, seelischer und geistiger Ebene zu entdecken. Im Vordergrund steht die Suche nach einem neuen, oder veränderten oder anderen Lebensentwurf, der sich im Einklang mit dem Hier und Jetzt an den Bedürfnissen und Belastungen betroffener Personen orientiert.[18]

Die Anerkennung emotionaler Prozesse, so die Fachliteratur, ist für krebskranke Menschen elementar. Kommunikation, Integration und Kooperation werden als wesentliche Faktoren onkologischer Betreuung betrachtet. Wünsche und Bedürfnisse offen und ehrlich zu kommunizieren, ist für Fässler-Weibel und Gaiger ein deklariertes Ziel der heutigen medizinischen Versorgung, um „dem Mensch mit einer Erkrankung" konstruktive Lösungen zu ermöglichen.[19] Der Aufbau eines Vertrauensverhältnisses, das im Sinne Carl Ransom Rogers die Beziehungsqualität in den Mittelpunkt der Begegnung stellt, ist dabei für die Autoren ein tragendes Element.[20] Das Empowerment Krebskranker – die „Kultur der Glaubwürdigkeit", die „jede Form der Emotionalität" als ernsthaften Bestandteil der Kommunikation mit den Betroffenen voraussetzt – kann einen möglichen Heilungsprozess unterstützen.[21] Die Frage, inwieweit diese Erkenntnisse für die Lebensrealität und Bedürfnisse krebskranker Menschen tatsächlich spürbar werden, bleibt offen: „Wie in allen Wissenschaften gehen auch in der Onkologie theoretisches

---

15 Vgl. Renneberg & Lippke 2006, 32f.
16 Die Bezeichnungen Klient bzw. Klientin entsprechen dem Personenzentrierten Ansatz. Im psychoonkologischen Kontext wird der Begriff Klient beziehungsweise Patient synonym und ohne eine hierarchisch gemeinte Unterscheidung verwendet.
17 Vgl. Macke-Bruck & Nemeskeri 2002, 573.
18 Vgl. LeShan 2006, 52f.
19 Fässler-Weibel & Gaiger 2009, 258f.
20 Ebd., 67.
21 Ebd., 238.

Wissen und dessen Anwendbarkeit oft weit auseinander".[22] Die Lebensrealität betroffener Personen könnte dann als wenig selbstbestimmt, wenig empathisch und wenig bis kaum als Prozess des Miteinanderseins empfunden werden. Was nützen alle Theorien, fragte ich mich, wenn Notwendigkeiten zwar erkannt, jedoch nicht Einkehr in den Alltag finden können? Was, frage ich mich weiter, wird da wo (Raum-Zeit-Dimension) und bei wem (Beziehungsdimension) menschlich und phänomenologisch wahrgenommen oder nicht wahrgenommen?

> „Ich habe jetzt spontan eher das Gefühl, dass diese Beobachtungen und dieses Aufsaugen der Umgebung in diesen Augenblicken, wo ich weder in der Lage war zu ordnen noch mich damit zu beschäftigen, dass das erst jetzt kommt. So als ob ich vieles gesehen hätte, vieles erfahren hätte, vieles gespürt hätte, wo die Zeit einfach nicht vorhanden war, mich mit dem auseinanderzusetzen. Das meine ich mit Fragen und Antworten in mir. Das ist jetzt aber nicht unbedingt nur das, was mir persönlich widerfahren ist, sondern das, was ich persönlich wahrgenommen und beobachtet habe in dieser Zeit oder seit dieser Zeit. Wo ich das Gefühl habe, da sind für mich [...] viele Fragen offen. Deshalb meine ich, ist es so wichtig, das einmal aufzuschreiben, um zu schauen, was es dann machen kann. Ob es dann so ein Stückchen mehr ins Bewusstsein rücken kann".[23]

1.3 Aufbau und Ziel des Forschungsprojekts

Mit meinen Ausführungen möchte ich auf die subjektive Vielfalt des Erlebens und die möglichen Potenziale für Veränderungsprozesse durch Personenzentrierte Psychotherapie sowohl aus dem Blickwinkel krebskranker Menschen als auch jenem der Forscherin und Psychotherapeutin hinweisen. Der gemeinsam mit Gesprächspartnerinnen erlebte Prozess zeigt auf, was Lebensqualität für sie bedeuten kann, und was eine Krebserkrankung im Erleben auslösen kann.

> „Es geht um eine bedürfnisorientierte Annäherung. Wir haben ja bereits ein Gespräch gehabt [...] mit einem Oberarzt, und ich erinnere mich sehr gut. Diese Frage, die ich eine gute finde, beschäftigt mich. Dieses – was wollt ihr damit erreichen? – beschäftigt mich in dem Sinn, dass ich sage: Muss ich damit was konkret erreichen? Muss ich das wollen, um mich an das Projekt heranzutrauen? Und die Frage: Will ich das überhaupt? Ich glaube, die kann ich schon mit ‚ja' beantworten, weil es aus einem Bedürfnis entspringt. Und ein Bedürfnis will ja auch etwas erreichen, zumindest geht es mir so. Wo ich sage: Es muss jetzt – oder ich erwarte mir jetzt nicht daraus, dass ich die Welt verändere oder einen Bereich. Den Anspruch habe ich nicht, aber etwas aufzuzeigen".[24]

Im Rahmen der Offenlegung eigener Prozesses widme ich mich diesen zunächst in der wissenschaftstheoretischen Auseinandersetzung, gefolgt von einer allgemeinen Einführung in die Personenzentrierte Psychotherapie im zweiten Kapitel und einer themenspezifischen Vertiefung über das Erleben im dritten Kapitel. Das vierte Kapitel beschreibt die sogenannte Forschungslücke und daraus resultierende Forschungsfrage. Der methodische Teil, und die Untersuchung an sich, beanspruchen den größten Raum, wobei sich

---

22   Meerwein 2000, 89.
23   Topaloglou 2009, I.
24   Ebd., 4.

die brückenbauende Triade – Subjektivität, Phänomene, Erleben – in den theoretischen und praktischen Betrachtungen und Diskussionen der Ergebnisdarstellung in den Kapiteln sieben bis elf nachvollziehen lässt. Ziel ist das Hinweisen, das Aufzeigen und das Beschreiben von Phänomenen sowie möglicher Variationen von Veränderungen der Lebensrealität krebskranker Menschen im subjektiven Erleben, im Umgang mit dem Umfeld und in der möglichen Bewältigung ihrer Erkrankung.

1.4 Die Forscherin und Psychotherapeutin als Person

Noch in der Phase der Projektidee drängt mich das Gewissen für und wider eine grundsätzliche Vereinbarkeit meiner Position als angehörige Betroffene und Psychotherapeutin in ein Dilemma. Worum genau geht es, wenn ich mich für dieses Thema interessiere? Spreche ich von der Qualität des Erlebens, von Erfahrungen, Bedürfnissen und Emotionen krebskranker Menschen? Oder spreche ich von mir? Indem ich das Erleben des anderen aufspüre, wahrnehme und denke, beinhaltet dies zugleich meine Art Erleben, meine Erfahrungen, Bedürfnisse und Emotionen. Was für Krebsklientinnen gilt, gilt für die Person, die Frau, die Forscherin, Pädagogin und Psychotherapeutin in ihren unterschiedlichen Rollen gleichermaßen, wie für alle anderen Menschen auch. Mit Jean-Paul Sartres Worten ausgedrückt: „Es gibt kein anderes Universum als ein menschliches, das Universum der menschlichen Subjektivität".[25] Wenn ich mich den Phänomenen widme, möchte ich auf einen Gedanken hinweisen, der mich beschäftigte. Alfred Pritz brachte es in seinem Vortrag vom 7.11.2009 an der Sigmund-Freud-Privatuniversität für mich deutlich auf den Punkt: „Psychotherapie ist die radikale Anerkennung von Subjektivität". Sich diesen Aspekt bewusst zu machen, erschien mir im Hinblick auf mein Kernthema zunächst riskant – im Sinne von: Darf ich das überhaupt? –, jedoch wohl notwendig für die Psychotherapieforschung.

1.5 Zur Subjektivität der Phänomene

Lebenswelten, individuelle Wahrnehmungen, Reaktionen und Konstruktionen von Erscheinungen sind die Basis aller Wissenschaften und interdisziplinären Aktivitäten. Der phänomenologische Einfluss als wissenschaftstheoretische Leitlinie für Diagnose und Therapie bei existenziell bedrohlichen Erkrankungen zeigt sich daher in den Disziplinen der Psychiatrie, der Psychologie und Psychotherapie.[26] Krebs ist eine existenziell lebensbedrohliche Erkrankung. Nichts ist mehr so, wie es war. Bisher Gewohntes droht sich aufzulösen und existenziell zu verändern. Das empfundene und wahrgenommene Dasein kann in seinem Wesen notwendig nur phänomenologisch erfüllt, erfahren und erkannt werden. Voraussetzung dafür ist eine möglichst vorurteilsfreie Anschauung, die bewusst auf subjektive Vorerfahrungen, Theorien, Hypothesenbildungen und Reduktio-

---

25   Sartre 2007, 175.
26   Vgl. Hutterer 1998, 145; Pieringer 1995, 767.

nen verzichtet.[27] In seiner „Kritik der reinen Begegnung" äußerte sich Viktor E. Frankl im Jahre 1973 zu der Frage, wie humanistisch die Humanistische Psychologie sei: „Was heute der Psychotherapie not tut, ist der Einstieg in die eigentlich menschliche Dimension, in die Dimension der menschlichen Phänomene".[28] Diese Aussage animierte mich zu einer tiefergehenden Betrachtung. Ich begab mich auf die Suche, in der Hoffnung den Variationen von Erleben und subjektiv empfundenen Sinnhaftigkeiten im Leben ein Stück näher rücken zu können.

Phänomenologie und Existenzphilosophie entwickelten sich parallel. Als Vertreter verweise ich im Rahmen meiner Ausführungen auf die Existenzphilosophen Sören Kierkegaard, Martin Buber sowie die Philosophen und Phänomenologen Franz Brentano und Edmund Husserl. Bei Martin Heidegger kreuzten sich die Strömungen hinsichtlich der Bedeutung und Auslegung des Intentionalitätsbegriffs und entwickelten sich unter anderen durch Maurice Merleau-Ponty und Jean-Paul Sartre weiter. Angeführte phänomenologische Betrachtungen können daher nur einen Überblick ermöglichen. Die Phänomenologie ist keine nachvollziehbare und exakt wiederholbare wissenschaftliche Methode[29], sie ist keine Erfahrungswissenschaft, sondern konzentriert sich auf die Erfassung von Bewusstseinsleistungen, die nur durch „Akte der Selbstreflexion ‚dokumentierbar' und aufklärbar sind".[30]

Mit seinem 1874 erschienenen Werk, „Psychologie vom empirischen Standpunkte. Von der Klassifikation der psychischen Phänomene", vertritt Brentano eine empirische Psychologie, die er als Wissenschaft der inneren Erfahrung charakterisiert. Es ist dies eine Bemühung um die positive Bestimmung dessen, was das Psychische im Menschen ausmachen kann.[31] Der Mensch ist als bestimmtes Ganzes real und konkret. Er lässt sich je nach Blickwinkel sowohl der Vielfalt seiner Teile nach als auch dem Prinzip des Bewusstseins[32] nach auffassen. Unter Seele versteht Brentano „den substantiellen Träger von Vorstellungen und andern Eigenschaften, welche ebenso wie die Vorstellungen nur durch innere Erfahrung unmittelbar wahrnehmbar sind".[33] Das Phänomen, die Erscheinung, ist das, was sich unmittelbar selbst zeigt. Es erscheint. Psychische Phänomene sind deshalb Phänomene, weil sie sich als sekundäre Objekte in der inneren Wahrnehmung selbst zeigen. Sie sind ontologisch (seinsmäßig) vollständige bezie-

---

27   Vgl. Pieringer 1995, 767.
28   Frankl 2009, 34.
29   Vgl. Kritik Bortz & Döring 2006, 304: „Häufig werden Untersuchungen bereits dann ‚phänomenologisch' genannt, wenn sie das subjektive Erleben der betroffenen, ihre ‚Lebenswelten', in möglichst unverzerrter Weise in den Mittelpunkt stellen, ohne dass mit speziellen phänomenologischen Methoden […] gearbeitet wird". Daher möchte ich darauf hinweisen, dass die Auseinandersetzung mit der Phänomenologie in diesem Projekt als reflexive Annäherung an den Untersuchungsgegenstands dient.
30   Hutterer 1998, 144.
31   Brentano 2008, XIX–XLIV.
32   Im Gegensatz zu dem aristotelischen Prinzip der Seele als dem Prinzip des Lebens an sich, das alles Lebendige des Universums mit einschloss (vgl. ebd., XVIII). Und dennoch finden sich bei Aristoteles bereits Andeutungen einer „neueren und berichtigten Umgrenzung der Psychologie" (ebd., 20).
33   Ebd., 21.

hungsweise selbstständige Entitäten, für die Sein und Schein ident sind[34] und sich im Selbstkonzept sowie daraus resultierenden Verhaltensweisen einer Person zeigen und auswirken. Vielleicht am ehesten vergleichbar mit einer Einstellung, die eine Idee von – es scheint so, also ist es – zeichnet. Das psychische Phänomen rechtfertigt sich durch sich selbst und kommt als Teil eines komplexen Ganzen vor. Zu allererst ist es auf seinen intentionalen Gegenstand gerichtet, dann erst auf sich selbst. Der Erkennende und das Erkannte sind in der inneren Wahrnehmung dasselbe.[35] Neu war die Bezeichnung psychischer Phänomene als Akte und einzig psychische Wirklichkeit. Der zweite Aspekt ist der Begriff des psychischen Phänomens als das, was uns die äußere Wahrnehmung ohne jegliche induktive oder begriffliche Vermittlung zeigt. Es sind dies räumlich bestimmte sinnliche Qualitäten, die in Form und Gestalt unauflöslich mit dem Objekt (Mensch) verbunden sind.[36] Im Sinne eines einheitlichen Wesensmerkmals war für Brentano die Intentionalität das markanteste Merkmal psychischer Phänomene.[37] Sie betrifft sowohl die „intentionale (auch wohl mentale) Inexistenz eines Gegenstandes" als auch die „Beziehung auf einen Inhalt" und „Richtung auf ein Objekt".[38] Substanziell herausgehoben wird einerseits der Gegenstand und Inhalt der Phänomene mit der Frage, ob sie bewusstseinsabhängig existieren oder sich im Sinne einer Seinsweise immanent werdend transzendieren. Andererseits wird durch die Beziehung und Richtung auf eine das psychische Phänomen betreffende Relation hingewiesen. Diese Doppeldeutigkeit führte in der Folge zu unterschiedlichen Interpretationen.[39]

Seit den Anfängen des zwanzigsten Jahrhunderts, fasst Robert Hutterer zusammen, entwickelte sich die Phänomenologie, von Husserl ausgehend, zu einer eigenständig philosophischen, sich als Grundlagenwissenschaft der Psychologie verstehenden, Strömung: die Intentionalität des Bewusstseins und Phänomenologie der Lebenswelt. Zentrale Begriffe sind die Intuition, das Bewusstsein von etwas und der Begriff der Intentionalität, den Husserl zu einem zentralen Konzept der Phänomenologie entwickelte. Für Husserl liegt die grundlegende Verfasstheit eines Menschen in der Intentionalität des Bewusstseins verankert, wobei das Bewusstsein bei ihm als ein konstantes zu verstehen ist. Der jeweilige Gegenstand (eine Person) einer phänomenologischen Betrachtung ist das Gleichbleibende im Wandel der jeweiligen Bewusstseinsakte (Selbsterfahrungen), die auf den Gegenstand bezogen sind (Relation).[40] In dieser „Wesensschauung durch eidetische Variation"[41], die anschauliche Vorstellung seiner verschiedenen Wirklichkeiten, wird der Gegenstand gewonnen und auf jene Ursprünglichkeit beschränkt, auf die das Bewusstsein gerichtet ist, um den Gegenstand in seinen Variationen überhaupt er-

---

34 Vgl. ebd., XXIV.
35 Vgl. ebd., XXV.
36 Vgl. ebd., XLIVf.
37 Vgl. ebd., 115.
38 Ebd., 106.
39 Vgl. ebd. XLVIII.
40 Vgl. Hutterer 1998, 143f.
41 Husserl 1985, 255.

kennen zu können.[42] Bei allen Veränderungen, betont Husserl, bleibt das Individuum (die Person) immer dieselbe.[43]

Die Wahrnehmung bezeichnet Husserl als Originalbewusstsein. Das aktuell Wahrgenommene ist das, was mir im Augenblick mehr oder minder klar und (zumindest einigermaßen) bestimmbar ist. Dieses über die Sinne Wahrgenommen im Gegenwärtigen ist jedoch auch teilweise von einer (noch) unbestimmten Wirklichkeit als sogenanntes „Mitgegenwärtiges" durchzogen. In der personenzentrierten Terminologie sprechen wir von einem Symbolisierungs- oder Bewusstseinsakt, sobald Erfahrungen am Rande der Gewahrwerdung auftauchen. Das aus der Tiefe Gewahrwerdende und zu Bestimmende löst zugleich eine „Kette von solchen Erinnerungen" hervor. Sie erweitern sich, fügen sich zusammen und stellen eine Verbindung mit dem aktuellen Wahrnehmungsfeld einer Person her. Die Unbestimmtheit verknüpft sich mit Möglichkeiten oder Vermutungen und nur die Form der Welt, als Welt an sich, ist vorgegeben. Diese unbestimmte Umgebung ist unendlich, das heißt der diffuse, unklare und nie zur Gänze bestimmbare Horizont jedoch ist für Husserl notwendig da.[44] Das wache Bewusstsein ist in seinem Zeitbewusstsein somit immerwährend und unveränderbar in Beziehung auf eine sich inhaltlich ständig wechselnde Welt, in der der Mensch ein Teil, ein Mitglied ist. Eine absolute Realität gibt es ebenso wenig wie eine absolute Bestimmtheit.[45] Der Mensch nimmt durch reflexive Betrachtungen und Wertungen das „Sein als Bewusstsein" und das „Sein als Realität" intuitiv sinnstiftend subjektiv wahr.[46]

Heidegger widerspricht Husserls Einbindung des Zeitbegriffs und stellt gerade diesen im Dasein allen voran. Für ihn liegt die grundlegende Verfasstheit des Menschen in der Intentionalität seines Seins als Dasein. Es ist dies ein Dasein als praktisch denkendes Subjekt. Das Verhältnis zwischen dem menschlichen Dasein in der Welt ist ein zeitliches. Erst dann könne es im Gegensatz zu Husserl zu einem Intentionalitätsbegriff kommen, der die Zeit nicht mehr enthält.[47] Sinnhafte Bezüge stehen für Heidegger im Zentrum des Seins als menschliches Dasein. Die aristotelische Annahme aufgreifend, ging er der Frage nach: „Daß wir je schon in einem Seinsverständnis leben und der Sinn von Sein zugleich in Dunkel gehüllt ist, beweist die grundsätzliche Notwendigkeit, die Frage nach dem Sinn vom ‚Sein' zu wiederholen".[48] Das Wesen des Daseins ist in seiner Existenz gegeben und bestimmt sich selbst aus den vorhandenen Möglichkeiten. Jeder Mensch lebt in seiner eigenen Welt und gestaltet sein Leben mehr oder weniger bewusst. Das In-der-Welt-Sein beinhaltet für Heidegger grundsätzlich das Dasein in einem Netz von Beziehungen und Relationen sowie zugleich die *Frage nach dem Wie*: der räumlichen Dimension und der Relation der Alltäglichkeit des Daseins in den Verhältnissen, im Mit- und Selbstsein, zu der Welt. Die Alltäglichkeit meint die Art zu

---

42 Vgl. Hutterer 1998, 143f.
43 Vgl. Husserl 1985, 265.
44 Husserl 1986, 56.
45 Vgl. ebd., 133.
46 Ebd., 167.
47 Vgl. Heidegger 2001, 363.
48 Ebd., 4.

existieren, in der sich das Dasein alle Tage hält. Sie bezieht sich auf die Qualität des Alltags oder des Daseins, die „in den Tag hineinlebt".[49] Damit angesprochen ist sowohl das Verhalten, in Teilaspekten oder im Ganzen, sich selbst gegenüber, aber auch eben dieses Verhalten im Umgang mit dem alltäglichen Miteinandersein. Es ist die, an Martin Bubers Begegnungsbegriff erinnernde, Verknüpfung des Ich mit dem Ich-Du und dem Wir.[50] Alltäglichkeit nach Heidegger ist die Art und Weise in einer individuellen, persönlichen Offenbarkeit sowie in einer gemeinsamen, öffentlichen Offenbarkeit zu sein. Diese Alltäglichkeit ist „dem jeweiligen ‚einzelnen' Dasein mehr oder minder bekannt".[51] Alltäglichkeit bedingt begrenzte Zeitlichkeit. Sie ermöglicht erst das gänzliche Sein des Daseins als Existenz und eine Erörterung des Sinnes von Sein, durch das (be)-sorgende „In-der-Welt-Sein" im (Er-)Lebenszusammenhang.[52] In der Sorge wurzeln Zusammenhänge von Tod, Schuld, Gewissen und dem Bewusstsein der Begrenztheit einer Existenz. Es ist ein Dasein als „Geworfensein in die Welt"[53], als „Entwurf seiner eigentlichen Existenz"[54], in der „faktischen Angewiesenheit auf das zu Besorgende".[55] In der Einheit von Geworfenheit und Flüchtigem, beziehungsweise vorlaufendem Sein zum Tode ‚hängen' Geburt und Tod für Heidegger daseinsmäßig ‚zusammen': „Als Sorge *ist* das Dasein das ‚*Zwischen*'".[56]

Auf die Verfasstheit des Leibes und die „lebendige[n] Eigenschaften" der körperlichen Erfahrung bezog Merleau-Ponty seine Abhandlungen in der „Phänomenologie der Wahrnehmung".[57] Leiblichkeit und Leibempfinden sind alltäglich qualitativ und unbedingt mit unserem Lebenswert und unserer Lebensqualität als Person und Mitglied der Gesellschaft verbunden. Das persönliche Empfinden beinhaltet daher notwendig einen Hinweis auf unsere Leiblichkeit, unsere Körperlichkeit. Es ist lebendige Kommunikation mit einer Welt, die sich in unserer Vorstellung als vertraut gegenwärtig anspürt und bekannt scheint: „Das Empfinden ist das intentionale Geflecht, das zu entflechten Sache aller Erkenntnis bleibt".[58] Diese Aufforderung verdeutlicht die multidisziplinäre wissenschaftliche Relevanz. Hingewiesen wird darauf, „dass eine *wahre* und *exakte* Welt in der Wahrnehmung erst entspringt".[59] Empirische Forschung, die diesen Aspekt nicht aufgreife und Wahrnehmung nur als Erkenntnis ohne Berücksichtigung existenzieller Gründe betrachte, liefere sich daher selbst ans Messer. Wahrnehmung birgt das phänomenale Feld der lebendigen Erfahrung in sich, ist aber nicht der Anfang der Wissenschaft. In Wahrheit, schrieb Merleau-Ponty, ist die klassische Wissenschaft eine Weise der Wahrnehmung, die ihren eigenen Ursprung vergessen hat und sich für vollendet

---

49 Heidegger 2001, 370.
50 Buber 1995.
51 Heidegger 2001, 371.
52 Vgl. ebd., 372.
53 Ebd., 348.
54 Ebd., 372f.
55 Ebd., 348.
56 Ebd., 374.
57 Merleau-Ponty 1966, 75.
58 Ebd., 76.
59 Ebd., 77.

hält. Er betont die Notwendigkeit, die „diesseits der objektiven Welt gelegene Lebenswelt" aus ihren organismischen Empfindungen und ihrer geschichtlichen Subjektivität heraus begreifen zu wollen.[60] Das Bewusstsein vergisst, weil es in der Lage ist, sich zu erinnern. Es geht über die Phänomene hinweg zugunsten der Dinge, weil sie zugleich Ursprung der Dinge sind. Das Erfahren, das Ergehen, das Begreifen der Phänomene ist „Aufhellung und Auslegung" des individuellen und des vorwissenschaftlichen Bewusstseins gleichermaßen. Die Erfahrung der Phänomene ist die Analyse und Bewusstwerdung des Intentionalen.[61] Das Subjekt der Wahrnehmung bleibt uns unzugänglich, wenn wir uns nicht „von Empfindung als Zustand des Bewußtseins und als Bewußtsein eines Zustandes, von Existenz an sich und Existenz für sich befreien". Der Ausgangspunkt ist eine Phänomenologie der Empfindungen, die auf den subjektiven „lebendigen Bezug des Wahrnehmenden zu seinem Leib und zu seiner Welt" verweist und uns etwas lehren kann.[62]

Weiterentwicklungen der Personzentrierten Psychotherapie, durch beispielsweise Eugene T. Gendlin und Johannes Wiltschko (Focusing-orientierte Psychotherapie), Garry Prouty, Dion Van Werde und Marlis Pörtner (Prä-Therapie) und Hans Swildens (Prozeßorientierte Gesprächspsychotherapie) in Europa, sind phänomenologisch und existenzphilosophisch von den Überlegungen Wilhelm Diltheys, Husserls, Heideggers, Merleau-Pontys und Sartres beeinflusst.[63]

Der US-amerikanisch phänomenologische Zugang, der auch Rogers' Quelle war, beschäftigte sich in erster Linie mit der Beziehung der „Welt der individuellen Wahrnehmungen und Bedeutungen".[64] Ihre Gründer, Donald Snygg und Arthur Combs, dazu im Jahre 1949: „How we function in any given situation will be dependent upon how we perceive ourselves and how we perceive the situations in which we are involved".[65] Das organismisch determinierte Erleben einer Person ist zugleich Ausgangspunkt und Mittelpunkt für weiteres Erleben und Erfahrungen. Es ist dies eine phänomenologische Position, die eine Person von der Sicht und Wahrnehmung ihres eigenen Standpunktes ausgehend, erfahrungsorientiert analysiert.[66] Die Intentionalität als Wesensmerkmal einer Person hat dabei einen zwischen innerer und äußerer Realität brückenbauenden Charakter. Die europäische Phänomenologie wurde in der US-amerikanischen Psychologie etappenweise, und erst relativ spät in den 1960er Jahren, reflektiert. In den 1980er Jahren verbreitete sich der Einfluss über den Existenzialismus, klinisch-therapeutischer Anwendungen und Forschungen hinausgehend, durch das zunehmende Interesse an qualitativer Forschung.[67] So vertrat auch Rogers die Meinung: „Die Phänomene sind der Ausgangspunkt, nicht die Theorie".[68]

---

60 Ebd., 80.
61 Ebd., 82f.
62 Ebd., 245.
63 Gendlin 1998; Prouty, Van Werde & Pörtner 1998; Swildens 1991; Wiltschko 2007.
64 Vgl. Hutterer 1998, 239.
65 Combs, Cohen & Richards 1988, 154.
66 Vgl. Hutterer 1998, 146.
67 Vgl. ebd., 150f.
68 Rogers 2003a, 31.

Themenspezifisch möchte ich noch Sartres „Idee des Phänomens"[69] aufgreifen, deren Existenz sich erst durch den subjektiv individuellen Prozess der Offenbarung begründet: „Das Phänomen ist das, was sich manifestiert, und das Sein manifestiert sich allen in irgendeiner Weise, da wir darüber sprechen können und ein gewisses Verständnis davon haben".[70] Das Sein „als Bedingung jeder Enthüllung" eines Phänomens ist für mich insofern bedeutsam, als es wahrgenommen werden will, und ich bemüht bin, mich aus meinem menschlichen wie therapeutischen Blickwinkel subjektiven Erlebensdimensionen, Rezeptionen und dem Existierenden als „organisierte Gesamtheit von Qualitäten" anzunähern.[71] Die Enthüllung setzt daher grundsätzlich die Wahrnehmung, die Bereitschaft zur Begegnung und Beziehung, die Beobachtung und reflektierende Verbalisierung des Werdenden voraus. Es ist dies vielleicht eine Einstellung, die eine Türe zur Offenbarung wechselseitig reflektierender Bezogenheit (Transparenz) im Wahrnehmungs- und Erlebensprozess krebskranker Menschen öffnen kann. Subjektive Verknüpfungen und Bedeutungszuschreibungen sind dabei im Rahmen der Individualität als symbolische Büchsenöffner möglicher Veränderungsprozesse maßgebliche Brücken. Die Qualität phänomenaler Wahrnehmungen ist subjektiv.

1.6 Psychotherapie und Psychotherapiewissenschaft

Die Frage der disziplinären Anbindung stellte sich nach der ersten Ideensammlung. Aus dem Bereich der Bildungswissenschaft und dem dort etablierten Schwerpunkt Personenzentrierte Psychotherapie kommend, empfand ich die zunächst naheliegende Antwort nach einer Verortung im pädagogischen Fach als unzureichend. Im Mittelpunkt meines wissenschaftlichen Interesses stehe ich nicht als Pädagogin, sondern als Psychotherapeutin mit den mir wichtigen Fragen nach den Erlebensdimensionen, ihren Auswirkungen und möglichen Veränderungsprozessen, die ich in ihrer Vielfalt in den Psychotherapiewissenschaften beheimatet sehe.

Eine der wichtigsten Aufgaben der Wissenschaft, so Jürgen Kriz, bestehe darin, Denk- und Handlungsräume von Menschen offensiv zu erweitern und „dann(!)" kritisch zu diskutieren.[72] Die Wissenschaft sollte sich demnach als Anwalt für eine Pluralität vieler Perspektiven verstehen und eigene stillschweigende Vorannahmen methodologisch und methodisch reflektieren. Diesem Dilemma ist die Entwicklung der Psychotherapiewissenschaft als eigenständige Disziplin mit der zusätzlichen Hürde unterschiedlicher nationaler Reglementierungen nach wie vor ausgesetzt. Oder, wie Paul Feyerabend sich ausdrückte: „Man kann die Wissenschaften als eine Erkenntnispolizei [...] oder als Instrumente der Forschung verwenden".[73] Wissenschaftliche Flexibilität, Liberalität und Überschreitungen oder Regelverletzungen fordert er in seinem Essay „Wider den Methodenzwang" als notwendige Voraussetzungen für Erkenntnisfortschritte im Rahmen

---

69   Sartre 2009, 9.
70   Ebd., 14.
71   Ebd.,16.
72   Vgl. Kriz 2000, 43–66.
73   Feyerabend 1984, 169.

wissenschaftlicher Praktiken.⁷⁴ Denn: „Die *Stimme jedes Betroffenen entscheidet* über Grundfragen".⁷⁵

Ludwig Reiter und Egbert Steiner kommen in ihrem Artikel „Psychotherapie und Wissenschaft. Beobachtungen einer Profession" zu dem Schluss, dass Psychotherapie keine neue Wissenschaft vom Menschen ist, sondern wie die Medizin eine Profession ist, in deren Umwelt Wissenschaft eine immer größere Bedeutung erlangt.⁷⁶ Daraus folgen wissenschaftsspezifisch praxisrelevante Reflexionssysteme aus drei Positionen: der bereits erwähnten Einheit Profession und Wissenschaft, dem Feld der therapeutischen Praxis, Supervision und Forschung sowie der Relevanz für das Gesundheitssystem durch nachgewiesene Wirksamkeit, wie sie auch von Alfred Pritz und Heinz Teufelhart ausgeführt wurden.⁷⁷ Mit der Pluralisierung der Praxis von Wissenschaften geht notwendigerweise eine Pluralisierung der Reflexion von Wissenschaften einher.

Rogers leistete bereits in den 1940er und 1950er Jahren erhebliche Pionierbeiträge für die Psychotherapieforschung. Einerseits kämpfte er gegen den Mythos einer geheimnisvollen und undurchschaubaren Psychotherapie. Durch seine legendären Tonbandaufzeichnungen öffneten sich Möglichkeiten für eine objektivierbarere Forschung, die psychotherapeutische Prozesse und Wirkfaktoren beschreiben. Ein zweiter, wesentlicher Beitrag war die Öffnung der Beziehung zwischen Therapeuten und Klienten für die empirische Forschung. Seine „notwendigen und hinreichenden Bedingungen therapeutischer Persönlichkeitsveränderung" brachten zum Ausdruck, dass die Beziehung nicht nur eine notwendige Grundlage für Psychotherapie ist.⁷⁸ Vielmehr beinhaltet sie alle für psychische Heilung und Veränderung wesentlichen Merkmale. Dieser Beziehungsaspekt regte die Psychotherapieforschung insgesamt an und beeinflusste ihre Dynamik wesentlich.⁷⁹

Psychotherapie kann, so Gottfried Fischer, als Wissenschaft bewusster und unbewusster Intentionalität definiert werden, die in einer intentionalen Einstellung betrieben wird. Ihre Anwendung findet sie in der Psychotherapie durch therapeutische Beziehungsgestaltung und zwischenmenschliche Kommunikation.⁸⁰ Kurt Buchinger formulierte es konkret: Gegenstand ist primär nicht die Erinnerung, oder der Eingriff an der Seele, sondern die professionelle therapeutische Beziehung.⁸¹ Durch ihren Gegenstand und die entsprechend angewandte psychotherapeutische Methode als Heilkunde kann sich die Psychotherapiewissenschaft von ihren Nachbardisziplinen abgrenzen. Sie ist ein professionelles und durch das Psychotherapeutengesetz definiertes Gebiet der Heilkunde. Tradierte ‚Fremdunterbringungen' in Medizin und Psychologie betrachtet Fischer als kollidierend und paradigmatisch kritisch. Aufgabe der Psychotherapiewissenschaft

---

74   Feyerabend 1986.
75   Ebd., 397.
76   Reiter & Steiner 1996, 194.
77   Vgl. ebd.; Pritz & Teufelhart 1996.
78   Rogers 1997.
79   Vgl. Hutterer 1997, 176. Hutterer verweist insbesondere auf die Studien von Grawe 1992; Grawe et al., 1994; Lambert & Bergin 1994 und Orlinsky & Howard 1986.
80   Vgl. Fischer 2008, 40.
81   Vgl. Buchinger 1995, 783f.

sei es, aus ihrer „vorparadigmatischen" Position durch die Erarbeitung eigener Wissensbestände ein eigenständiges Paradigma zu entwickeln.[82] Förderlich sei die Umkehr der Verhältnisse. Nämlich, das in Medizin und Psychologie vorhandene Erfahrungswissen zu bündeln und für den Transfer von gesichertem psychotherapeutischem Wissen hin zu beispielsweise Medizin, Psychologie und Pädagogik Sorge zu tragen.[83] Eine bedingende Interdisziplinarität ist sowohl mit naturwissenschaftlichen wie mit sozial-, geisteswissenschaftlichen und künstlerischen Fächern vorauszusetzen.[84] Die Etablierung der Psychotherapiewissenschaften an der Sigmund-Freud-Privatuniversität Wien bot meinem Forschungsprojekt daher genau jene erwünschte Möglichkeit, empirische Wissenschaft und Profession zu vereinen.

Wesentlich ist mir eine Unterscheidung von Wissen und Wissenschaft hinsichtlich der Geltungsfrage und Erkenntnis zu treffen, um Verwischungen beziehungsweise mir schwammig scheinende Übergänge besser zu differenzieren und Zusammenhänge sichtbar zu machen. Die Notwendigkeit besteht darin, angesichts der Vielfalt urteilsfähig zu sein, selbst zu entscheiden, Alternativen zu öffnen, Fragen zuzulassen, zu erforschen und kritisch zu betrachten. Das betrifft die Disziplin, wie die Forscherin und Psychotherapeutin gleichermaßen. Die Bedeutung reflexiver Prozesse, Positionen Teilnehmender und Beobachtender sowie einhergehender Metapositionen, wird mir immer bewusster. Egal ob Theorie oder Praxis – dahinter stehen immer Menschen in ihrem Geworden-Sein, das abzulegen unmöglich ist. Wissenschaften begreife ich – nach Abzug aller notwendigen Kriterien salopp ausgedrückt – als sich *historisch* wandelnde Interpretationen bestimmter und individueller Wirklichkeiten. Bedeutend ist der Prozess. Denn, die Frage nach dem *Was ist*, beinhaltet zwar das Geworden-Sein, fokussiert jedoch meist darüber hinaus eine Idee von dem *Was werden will*. Meine intrinsische Motivation ist ein Stück klarer geworden, ebenso wie das einhergehende subjektiv empfundene Risiko. Durch den Forschungsprozess riskiere ich das *In-Frage-Stellen* meiner Person sowie bisheriger Erkenntnisse und erfahre zugleich, dass jegliches Wahrnehmen und Denken irreversibel ist. Kein Weg führt zurück, obwohl es sich manchmal so anfühlte. So lösten tatsächlich einige Ereignisse Verwirrungen und Gefühle der Bedrohung aus. Indem ich mir dieser Empfindungen bewusst bin, bemühe ich mich im Rahmen meines Forschungsprozesses um Transparenz im Hinblick auf persönliche Betroffenheit und möglicher Auswirkungen auf die persönliche Erkenntnisentwicklung. Gemeint ist, meine eigene Wirklichkeit in ihrer Vielschichtigkeit zu begreifen, Inkonsistenzen zulassen und den Wandel, mit der Bereitschaft sich selbst als Mensch zwischen Theorie, Praxis und Lebensalltag verstehend zu akzeptieren. Die subtil machtvoll scheinende Bedeutung von Kategorien und Strukturen, die diesen Wandel erschwerten und Grenzüberschreitungen phasenweise unreflektiert ließen, spürten sich für mich wahrhaftig an. Persönliche, subjektive Erfahrungen sind zugleich jene, die als Quelle der Forschung fruchtbringend berücksichtigt werden und ständig präsent sind.

---

82   Fischer 2008, 40. In Abgrenzung zu einer experimentellen Psychologie und biologischen Psychiatrie.
83   Vgl. ebd., 305f.
84   Vgl. ebd., 41.

1.7 Objektivitäts- und Subjektivitätsdebatte: Hürde oder Brücke?

Die Geschichte des Objektivitätsideals ist eigentlich relativ jung und dennoch ein Anspruch, dem entsprochen werden sollte? Den Trend zur objektiven Wahrheit verorten Lorraine Daston und Peter Galison in ihrem wissenschaftshistorischen Werk, „Objektivität" im Übergang vom 18. in das 19. Jahrhundert. Die dadurch ausgelöste „Abschaffung des wissenschaftlichen Selbst"[85] zugunsten eines Objektivitätsanspruches bezeichnen sie als „Geschichte intellektueller Ängste", als Furcht vor der „Subjektivität, den Kern des Selbst" und dennoch notwendigen „Vorbedingung für Wissen".[86]

„Ihre Methoden sind falsch", kritisierte bereits Dilthey im Jahre 1883 die Form von Wissenschaftsverständnis, deren Wurzeln er in der biologisch begründeten Wissenschaft nach Auguste Comtes begründet fand.[87] Er sprach sich für eine „Subjektivität der modernen Betrachtungsweise" in Verbindung mit geschichtlichem Bewusstsein und Erkenntnis der Zusammenhänge aus und setzte sich für ein hermeneutisches Verstehen ein.[88] Die Hürde, oder das universale Problem, sieht Husserl in der gängigen Vorstellung eines naturwissenschaftlichen Ideals als ‚wahre Wirklichkeit'[89]: „Ohne weiteres wird die traditionelle objektive Logik als apriorische Norm auch für diese subjektiv-relative Wahrheitssphäre untergeschoben".[90] Ideale, die zwar als Orientierung ihren Sinn erfüllen, im Grunde jedoch, wie Absolutheitsansprüche nie erreichbar sind. Oder steckt darin doch, wie Daston und Galison es formulieren, die innewohnende „Angst, daß Gott Geheimnisse für sich behält oder Dämonen uns täuschen" – jene Angst, die am Anfang aller Erkenntnistheorie steht?[91]

So kommt zum Beispiel Volker Tschuschke nach Durchsicht aktueller klinischer Studien aus dem Bereich psychosozialer beziehungsweise psychoonkologischer Interventionsmaßnahmen bei Krebserkrankungen zu folgendem Schluss[92]: „Es bleibt nur der schale Geschmack eines völlig blanken Wissens in dieser hochsensiblen, sehr kontrovers geführten Debatte, die sich offenbar ausschließlich aus ideologischen Motiven speist. Entweder man glaubt ‚es' oder man glaubt ‚es' nicht".[93] Wissenschaftlichkeit und die Art und Weise der Durchführung werden grundsätzlich in Frage gestellt. Die Diskrepanz liege in der Umsetzung, argumentieren Daston und Galison, indem sie auf die Untrennbarkeit von Objektivität und Subjektivität hinweisen. Genauso „wie konkav und konvex es sind: Die eine definiert die andere".[94] Oder wie es Bernd Rieken klar

---

85 Daston & Galison 2007, 207.
86 Ebd., 396f.
87 Dilthey 1990, 104.
88 Ebd., 413.
89 Fischer 2008, 30.
90 Husserl 1986, 292.
91 Daston & Galison 2007, 396.
92 Vgl. Tschuschke 2006, 140. Bezug genommen wird sowohl auf die Vielfalt an Studiendesigns als auch auf den Einsatz unterschiedlicher psychologischer Techniken bei einem sehr breiten Spektrum an Krebserkrankungen (z. B. Studien von Fawzy et al. 1995).
93 Ebd., 208.
94 Daston & Galison 2007, 208.

formuliert: „Subjektivität und Objektivität bedingen einander".[95] Dem Dilemma des objektiven Wahrheitskriteriums kann ich daher nur durch die Bewusstheit und Offenlegung der eigenen Subjektivität im Forschungsprozess begegnen.[96]

Rogers nannte die Kluft zwischen seiner wissenschaftlichen und psychotherapeutischen Position: „mein ‚Doppelleben' in Subjektivität und Objektivität".[97] Die Diskrepanz zwischen der rigorosen Objektivität als Wissenschaftler und einer „fast mystischen Subjektivität als Therapeut" findet sich kennzeichnend in seinen Werken.[98] Wissenschaft laufe Gefahr zu entpersönlichen, zu manipulieren und die grundlegende Entscheidungsfreiheit zu verleugnen.[99] Für Rogers ist es von Bedeutung, Veränderungen im Wissenschaftsverständnis wahrzunehmen.[100] Worum geht es? Es geht um die Bereitschaft die existenziellen und relationalen Verhältnisse nicht nur in der Person an sich, sondern eben diese in der Erkenntnis und Wissenschaft bewusst und wahrhaft offenzulegen. Es geht um das *Zwischen* und das *Durch* in den Verhältnissen und Begegnungen der Wissenschaften, der Professionen und Personen. Und es geht um Kommunikation und subjektive Konstruktion, wie ein Ausschnitt meines Erstinterviews zeigt:

> „Diese Auseinandersetzung, die ja auch jetzt dabei ist, die uns sicherlich das Projekt [hindurch] begleiten wird, zumindest aus meiner Perspektive gesprochen, dieses Jonglieren zwischen dem sogenannten Anspruch der Objektivität. Aus meinem Gefühl heraus gibt es das nicht, es gibt nur das Subjektive. Ich kann es versuchen zu objektivieren, ich kann versuchen das von übergeordneten Ebenen aus zu betrachten und verschiedene Varianten aufzuzeigen. Und in diesen Variationen, in dieser Vielfalt, habe ich wiederum keine Angst mich kritisieren zu lassen, weil ich da dann offen für jeden anderen Input bin. Dann gehe ich auch davon aus, dass aufgrund der Ergebnisse, die wir haben, im Sinne von, wir zeigen auf, wir beschreiben ja auch noch, unendlich viele Möglichkeiten der Interpretationen, der Deutungen und der Folgen daraus möglich wären. Das ist so mein Schluss".[101]

1.7.1 Von einer „authentischen Wissenschaft"

Georges Devereux, Rogers und Hutterer widmeten sich in ihren Ausführungen dem für meine Methodensuche bedeutenden Begriff der „authentischen Wissenschaft".[102] Devereux sieht authentische Verhaltenswissenschaft gegeben, wenn

> „ihre Vertreter erkannt haben, daß eine realistische Wissenschaft vom Menschen nur von Menschen geschaffen werden kann, die sich ihres Menschseins vollkommen bewußt sind, was vor allem bedeuten muß, daß dieses Bewußtsein in ihre wissenschaftliche Arbeit eingeht".[103]

---

95   Rieken 2007, 22.
96   Vgl. ebd., 8.
97   Rogers 2002, 197.
98   Ebd., 198.
99   Vgl. ebd., 214.
100 Vgl. Rogers 2005b, 157.
101 Topaloglou 2009, I.
102 Devereux 1984; Hutterer 1984, 1998 ; Rogers 2005b.
103 Devereux 1984, 22.

Nicht die Untersuchung an sich, sondern erst die intrinsischen Motivationen und Positionen des Wissenschaftlers verschaffen den Zugang zu dem Wesen der Beobachtungssituation.[104] Daher liegt für Johannes Reichmayr das besondere Augenmerk in der schwierigen Grenzziehung zwischen Beobachter und Forschungsgegenstand, die „von der Beweglichkeit der psychologischen ‚Grenzen des Selbst' abhängig [ist]".[105] Die Gefahr wissenschaftliche Daten zu verzerren kann von einer unzureichenden Berücksichtigung persönlich emotionaler Einbindungen der Forscherin ausgehen. Dies meint die Qualität der Datenaufbereitung und zudem die Art und Weise, wie Daten rezipiert werden.[106] Was Devereux und Reichmayr als angsterregende, abwehrende oder verzerrende Übertragungs-Gegenübertragungsphänomene beschreiben, findet sich bei Rogers als Inkongruenz und verzerrte Symbolisierung[107] zum Schutze des Selbstkonzepts[108] wieder. Ein spezifisches Kriterium dabei stellt die Doppelfunktion als Forscherin *und* Psychotherapeutin dar. Zu bedenken ist die Dokumentation und Offenlegung dessen, was ich aus beiden Positionen beziehungsweise in beiden Rollen subjektiv wahrnehme oder wahrnehmen kann sowie dessen, was ich subjektiv ertragen kann und in meinem Erstinterview anzudeuten versuchte. Der Wissenschaft liegt Subjektivität zugrunde. Sie kann auch nur subjektiv angenommen werden. Die daraus entstehende Objektivierung ist daran gebunden, wie das Subjekt das Objekt erkennt und bezeichnet. Was ich daher mit dem mittels wissenschaftlicher Methoden gewonnenen Wissen mache, hängt davon ab, welche Werte für mich von Bedeutung sind.[109] Jede wissenschaftliche Forschung beinhaltet einen kreativen Prozess und hat ihre Wurzeln in der unmittelbaren, persönlichen und subjektiven Erfahrung. Für Rogers ist sie „in ihrem Anfang auch eine ‚Ich-und-Du'-Beziehung zu einem oder mehreren Menschen".[110] Jede Beziehung bedeutet eine Konfrontation, so Reichmayr, selbst dann, wenn sie derart gestaltet ist, das Gegenüber zu ignorieren.[111] Sie wird dann authentisch, wenn wir sie wahrnehmen und handhaben.[112]

Die Offenheit der Forscherin beinhaltet die Erforschung der eigenen inneren, persönlichen und gefühlsbehafteten Bedeutungen, die sowohl auf dem Verstehen der phänomenologischen Welt des Menschen als auch auf dem Verstehen des nach außen ausgedrückten Verhaltens und einhergehender äußerer Reaktionen beruhen.[113] Zudem bedeutet sie, so Hutterer, für eine methodische Vielfalt frei und kritisch zu sein:

---

104 Vgl. ebd., 20.
105 Vgl. Reichmayr 2003, 207.
106 Vgl. ebd., 208.
107 Vgl. Rogers 2009, 29. In Anlehnung an Andre Angyal verwendet Rogers die Begriffe Gewahrwerdung, Symbolisierung und Bewusstsein als Synonyme. Bewusstsein oder Gewahrwerdung heißt demnach die Symbolisierung eines Erfahrungsausschnittes.
108 Siehe dazu Kapitel 2.3, insbesondere These X und XI.
109 Vgl. Rogers 2002, 221.
110 Ebd., 222: In Anlehnung an Martin Buber.
111 Reichmayr 2003, 209.
112 Vgl. Rogers 2005b, 159.
113 Vgl. ebd.; Hutterer 1984, 31.

„Die Idee einer authentischen Wissenschaft geht davon aus, die authentischen Grundlagen und Wurzeln wissenschaftlicher Forschung derart aufzudecken, daß Wissenschaftler sich verpflichten können, ihre persönlichen Erfahrungen, ihre Werte und intrinsischen Motive und ihre Gefühlsreaktionen als Quelle für die Definition des interessierenden Problems und als Motor für das Vorantreiben ihrer Forschung in einer kreativen Weise zu verwenden. Das Bekenntnis zu seiner eigenen Individualität, die Verpflichtung gegenüber seinen intrinsischen Motiven und Interessen und die Entscheidung, an seiner Sicht der Realität zu arbeiten und seinen originalen Beitrag zur Lösung eines wissenschaftlichen Problems zu leisten, ist der Beginn einer authentischen Existenz als Forscher".[114]

Rogers' Verständnis von Wissenschaft und Forschung als einen dynamischen und organismischen Prozess findet sich in seiner Persönlichkeitstheorie begründet, die in den Kapiteln 2.2 und 2.3 näher ausgeführt wird.

1.7.2 Vom „impliziten Wissen"

Michael Polanyi, Chemiker, Philosoph und Freund von Rogers, fasst in seinem philosophischen Hauptwerk „Personal Knowledge" wie folgt zusammen:

"For, as human beings, we must inevitably see the universe from a centre lying within ourselves and speak about it in terms of a human language shaped by the exigencies of human intercourse. Any attempt rigorously to eliminate our human perspective from our picture of the world must lead to absurdity".[115]

Polanyis Anliegen ist der Hinweis auf die Wahrnehmung und Bewusstwerdung als mentale Prozesse in unserem persönlichen Universum und den daraus entstehenden subjektiven Blickwinkeln auf die Welt. So begreift er auch die Wissenschaft als „eine besondere Art der sinnlichen Wahrnehmung".[116] In seiner Kritik über das grundsätzliche Selbstverständnis der Wissenschaft und Moderne verweist er einerseits auf die Notwendigkeit und andererseits auf das Potenzial der an das Subjekt gebundenen blinden Flecken. Polanyi deckt vorauseilende Annahmen in ihrem Widerspruch auf. Mit seinem Konzept – „implizites Wissen" – führt er uns weiter zu einem wesentlichen Aspekt der sinnlichen Wahrnehmung, den er als „stillschweigendes Wissen" (tacit knowing) bezeichnet, was besagt, „daß wir mehr wissen, als wir zu sagen wissen".[117] Dieses auf ein Können hinweisende implizite Wissen ist an sich sprachlich zunächst nicht ausdrückbar. Es liegt im Verborgenen. Wir verfügen jedoch über angemessene Möglichkeiten, die uns bei Bedarf dabei unterstützen, dieses implizit verborgene Wissen im Akt der Mitteilung selbst auszudrücken. Polanyi führt ein Beispiel an: „Wir kennen das Gesicht von jemandem und können es unter Tausenden, ja unter einer Million wieder erkennen. Trotzdem können wir gewöhnlich nicht sagen, wie wir ein uns bekanntes Gesicht wieder erkennen".[118] Wir alle, so Polanyi, verfügen also über ein unausgesprochenes, aber vorhandenes Wissen ohne es konkret verbalisieren zu können. Genau die-

---

114 Hutterer 1984, 45f.
115 Polanyi 1962, 3.
116 Polanyi 1985, 9.
117 Ebd., 14.
118 Ebd.

ses *eigentliche* Nichtwissen darüber, was vorhanden ist, aber dennoch spüren, dass da etwas ist, spiegelt beispielsweise die im Vorwort ausgedrückte Situation vor Projektbeginn wider: „Es war für mich so, als ob jeder meiner Sinne über einen zusätzlichen Verstärker verfügte und, über das Gewollte hinaus, viel diffus Gespürtes im Verborgenen lag". Gerd Gigerenzer bezeichnet es als Bauchgefühl, als Intuition oder Ahnung, das rasch, aber ohne tiefere bewusste Gründe, im Bewusstsein auftaucht und stark genug ist, um uns zum Handeln zu motivieren.[119] Die Gestaltpsychologie zeigte Polanyi, dass wir eine Physiognomie erkennen können, indem wir ihre Einzelheiten beim Gewahrwerden zusammenfügen, ohne dass wir diese Einzelheiten zu identifizieren wüssten. Für ihn ist seine Analyse des Erkennens mit dieser Entdeckung der Gestaltpsychologie eng verknüpft. Erst durch das Herantasten und Suchen dessen, was da war in der Erinnerung, offenbart sich das Wissen. Tatsächlich, so Polanyi, beruht letzten Endes jede Definition eines Wortes, mit dem ein äußeres Ding benannt werden soll, zwangsläufig darauf, ein solches Ding vorzuzeigen. Ein solches Benennen-durch-Zeigen heißt ‚deiktische Definition'".[120] Diesen Weg möchte ich in meinen Ausführungen beschreiten. Auf das Vorwort dieser Niederschrift zurückkommend bedeutet es: Darin liegt etwas, was ich zu diesem Zeitpunkt nicht in Worte fassen konnte. Trotzdem vertraue ich darauf, dass der Leser und die Leserin annähernd verstehen, was mir konkret zu vermitteln nicht möglich war, aber Ursprung dieser Niederschrift wurde.

Implizites Wissen entsteht als „Ergebnis einer aktiven Formung der Erfahrung während des Erkenntnisvorgangs" und bildet eine „Brücke zwischen den höheren schöpferischen Fähigkeiten des Menschen und den somatischen Prozessen".[121] Gedächtnisleistungen betreffend erklärte Margarete Isermann, dass Inhalte des impliziten Gedächtnisses eher unbewusst, emotional, sensorisch und motorisch sind. Werden sie explizit, sind sie bewusst, rational und sprachlich.[122] Die Aufmerksamkeit geht *von* etwas *auf* etwas anderes zu, sie wird umgelenkt. Als Instrument dient unser Körper, der sämtliche intellektuelle und praktische Kenntnisse aufnimmt. Das Erleben und die Erfahrungen des Körpers sind sowohl für das Verstehen der Dinge als auch für die Einfühlung in uns selbst und in unsere äußere Welt maßgeblich. Für Polanyi ist diese, sich aus der Struktur impliziten Wissens ergebende Qualität der Einfühlung ein viel genauer definierter Akt als Empathie. Sie ist „die Grundlage aller Beobachtungen, einschließlich aller bisher als Einfühlung beschriebener Beobachtungen".[123] Polanyi bezog sich hier insbesondere auf Diltheys Aussage: „Um den Geist eines Menschen zu verstehen, müsse man sein Schaffen noch einmal durchleben".[124] Für eine Trennungslinie zwischen Geistes- und Naturwissenschaft ist dies für Polanyi unzureichend. Es meint dies vielleicht eine empathische Qualität, die Rogers mit den Worten „als ob man die andere Person wäre", ohne

---

119 Vgl. Gigerenzer 2008, 25.
120 Polanyi 1985, 15.
121 Ebd, 15f.
122 Vgl. Isermann 2010, 63.
123 Polanyi 1985, 24.
124 Dilthey 1927; zit. n. Polanyi 1985, 24.

diese Als-ob-Position aufzugeben, beschrieb.[125] Die Als-ob-Position als Psychotherapeutin aufzugeben, würde bedeuten, sich mit der Klientin eigentlich ungewollt zu identifizieren. Polanyi jedoch geht es um eine Verinnerlichung durch Einfühlung im Sinne der Identifikation mit etwas. Das ist es, was er als über die Empathie hinausgehend bezeichnet. Das Zuwenden ermöglicht Gewahrwerdung. Diese geht mit der Ausweitung der Reichweite unserer Körperempfindungen so weit einher, bis wir sie einschließen, sie verinnerlichen.[126] Auf die wissenschaftliche Praxis bezogen, bedeutet das: Ich kann mich auf eine bestimmte Theorie stützen, bis ich sie verinnerlicht habe. Wirklich begreife ich sie erst dann, wenn ich sie anwenden konnte und sodann erkenne. Polanyi macht im Hinblick auf das eher gängige Objektivitätsideal darauf aufmerksam, dass „der Prozeß der Formalisierung allen Wissens im Sinne einer Ausschließung jeglicher Elemente impliziten Wissens sich selbst zerstört".[127] Der „bloße Blick auf die Dinge" genügt nicht, Verstehen entsteht durch Einfühlung der Zusammenhänge in Beziehung zu- und miteinander im Rahmen eines (zu werdenden) Gesamtbildes.[128] Wesentlich dabei ist es, die Distanz oder Nähe so zu dosieren, dass das Gesamtbild als Ganzes noch vorhanden bleibt. Das wiederum gilt nicht nur für die wissenschaftliche Herangehensweise, sondern die psychotherapeutische Situation an sich sowie jegliche anderen Erfahrungen, die wir tagtäglich erleben.

Was bedeutet dieses implizite Wissen für das aktuelle Forschungsprojekt? Ein Problem im Sinne Polanyis zu sehen heißt, etwas Verborgenes zu sehen. Es bedeutet, Ahnung vom Zusammenhang unbegriffener Einzelheiten zu haben: „Das Problem ist gut, wenn die Ahnung richtig ist; es ist originell, wenn niemand sonst die von uns antizipierten Möglichkeiten sieht, wie man es verstehen könnte".[129] Es bedeutet für Polanyi, das für selbstverständlich Gehaltene in seinem Selbstwiderspruch zu bemerken und darauf hinzuweisen. Implizitem Wissen zugrunde liegt die Fähigkeit, ein Problem richtig zu erkennen, diesem nachzugehen und sich in der Annäherung an Lösungen von der „Intelligenz des Unbewussten"[130] und dem eigenen Orientierungssinn leiten zu lassen, das Unbestimmte zu entdecken und zu antizipieren.[131]

---

125 Rogers 2009, 44.
126 Vgl. Polanyi 1985, 23f.
127 Ebd., 27.
128 Ebd., 25.
129 Ebd., 28.
130 Gigerenzer 2008, 242.
131 Vgl. Polanyi 1985, 30.

2 Personenzentrierte Psychotherapie

> „Therapie ist ein Prozeß, ein Ding an sich, eine Erfahrung, eine Beziehung, eine wirksame Kraft".[132]

Personenzentrierte Psychotherapie, schreibt Reinhold Stipsits in seinem Vorwort zu „Perspektiven Rogerianischer Psychotherapie", ist in „all ihrer Schlichtheit ein komplexes Bemühen um Verstehen und Selbstverstehen".[133] Mit einer kurzen Einführung in die durchscheinende Dynamik des personenzentrierten Ansatzes möchte ich meinen Blick hinter die Kulisse dieser scheinbaren „Schlichtheit" richten. Was bedeutet „komplexes Bemühen", und was genau meint „Verstehen und Selbstverstehen"?

2.1 Anthropologie und wissenschaftstheoretische Zusammenhänge

Dem personenzentrierten Ansatz liegt ein erkenntnistheoretisches und entwicklungspsychologisches Menschenbild zugrunde, das Motivations-, Persönlichkeits- und Beziehungstheorien sowie Theorien leidender Menschen und ihrer Therapien, verbindet. Peter F. Schmid versteht die Grundlagen des Therapieansatzes als eine „nahe am Erleben" seiende „ethische Position"[134] und als beziehungsorientierte Selbsterfahrung, die einer „Persönlichkeitsentwicklung durch personale Begegnung"[135] Raum gibt. Was genau bedeutet das nun, wenn ich den Anspruch, sich krebskranken Menschen personenzentriert und beziehungsorientiert zu widmen, nahezu durchgängig in der psychoonkologischen Fachliteratur finde?[136] Schmid weist in seinem Artikel – „Eine zu stille Revolution?" – darauf hin, dass der von Rogers gewünschte personenzentrierte und beziehungsorientierte Paradigmenwechsel noch nicht vollzogen wurde.[137] Das Potenzial des personenzentrierten Ansatzes wird weder in psychosozialen noch in gesellschaftspolitischen Bereichen genutzt. Die Kernvariablen finden sich zwar in so mancher Fachliteratur, werden jedoch beliebig in unterschiedliche Kontexte eingebaut. So werden Authentizität/Kongruenz, bedingungslose positive Wertschätzung und Empathie im Beziehungskontext vielfach instrumentalisiert und als Mittel zum Zweck der Durchführung einer bestimmten (psycho-)therapeutischen Intervention eingesetzt. Nicht darauf geachtet wird, dass diese spezifische Art der Beziehung und Begegnung an sich Therapie ist und eine tiefergehende Betrachtung erfordert.[138]

Anthropologisch betrachtet ist für Schmid die Herkunft des Personbegriffs nicht eindeutig. Denn, sowohl der etruskische Dämon „Phersu" als auch das griechische

---

132 Rogers 2003a, 15.
133 Stipsits & Hutterer 1992, 11.
134 Vgl. Schmid 2002, 78.
135 Ebd., 88.
136 Zum Beispiel: Fässler-Weibel & Gaiger, 2009; LeShan 2006; Meerwein & Bräutigam, 2000; Schwarz & Singer, 2008.
137 Vgl. Rogers & Russell 2002; Schmid 2008, 124.
138 Vgl. Schmid 2008, 124f.

„Prosopon" verweisen auf die Doppelbedeutung von Gesicht (wer man selbst ist) und Maske (wer man nach außen hin in Beziehung zu anderen ist). Dieser Aspekt ist für mich gut nachvollziehbar, wenn ich überlege, in wie viele Rollen wir tagtäglich hineinschlüpfen und wie viele Masken wir uns Tag für Tag aufsetzen mögen. Über den lateinischen, alltagssprachlichen Rollenbegriff „persona" in der Theologie und Philosophie, erklärt Schmid weiter, entwickelten sich zwei entgegengesetzte Auffassungen des Menschen als Person. Der *substanzielle Personbegriff* betont – wesentlich seiend – das wahrhafte und wirkliche Wesen einer Person.[139]

Bevor ich nun die anthropologischen und wissenschaftstheoretischen Zusammenhänge des personenzentrierten Ansatzes näher ausführe, möchte ich einen Exkurs zu Aristoteles' Vorstellungen der Seele als Prinzip des Lebens machen. Mein Ansinnen ist ein Brückenschlag zur Intentionalität, den phänomenologischen Betrachtungen und zu Rogers' substanziellem Personbegriff sowie der Aktualisierungstendenz. Ich habe den Eindruck, dass dieser Bezug in der personenzentrierten Literatur zwar angedeutet, jedoch nicht ausgeführt wird. Für Aristoteles ist das Seiende das, was das Wesen ausmacht, die Seele die substanzielle Form der Lebewesen und Lebensprinzip von Pflanzen, Tieren und Menschen.[140] Er beschrieb es über vier Hauptbedeutungen: das Sosein, das Allgemeine, die Gattung und das Zugrundeliegende, wobei das Zugrundeliegende, das Subjekt, das ist, was das Wesen bestimmt.[141] Das Allgemeine sah er, als das dem Begriff nach Bekannte. Das Einzelne ist das, was mir der Wahrnehmung nach bekannt ist[142]: „Was du also an dir selbst bist, das ist dein Sosein".[143] Dieses Sosein ist einzigartig. Es ist ein einzelnes Etwas, qualitativ und quantitativ nur *einem* Wesen zugeordnet. Das Seiend-Sein und das Seiende ist für Aristoteles notwendig ein und dasselbe, wenn es unbedingt und in Beziehung zu sich selbst ausgesagt wird. Ein Ding zu erkennen heißt, sein Sosein zu erkennen. Denn jedes einzelne Ding gilt für nichts anderes als für sein eigenes Wesen. Das Sosein wird eben als das Wesen, das Subjekt jedes Einzelnen bezeichnet.[144]

Das Seiende verstand Aristoteles dem Begriff und der Teilung nach als eine Vielfalt, dem bedingend etwas Werdendes zugrunde liegt. Dieses ist immer zusammengesetzt und zielgerichtet. Es entsteht teilweise durch Umformung, durch Fortnehmen, durch Zusammenfügen und durch Eigenschaftsveränderung:[145] „Es gibt das Etwas, *das* da wird, und das, *wozu* dieses wird, und dies auf doppelte Weise: entweder das Zugrundeliegende oder das Gegensätzliche".[146] Ich denke hier an Rogers' Selbstkonzept. Dieses dem Wesen Zugrundeliegende und daraus resultierende Spannungsverhältnisse (Entstehung, Intentionalität, Veränderung) sind Gegenstand der (Personenzentrierten) Psychotherapie. Für Aristoteles entstand alles aus dem Zugrundeliegenden: das heißt,

---

139 Ebd., 125.
140 Vgl. Brentano 2008, XVIII.
141 Vgl. Aristoteles 1995a, 133f.
142 Vgl. Aristoteles 1995b, 14.
143 Aristoteles 1995a, 136.
144 Vgl. ebd., 140f.
145 Vgl. Aristoteles 1995b, 5–19.
146 Ebd., 19.

das dem Subjekt und der Form beziehungsweise Formgebung zugrundeliegende, wie er es nannte. Betont wird die Zweiheit beziehungsweise der Gegensatz. Das Beharren nannte Aristoteles als Mitursache des Werdens, aber das Strebende ist der dem Wesen zugrundeliegende Drang. Hier finde ich einerseits eine anthropologische Verbindung zu dem Personbegriff als auch zu dem einzigen Axiom des personenzentrierten Ansatzes, der grundlegend wachstumsorientierten Aktualisierungstendenz des Organismus. Für die Bewusstwerdung, Gewahrwerdung beziehungsweise in der Folge Symbolisierung – für Rogers Voraussetzung eines Veränderungsprozesses – zeigen sich einige Parallelen:

> „Das endlich Zur-Wirklichkeit-Kommen eines bloß der Möglichkeit nach Vorhandenen, insofern es eben ein solches ist – das ist [entwickelnde] Veränderung [...]. Das Zur-Wirklichkeit-Kommen des Möglichen, insofern es möglich ist, das ist ganz offenkundig: Veränderung".[147]

Aristoteles verwies darauf, dass Veränderung genau zu jenem Zeitpunkt stattfindet, wenn Verwirklichung selbst sich vollzieht, und zu keinem anderen. Das bedeutet, dass Veränderung im Moment der Verwirklichung stattfindet. Er sagte zudem, alles Verändernde selbst befinde sich in Bewegung. Jede Veränderung hat einen Ausgangspunkt und ein Ziel. Die Frage ist, wovon geht sie aus, wohin bewegt sie sich und wofür beziehungsweise wozu? Er sprach von Veränderung allein als einen, das Subjekt betreffenden Wandel aus einem Zugrundeliegenden zu einem Zugrundeliegenden. Bei Rogers finde ich hier die Vorstellung von Veränderung durch Symbolisierung und einer integrierenden Selbsterfahrung. Aristoteles gab, auf den Aspekt der Intentionalität hinweisend, drei zusammenhängende Formen der Veränderung an: das „*Wie-Beschaffen*", das „*Wieviel*" und der „*Ort*"[148] basierend auf Veränderung aus dem Subjekt, zu dem Subjekt.[149] Genau dieser Aspekt führt mich nun wieder zu der Personenzentrierten Psychotherapie zurück. Von Aristoteles ausgehend und sich, wie Schmid schreibt, über Boëthius, Thomas von Aquin, Kant, bis hin zur Existenzphilosophie und Phänomenologie von heute fortsetzend, ist diese begriffliche Diskussion um das Substanzielle relevant. Nachgegangen wird der Frage, wer eine Person in ihrer Individualität, Freiheit, Selbstbestimmtheit und Verantwortlichkeit, an sich ist. Person sein heißt, „Aus-sich-Sein" und „Für-sich-Sein".[150]

Die zweite entgegengesetzte Auffassung des Menschen als Person sieht Schmid in dem auf Augustinus zurückgehenden *relationalen Personbegriff*. Dieser definiert die Beziehungsangewiesenheit des Menschen und nährt sich aus der Phänomenologie und Begegnungsphilosophie. Person ist, wer durch andere ist. Der auch transzendente oder dialogisch genannte Personbegriff, erfasst die Einbindung der Menschen als soziale Wesen in Beziehungen und Wechselseitigkeit und in ihrer Verbindung zu und mit der Welt. Die Ich-Du-Beziehung ist durch die Unmittelbarkeit, Gegenwärtigkeit und Reflexion geprägt. Sowohl der substanzielle als auch der relationale Personbegriff stehen zueinander in einer dialektischen Spannung. Beide Begriffe sind zwar nicht vergleich-

---

147 Ebd., 51f.
148 Ebd., 123.
149 Vgl. ebd., 52–124.
150 Schmid 2007, 36.

bar, bedingen einander jedoch. Diese dialektische Spannung zu- und miteinander gilt es als Mensch grundsätzlich auszuhalten und Tag für Tag zu bewältigen.[151]

In der Analytischen Psychologie nach Carl Gustav Jung beispielsweise findet sich der Begriff des Schattens. Kurz erwähnen möchte ich hierzu Verena Kasts Konzept von Persona und Schatten, welches sie unter anderen in ihrem Werk „Trotz allem Ich" eindrucksvoll beschreibt.[152] Das Bedürfnis echt zu sein, also das, was ich bin, gepaart mit den von außen kommenden Anforderungen, kann zu Konflikten führen: „Es ist konstitutiv für die Persona und die Identität, sich an den eigenen inneren Anforderungen zu messen, sich damit zu beschäftigen, was die anderen sagen. Was das Selbstkonzept entweder bestätigt oder zur Revision anregt, bestimmt aber auch den Schatten".[153] Eine Sensibilisierung und Akzeptanz der eigenen Schattenseiten fördert die Selbsterkenntnis, die Vitalität und Toleranz sowohl sich selbst als auch anderen Menschen gegenüber.

In der Wiederannäherung an das personenzentrierte Menschenbild, bedarf es der Berücksichtigung dreier philosophischer und erkenntnistheoretischer Strömungen: Der *phänomenologischen Betrachtung* des Menschen aus seinem subjektiven Bezugsrahmen, wonach sich ‚jeder Mensch [...] [als] Mittelpunkt seiner Welt und Wirklichkeit' versteht.[154] Es ist dies ein Grundsatz der Psychotherapie, die subjektive Realität jeder Person radikal ernst zu nehmen. Der Klient soll, aus sich und seinem Bezugsrahmen heraus, erkannt und in seiner Einzigartigkeit verstanden werden.[155] Rogers konkretisierte dies in seiner Aussage: *„Es gibt ebensoviele ‚wirkliche Welten' wie es Menschen gibt!"*[156] Einerseits hat das Bewusstsein des Menschen die objektive Welt geschaffen. Hauptsächlich jedoch entsteht in dem Bewusstsein jedes einzelnen Menschen seine eigene Welt, seine eigene objektive Existenz und Bedeutung.[157] Zu erkennen ist, wie Subjektivität und Objektivität einander bedingen, es ohne Subjekt kein Objekt gibt.

Die zweite Strömung fließt aus dem *Existenzialismus* und der Berücksichtigung von Authentizität, Wahlfreiheit und Selbstverantwortung, wie wir sie in der Existenzphilosophie finden, ein.[158] In seinen Denkansätzen fand sich Rogers streckenweise durch Sören Kierkegaards philosophisches Gedankengut bestätigt: „denn das Selbst sein wollen, das er in Wahrheit ist, ist ja gerade das Entgegengesetzte der Verzweiflung, er will nämlich sein Selbst von der Macht losreißen, die es setzte".[159] Das Selbst sein zu wollen, das man in Wirklichkeit ist, findet sich als Grundsatz in Rogers' Werken. Kierkegaard bezog sich auf die Verzweiflung des Selbst aus dem Verhältnis zu sich selbst, das kein Mensch loswerden kann. Ein Mensch ist dann verzweifelt, hin bis zur Hoffnungslosigkeit, wenn er nicht er selbst sein kann oder darf. Eine Erfahrung, die sich im psychotherapeutischen Prozess mit krebserkrankten Personen in der Auseinanderset-

---

151 Vgl. ebd., 37–39.
152 Kast 2003.
153 Ebd., 105.
154 Stumm & Keil 2002, 9.
155 Vgl. ebd.
156 Rogers 2005d, 179.
157 Vgl. ebd., 180.
158 Vgl. Keil & Stumm 2002, 9.
159 Kierkegaard 2002, 20.

zung mit der eigenen Endlichkeit und durch das verzweifelte Gefühl, sich aus Angst, Sorge und Abhängigkeit an die soziale Umgebung (Familie, Versorgung, Beruf) anpassen zu müssen, häufig bestätigte. Eine Maske abzulegen, die als Teil des wirklichen Selbst angenommen wurde, kann in der Psychotherapie ein zutiefst beunruhigendes Erlebnis sein, bis das Gefühl da ist, frei zu denken, zu fühlen und zu sein. Dann erst, sagte Rogers, bewege sich der Einzelne in die Richtung des wirklichen Selbst.[160] Kierkegaards Ideal war die Beseitigung (Entgegnung) der Verzweiflung: „Indem es sich zu sich selbst verhält und indem es es selbst sein will, gründet das Selbst durchsichtig in der Macht, die es setzte".[161] Ähnlich jenem Ideal Rogers' einer „fully functioning person", einer hypothetisch optimal entwickelten Persönlichkeit.[162] Ist eine Person in einem „fließenden Sinn" mit sich selbst, ist sie ein empfindsamer, offener, realistischer, aus sich heraus geleiteter Mensch, der sich mit Mut und Fantasie ständig wechselnden Situationen anpasst. Dann ist sie bemüht ständig in Bewegung zu bleiben, um „in Bewußtsein und Ausdruck mit den ganzen organischen Reaktionen übereinzustimmen".[163]

Die dritte Strömung des personenzentrierten Ansatzes verweist auf die *Begegnungsphilosophie* Martin Bubers. Sie fokussiert die Beziehungsangewiesenheit des Menschen samt Wechselseitigkeit in Verbindung zu und mit der Welt durch Unmittelbarkeit, Gegenwärtigkeit und Reflexion.[164] Bubers legendäre Aussage: „Ich werde am Du; Ich werdend spreche ich Du", denn „alles wirkliche Leben ist Begegnung"[165], betont die grundsätzlich soziale Bezogenheit des Menschen nicht nur am *Zwischen*, sondern gleichermaßen *durch* den anderen und die Kraft der dialogischen Begegnung und Beziehung.[166] Bubers Aussage, ‚den anderen [zu] bestätigen', hatte für Rogers eine bestimmte Bedeutung: „Wenn ich ihn als einen Menschen im Prozeß des Werdens ansehe, dann trage ich meinen Teil dazu bei, seine Potentialitäten zu bestätigen oder real werden zu lassen".[167]

Die sich im personenzentrierten Personbegriff abzeichnende Spannung ist das charakteristische und tragende Element des sich an der Aktualisierungstendenz orientierenden Ansatzes. Sie findet im Psychotherapieprozess in der Qualität ihren Ausdruck, als der Klient durch das Beziehungsangebot er selbst wird. Er versteht, was er immer schon selbst war und ist offen dafür, was er noch werden kann.[168] Er versteht darüber hinaus, so Stipsits, dass er immer in Beziehung zu einer „unmittelbaren Umgebung" lebt und in dem, was er erzählt, die „Gemeinschaft aller Personen" mitdenkt.[169]

---

160 Vgl. Rogers 2002, 116.
161 Kierkegaard 2002, 14.
162 Rogers 2009, 70.
163 Rogers 2002, 181.
164 Vgl. Schmid 2007.
165 Buber 1995, 12.
166 Vgl. Schmid 2007, 37f.
167 Vgl. Rogers 2002, 69.
168 Vgl. Schmid 1999, 183.
169 Stipsits 1999, 50.

2.2 Organismus als Leitsystem: Aktualisierung – Selbstaktualisierung

Kurt Goldstein, Neurologe und Psychiater, ging von der Einzigartigkeit des menschlichen Organismus als ganzheitliches Energiesystem aus, dessen Potenziale aus dem Wachstumsprozess geschöpft werden. Das Hauptmotiv des Menschen sah er eher in der Selbstverwirklichung als in der Spannungsreduktion, dem Ausgangspunkt der Psychoanalyse nach Sigmund Freud. Goldsteins Ganzheitstheorie des Organismus leitete einen Paradigmenwechsel, die Humanistische Psychologie als sogenannte „dritte Kraft", in Abgrenzung zu der bereits etablierten Psychoanalyse und Verhaltenstherapie, ein. Die Selbstaktualisierung als organismische Erfahrung wurde im Sinne einer erlebensnahen Selbstregulierung zu einem Schlüsselkonzept für humanistische Therapierichtungen.[170]

Der Begriff *Aktualisierungstendenz* „bezeichnet die dem Organismus innewohnende Tendenz zur Entwicklung all seiner Möglichkeiten; und zwar so, dass sie der Erhaltung oder Förderung des Organismus dienen".[171] Diese grundlegende Aktualisierungstendenz, als einziges Motiv für Entwicklung und Entfaltung, wird Rogers' theoretischem System als Axiom vorausgesetzt und bewährt sich vor allem als „Richtschnur therapeutischen Handelns".[172] Der Begriff geht über die Grundbedürfnisse des Organismus im Maslow'schen Sinn hinaus. Die zentrale Quelle des Organismus ist der Organismus selbst mitsamt seinem inneren Kern der menschlichen Persönlichkeit, der sowohl selbsterhaltend als auch sozial ist.[173] Wird diese Tendenz gefördert, führt sie sich selbstregulierend zu Wachstum und Reife. Diese Entwicklung und Entfaltung, sofern sie günstig verläuft, geschieht auf eine konstruktiv und sozial verbindende Art und Weise.[174] Wie der Ursprung der Kreativität, lehnt sich die Aktualisierungstendenz an das Bestreben des Menschen sich selbst zu aktualisieren und seine Möglichkeit zu werden an. Sie ist als treibende Kraft in der Tiefe eines Menschen zu finden, wie auch die Kraft, die Psychotherapie in sich birgt.[175] Zu verstehen ist sie als Kern der personenzentrierten Auffassung von Motivation und Entwicklung, nämlich komplex, selektiv und zielgerichtet.[176] Jede Erfahrung einer Person wird von unserem Organismus dahingehend überprüft und bewertet, wie sie das gesamte System bestmöglich erhalten und fördern kann. So gesehen bietet die Aktualisierungstendenz an sich eine Grundlage für Resilienz.[177] Sie bestätigt sich vor allem in Situationen, die eine Entscheidung erfordern. Durch die bewusste Wahrnehmung einer individuell gewählten Situation und durch differenzierte und exakte Symbolisierung von Erfahrungen, wird diese genau auswählende Funktion der Aktualisierungstendenz deutlich.[178] All unsere Wahrnehmungen beziehungsweise Gewahrwerdungen, so Rogers, sind Konstruktionen aus Vorerfahrungen und Annahmen

---

170 Vgl. Hutterer 1998; Kritz & Slunecko 2007; Pervin 2000.
171 Rogers 2009, 26.
172 Vgl. Höger 2006, 39.
173 Vgl. Rogers 2002, 100f.
174 Vgl. Rogers 2004b, 41.
175 Vgl. Rogers 2002, 340.
176 Vgl. Hutterer 1992; Moon 2005.
177 Vgl. Cornelius-White 2010, 141.
178 Hutterer 1992, 155.

über unsere Zukunft. Diese müssen nicht unbedingt mit unseren ‚wirklichen' Erfahrungen oder der ‚Realität' übereinstimmen. Exakte Symbolisierung meint, dass sich unsere individuellen Hypothesen im Rahmen der Gewahrwerdung dadurch bekräftigen, dass wir sie testen.[179] Die Aktualisierungstendenz ist dabei ständig präsent und aktiv. Sie kann zwar blockiert, eingeschränkt und verformt, aber nicht zerstört werden, ohne den Organismus selbst zu vernichten.[180] Kann die Person zur vollen Entfaltung kommen, lernt sie darauf zu vertrauen, ihr *Erleben* als den „befriedigendsten und klügsten Maßstab für geeignetes Verhalten" zu erfahren.[181] Dies bezeichnet, wie zuvor erwähnt, Rogers' Ideal einer „fully functioning person".

Kommt es zu Spannungen zwischen dem Erleben des Organismus und dem bewussten Selbstkonzept, gelangt die Aktualisierungstendenz in einen Zwiespalt. Gestützt wird zwar die Tendenz des Selbstkonzeptes einer Person, sie kommt jedoch mit den ebenfalls vorhandenen Bedürfnissen des Organismus durch Ansprüche oder Anforderungen, die mit den bewussten Wünschen nicht zu vereinbaren sind, in einen Konflikt. Diese innere Diskrepanz – im personenzentrierten Ansatz Inkongruenz genannt – und einhergehend gefühlte Spannungen sind die Ausgangspunkte psychotherapeutischer Beziehung und Begegnung. Therapeutisch bedeutet das, den Klienten zu unterstützen, sich seiner persönlichen Verwirklichungs- und Entwicklungsprozesse bewusst zu werden sowie seiner Entwicklung und Entfaltung zu vertrauen. Der Klient selbst bestimmt als Experte seiner selbst den therapeutischen Prozess im Hinblick auf das innere Erleben, das Tempo und die Richtung der Therapeuten-Klienten-Beziehung.[182]

Die *Selbstaktualisierungstendenz* einer Person läuft parallel zu der Entwicklung des Selbst. Sie ist speziell auf das Selbst ausgerichtet und von der Aktualisierungstendenz genau zu unterscheiden.[183] Der Organismus, erklärt Hutterer, symbolisiert einen Teil der Erfahrungen, als Selbsterfahrungen. Dies tut er über das Bewusstsein seiner eigenen Existenz und Handlungen. Durch Interaktionen und Erfahrungen mit der Umwelt entwickelt und formt sich ein Subsystem, das für den physischen Organismus als Selbstkonzept, als Selbst oder Selbststruktur, als unterscheidbares Wahrnehmungsobjekt differenzierbar wird. Dieses Subsystem wird zwar von der Dynamik der an sich ‚selbstlosen' Aktualisierungstendenz gestützt und genährt, agiert jedoch in eigenen Gesetzmäßigkeiten und entwickelt eine neue Orientierungsfunktion. Zwischen diesen beiden Systemen entstehen neue selektive Formen der Kommunikation, des Austausches, der Verarbeitung und der Art und Weise der Durchlässigkeit, Filterung oder Abschirmung anderer innerer oder äußerer Systeme. Sprechen wir von der Selbstaktualisierung, bezieht sich diese immer auf die dynamisch wirkende Dimension der Eigengesetzlichkeit des Selbstsystems.[184]

---

179 Vgl. Rogers 2009, 29f.
180 Vgl. Rogers 2003b, 69.
181 Rogers 2004b, 137.
182 Vgl. Rogers 2004b, 43–59.
183 Vgl. Höger 2006, 69.
184 Vgl. Hutterer 1992, 159.

Stimmen die Erfahrungen des Selbst mit den organismischen Erfahrungen nicht überein, tendiert die Selbstaktualisierungstendenz dazu, mit Ablehnung oder Verzerrung zu reagieren, um das Selbstkonzept nicht zu gefährden. Durch die Bildung starrer, sich selbsterhaltender und stabilisierender Selbstkonstrukte wird das Selbsterleben an diese Konstrukte gebunden und eingeengt. Die organismischen Erfahrungen sind dann blockiert und dem Erleben nicht mehr offen zugänglich. Sie können nicht mehr interagieren und daher auch nicht integriert werden. Die Selbstregulierung im Sinne eines konstruktiven Austausches zwischen dem Organismus und seiner Umwelt (Bedürfnisbefriedigung, Erhaltung und Weiterentwicklung des Selbst) ist gestört oder irritiert und kann nicht mehr balanciert werden. In der Folge stimmen die Signale und Botschaften des Organismus mit dem Selbsterleben nicht mehr überein.[185] Es entsteht eine Inkongruenz zwischen Aktualisierungs- und Selbstaktualisierungstendenz. Diesen Widerspruch verdeutlicht Rogers in einem Beispiel: ‚Was ich tun sollte oder tun möchte, das tue ich nicht'.[186] Die Inkongruenz entsteht durch das „Sollen", das nicht mit dem „Wollen" übereinstimmt. Ihren Ausdruck findet sie phänomenologisch in unterschiedlichen Formen psychischen Leidens oder psychischen Drucks.[187] In einem entsprechenden, therapeutischen Klima können Inkongruenzen durch exakte Symbolisierung und Vertrauen in das erlebte Selbst integriert werden, das heißt sich wieder an die organismische Erfahrung angleichen.[188] Die Bedeutung der exakten Symbolisierung betrifft Gefühle, Gedanken, Worte und Körperempfindungen, die aufeinander bezogen sind und interagieren. Diesen erlebens- und erfahrungsbezogenen Dimensionen widmete sich vor allem Gendlin in seiner Entwicklung der Focusing-orientierten Psychotherapie. Der Körper selbst ist Sitz des Bewusstseins. Bewusstes Erleben ist daher zugleich immer körpergebunden.[189]

2.3 Persönlichkeitstheorie im Fokus des Selbstkonzepts

Für Rogers ist das Selbst „als eine strukturierte, konsistente Vorstellungsgestalt denkbar", die sich aus den Wahrnehmungen vom ‚Ich' beziehungsweise vom ‚Mich', und den Wahrnehmungen von den Beziehungen dieses ‚Ich' zur Außenwelt, und anderen Personen zusammensetzt. Aus der Gesamtheit aller Wahrnehmungen, Erfahrungen und Beziehungen vom eigenen ‚Ich' sowie den damit verbundenen Wertvorstellungen, bildet sich das Selbstkonzept. Rogers spricht von einer fließenden, veränderlichen aber einheitlichen Gestalt, die nicht unbedingt bewusst, dem Bewusstsein aber zugänglich ist.[190] Im Rahmen der Psychotherapie wird die Bedeutung des Selbst daher aufgegriffen und der aktuellen Situation angepasst. Das *Sein* bekommt eine andere Qualität: „Die Therapie ist eine Erfahrung unmittelbar *des* Selbst und nicht über das Selbst. [...]Ände-

---

185 Vgl. Hutterer 1995, 840.
186 Rogers 2004b, 142.
187 Vgl. Hutterer 1995, 940.
188 Vgl. Rogers 2004b, 142.
189 Gendlin 1998; Hutterer 1998.
190 Rogers 2004b, 42.

rungen im Verhalten stellen sich fast von selbst ein, wenn eine Reorganisation der Wahrnehmungsstruktur *erlebt* wird".[191]

Das Selbstkonzept entsteht durch die Aneignung von Wahrnehmungsmodellen und daraus resultierenden Erklärungsmodellen, die es einer Person ermöglichen, dem Leben zu begegnen. Unter Erleben wird hier der allumfassende Prozess der unmittelbaren Gefühlserlebnisse verstanden.[192] Kommt ein konkretes Ereignis, wie die Diagnose einer Krebserkrankung *über mich und mein Leben*, ergibt sich für die betreffende Person daraus die Frage, welche Bedeutungen sie dieser Erfahrung gibt, wie sie sie spürt, interpretiert und in ihr Leben einbettet, und was daraus für ihr weiteres (Er-)Leben folgen kann. Diese inneren Bedeutungszuschreibungen tun etwas. Sie beeinflussen die weitere Entwicklung, Entfaltung und individuelle Lebensqualität.

Eine Theorie der Persönlichkeit und des Verhaltens

In der Herangehensweise an den Themenschwerpunkt „subjektives Erleben" vertiefe ich mich in Rogers' Angebot eines „erläuternden Konstrukts", eines „Begriffssystems zur Betrachtung der Persönlichkeit".[193] Als Grundlage für psychotherapeutische Begegnungen mit krebskranken Menschen, wie auch auf institutionell interaktiver Ebene, sind sie für Reflexionen ein hilfreiches Gerüst. Pörtner bedauert in ihrem Buch „Alt sein ist anders", dass der Begriff *Selbstkonzept* etwas in Vergessenheit geraten ist, obwohl er als wichtiges Element des personenzentrierten Ansatzes außerordentlich hilfreich ist, um selbst Menschen mit schwer nachvollziehbaren Verhaltensweisen besser zu verstehen.[194] Krebs zu haben bedeutet ungewollt anders zu werden, sich anders wahrgenommen und begegnet zu fühlen. Nicht nur das, treffen diese Thesen grundsätzlich auf alle im Handlungsfeld tätigen oder interagierenden Personen zu. In den nun folgenden Erläuterungen konzentriere ich mich zwar abwechselnd auf die phänomenale Welt aus meiner eigenen Position betrachtet beziehungsweise auf jene krebskranker Menschen, vorausgesetzt sei jedoch, dass die Vielzahl aufeinandertreffender Selbstkonzepte im Alltag, wie auch im psycho-sozio-onkologischen Kontext, mögliche Spannungsverhältnisse in Beziehungen, in alltäglichen Interaktionen und in der Psychotherapie repräsentieren. Im Jahre 1951 veröffentlichte Rogers seine neunzehn phänomenologisch begründeten Thesen zu einer „Theorie der Persönlichkeit und des Verhaltens"[195], die ich zur Beantwortung meiner Fragestellung heranzog und nun durch einige Beispiele aus den Verdichtungsprotokollen[196] meiner Gesprächspartnerinnen themenspezifisch näher erläutern möchte:

---

191 Ebd., 143.
192 Vgl. ebd., 139–143.
193 Rogers 2003a, 458 und 417.
194 Vgl. Pörtner 2005, 32f.
195 Rogers 2003a, 417–458.
196 Nähere Ausführungen finden sich unter Kap. 5.3.5 und Kap. 5.3.6.

„I. Jedes Individuum[197] *existiert in einer ständig sich ändernden Welt der Erfahrung, deren Mittelpunkt es ist".*

Diese Welt umfasst das, was mein Organismus bewusst oder unbewusst wahrnimmt. Dennoch ist mir nur ein begrenzter Teil meiner Erfahrungen zugänglich. Viele meiner organismischen Eindrücke und Sinnesempfindungen kann ich daher nicht symbolisieren. Genauso geht es mir mit jenen Wahrnehmungen, die gerade nicht im Mittelpunkt meines gegenwärtigen Interesses liegen. Erst wenn ich meine Aufmerksamkeit gezielt darauf richte, beginne ich diese spezifische Wahrnehmung oder Erfahrung bewusst zu erfassen und zu symbolisieren. Jede Einzelperson lebt in einer Welt, die nur ihr bekannt ist. Löwe drückt es in seinem Erstgespräch deutlich aus:

> „Wenn jetzt andere Menschen Krebs haben, kann ich mich trotzdem nicht so reinfühlen. Jeder Krebs ist nicht gleich. Auch wenn dieser dieselbe Krankheit hat wie ich, ist das nicht das Gleiche. Das Umfeld ist anders. Er nimmt das anders wahr".[198]

Löwe ist sich dessen bewusst, dass er zwar seine Welt erspürt, wahrnimmt und beschreibt, sein Erleben jedoch nicht mit jenem einer anderen Person gleichsetzen kann. Der Erhalt der Diagnose Krebs ist ein einschneidendes und traumatisches Ereignis. Die Intensität der Empfindungen nachvollziehen oder verstehen zu können, ist anderen nicht möglich. Dennoch lassen wir uns ab und an dazu verleiten zu glauben, die Gesamtheit der Dynamik erfassen und verstehen zu können. So reagiert Geli beispielsweise sehr feinfühlig: „Ich vertrage es auch nicht, wenn er sagt: ,Ja ich verstehe dich und weiß, wie es dir geht'. Da könnte ich auszucken. Nein, weißt du *nicht* (betont), wie es mir geht".[199]

Als Psychotherapeutin ist mir bewusst, dass nur *diese* an Krebs erkrankte Einzelperson wissen kann, wie sie ihre Erfahrungen wahrnimmt, selbst wenn ich noch so bemüht bin, mich in die „private Welt"[200] *dieser* krebskranken Klientin einzufühlen. Für viele empfundene Impulse braucht es bestimmte Voraussetzungen, um in das Bewusstsein eindringen zu können. Das tatsächliche Wissen dieser krebskranken Person und ihre tatsächliche Bewusstheit sind zwar, wie meine, begrenzt, können jedoch nur von der betroffenen Person selbst vollständig erkannt werden. Selbiges gilt für jede andere Einzelperson.

„II. Der Organismus reagiert auf das Feld, wie es erfahren und wahrgenommen wird. Dieses Wahrnehmungsfeld ist für das Individuum ‚Realität'".
Ich reagiere ausschließlich auf jene Realität, die ich persönlich wahrnehme. Ein Aspekt, der für Krebskranke vor allem im sozialen Umgang oder im institutionellen Bereich, das heißt in der Interaktion mit ihrer Umwelt tragend werden kann. Das Verhalten Krebs-

---

197 Zwecks Klarheit in Anlehnung an Rogers 1997, 184; Anmerkungen des Übersetzers: „‚Individual' ist hier mit ‚Einzelperson' übersetzt. Dies entspricht der heutigen Bedeutung des Begriffs besser als die in den Übersetzungen Rogers' übliche Heranziehung des Lehnwortes ‚Individuum'". Desgleichen verwende ich hier häufiger das Wort „Person" bzw. „Personen".
198 Löwe 2010, I.
199 Geli 2010, I.
200 Rogers 2003a, 419.

kranker ist, wie meines, in jedem Fall der subjektiv wahrgenommenen Realität angemessen. Die Reaktion zu einem Schmerzphänomen aus Veras Erstgespräch beschreibt das Gemeinte:

> „Die Chemotherapie, die man vorher kriegt, die hat mein vegetatives Nervensystem kaputt gemacht. Das sind diese Schmerzen, die ich habe. Wochenlang bin ich gelaufen und das Einzige, was ich mir vom Dr. V anhören habe können: ‚Sind Sie froh, dass Sie überhaupt zur autologen [eigene Blutstammzellen] Knochenmarktransplantation aufgenommen worden sind. Wo anders müssten Sie das ambulant machen'. Sage ich: ‚Wissen Sie was, wenn ich das möchte, dann ziehe ich in das Land, und wenn es Ihnen bei uns nicht passt, dann ist es gescheiter, Sie gehen auch dorthin. Dann sind Sie da fehl am Platz. Gott sei Dank ist K (ein Staat) so sozial, dass wir das im Spital machen, und ich hätte mich sehen wollen, wo ich mich jeden Tag angeschissen habe von oben bis unten, wie ich das Daheim oder ambulant hätte machen sollen. Bis ich vom Auto schon einmal heroben gewesen wäre, hätte ich mich schon sechsmal angemacht'. Sage ich: ‚Das hätte ich mir anschauen wollen, wie ich, wie das zu machen gewesen wäre'. Das war sein ganzer Kommentar zu meinen Schmerzen. Auch der Prof. K war detto dasselbe, und vor allem – jetzt muss ich wieder zu diesen Leuten zurück, weil die dafür zuständig sind. Und das ist halt das, wo ich mir dann denke (weint)".[201]

Im sozialen Kontext besteht die Realität jedoch aus den Wahrnehmungen, die an sich schon einen hohen Grad an Allgemeingültigkeit haben. Rogers geht davon aus, dass wir unsere Wahrnehmungen ständig gegeneinander abwägen, um unsere individuelle Realität mit dem sozialen Umfeld zu vergleichen, und daraus Rückschlüsse für uns selbst bilden. Jede Wahrnehmung ist daher eine Hypothese, die ich durch Erfahrungen und Experimente ständig überprüfe. So entsteht ein bestimmter Grad an subjektiver Sicherheit und Vorhersagbarkeit, der durch eine Krebserkrankung zu einem bedrohlichen Grundsatzthema werden kann. Für die Überprüfung der eigenen Wahrnehmungen und Empfindungen kann die Psychotherapie für KlientInnen, sowie die Supervision für PsychotherapeutInnen, unter bestimmten Voraussetzungen einen angemessenen Rahmen zur Verfügung stellen.

„III. Der Organismus reagiert auf das Wahrnehmungsfeld als ein organisiertes Ganzes".

Mein Organismus strebt sowohl physiologisch als auch psychisch in Richtung total organisierter und zielgerichteter Reaktionen. Fühlt er sich blockiert, findet er einen anderen Weg um den gesamten Organismus aufrechtzuerhalten. Rogers nennt es kompensatorische physiologische Phänomene. An dieser Stelle sei ein Auszug aus Monikas Gesprächs zum Pychotherapieprozess erwähnt. Monika[202] wurde im Rahmen ihrer Chemotherapie ein neues Medikament verabreicht. Zuvor war sie angespannt, die intensiv gefühlte Angst stand im Vordergrund all ihrer Gedanken:

> „Da war wirklich der Panikpegel schon bis da rauf. Ich habe an dem Tag ja auch einen ziemlich hohen Blutdruck gehabt, von vornherein, von dem Kortison, was ich da nehmen musste. Ich war dann eigentlich schon gar nicht mehr selber *fähig* (betont), dass ich da irgendwie – ich

---

201 Vera 2010, I.
202 Monika 2010, II.

probiere es zwar immer, aber ich war da nicht wirklich fähig, dass ich dann positiv daran denke".

Der Gedanke versetzte sie in Panik, „dass ich dann dort liege, und mir speiübel ist". Sie wusste nicht, was sie erwarten würde. In meiner Funktion als Psychotherapeutin war ich bei ihr und fragte scheinbar intuitiv, wo sie denn jetzt gerade sein wolle. Monika reagierte sofort und stellte sich vor, in einem Baum, einer Eibe, zu sitzen. Sie beschrieb dieses aus der Tiefe ihres Inneren kommende Bild. Zuvor noch habe sie

> „wirklich krampfhaft darauf gewartet, dass dieses Taxol in mich hineinrinnt und bei jedem – und habe das eigentlich beobachtet, was tut der Körper um Gottes willen und hin und her. Sie haben mich da wirklich bewusst von dem weggeholt, und die Richtung mit der Eibe mit dem Bild und so, dass ich es eigentlich nur mehr positiv nehmen *kann* (betont). Ich wäre sonst sicher dort gelegen und hätte verzweifelt auf jeden Tropfen geschaut, und darauf gewartet, was mir jetzt Schlechtes passiert".

Dieses Beispiel zeigt, dass der Organismus, wie Rogers es formuliert, ein total organisiertes System ist und durch Veränderung nur eines Teils eine Veränderung des gesamten Systems möglich wird.

„IV. Der Organismus hat eine grundlegende Tendenz, den Erfahrung machenden Organismus zu aktualisieren, zu erhalten und zu erhöhen".
Diese zentrale These wurde bereits durch die Aktualisierungs- und Selbstaktualisierungstendenz beschrieben. Organische und psychische Bedürfnisse sind Teile eines grundsätzlichen Bedürfnisses des Gesamtorganismus. Es ist dies die Tendenz des Organismus, sich in Richtung Reife zu bewegen und zeigt, wie Beatrix Teichmann-Wirth in ihrem Artikel, „(M)Eine Krebserkrankung. Eine personzentrierte Wegbeschreibung", aus ihrem Erleben erzählt, dass Krebs sich als Ausdrucksmittel der Aktualisierungstendenz vollzieht.[203] Dieser Kampf schmerzt.

> „Der Organismus entwickelt seine Fähigkeit zum Ertragen von Schmerzen nicht bis ins letzte; [...]. Der Organismus aktualisiert sich in der Richtung von größerer Differenz von Organen und Funktionen. Er bewegt sich in Richtung auf begrenzte Ausdehnung durch Wachsen, Ausdehnung durch Erweiterung seiner selbst vermittels [sic!] seiner Werkzeuge und Ausdehnung durch Reproduktion". [204]

Das trifft, so Rogers, auf unbewusst organische (zum Beispiel die Körpertemperatur) wie auf bewusst kognitiv herbeigeführte Regulierungen zu (beziehungsweise das Erstellen eines Lebensziels). Für Krebserkrankte, für die medizinische Versorgung und für die Psychotherapie vielleicht der schwierigste Aspekt, gepaart mit den Fragen, wo die Flexibilität des Organismus Grenzen zeigt, wie sie sich zeigen, beziehungsweise ob und wie das individuelle Selbstkonzept die enormen physischen und psychischen Herausforderungen bewältigen kann, wie beispielsweise bei Veras und Christinas Erfahrungen.

„V. Verhalten ist grundsätzlich der zielgerichtete Versuch des Organismus, seine Bedürfnisse, wie sie in dem so wahrgenommenen Feld erfahren wurden, zu befriedigen".

---

203 Vgl. Teichmann-Wirth 2008, 292f.
204 Rogers 2003a, 422.

Wie These IV aussagt, dienen alle Bedürfnisse zur Erhaltung und Erhöhung des Organismus und zur Entwicklung des Selbst. Sie treten als physiologische Spannungen auf, wie beispielsweise Magenknurren bei Hunger, müssen jedoch nicht unbedingt bewusst erfahren werden, wie etwa Magenkontraktionen. Das veranlasst den Organismus entweder dazu zu essen oder dazu, diesen Reiz bewusst als Hunger wahrzunehmen und als solchen zu symbolisieren. Gehe ich meinen physiologischen oder sozialen Bedürfnissen nicht ausreichend nach, verursachen sie Spannungen. An dieser Stelle möchte ich nochmals auf Veras unter These II zitierte Erfahrung zurückkehren. Vera hatte bereits seit Wochen Nervenschmerzen und wollte in ihren Schmerzen wahr- und ernstgenommen werden. Sie wollte Hilfe und Schmerzlinderung. Stattdessen erhielt sie den Hinweis darauf, „froh" sein zu sollen, dass sie für diese spezifische Behandlung, die Knochenmarkstransplantation, aufgenommen wurde. Veras daraus resultierende Spannungen, und ihr darauf folgendes Verhalten, sind daher Reaktionen auf jene Wirklichkeit – trotz Schmerzen nicht ernstgenommen zu werden –, die sie wahrnahm. Dieser Aspekt wird, wie Rogers betont, oft übersehen. Es seien einzig die gegenwärtigen Spannungen und die gegenwärtigen Bedürfnisse, die der Organismus zu verringern oder zu befriedigen versucht. Es ist die subjektive Wahrnehmung der an Krebs erkrankten Person entscheidend dafür, wie sie sich verhält und daher genau dies Thema jeder Psychotherapie.

„VI. Dieses zielgerichtete Verhalten wird begleitet und im allgemeinen gefördert durch Emotionen, eine Emotion, die in Beziehung steht zu dem Suchen aller vollziehenden Aspekte des Verhaltens, und die Intensität der Emotion steht in Beziehung zu der wahrgenommenen Bedeutung des Verhaltens für die Erhaltung und Erhöhung des Organismus".
Rogers unterscheidet bei der Frage, wie sich Emotionen auf das Verhalten als zielsuchende Anstrengung auswirken, zunächst in unangenehme und/oder erregende Gefühle sowie in ruhige und/oder zufriedene Gefühle. Erstere tendieren dazu, die suchende Anstrengung des Organismus zu begleiten und bewirken die zielgerichtete Integration und Konzentration auf das Verhalten. Zweitere begleiten die erlebende Erfahrung der Befriedigung des Bedürfnisses. Ich kann daher davon ausgehen, dass die Intensität und Art der emotionalen Reaktion variiert und der wahrgenommenen Beziehung des Verhaltens zur Erhaltung und Erhöhung des Organismus entspricht. Das Verhalten ist jedoch nicht immer nur an die Erhaltung und Erhöhung des Organismus gebunden, sondern kann darüber hinaus durch die Entwicklung des Selbst beeinflusst und geändert werden. So ist Rosamaria davon überzeugt, dass sie ohne ihre Erkrankung nie erfahren hätte, was in ihr stecke: „Und somit glaube ich, dass ich vielleicht Geist und Seele in Harmonie bringe und irgendwann auch meinen Körper dazu".[205]

Das Ausmaß und die Intensität meiner emotionalen Empfindungen hängen von den Bedürfnissen des Organismus sowie von der Einbezogenheit des Selbst ab. Wenn der erste Gedanke nach Erhalt der Diagnose, wie bei Christine die Frage, „muss ich jetzt sterben?" ist, werden einhergehende Gefühle von starken Emotionen begleitet sein.

---

205   Rosamaria 2010, I.

Denn der Gedanke, „Tumor, automatisch Krebs, das heißt dann Krebs, so dann muss ich sterben", war „so ein großer Schock".[206]

„VII. Der beste Ausgangspunkt zum Verständnis des Verhaltens ist das innere Bezugssystem des Individuums selbst".
Unter Berücksichtigung der ersten These kann das Verhalten einer krebskranken Person dann annähernd verstanden werden, wenn es so angenommen wird, wie sie es selbst wahrnimmt. Das innere Bezugssystem ist das dem System der Einzelperson Zugrundeliegende aus ihrem Geworden-Sein. Es ist dies die individuelle subjektive Welt, samt der ihr höchsteigenen Relationen, Beziehungen und Wertungen. Je besser es mir als Psychotherapeutin gelingt dem inneren Bezugssystem der Klientin näherzukommen, desto eher ist es mir möglich, ihr Verhalten zu verstehen. Meine psychotherapeutische Aufgabe ist es, mich so weit wie möglich in die Welt der Erfahrungen Krebserkrankter einzufühlen, ihr Bezugssystem anzunehmen und gut darauf zu achten, eigene oder andere allgemeine Bezugssysteme nicht einfließen zu lassen. Dies klingt zwar nach einem Ideal, und Ideale sind bekanntlich nicht wirklich erreichbar, dennoch kann ich mich bemühen, mich diesem in einem begrenzten Umfang anzunähern. Um Interpretationen und Projektionen zu verhindern, hängt die Art und Weise, wie ich Gesagtes verstehe, von der Kommunikationsqualität ab. Kommunikation ist immer nur eine größtmögliche Angleichung, gemachte Erfahrungen jedoch können für die Klientin im Laufe der Zeit bewusster werden. Daraus ergibt sich ein genaueres und umfassenderes Bild über die innere und äußere Welt der krebskranken Person und öffnet, nun besser verstehend, Möglichkeiten für Veränderungen.

„VIII. Ein Teil des gesamten Wahrnehmungsfeldes entwickelt sich nach und nach zum Selbst".
Die Entwicklung des Selbst verläuft mit der Entwicklung als Kind, den sozialen Interaktionen und Reaktion mit und durch das Umfeld parallel. Nach und nach kann ich dabei mein Selbst, meine Welt, entdecken. Das Selbst versteht Rogers als die Bewusstheit darüber, zu sein und zu funktionieren. Dabei gibt es keine strikte Trennung zwischen Organismus und der Umgebung sowie den Erfahrungen des Selbst und der äußeren Welt. Schon das Kleinkind experimentiert mit seiner Autonomie und seinen Erfahrungen mit der Welt. Wesentlich ist, inwieweit diese Erfahrungen als Teil des Selbst betrachtet und innerhalb der Kontrolle des Selbst von mir als Kind wahrgenommen werden konnten. Wie war das, wie ich geworden bin? – wird in vielen Gesprächen mit krebskranken Personen thematisiert.

„IX. Als Resultat der Interaktion mit der Umgebung und insbesondere als Resultat wertbestimmender Interaktion mit anderen wird die Struktur des Selbst geformt – eine organisierte, fließende, aber durchweg [sic!] begriffliche Struktur von Wahrnehmungen

---

206   Christine 2010, I.

von Charakteristika und Beziehungen des ‚Selbst' zusammen mit den zu diesen Konzepten gehörenden Werten".

„X. Die den Erfahrungen zugehörigen Werte und die Werte, die ein Teil der Selbst-Struktur sind, sind in manchen Fällen Werte, die vom Organismus direkt erfahren werden, und in anderen Fällen Werte, die von anderen introjiziert oder übernommen, aber in verzerrter Form wahrgenommen werden, so als wären sie direkt erfahren worden".

Interaktionen mit der Umwelt führen zu Erfahrungen. Diese Erfahrungen und daraus entstandene Wertesysteme gestalten das Selbst. Bereits als Kleinkind forme ich ein Konzept über mich, meine Umgebung, die Beziehung zu mir selbst und zu meiner Umgebung. Von Monika[207] erfahren wir aus dem Erstinterview, dass sie ihrer Mutter „praktisch immer im Weg" war, und sie „eigentlich keine Lebensberechtigung habe". Sie hatte immer das Gefühl, dass sie „eigentlich nie erwünscht war". Gemachte Erfahrungen verbanden sich so mit organismischen Werten, die in der weiteren Entwicklung für das Verstehen wichtig waren. Zu der Bewusstheit als Kind ‚ich erfahre', stellt sich, so Rogers, die Bewusstheit ‚ich mag' ein. Bei Monika bekam dieses ‚ich mag' seitens ihrer Mutter keinen Raum für Entwicklung: „Für mich war das, was meine Mutter gesagt hat immer das, was ich nicht machen wollte". Demgegenüber empfand sie jene Erfahrungen positiv, die mit dem Gefühl der Selbsterhöhung einhergingen: „Mein Vater hat sich immer um mich gekümmert und war immer der Tröster, war emotional immer bei mir". Monika fühlte sich als Kind von ihrer Mutter bedroht. Daher konnte sie jene Erfahrungen mit ihrer Mutter, die ihr Selbst weder erhalten noch stützen, nur negativ wahrnehmen. Als Kind war das für sie schwierig: „Ich habe nie viel gegessen. Das war der schwerste Vorwurf überhaupt, dass ich ihr Essen verweigere. Aber wenn ich keinen Hunger habe, was soll ich essen?"

Hinzu kommen noch Bewertungen unserer Umwelt, wie beispielsweise: „Du bist ein gutes Kind", oder „du bist böse". Monika war „eines von diesen quasi schlimmen Kindern". Diese sozialen Erfahrungen und Wertungen gemeinsam mit Erfahrungen, die keinen menschlichen Kontakt voraussetzen (Rogers erwähnt hier den Griff auf die heiße Herdplatte), werden ein Teil unserer Gesamtwahrnehmung als Kind. So sagt Monika: „Man hat wirklich innerlich auch als Kind schon ein Gefühl für Dinge, die nicht sein sollen". Für die Strukturierung unseres kindlichen Selbst war es am wichtigsten zu erfahren, dass wir von unseren Eltern geliebt wurden und Befriedigung erhielten. Zugleich erlebten wir jedoch, dass nicht all unsere Handlungen und Verhaltensweisen akzeptiert wurden. Wirkten elterliche Reaktionen bedrohlich, dienten sie keineswegs der Befriedigung unserer Bedürfnisse. Das führte in der Folge vielleicht dazu, dass ich als Kind die eigentlich erfahrene Befriedigung nur verzerrt symbolisiert in mein Selbstkonzept integrieren konnte, weil sie ja nicht sein durfte. Monika nahm sich als „schlimmes Kind" wahr, das sich „extrem vielen Dingen" widersetzte. Nur so, in dieser verzerrten Form, war es ihr als Kind möglich, die Einstellungen und Werte ihrer Eltern in die Struktur ihres Selbst einzuordnen, als ob es eigene Sinnes- und Körperwahrnehmungen, also die eigenen Erfahrungen wären. Bei Monika war es die Überzeugung,

---

207   Monika 2010, I.

dass eine Mutter ihr Kind liebt: „Aber es war trotzdem immer und ewig der Versuch da, dass ich eben diese Mutterliebe kriege, die ich nie gehabt habe". Das Selbstkonzept formt sich aus den direkten Erfahrungen und den verzerrten Symbolisierungen introjizierter Werte und Konzepte. Verhalte ich mich als Kind dementsprechend, sprechen wir von erworbenen Bewertungsbedingungen.[208]

„XI. Wenn Erfahrungen im Leben des Individuums auftreten, werden sie entweder a) symbolisiert, wahrgenommen und in eine Beziehung zum Selbst organisiert, b) ignoriert, weil es keine wahrgenommene Beziehung zur Selbst-Struktur gibt, oder c) geleugnet oder verzerrt symbolisiert, weil die Erfahrung mit der Struktur des Selbst nicht übereinstimmt".
Gemachte Erfahrungen teilt Rogers folgendermaßen ein:
- Erfahrungen, die ich zwar annehme, aber ignoriere, weil sie im Augenblick keine Bedeutung für die Formung meines Selbst haben, wie beispielsweise Umweltgeräusche.
- Erfahrungen, die ich in mein Bewusstsein aufnehme und die für das Selbstkonzept relevant sind. So vielleicht, wenn ich als Mutter mit einem geringen Selbstwert Versagensängste habe, weil ich subjektiv davon überzeugt bin, nicht gut genug zu sein.
- Sinnes- und Körpererfahrungen, die ich verleugne und somit nicht in mein Bewusstsein dringen lasse. Obwohl ich eigentlich von meiner Umwelt, als eine gute Mutter wahrgenommen werde, ist es für mich nicht spürbar.
- Oder Erfahrungen, die ich nur verzerrt symbolisiere und integriere. Die Angst vor Überforderung kann ich in meinem Alltag nicht zulassen, die Kopfschmerzen oder andere somatische Phänomene jedoch nehme ich sehr wohl war.

Diese These ist für die Position als Forscherin und Psychotherapeutin im Rahmen der wissenschaftlichen Offenlegung persönlicher Prozesse sowie therapeutischer Beziehungsqualität bedeutungsvoll und genauso für individuelle Verarbeitungsstrategien krebskranker Personen relevant. Wie sie mit sich und ihrer Erkrankung umgehen können, wird stark an ihr Selbstkonzept gebunden sein.

„XII. Die vom Organismus angenommenen Verhaltensweisen sind meistens die, die mit dem Konzept vom Selbst übereinstimmen".
So kann ich eventuell, wenn ich mich als Person grundsätzlich für nicht aggressiv halte, mein Bedürfnis nach Aggressivität nicht direkt ausleben, da es meinem Selbstkonzept widerspricht. Ich muss meine Aggression verleugnen und kann sie daher nicht symbolisieren. Nur jene Wege führen zu einer Befriedigung der Bedürfnisse (in diesem Fall der Aggression), die mit dem organisierten Selbstkonzept übereinstimmen. Eine mögliche organische Regulierung wird mich dann vielleicht mit Verdauungsstörungen oder Kopfschmerzen konfrontieren, wenn das der Weg ist, den ich annehmen kann.

---

208 Vgl. Rogers 2009, 60.

„XIII. Verhalten kann in manchen Fällen durch organische Bedürfnisse und Erfahrungen verursacht werden, die nicht symbolisiert wurden. Solches Verhalten kann im Widerspruch zur Struktur des Selbst stehen, aber in diesen Fällen ist das Verhalten dem Individuum nicht ‚zu eigen'".

Droht mir Gefahr oder eine Situation, die ich nicht mehr unter Kontrolle habe, entwickle ich unter Umständen ein Verhalten, das ich eigentlich nicht als Teil meines Selbst betrachte. Äußerungen, wie „das bin nicht ich, ich weiß nicht, warum ich so gehandelt habe", deuten darauf hin. Heidi[209] erzählt im Erstinterview, dass ihr die Gefühle nahestehender Personen und deren Berührungen wichtig sind. Andererseits lehnt sie Alibihandlungen und falsche Töne ab. Trotz ihres Bedürfnisses, stieß sie ihren Sohn aus Angst vor einer Alibihandlung weg, als er sie einmal umarmen wollte. Diese Reaktion erschütterte und schmerzte sie. „Ich erkenne mich einfach nicht wieder", sagt sie und fragt sich, ob sie sich wirklich so verändert hätte. Mein unverständliches Verhalten, so Rogers, bezieht sich auf nicht genau symbolisierte Erfahrungen. Auf einer physiologischen Ebene kann der Organismus durch den Druck organischer Bedürfnisse manchmal ein bestimmtes Verhalten auslösen, ohne zuvor eine Beziehung zwischen meinem suchenden Verhalten und dem Selbstkonzept hergestellt zu haben. So erinnert sich Geli[210] zum Beispiel als sie den Knoten in ihrer Brust entdeckte und sich über ihr Verhalten wunderte:

> „Ich habe mir die Zähne geputzt, ich war im Bad abends, ich habe mich ausgezogen. Und dann habe ich auf die Brust gegriffen, und zwar genau dorthin. Ich weiß nicht, warum ich das gemacht habe, ich habe keine Ahnung, und da war so, da war – ein ordentlicher Knoten".

Ich erhalte von mir den Eindruck, so Rogers, dass mein Verhalten außerhalb meiner möglichen Kontrolle lag. Für Geli war dieses Verhalten ungewöhnlich und dennoch: „Vielleicht sind das irgendwelche Zeichen oder [das] Unterbewusstsein, oder man kennt den Körper doch besser, als man glaubt. Ich weiß es nicht". Brigitte[211] war über ihr Verhalten vor der Übermittlung ihrer Diagnose während einer Visite verwundert. Sie wurde damals zur Abklärung stationär aufgenommen.

> „Man steht da, wie in der Schule. Ich weiß eigentlich bis heute nicht, warum ich von dem Bett aufgestanden bin, wie in der Schule. Wahrscheinlich, weil da vier bis fünf Ärzte waren und drei bis vier Schwestern. Das Zimmer war voll. Jedenfalls er hat mir dann gesagt, dass ich Metastasen auf der Leber habe. Sage ich: ‚Wie schaut die Leber aus, ist das gefährlich?' ‚Ja, durch Ihre Zyste', und so weiter. Sage ich: ‚Ja und sonst, grundsätzlich, ist das gefährlich? Bin ich demnächst eine Todeskandidatin?'"

Diese These kann auf menschliche Grenzsituationen zutreffen, wenn Umstände erlebt werden, die so belasten oder überfordern, dass sie in ein unkontrollierbares Verhalten münden. Auch Löwe[212] erzählt von einer Grenzsituation, als er ein zweites Mal mit einer Diagnose, einem aggressiven, hochmalignen Non-Hodgkin-Lymphom, konfrontiert wurde: „Ab diesem Zeitpunkt habe ich nicht mehr zugehört. Für mich ist eine Welt

---

209 Heidi 2010, I.
210 Geli 2010, I.
211 Brigitte 2010, I.
212 Löwe 2010, I.

zusammengebrochen. Ich habe diese Umwelt nicht mehr wahrgenommen". Erst als er den Raum etwas später verließ, konnte er „schön langsam" wieder zu sich kommen.

„XIV. Psychische Fehlanpassung liegt vor, wenn der Organismus vor dem Bewußtsein wichtige Körper- und Sinnes-Erfahrungen leugnet, die demzufolge nicht symbolisiert und in die Gestalt der Selbst-Struktur organisiert werden. Wenn diese Situation vorliegt, gibt es eine grundlegende oder potentielle psychische Spannung".

Daraus folgt eine Diskrepanz zwischen meinem erfahrenden Organismus und dem Selbstkonzept. Ich kann mich als Person nicht mehr bewusst kontrollieren, die Spannung steigt. Die Diskrepanz spüre ich zwar, kann sie jedoch nicht definieren. Es entsteht Angst, das Gefühl eines inneren Mangels und Unsicherheit. So sage ich als Frau vielleicht: Ich bin eine starke und perfekte Frau. Das Konzept beruht auf einer zum Teil genauen Symbolisierung der Erfahrung eine starke Frau zu sein und zum Teil auf einer verzerrten Symbolisierung, die ich durch Bewertungsbedingungen (beispielsweise nur eine perfekte Frau, ist eine gute Frau) erworben habe. Die körperliche Erfahrung von Erschöpfung, Schwäche und das Gefühl Dinge laufen zu lassen, wird von meinem bewussten Selbst geleugnet, weil ich sie mir nicht gestatten darf. Kommt bei entsprechend großem Druck dennoch ein unkontrolliertes – ich kann nicht mehr – aus meinem Munde, werde ich diesen Ausrutscher vielleicht mit einem – das war nicht ich, die da gesprochen hat – erklären. Jene Situation, in der mein Organismus einem bestimmten Bedürfnis nachgehen will (wie etwa der Erschöpfung oder der Angst), während mein eingeengtes Selbstkonzept diese Erfahrung nicht in das Bewusstsein dringen lässt, bezeichnet Rogers als Fehlanpassung. Löwe fällt es schwer, seine zunehmende Angst in den Tagen vor einer Befundbesprechung wahrzunehmen. Sein Verhalten in dieser Zeitspanne beschreibt Löwe entgegen seiner ihm bewussten sonstigen Wesensart so:

> „Ich bin dann ganz, ich weiß nicht, wie man sagen kann, nicht böse aber richtig so tatatata, ja also (Pause). Ich empfinde das auch, obwohl ich es gar nicht will. Es ist so. Da sage ich dann zu den Kindern (zackiger Befehlston): ,Jetzt Zähne putzen, Pyjama anziehen und ab ins Bett'. Ja, was ja nicht richtig ist. Obwohl ich es gar nicht will".[213]

Im psychoonkologischen Kontext können diese oder ähnliche Verhaltensweisen beziehungsweise nicht zuordenbare Fehlreaktionen oder Fehlanpassungen eventuell auch im Zusammenhang mit den Auswirkungen medikamentöser Einflüsse oder der Chemotherapien stehen. Dies zu berücksichtigen, auf Differenzierung zu achten und genau hinzuhören, ist im Rahmen des psychotherapeutischen Prozesses wichtig.

„XV. Psychische Anpassung besteht, wenn das Selbst-Konzept dergestalt ist, daß alle Körper- und Sinnes-Erfahrungen des Organismus auf einer symbolischen Ebene in eine übereinstimmende Beziehung mit dem Konzept vom Selbst assimiliert werden oder assimiliert werden können".

Stimmt mein Selbstkonzept mit den Erfahrungen des Organismus überein, bin ich frei von inneren Spannungen und den Versuchen, mich psychisch anpassen zu müssen.

---

213 Ebd.

Rosamaria[214] erzählt in ihrem Erstgespräch, dass man sie „*so* (betont)" gerne hatte, weil sie immer versuchte, „alles möglich zu machen". Sie habe immer gesagt: ‚'Ja, ja, mache ich schon, mache ich schon'. Und innen hat es mich fast zerrissen". Durch ihre Erkrankung erkennt sie dieses Verhalten als ihren „größten Fehler" und versuchte es zu ändern. Mit mehr Klarheit und Offenheit in ihrer Kommunikation macht Rosamaria gute Erfahrungen:

> „Jetzt, wo ich dann oft so bin, und mir geht es einmal einen Tag so gut, und ich kann das ausstrahlen, und sage eben: ‚Du, nein, ich habe für das nicht Zeit' – zu meiner Mama, zu meiner Tochter, engere Familie jedenfalls –, ‚ich habe dort einen Termin', oder ‚ich habe mir das ausgemacht, das wird mir dann zu stressig' oder so, das passt für alle".

Integration bedeutet, dass alle Sinnes- und Körpererfahrungen dem Bewusstsein durch exakte Symbolisierung zugänglich und in ein System organisierbar sind, das innerlich konsistent ist, die Struktur des Selbst ist oder in Beziehung zu ihr steht. Heidi[215] möchte in Zukunft zwar annehmen, was ihr „von außen vermittelt" wird, „gleichzeitig aber nicht alles mit" sich geschehen lassen: „[...] und versuche, auch meine Krankheit nicht *hinzunehmen* (betont), sondern einfach *anzunehmen* (betont), und sie nicht überzubewerten für mein weiteres Leben".

Die Wachstumstendenz wird voll wirksam. Autonomiegefühl und Selbstbeherrschung sind dabei gleichbedeutend damit, meine Erfahrungen dem Bewusstsein zugänglich zu machen. Das Verhalten wird spontaner, ich werde das Bedürfnis mich zu kontrollieren weniger verspüren, weil mein Selbst die Einstellungen und Verhaltensweisen als Teile von mir akzeptieren kann. Ich bin, was ich bin, und kann mir selbst vertrauen.

„XVI. Jede Erfahrung, die nicht mit der Organisation oder der Struktur des Selbst übereinstimmt, kann als Bedrohung wahrgenommen werden, und je häufiger diese Wahrnehmungen sind, desto starrer wird die Selbst-Struktur organisiert, um sich zu erhalten".

Eigene Abwehrmaßnahmen werden dann verstärkt, wenn aufgrund der Beurteilung externer Personen oder Institutionen (wie Behörden, Krankenkassen, medizinisches Personal, Pflegepersonal, soziales Umfeld) die eigene Ablehnung zusätzlich von außen bestätigt wird. Bin ich erkrankt und auf eine vielschichtige und umfassende Unterstützung von außen angewiesen, werde ich vielleicht manche Beurteilungen durch Außenstehende bedrohlich empfinden. Als Beispiel sei hier auf Christines[216] Erleben in unterschiedlichen Krankenhäusern hingewiesen: „Es waren immer andere Ärzte und man ist immer in der Luft gegangen". Unterschiedliche Auskünfte seitens der medizinischen Versorgung und unterschiedliche Begegnungsqualitäten irritierten: „Man hat nie gewusst, was jetzt los ist, und es war auch nie eine Erklärung da. Tumor, das kann das und das heißen". Christines Wunsch nach einem selbstbestimmten Leben wurde erschwert: „Also, da diese Einsicht zu bekommen, genaue Informationen zu bekommen, ganz genaue, ist sehr, sehr schwierig. Ich habe darauf bestanden, aber es war da irgendwie

---

214 Rosamaria 2010, I.
215 Heidi 2010, II.
216 Christine 2010, I.

eine Grenze, wo die Ärzte gesagt haben: ‚Nein'". Damit ist es Christine „schlecht, sehr schlecht" gegangen.

Ist das Selbst nicht in der Lage sich zu verteidigen, besteht die Gefahr eines kompletten psychischen Zusammenbruchs und Zerfalls. Je mehr Körper- und Sinneserfahrungen ich von der Symbolisierung ausschließe oder verzerre, desto größer ist die Wahrscheinlichkeit, so Rogers, dass ich jede neue Erfahrung als bedrohlich wahrnehme, um meine größere, „falsche" Struktur zu erhalten.

„XVII. Unter bestimmten Bedingungen, zu denen in erster Linie ein völliges Fehlen jedweder Bedrohung für die Selbst-Struktur gehört, können Erfahrungen, die nicht mit ihr übereinstimmen, wahrgenommen und überprüft und die Struktur des Selbst revidiert werden, um derartige Erfahrungen zu assimilieren und einzuschließen".

Unter bestimmten Bedingungen und bei fehlender Bedrohung, betont Rogers, ist Veränderung möglich. In der Personenzentrierten Psychotherapie wird aufgrund der akzeptierenden Beziehungsqualität ein Klima des Vertrauens und Verstehens aufgebaut. Krebserkrankte werden, wie alle anderen Personen, so akzeptiert, wie sie sind. Erlebte Erfahrungen, die bislang verleugnet wurden, können durch Exploration vorsichtig und langsam verinnerlicht werden. Daher kann ein Lernprozess, das Erlernen des Selbst, stattfinden. Löwe[217] erzählt, dass er früher ohne viel darüber nachzudenken getan hat. Durch die Psychotherapie „ertappt" er sich selbst. Für ihn ein Weg um zu reflektieren, zu beobachten, umzudenken und zu probieren.

„XVIII. Wenn das Individuum all seine Körper- und Sinnes-Erfahrungen wahr- und in ein konsistentes und integriertes System aufnimmt, dann hat es notwendigerweise mehr Verständnis für andere und verhält sich gegenüber anderen als Individuen akzeptierender".

Klinisch-therapeutische Arbeiten und Studien bestätigen, dass sich eine Person nach Abschluss ihrer Psychotherapie selbstsicherer und in Beziehungen zu anderen Menschen realistischer fühlt. Sie ist in der Lage bessere interpersonale Beziehungen zu pflegen. „Man sieht die Dinge einfach anders", sagt Löwe[218]. Für ihn war es wichtig zu lernen nicht nur zu agieren, sondern darüber zu sprechen, um in der Folge gemeinsam mit anderen einen akzeptablen Kompromiss zu finden.

Rogers spricht von einer Kettenreaktion in einer Atmosphäre des Verstehens und Akzeptierens, einem Klima, das Selbstakzeptanz ermöglicht und sich in allen sozialen Beziehungen fortsetzen kann.

„XIX. Wenn das Individuum mehr von seinen organischen Erfahrungen in seiner Selbst-Struktur wahrnimmt und akzeptiert, merkt es, daß es sein gegenwärtiges Wert-System, das weitgehend auf verzerrt symbolisierten Introjektionen beruhte, durch einen fortlaufenden, organismischen Wertungsprozeß ersetzt".

---

217 Löwe 2010, II.
218 Ebd.

Während der Therapie erhalte ich als Person die Möglichkeit, meine Bewertungsbedingungen durch Exploration wahrzunehmen. Also jene Werte, die introjiziert und so verwendet wurden als ob sie auf eigenen Erfahrungen beruhten. Durch diese Exploration erfahre ich nach und nach Werte zu erkennen, abzuwägen und jene zu akzeptieren, die ich zur Erhaltung, Aktualisierung und Erhöhung des Organismus für gut befinde. Im Rahmen des Psychotherapie lerne ich, mich auf den eigenen Organismus zu verlassen, ihm zu vertrauen. Daraus ergeben sich vielschichtige Möglichkeiten, sich selbst wahrzunehmen und zu verstehen. Brigitte[219] beschreibt dies in ihrem Abschlussgespräch zum Psychotherapieprozess:

> „Dass mir das widerfährt, dass man mir sagt, ich habe Krebs. Auf der anderen Seite bin ich irgendwie verwundert, dass ich mir gedacht habe: Ja ich habe das zur Kenntnis genommen, habe versucht, das zu integrieren. Ich glaube, da ist mir so doch etwas gelungen, und ja, ich muss jetzt mit dem Ganzen leben, oder nicht, oder es vergeht, oder es vergeht nicht. Der Wunsch – werde ich jetzt gesund – ist gar nicht so vorwiegend, so vorrangig, sondern, wie gehe ich mit mir selber um, das ist *das* (betont), momentan".

Ich kann das Selbstkonzept, einhergehende Einstellungen und mein „selbst-gesteuertes" Verhalten verändern. Rogers Kernthesen zu einer Theorie der Persönlichkeit und des Verhaltens stützen das dynamische Grundkonzept des Ansatzes. Sobald wir entwicklungspsychologisch unser Selbst bilden, entfernen wir uns durch einhergehende Bewertungen von der Aktualisierungstendenz. Das Gelingen einer Wiederannäherung an die organismische Aktualisierungstendenz ist von dem Verhältnis der substanziellen und relationalen Spannung (Inkongruenz) zum Selbstkonzept (Selbstkonstrukt) geprägt. Rogers Kernthesen bieten ein theoretisches Gerüst für die Entwicklung und Interaktionen des Selbst auch in belastenden und bedrohlichen Lebenssituationen, wie sie mit einer Krebserkrankung einhergehen können. Sie zeigen Veränderungsmöglichkeiten im Rahmen einer Psychotherapie unter der Voraussetzung, dass jene Bedingungen geboten werden, die es Klientinnen ermöglichen, ihre Erfahrungen zu symbolisieren und in das Selbstkonzept zu integrieren. Heidi[220] erkennt für sich: „Es ist noch nicht vorbei, sondern erst am letzten Tag". Oder, wie Rosamaria[221] es formuliert: „Das Leben wieder lebenswert zu machen [...], irgendwo einen Lichtschimmer zu sehen".

2.4 Der Veränderungsprozess durch Begegnung und Beziehung

Gehe ich von der organismischen Tendenz als Grundmotivation oder Antrieb aus, dann sind die Prozesse, wie von Goldstein im Jahre 1939 beschrieben, in jedem Organismus von vielen Faktoren, einschließlich genetischer, biografischer und umweltbedingter beeinflusst. Mit so vielen in und auf eine Person wirkenden Variablen werden durch die Aktualisierung ausgelöste, psychologische Prozesse nicht vorherseh- und berechenbar. Daher kann die Psychotherapeutin mögliche Veränderungen „nur" durch ihr Angebot

---

219   Brigitte 2010, II.
220   Heidi 2010, II.
221   Rosamaria 2010, II.

zwischenmenschlicher Begegnung und Beziehung unterstützen.[222] Rogers versteht Therapie als ‚encounter', als jemandem gegenüberstehen. Es ist eine absichtslose und unmittelbare Begegnung, die den anderen als prinzipiell anderen respektiert und sich von diesem Anders- und Unerwartetsein überraschen und berühren lässt.[223] Begegnung ist jene Form der Beziehung, die sowohl den größtmöglichen Respekt vor dem anderen wie auch eine ganz besondere Nähe verwirklicht. Sie bedingt immer ein Gegenüber und riskiert damit möglichen Widerstand. Durch die Teilnahme am gegenwärtigen Sein des anderen und zugleich im Widerstand in der Beziehung, dem Dazwischen oder der zwischenmenschlichen Welt, kann sich die Einzelperson im Sinne Martin Bubers Begegnungsphilosophie konfrontierend selbst entdecken. In und durch diese „dialogische Spannung von Ganz-auf-den-anderen-bezogen-Sein (Solidarität) und Ganz-selbst-Sein (Autonomie) entsteht Selbstbewusstsein". Die daraus resultierende Selbstverwirklichung bezeichnet Schmid – „dialektisch als Verwirklichung der Möglichkeiten in der jeweiligen Beziehung".[224]

Was heißt psychotherapeutische Veränderung oder konstruktive Persönlichkeitsveränderung bei Rogers? Es meint

> „eine Veränderung in der Persönlichkeitsstruktur der Einzelperson, sowohl an der Oberfläche wie auf tieferen Ebenen, in einer Richtung, die [...] größere Integration bedeutet, weniger inneren Konflikt, mehr Energie, die für erfolgreiches Leben verwendet werden kann; eine Veränderung im Verhalten, weg von jenen Verhaltensweisen, die im allgemeinen als unreif betrachtet werden und hin zu Verhaltensweisen, die als reif angesehen werden".[225]

Diese Veränderungen sind für mich als Klientin auf vielen Ebenen erkennbar. Sie beziehen sich auf die Welt der Gefühle, die Qualität der Wahrnehmungen, des Erlebens sowie die Art und Weise, wie ich mein Erleben deute und verstehe. Sie betreffen mein Selbst, zu dem ich in Beziehung trete und/oder das Ausmaß von Sicherheit und Vertrauen, das ich brauche, um meine interpersonalen Beziehungen zu leben. Darüber hinaus werde ich eine Veränderung im Umgang mit Problemen wahrnehmen und mehr Verantwortung für mich selbst übernehmen können. Ich werde Gefühle und Beziehungen unmittelbarer und differenzierter erleben.[226]

Die notwendigen und hinreichenden Bedingungen therapeutischer Persönlichkeitsveränderung

Für eine konstruktive Persönlichkeitsveränderung sind für Rogers ausschließlich sechs Bedingungen notwendig, die über eine gewisse Zeitspanne bestehen bleiben:

- „Zwei Personen sind in einem psychologischen[227] Kontakt.

---

222 Vgl. Brodley 2006, 39.
223 Schmid 2007, 43.
224 Ebd. 43f.
225 Rogers 1997, 177.
226 Vgl. Rogers 2004b, 144–149.
227 Pörtner 2005 & 2006: Bedeutet den verbal oder nonverbal symbolisierten Kontakt zwischen zwei Personen, die einander zumindest unterschwellig wechselseitig wahrnehmen.

- Die erste, die wir als Klientin bezeichnen werden, ist in einem Zustand der Inkongruenz, sie ist verletzlich oder ängstlich.
- Die zweite Person, die wir als Therapeutin bezeichnen werden, ist kongruent oder integriert in der Beziehung.
- Der Therapeut empfindet unbedingte positive Beachtung für den Klienten.
- Der Therapeut empfindet einfühlendes Verstehen des inneren Bezugsrahmens des Klienten und bemüht sich, diese Erfahrung dem Klienten zu vermitteln.
- Die Vermittlung des einfühlenden Verstehens und der unbedingten positiven Beachtung des Therapeuten an den Klienten gelingt in einem minimalen Ausmaß".[228]

Die erste Bedingung besagt, dass Persönlichkeitsveränderung nur in einer Beziehung erfolgen kann. Sie setzt die Bereitschaft voraus, Kontakt aufzunehmen und diesen in einem minimalen Ausmaß aufrechtzuerhalten. Die Gestaltung der Beziehung wird in den Bedingungen zwei bis sechs definiert. Der Kontakt kommt so zustande, dass jede Person einen, wenn auch nur unterschwellig – vielleicht auf organischer Ebene gespürten – wahrgenommenen Unterschied im Erfahrungsfeld des anderen aufgreift. Seinen Zustand betreffend, verspürt der Klientin einen Leidensdruck, eine Diskrepanz zwischen dem aktuellen Erleben des Organismus und dem Selbstbild, insofern es dieses Erleben abbildet. Verspürt die Einzelperson die Inkongruenz nicht, ist sie im Hinblick auf Angst und Desorganisation verletzlicher. Ist die Inkongruenz undeutlich oder unterschwellig spürbar, zeigt sie sich als Spannungszustand in Form von Angst. Die dritte Bedingung setzt voraus, dass die Therapeutin im Rahmen der Therapiesitzung eine kongruente, authentische und integrierte Person ist. Echt oder kongruent bin ich als Therapeutin dann, wenn ich gemachte Erfahrungen exakt symbolisiert erlebe und in genau dieser Form in mein Selbstkonzept integriere.[229] Für die Therapeutin bedeutet es, in dieser Stunde der Psychotherapie, in der Beziehung mit der Klientin frei, echt, tief sie selbst zu sein und mit ihrem aktuellen Erleben und Empfinden präsent zu sein. Weiters bedeutet es, als Therapeutin eigene Gefühle der Klientin gegenüber in einem angemessenen Rahmen offenzulegen. Selbst wenn das Ausmaß der Offenlegung diskussionswürdig scheint, ist diese Bedingung Rogers' dann erfüllt: „Wenn der Therapeut diese Gefühle in seinem Gewahrsein nicht verleugnet, sondern imstande ist, sie frei zu leben".[230] Wie wichtig die Echtheit in der psychotherapeutischen Begegnung und Beziehung mit krebskranken Personen ist, wird im Projektverlauf deutlicher. Im Zentrum stand für mich als Therapeutin die Begegnung von Mensch zu Mensch, ohne der Notwendigkeit mich hinter einer Maske, oder unter dem Schutzmantel einer Psychotherapeutin oder einer Institution zu verstecken.

Die vierte Voraussetzung wird auch bedingungslose Wertschätzung genannt. Dieses Konzept wurde im Jahre 1954 von S. Standal entwickelt und geht davon aus, den anderen ohne Bedingungen zu akzeptieren.[231] Bei der Definition der Wertschätzung einer Person bezog Rogers sich auf den amerikanischen Reformpädagogen, John Dewey, im

---

Diese Beschreibung ist vor allem für jene Situationen wichtig, die keinen verbalen Kontakt möglich machen.
228 Rogers 1997, 178.
229 Vgl. Rogers 1997, 178.
230 Ebd., 179.
231 Vgl. ebd.

Sinne von ‚etwas wirklich in uns aufnehmen', uns ‚heimisch fühlen', wobei der „Wirklichkeitscharakter" für Dewey ausschlaggebend war.[232] Wenn jegliche Selbsterfahrung einer Person von mir als Psychotherapeutin ohne wertende Unterschiede wahrgenommen und gewürdigt wird, dann erlebe ich bedingungslose Wertschätzung für diese Person.[233] Es meint das Achten und Sorgen für eine Klientin im akzeptierenden Sinn „als um eine *gesonderte* Person, mit der Erlaubnis [...], seine eigenen Gefühle, seine eigenen Erfahrungen zu haben".[234] Meine Einstellung als Therapeutin zu den Werten und Bedeutungen der Klienten, der Respekt dafür, dass sie ihre eigenen Werte wählen und leben, ist an den nichtdirektiven Ansatz Rogers' geknüpft. Diese nichtdirektive Vorgangsweise ist nur möglich, wenn der grundlegende Respekt vor anderen Menschen in meinem Selbstkonzept verankert ist.[235] Krebskranke Menschen kämpfen oft damit, wenig Würdigung und Wertschätzung durch ihre Umgebung, manchmal zusätzlich durch und für sich selbst, zu erfahren. Unbedingte Wertschätzung ist daher bereits die Voraussetzung für eine Begegnungsqualität, die in eine therapeutische Beziehung münden kann.

Die fünfte Bedingung setzt die Fähigkeit der Psychotherapeutin voraus, empfundene Wahrnehmungen und Erfahrungen der Klientin genau und empathisch zu verstehen.[236] Rogers spricht davon, „in die Haut des Klienten zu schlüpfen", die innere Welt der Klienten so zu spüren, als ob sie die eigene wäre, ohne diese ‚als ob'-Eigenschaft aufzugeben.[237] Wenn die Welt der Klientin für mich klar ist, und ich mich darin frei bewegen kann, kann ich mein Verstehen darüber vermitteln, was der Klientin klar ist. Ich kann zudem jenen möglichen Bedeutungen in der Erfahrung der Klientin Ausdruck verleihen, die an der Schwelle der Gewahrwerdung stehen und noch nicht bewusst sind. Das setzt voraus, selbst gut imstande zu sein, die Gefühle der Klientin so zu verstehen, dass kein Zweifel über das Gemeinte besteht. Es setzt weiter voraus, dass meine Äußerung genau zu der Stimmung und dem Problem der Klientin passt und mein Tonfall spüren lässt, dass ich die Gefühle teile. Die letzte Bedingung für eine gelungene Beziehung ist, dass die Klientin in einem gewissen Ausmaß die Akzeptanz und Einfühlung, die die Therapeutin für sie empfindet, wahrnimmt.[238] Rogers führt an, dass darüber hinaus keine anderen Bedingungen notwendig sind: „Wenn diese sechs Bedingungen vorhanden sind und über eine Zeitspanne bestehen bleiben, so ist das hinreichend. Der Prozeß der konstruktiven Persönlichkeitsveränderung wird folgen".[239]

---

232 Dewey 2000, 307ff.
233 Vgl. Rogers 2009, 41.
234 Rogers 1997, 180.
235 Vgl. Rogers 2003a, 36.
236 Vgl. Rogers 1997, 180.
237 Rogers 2004b, 24.
238 Vgl. Rogers 1997, 180f.
239 Ebd., 178.

2.5 Ein kritischer Blick auf die Nicht-Direktivität

Rogers bezeichnete den psychotherapeutischen Prozess im Jahre 1942 als einen direkten Kontakt mit einer Person, der „darauf abzielt, ihm bei der Änderung seiner Einstellungen und seines Verhaltens zu helfen". Wir sprechen hier von einer „Stellung" der Psychotherapie, die in ihrem intensiven „persönlichen Vis-à-vis Kontakt" und durch ihre tiefere Reorganisation der Persönlichkeit zum Zwecke der Heilung oder Wiederherstellung zielgerichtet ist.[240] Es gibt also einen konkreten Zweck und ein konkretes Ziel. Weder Zweck noch Ziel kann ich mit einer Vorstellung von Nicht-Direktivität verbinden, wäre da nicht noch der Prozess. Auf diese, sich oftmals spaltenden und in der Fachwelt kontroversiell geführten Auseinandersetzungen möchte ich kurz mein Augenmerk lenken.

Ist die Nicht-Direktivität tatsächlich nichtdirektiv? Einige sehen in der Nicht-Direktivität eine Einladung dazu, nicht zu agieren. Andere unterstellen Therapeuten eine nicht vorhandene Bereitschaft, Fragen zu beantworten. Ein weiterer Blickwinkel stellt die Bedeutung der Gleichberechtigung in der Therapeut-Klient-Beziehung in Frage und geht davon aus, dass alle Psychotherapien beeinflussen und Nicht-Direktivität eine Illusion wäre.[241] Wie sieht es mit möglichen Beeinflussungen durch das Verhalten des Therapeuten, zum Beispiel dem platzierten „Mhm" oder nonverbalen Reaktionen im Therapiegespräch aus?[242] Zudem wird Nicht-Direktivität gerade im klinischen Kontext kritisiert, da sie nicht darauf ausgerichtet sei, Klienten mittels spezifischer Techniken und Interventionen gezielt zu beeinflussen.[243] Genau darin liegt für mich der Knackpunkt sowohl in meiner psychotherapeutischen Arbeit im institutionellen Rahmen als auch in der Flexibilität und Mobilität weiterführender oder begleitender psychotherapeutischer Unterstützung in eigener Praxis. Ich sehe gerade die Nicht-Direktivität als einen möglichen Gegenpol, als ein Angebot zu einem vielleicht institutionell und/oder medizinisch eher notwendigen direktiven Geschehen. Die Frage für mich lautet: Wie will und kann ich unter den jeweils gegebenen Bedingungen krebskranken Menschen so begegnen, dass sie in ihrer Zeit, in ihrem Raum und in ihrem Tempo für sich selbst im aktuellen Erleben passende Ressourcen entdecken?

Nicht-direktiv zu sein wurde lange Zeit als unrealisierbar, als starr, als ein veralteter Mythos betrachtet und erst in den letzten Jahren, schreibt Barbara T. Brodley 2005, fachspezifisch wiederentdeckt.[244] Beobachtet wird eine unter dem Aspekt des sozialen Einflusses deutlicher werdende Differenzierung zwischen nichtdirektiven und direktiven Therapieformen. Dabei kann es bei allen direktiven therapeutischen Maßnahmen zu iatrogenen Effekten kommen, die in psychologischer, sozialer oder ökonomischer Hinsicht mit anderen Arten sozialen Einflusses gleichzusetzen sind und unter Umständen

---

240 Rogers 2004a, 17.
241 Vgl. Brodley 2005a.
242 Vgl. Pervin 2000, 217f.
243 Vgl. Grawe, Donati & Bernauer 2001, 118.
244 Vgl. Brodley 2005a.

entsprechenden Schaden anrichten.[245] Krebserkrankte sind mit ambivalenten Gefühlen, Situationen und Einflüssen konfrontiert, die zusätzlich psychischen Druck verursachen können. Nicht-Direktivität bietet gerade hier durch die kongruente, wertschätzende und empathische therapeutische Haltung eine Möglichkeit, kontraproduktive Effekte zu minimieren und sich prinzipiell an den vorhandenen Ressourcen des Klienten zu orientieren. Eingemahnt wird das Bewusstsein, dass therapeutische Haltungen bereits im Beziehungsangebot verankert sind, und die intrinsisch nichtdirektive Haltung explizit gemacht werden muss.

Die Nicht-Direktivität kann als eine sinngemäße Ableitung von der Aktualisierungstendenz gedacht werden.[246] Ohne eine Standardrezeptur, wie genau eine psychotherapeutische Sitzung zu verlaufen hat, ist es für Psychotherapeuten bedeutend, in der nichtdirektiven Vorgangsweise zu verweilen und der Aktualisierungstendenz zu vertrauen.[247] Die Aktualisierungstendenz kann als theoretische und ethische Grundeinstellung verstanden werden. Eine Grundeinstellung in der die krebskranke Person mit ihrem für mich verpflichtenden Recht auf persönliche Freiheit, auf den Freiraum für sprachliche Ausdrucksformen, auf inhaltliche Gestaltung, auf Selbstbestimmung und auf die Hauptrolle im therapeutischen Prozess innehat, und ich mich als Therapeutin verpflichte, das Risiko von Schäden oder zusätzliches Leid durch Interventionen zu vermeiden.[248] Nicht-Direktivität ist keine Seinsweise sondern eine therapeutische Vorgangsweise im Rahmen des Prozesses, die letztendlich vom Klienten erfühlt oder gespürt, bestimmt und bewertet wird.

---

245 Vgl. Witty 2005.
246 Vgl. Biermann-Ratjen 2010, 140; Brodley 2006.
247 Vgl. McPherrin 2005.
248 Vgl. Brodley 2005b, 2006; Hutterer 2012.

3 Über das Erleben

> „In der Art, wie ein Mensch sein unabwendbares Schicksal auf sich nimmt, mit diesem Schicksal all das Leiden, das es ihm auferlegt, darin eröffnet sich auch noch in den schwierigsten Situationen und noch bis zur letzten Minute des Lebens eine Fülle von Möglichkeiten, das Leben sinnvoll zu gestalten".[249]

Das Erleben ist etwas, das wir in unserem Alltag selbstverständlich voraussetzen. Klar ist, dass kein Erleben dem eines anderen gleicht. Erklärungen oder Definitionen dazu finden sich jedoch nicht so leicht und erstaunlicherweise schon gar nicht in den Standardwerken der Psychologie. Vielleicht deshalb, wie der Neurophysiologe Otto Creutzfeld im Jahre 1986 in einer Universitätsrede einfließen ließ, weil die Schwierigkeit, wie der Mensch sich selbst verstand, immer schon darin lag, materielle Betrachtungen körperlicher Existenz mit dem Erleben eben dieser Existenz in der Welt zu identifizieren?[250] Oder die Schwierigkeit mit der Vorstellung, dass unsere bewusste Erfahrung eine endliche ist?

Mit der nun folgenden Einführung in den psychoonkologischen und psychosozialen Forschungsstand möchte ich einen Überblick über den Bedarf oder die Notwendigkeit einer psychotherapeutischen Versorgung und verstärkten Einbettung der Erlebensdimensionen vermitteln. Erkenntnisse der Resilienzforschung und ressourcenorientierte Betrachtungen erhalten heute eine verbindende Aufgabe.

3.1 Was kann Erleben theoretisch bedeuten?

Was für eine eigenartige Frage, dachte ich mir als ich sie mir stellte? Sie beinhaltet doch zugleich einen Widerspruch, überlegte ich. Das Erleben, das Pulsierende, das Gespürte und dazu eine Theorie? Kann ich Erleben über das Erzählte hinaus wirklich fassbar machen? Kann ich es je begreifen? Ich begab mich auf die Suche, um eine Idee davon zu bekommen, wie ich an das Beschreiben-Wollende ein Stück näher rücken kann.

In der Humanistischen Psychologie steht für Hutterer der Mensch als erlebende Person im Zentrum. Als Phänomen und charakteristisches Merkmal sowie in seiner Bedeutung für die Einzelperson, soll das Erleben die Basis für Theorie, Forschung und Praxis bilden. Theoretische Erklärungen und erkennbares Verhalten werden unter Berücksichtigung spezifisch menschlicher Fähigkeiten (Wahlfreiheit, Kreativität, Wertungen, Selbstverwirklichung) erlebensbezogen betrachtet. In der humanistischen Forschung wird diesbezüglich der Auswahl der Fragestellungen und Forschungsmethoden besondere Bedeutung zuteil. Charakteristisch sind die Aufrechterhaltung von Wert und Würde, die Entwicklung der jedem Menschen innewohnenden Kräfte, Fähigkeiten und

---

249 Frankl 2005, 104.
250 Vgl. Creutzfeldt 1992, 111f.

Kenntnisse, die Entdeckung des Selbst an sich und in Beziehung zu anderen Menschen oder sozialen Gruppen.[251]

Subjektives Erleben ist elementarer Bestandteil jedes Menschen. Es ist dies nicht nur der Schlüssel für den psychotherapeutischen Kontext, bemerkt Pörtner, sondern hilft grundsätzlich zu verstehen und Ressourcen zu entdecken: „Das wird in der Betreuung nicht genügend berücksichtigt", stellt sie in ihrer personenzentrierten Tätigkeit mit Menschen mit geistiger Behinderung fest.[252] Veränderungen können nicht von außen erzwungen werden. Sie finden dann statt, wenn sie sich aus dem eigenen Erleben heraus entwickeln: „Sich in seinem *Erleben* verstanden zu fühlen erschließt einem Menschen neue Verhaltensmöglichkeiten".[253]

Um erleben zu können, setzt Rogers in seiner auf den Gesamtorganismus bezogenen Definition 1959 voraus, „dass die sensorischen und physiologischen Einflüsse, die in einem bestimmten Augenblick vorhanden sind, den Organismus erreichen": wie eine spontane Zündung in einem just passenden Moment, die darauf wartet, wahrgenommen zu werden. Das Erleben eines Gefühls beinhaltet die emotional gefärbte Erfahrung in ihrer persönlichen Bedeutung.[254] Im Jahre 1975 definiert Rogers das Erleben, in Anlehnung an Gendlin, als einen innerhalb des Organismus vorgehenden, alles umfassenden Prozess, der dem Bewusstsein zugänglich ist. Taucht ein Erlebnis am Rande der Gewahrwerdung auf, ist es zunächst ein undeutliches Gefühl, aber zugleich auch ein Bezugspunkt.[255] Als Bezugspunkt bleibt dieses Gefühl vorhanden. Ob es gewahr werden darf und symbolisiert werden kann, ist an die Vereinbarkeit mit dem Selbstkonzept (siehe These XI) einer Person gebunden.

> „Wenn eine Erfahrung von der Gewahrwerdung ausgeschlossen wurde, weil sie mit dem Selbstkonzept nicht zu vereinbaren war, kann sie während der Therapie plötzlich ins Bewusstsein einbrechen. Dies ist das Phänomen des „Getroffenwerdens" von einem Gefühl. Es bedeutet das volle, unmittelbar gegenwärtige Erleben einer empfundenen Bedeutung und spielt eine wichtige Rolle als Veränderungsfaktor".[256]

Wahrnehmen und subjektives Erleben beeinflussen die Formung der individuell konstruierten Wirklichkeit. Die persönlich empfundene Erfahrung und daraus resultierende subjektive Wirklichkeit sowie zukünftig gedachte individuelle Erlebensdimensionen, werden davon geleitet, wie ich mich als Person selbst grundsätzlich erlebe, erfahre und bewerte. Diese Dynamik ist in der Begegnung und Psychotherapie mit krebskranken Menschen im Hinblick auf mögliche Veränderungsprozesse entscheidend.

Wiltschko griff Gendlins Konzept der Focusing-orientierten Psychotherapie im deutschsprachigen Raum auf und entwickelte es weiter. Er beschreibt Erleben als ein Phänomen, das nur einer Person selbst zugänglich ist. Dazu bedarf es innezuhalten, äußere Faktoren abzuschalten und sich selbst und das eigene Innere wahrzunehmen:

---

251 Vgl. Hutterer 1998, 432.
252 Pörtner 2005, 44.
253 Ebd., 45.
254 Rogers 2009, 28.
255 Vgl. Rogers 2004b, 42.
256 Ebd., 43.

„Was ich da bemerke, hängt davon ab, wie ich damit in Beziehung trete".[257] Das heißt, einerseits trete ich mit mir selbst und meinen Erlebensinhalten in Beziehung. Ich erlebe. Andererseits hängt das, was ich erlebe und wie ich es erlebe, davon ab, wie ich zu mir selbst in Beziehung trete. Erlebensinhalte sind interpersonale Beziehungsaspekte. Fühle ich mich als Person mit und in meinem Krankheitserleben bedroht, wird es mir vielleicht nur möglich sein, in meiner intensionalen Art und Weise zu reagieren. Eventuell werde ich dann eher dazu tendieren zu verallgemeinern und in meinen starren Bewertungen und Vorstellungen zu verharren. Möglicherweise bin ich nicht in der Lage, meine Grundgedanken oder -einstellungen zu verlassen und Reaktionen an der Realität auszurichten. Rogers spricht hier von ‚Intensionalität' als einem Begriff, der Verhaltensweisen bezeichnet, die für eine Person charakteristisch sind, die sich im Zustand der Abwehr befindet (siehe auch Rogers' XVI. These).[258] Eine Veränderung des Erlebens setzt die Veränderung der Beziehung zu mir selbst voraus. Jede Erlebensdimension trägt „implizit eine mögliche weiterführende Bewegung in sich".[259] Oder wie Anne Marie Tausch es ausdrückt: „Solange wir atmen, leben wir, können uns innerlich weiterentwickeln".[260] Die Qualität des Erlebens ist eng an gemachte Vorerfahrungen und deren Symbolisierung gekoppelt. Fühle und erfahre ich mich als Person innerhalb meines Bezugssystems, wie meiner Familie, nicht angenommen und wertgeschätzt, werde ich eher dazu neigen, destruktive Erfahrungen in meinem Selbstkonzept zu verinnerlichen. Ich werde mich vielleicht zu einer Person entwickeln, die sich selbst nicht oder nur wenig annehmen und wertschätzen kann. Ein negatives Selbstbild, das wie das positive Selbstbild dann die Tendenz aufweist, sich selbst zu verstärken.[261]

Für den Individualpsychologen Toni Reinelt ist das eigene Erleben unmittelbar evident: „Was ich erlebe, das erlebe immer nur ich" und entspricht damit Rogers' zweiter These zur Theorie der Persönlichkeit.[262] Auf Dorsch et al. bezugnehmend, kann Erleben als ‚jegliches Innewerden von etwas, jedes Haben mehr oder weniger bewußter subjektiver seelischer Inhalte, jeder Vorgang im Bewußtsein' verstanden werden.[263] Reinelt beschreibt Erleben als einen auf alle Menschen zutreffenden, psychischen Vorgang, der als Teilaspekt einer umfassenderen psychosomatischen Aktivität verstanden werden kann. Er spricht, in Abgrenzung des Erlebens als einem psychophysischen Prozess und materiellem Vorgang, von einem „übergreifenden biopsychischen Vorgang", der sowohl die psychischen als auch physischen Dynamiken einbezieht. Erleben steht immer in Beziehung zu körperlichen Vorgängen. „‚Es schmerzt, ich habe Angst, in [sic!] bin hoffnungslos' sind die erlebbaren Seiten komplexer, in das Somatische und Psychische übergreifende Vorgänge und Prozesse. Erleben als psychisches Phänomen, ist daher immer auch psychosomatische Aktivität".[264]

---

257 Wiltschko 2007, 95f.
258 Rogers 2009, 37.
259 Gendlin 1998, 28.
260 Tausch 2004, 272.
261 Vgl. Hutterer 2009, 7.
262 Reinelt 1995, 439.
263 Dorsch et al. 1991, 186; zit. n. Reinelt 1995, 438.
264 Reinelt 1995, 439.

Die Qualität und Intensität des Erlebens ist von Mensch zu Mensch unterschiedlich, jedoch (potenziell) mitteilbar. In der Möglichkeit sich mitzuteilen, sehen Reinelt und Pörtner die Brücke zum Außen im Sinne von Mitfühlen, Verstehen und sich selbst in Situationen mitteilen zu können, wo verbaler Austausch nicht möglich ist: „Wenn er/sie einfühlend auf unser Erleben eingeht und wir uns verstanden fühlen, wird das den Schmerz, die Angst und Verzweiflung lindern".[265] Es ist dies jene Verzweiflung, die der Psychoanalytiker Lawrence LeShan mit Verweis auf Sören Kierkegaard in seinen Studien mit krebskranken Menschen als grundlegendes Element des gefühlsmäßigen Erlebens bezeichnet und Gefühle der Hoffnungslosigkeit, der Entfremdung und der Einsamkeit einbezieht.[266] Krebspatienten erleben oftmals, dass sie entweder sie selbst sein können, sich damit aber isolieren, alleine und ungeliebt sind oder ihr Selbst aufgeben, um geliebt zu werden. Ein solcher Mensch, betont LeShan, ist nicht mehr er selbst[267]: ein für die Lebensrealität krebskranker Menschen weiterer grundlegend psychotherapeutischer Aspekt. Rosamaria beispielsweise, drückt in ihrem Erstinterview genau diese Seinsweise aus und beschreibt in der Folge die Erfahrungen ihres Veränderungsprozesses.[268]

Wir alle erleben, aber wir alle erleben individuell. Das Erleben *meiner* Krankheit ist daher *mein individuelles* Erleben. Niemand sonst erlebt es genauso wie ich. Die für krebskranke Personen relevanten Fragestellungen könnten die individuelle Bedeutung der Erkrankung betreffen, die erlebte existenzielle Bedrohung und die Qualität und Intensität des Erlebens in Relation zu den medizinischen Befunden.[269] Darüber hinaus kritisiert Matthias S. Hartmann, dass Krebserkrankungen im Erleben zu Unrecht oft auf die Erkrankung reduziert werden.[270] So werden sie als einschränkend, im Sinne einer Abkehr von einem gewohnt und frei empfundenen Dasein, erlebt. Lebensbedrohliche Erkrankungen führen zu einem anderen Verständnis von Relation und Endlichkeit:

> „‚Krebs' und ‚Krebskrankheiten' erscheinen dabei oft wie eine unentdeckte Wüstenlandschaft, in der man kaum zu leben wagen würde, in der aber das Überleben nicht nur Kampf gegen Klima und Aushalten bei Wassermangel beinhaltet, sondern auch die Entdeckung und sinnvolle Nutzung jener kleinen Oasen, in denen sich ein anderes als das bisher gewohnte Leben vollziehen kann; ein Leben, das möglicherweise von unerwarteten Wandlungen und Entbehrungen beeinträchtigt sein kann, das jedoch auch Fähigkeiten und Möglichkeiten offenlegt, die sonst verborgen geblieben wären".[271]

Diese Vorstellung erinnert sehr stark an die Idee von der Krise als Chance, Verena Kasts[272] „Lebenskrisen werden Lebenschancen" oder sinngemäß an Anne-Marie Tauschs[273] Aussage der „Krankheit als Tor zum Leben". Erich Fromm bezeichnet es als

---

265 Ebd.; Vgl. Pörtner 2005.
266 Vgl. LeShan 2008, 43.
267 Ebd., 48.
268 Rosamaria 2010, I.
269 Vgl. Reinelt 1995, 442.
270 Vgl. Hartmann 1991, 11.
271 Ebd., 18f.
272 Kast 2007.
273 Tausch 2004a, 271.

„authentisches Leben", das jedoch die Fähigkeit des Staunens, die Kraft sich zu konzentrieren, die Fähigkeit zur Selbsterfahrung und die Fähigkeit, Konflikte und Spannungen zu akzeptieren, bedingt.[274] Das Erlebnis, so Fromm, einen Menschen in seiner ganzen Wirklichkeit zu sehen, erscheint uns manchmal wie eine plötzliche Erfahrung und kann überraschen. Es bedeutet das Erwachen und wirkliche Wahrnehmen im Hier und Jetzt. Es geht um ein Erleben, bei dem das Erlebnis in der Person selbst seinen Ursprung hat. Der Realität des eigenen Erlebens im Denken und Fühlen sicher zu sein, resümiert Fromm, darauf zu vertrauen, und sich darauf zu verlassen, das ist Glaube.[275]

Jede Person findet sich in ihrer Wirklichkeit beheimatet. Diese wird so lange für gut befunden, bis Spannungen des Erlebens zu einer Veränderung bewegen, oder zukunftsorientiert erahnend, zu so etwas wie einer Idee von Veränderung führen. Das Erleben umfasst für mich die subjektive, bewusste oder am Rande der Gewahrwerdung befindliche Wahrnehmung von Spannungsverhältnissen der inneren und äußeren phänomenalen Welt einer Person. Aus der Perspektive als Psychotherapeutin führt mich das zu folgender Überlegung: Erst wenn ich selbst eine Idee davon habe, was es für mich bedeuten kann, dem nachspüre und es symbolisiere, kann ich mich dem offen annähern, was Erleben für Menschen umfassen kann. Erleben beinhaltet das Unendliche im Unendlichen. Manches davon ist mir bewusst und klar, vieles jedoch findet implizit, diffus gespürt statt.

3.2 Psychoonkologische und psychosoziale Betrachtungen

Phänomenologisch stellt sich für Ursula V. Wisiak Krankheit generell im Leiden und in einem Gefühl der Schwäche dar. Hinzu kommen Fragen nach Krankheitsfolgen, Angst vor Komplikationen, weiteren Leiden, möglichen Schädigungen und Lebensbedrohung. Diagnose und Prognose haben zwei grundsätzliche Funktionen. Einerseits wird der Krankheitszustand bestätigt, andererseits besteht bei entsprechender Hilfe Hoffnung.[276] Existenzielle Krisen, wie sie eine Krebserkrankung hervorruft, bedeuten daher auch immer Angst zu haben. Angst davor unter Umständen loszulassen, Angst davor Körperfunktionen zu verlieren und Angst davor Lebensaktivität und Beziehungen zur äußeren Welt einzubüßen.[277] Unter existenziellen Erkrankungen versteht Walter Pieringer alle konkret lebensbedrohlichen und die irdische Existenz transzendierenden Leiden, die mit einem verzweifelten, aber notwendigen persönlichen Ringen um Sinn, Würde und Einmaligkeit einhergehen. Seine leitende These lautet, dass das wahre Wesen einer existenziellen Erkrankung sich vorrangig nur intuitiv-phänomenologisch im Sinne Husserls erkennen lässt.[278] Gefühle der Bedrohung können sich auf die Erkrankung und deren

---

274 Fromm 2008, 147f.
275 Vgl. ebd., 145–155.
276 Vgl. Wisiak 1995, 448.
277 Vgl. ebd., 451.
278 Vgl. Pieringer 1995, 765f.

Therapien beziehen, auf das Selbst, auf das soziale Umfeld, oder die Zukunft betreffen.[279]

Psychoonkologie, wie Fritz Meerwein sie versteht, befasst sich mit den Entstehungsbedingungen und Wirkungen von Krebserkrankungen, mit Abwehren, das heißt krankmachenden und folgenschweren Vorstellungen, sowie mit Therapien und deren Auswirkungen. Sie untersucht den psychischen Faktor im Rahmen eines multifaktoriellen Verständnisses.[280] Für Margit v. Kerekjarto ist Psychoonkologie die begriffliche Zusammenfassung von Aktivitäten in einem Feld, wo Krebskranke mit und in ihrer Umgebung, in ihrer krankheitsspezifischen Problematik, Hilfe erfahren.[281] Hartmann definiert den Gegenstand vor allem mit einer ‚reflektierten Anthropologie des Behandlers', die vorhandenen vitalen Kräfte des Patienten auf körperlicher, emotionaler, kognitiver und sozialer Ebene zu würdigen und die Arbeit im Spannungsverhältnis von Leben und Tod zu leisten.[282] Volker Tschuschkes Verständnis von Psychoonkologie unterstreicht neuere interdisziplinäre Kooperationen zwischen Onkologen, Immunologen, Endokrinologen, Psychologen und Soziologen.[283] Psychosoziale Onkologie, wie Reinhold Schwarz und Susanne Singer sie aus ihrem biopsychosozialen Verständnis von Krankheit und Gesundheit definieren, geht vor allem der Frage nach, wie Ärzte, Pflegepersonal, Sozialarbeiter und Psychotherapeuten für Betroffene und ihre Angehörigen im Umgang mit den Erschütterungen einer Krebserkrankung hilfreich sein können. Gemeint sind die Einbindungen mitmenschlicher und gesellschaftlicher Dimensionen in Arzt-Patient-Angehörigen-Beziehungen und sämtlicher am System beteiligter Personen im Hinblick auf Selbstbestimmung, Gleichstellung, Teilhabe am Leben und Linderung von Belastungen. Relevant sind innerseelische Prozesse, sozialer Kontext und körperliches Geschehen.[284] Die Dynamik einer Krebsdiagnose und Krebserkrankung kann eine Störung des Selbst auslösen. Psychoonkologie, so Meerwein, bezieht sich daher auch auf Maßnahmen, die eine weitgehende Wiederherstellung des gestörten Selbstgefühls ermöglichen.[285]

Die in den 1950er Jahren beginnende Diskussion um die Wahrhaftigkeitsproblematik und Hinwendung zu offenen Gesprächen dauert bis heute an und klafft zwischen Theorie und Praxis auseinander. Maßgeblich beeinflusst sehen sie Schwarz und Singer von Elisabeth Kübler-Ross, der Psychiatrie, der Psychoanalyse und durch die Entstehung der Krebshilfe als Selbsthilfebewegung und Nachsorgeeinrichtung.[286] In den 1980er Jahren konzentrierte sich das Interesse der psychoonkologischen Forschung auf das subjektive Empfinden und die Lebensqualität als neuen Erfolgsparameter klinisch-onkologischer Studien. Die 1990er Jahre werden durch psychosoziale Interventionsstudien und ihren Nachweis einer effektvollen Verbesserung der Lebensqualität sowie

---

279 Vgl. Schwarz & Singer 2008, 109.
280 Vgl. Meerwein & Bräutigam 2000, 13.
281 Vgl. Kerekjarto 1986; zit. n. Hartmann 1991, 17.
282 Hartmann 1991, 60f.
283 Vgl. Tschuschke 2006, 7.
284 Vgl. Schwarz & Singer 2008, 10–16.
285 Vgl. Meerwein & Bräutigam 2000, 13f.
286 Vgl. Schwarz & Singer 2008, 17.

durch weiterführende Fragen nach einer Verbesserung der Überlebenschancen dominiert.[287] Bernhard Brömmel beschreibt „Lebensqualität als Differenz zwischen Hoffnungen und Erwartungen einerseits und gegenwärtigen Erfahrungen andererseits".[288] Lebensqualität wird hier als wichtige Lebensmotivation in einem mehr oder weniger erträglichen Spannungsverhältnis verstanden und erinnert an das substanzielle und relationale Spannungsverhältnis im Rahmen der Aktualisierung und Selbstaktualisierung bei Rogers.

Thematische Schwerpunkte einer modernen psychosozialen Onkologie sind die subjektiven Empfindungen von Lebensqualität, die Integration von Aspekten der Lebensqualität durch Bewertungen von Therapien und klinischen Studien sowie daraus folgend der Notwendigkeit psychotherapeutischer Unterstützung bei der Krankheitsverarbeitung und ihrer seelischen Begleiterscheinungen.[289] Für Brömmel ist es unvermeidbar, Lebensqualität unter Berücksichtigung objektiver Faktoren, wie der medizinischen Diagnose, zu quantifizieren und Subjektives zu objektivieren. Als Instrumente werden meist Fragebögen, in zunehmendem Maß auch Interviews angewandt.[290] Speziell für den Bereich der Psychoonkologie wurden und werden entsprechende Instrumente zur Testung von Lebensqualität entwickelt.[291] Die generelle methodische Problematik jedoch setzt sich fort.[292] Qualitative Ansprüche stehen im Widerspruch zu einer für notwendig befundenen Verallgemeinerung. „Wir brauchen allgemeingültige Richtlinien […], da wir „Lebensqualität letztlich in Zahlen ausdrücken können müssen, […] um sie in der Klinik […] entsprechend berücksichtigen zu können".[293] Johannes Meran und Ernst Späth-Schwalbe halten fest, dass die Erfassung von Lebensqualität bereits einen Prozess darstellt, der die subjektive Wirklichkeit der Patienten ernst nimmt und damit ihre Autonomie betont.[294] Demgegenüber hinterfragen Hans-Jörg Senn und Agnes Glaus die „Wahrhaftigkeit am Krankenbett" im Hinblick auf Vorurteile, spannungsgeladene Kommunikation und die Notwendigkeit ärztlicher Informationszensur im Umgang mit Krebspatienten und ihren Angehörigen.[295] Hartmann findet gerade den Begegnungsbereich in den meisten Veröffentlichungen der Psychoonkologie zu wenig berücksichtigt und in nicht zufriedenstellenden Behandlungssituationen widergespiegelt. Weitere Kriterien sieht er in vorhandener oder noch nicht vorhandener Lebenserfahrung von Psychotherapeuten. Behandelnden Ärzten wiederum kann es schwerfallen, ihre Rolle als Mediziner zu verlassen.[296] Kompetenz wird sowohl in den medizinischen Fächern,

---

287 Vgl. Hürny 2008, 1013.
288 Brömmel 1995, 62.
289 Vgl. Schwarz & Singer 2008, 18.
290 Vgl. Brömmel 1995, 63–64. Da ich keine auf Interviews beruhende psychoonkologisch bzw. klinische qualitative Studien gefunden habe, kann es sich, mit aller Vorsicht ausgedrückt, nur um Vorstudien für Fragebögen handeln, oder einige wenige Studien, die eher dem Bereich der Soziologie zugeordnet werden können.
291 Vgl. ebd., 65; Tschuschke 2006.
292 Vgl. z. B. Brömmel 1995; Hürny 2008; Schwarz & Singer 2008; Tschuschke 2006.
293 Brömmel 1995, 64.
294 Vgl. Meran & Späth-Schwalbe 2009, 29.
295 Senn & Glaus 2000, 49f.
296 Vgl. Hartmann 1991, 19–21.

in den eingebundenen Institutionen des Gesundheitswesens und im sozialrechtlichen Bereich gefordert.[297]

Ganzheitliche Betrachtungen fokussieren das subjektive Leiden und individuelle Ziele des um Rat suchenden Krebserkrankten aus einem integrativen Verständnis heraus.[298] Die Realität der Krankheitserfahrung bedarf im psychotherapeutischen Kontext einer Ergänzung durch die psychischen Auswirkungen der Krankheits- und Behandlungsrealität.[299] Die subjektive Sicht krebskranker Menschen, zu glauben an der Erkrankung selbst schuld zu sein, korrespondiert mit Auffassungen der Öffentlichkeit und Vorstellungen oder Erklärungen aus der Perspektive der Gesunden. In einer von Singer erstellten Zusammenfassung einiger Studien, auf der Suche nach psychisch bedingten Ursachen zu der Entstehung von Krebs, konnten keine Zusammenhänge zwischen Persönlichkeit und Krebsrisiko nachgewiesen werden.[300] Tschuschke weist darauf hin, dass auch in den von ihm gesichteten Studien, wie Christoph Hürny schon resümierte, kein gesicherter Zusammenhang zwischen Depression und der Entstehung einer Krebserkrankung nachgewiesen werden konnte, ebenso wie eine direkte Verbindung zwischen dem Erleben von Stress als Ursache einer Krebserkrankung nach wie vor unklar ist.[301] Er ist diesbezüglich der Ansicht, dass qualitative Interviews und weniger Fragebögen bei Verwendung einer vorausschauenden Vorgehensweise und unter Berücksichtigung des Erkrankungsstadiums, des psychischen Zustandes und der sozialökonomischen Faktoren validere Aufschlüsse über den relativen Stellenwert psychologischer Faktoren bei Krebsinzidenz bringen sollten.[302]

Wiewohl es, entgegen der ursprünglichen Vermutung, keine sogenannte Krebspersönlichkeit und keine ausreichenden Aufschlüsse über eine Karzinomgenese[303] gibt, können die persönliche Ursachenforschung und subjektive Krankheitstheorien auf belastende Lebenssituationen oder Konflikte hinweisen und Aufschlüsse über den Prozess der Krankheitsbewältigung geben.[304] Meerwein sieht darin das Bedürfnis, der Frage nach dem Sinn nachzugehen, um „unterentwickelte Seiten ihres Lebens und ungeliebte kreative Möglichkeiten zur Entfaltung" zu bringen.[305] Die Krankheitsverarbeitung muss daher als ein Prozess verstanden werden, der sich je nach Erkrankungsphase unterscheidet.[306] Auch ist sie Ausgangspunkt für jegliche Veränderungsmöglichkeit. Persönliche Ursachenforschung ist daher als ein Wunsch nach einem Sinnzusammenhang zu verstehen um Vergangenheit, Gegenwart und Zukunft zu koordinieren oder ‚ihr wahres

---

297 Vgl. ebd., 243.
298 Vgl. Schwarz & Singer 2008, 138–140.
299 Vgl. ebd., 236f.
300 Vgl. ebd., 34–38.
301 Vgl. Hürny 2008, 1019; Tschuschke 2006, 12–19.
302 Vgl. Tschuschke 2006, 34.
303 Vgl. auch ebd., 7. Spricht man von Krebs, geht man heute von einer multifaktoriellen Genese (Christoph Hürny 1996) aus.
304 Vgl. Meerwein 2000, 103; Schwarz 2000, 16–28.
305 Meerwein 2000, 127.
306 Vgl. Hürny 2008, 1022; Tschuschke 2006, 25.

Selbst' kennenzulernen.³⁰⁷ Oder wie Viktor E. Frankl bei dem israelischen Maler und Bildhauer Yehuda Bacon in Beantwortung der Frage nach dem Sinn des Leidens trefflich ausgedrückt findet: ‚Wenn du selbst ein anderer wirst'.³⁰⁸

3.3 Psychotherapie mit krebskranken Menschen

Die Häufigkeit psychischer Begleiterscheinungen bei Krebserkrankungen liegt einer Studie von Singer et al. (2007) nach bei 32,2 Prozent. Ermittelt wurden Daten während der ersten Tage einer onkologischen Akutbehandlung. Sie bestätigen ältere Studien, vor allem aber den Schluss, dass Krebspatienten im Vergleich zur Allgemeinbevölkerung häufiger psychisch erkranken.³⁰⁹ Daraus folgt für sie, dass Psychotherapie da indiziert ist, „wo seelische Probleme zu lösen oder Gegebenheiten anzutreffen sind, die durch psychotherapeutische oder psychosoziale Interventionen beeinflussbar sind".³¹⁰ Jede Psychotherapierichtung verfügt über ein Welt- und Menschenbild, eine implizite Anthropologie, die durch ihre Grenzen und Rahmenbedingungen ordnungsstiftend und verlässlich ist, betont Hartmann. Er warnt vor positiv gemeintem Eklektizismus, der in eine therapeutische „(Wahn-)Welt" münden kann. Psychotherapie bedeutet nicht instrumentelles Handeln, die Anwendung ‚neuester Techniken' oder Verwendung ‚geeigneter' Strategien, sondern, wie bei Rogers immer wieder hervorgehoben, die Entwicklung therapeutisch relevanter Haltungen zur bestmöglichen Erfassung seelischer Bedürfnisse.³¹¹

Psychologisch-psychotherapeutische Interventionen bei onkologischen Erkrankungen sind eher kurzzeitige Maßnahmen und gliedern sich bei Tschuschke in Anlehnung an Fawzy et al. in edukative, informationsbasierende Ansätze, behaviorale, einzeltherapeutische oder gruppenbasierende Ansätze.³¹² Die von Fawzy et al. zusammengefassten Studien über ansatzbedingte Gemeinsamkeiten und Unterschiede zeigen sehr unterschiedliche Ergebnisse zu den Kategorien Affekt, Coping, Lebensqualität und Wissenszuwachs. Die Autoren sehen in einer strukturierten, psychotherapeutischen Intervention, die auf Psychoedukation aufbaut, Stressmanagement und behaviorales Training offeriert, Coping-Hilfen wie auch Problemlösestrategie-Training und supportive Gruppenunterstützung anbieten, das größte Potenzial möglicher Hilfe, so lange nicht weitere Erkenntnisse in ausreichender Form gegeben sind.³¹³ Direktive psychotherapeutische Interventionen durch übungs- beziehungsweise verhaltensbezogene und verstehensorientierte psychodynamische Verfahren und gelegentlich systemische Sichtweisen werden bevorzugt.³¹⁴ Dies könnte jedoch durch die nationalen, berufspolitischen Psychothera-

---

307 Meerwein 2000, 127.
308 Frankl 2009, 49.
309 Schwarz & Singer 2008, 106f.
310 Ebd., 235.
311 Hartmann 1991, 70f.
312 Vgl. Tschuschke 2006, 166.
313 Fawzy et al. 1995; zit. n. Tschuschke 2006, 166–215.
314 Vgl. Schwarz & Singer 2008, 240.

pielandschaften gefärbt sein. Schwarz und Singer sprechen unter anderen von der Supportiven Psychotherapie als eine „Synthese verschiedener psychotherapeutischer Zugänge". So finden sich zum Beispiel im Bereich „Entlastung und Unterstützung auf der Basis einer Sicherheit gebenden Beziehung", Ähnlichkeiten zur Personenzentrierten Psychotherapie.[315] Ebenso im Punkt „Äußerungen von Gefühlen und Gedanken"[316], der Hanko Bommerts operationaler Definition ‚Verbalisierung emotionaler Erlebnisinhalte'[317] entsprechen könnte, oder „Stärkung des Gefühls der Selbstkontrolle und Autonomie"[318] im Sinne der Selbstaktualisierung bei Rogers.

Psychotherapeutische Grundhaltungen in der Psychosozialen Onkologie sind für Schwarz und Singer[319] die Anerkennung des Traumas und einhergehender Beschwerden, das Annehmen und Aufnehmen, das Halten beziehungsweise Aushalten, ein flexibles Setting sowie die Kooperation mit Angehörigen und dem behandelnden therapeutischen Team. Die Autoren sehen die Psychotherapie immer noch als einen, wahrscheinlich durch die Überschneidung der psychotherapeutischen und medizinischen Berufsfelder, vernachlässigten Bereich. Vielleicht eine mögliche Erklärung dafür, frage ich mich, dass sich im Rahmen der Psychotherapiewissenschaft in Klaus Grawes, Ruth Donatis und Friederike Bernauers Metaanalyse, bis auf zwei positive Wirksamkeitsstudien[320] der Personenzentrierten Psychotherapie, mit Krebspatienten keine weiteren bestätigten Studien finden? Eine Studie krebskranker Personen über Soziale Kompetenz und drei weitere zu Progressiver Muskelentspannung nach Jacobson konnten ihre Wirksamkeit nicht ausreichend nachweisen.[321] Trotz positiver Beurteilung der Personenzentrierten Psychotherapie, als ein nachweislich sehr wirksames Verfahren für ein weites Spektrum an Störungen und einer Effektivität innerhalb relativ kurzer Therapiedauer, findet dieser Ansatz als eigenständige und ausreichende Psychotherapiemethode in der psychoonkologischen Literatur kaum Erwähnung.[322] Überraschend, denn gemäß Grawe, Donati und Bernauer heißt es: „Nirgends sonst wurde so überzeugend nachgewiesen, dass das Gespräch tatsächlich als ein sehr wirksames therapeutisches Mittel angesehen werden kann".[323]

Ergebnisse der Studien von Anne-Marie Tausch in personenzentrierten Gruppentherapien mit Krebspatienten im klinischen Kontext sind in den beiden Werken „Gespräche gegen die Angst" und „Sanftes Sterben" (er-)lebensorientiert beschrieben.[324] Auch Macke-Bruck und Nemeskeri weisen darauf hin, dass Personenzentrierte Psychotherapie

---

315 Ebd., 241.
316 Ebd., 242.
317 Bommert 1987; zit. n. Biermann-Ratjen, Eckert & Schwartz 2003, 16.
318 Schwarz & Singer 2008, 242.
319 Vgl. ebd., 239–242.
320 Anne-Marie Tausch (1980): Personenzentrierte Hilfe für Krebspatienten. Dircks, P., Grimm, F., Tausch, A.-M., Wittern, J. O. (1982): Förderung der seelischen Gesundheit von Krebspatienten durch Personenzentrierte Gruppengespräche.
321 Vgl. Grawe, Donati & Bernauer 2001, 97–650.
322 Vgl. ebd., 134f.
323 Ebd., 140.
324 Tausch 2004; Tausch & Tausch, 2004.

aufgrund ihrer erkenntnistheoretisch systemischen Implikationen einen Beitrag zur Erforschung psychoneuroimmunologischer Phänomene leisten kann und so ein tieferes Verstehen ermöglichen.[325] Eine vielleicht doch zu stille Revolution des personenzentrierten Ansatzes, wie bereits Schmid aufmerksam machte? Ich frage mich, ob dieser Umstand sich eher historisch begründet oder einem Trend nach Pluralität, Individualität und Eklektizismus entspricht. Die Gefahr liegt in der bereits zuvor erwähnten Vermischung von Techniken und Haltungen zu etwas Eigenem und wenig Greifbarem. Dennoch findet der personenzentrierte Ansatz Niederschlag in dem Begegnungs- und Beziehungsangebot psychoonkologischer und ressourcenorientierter Fachliteratur, wie auch im Bereich theoretischer, psychoonkologischer Interventionsangebote. Rogers' notwendige und hinreichende Bedingungen therapeutischer Persönlichkeitsveränderung[326] wiederholen sich in der einen oder anderen Weise quer durch die gesichtete Fachliteratur, scheinen jedoch als sich eigenständig genügende Psychotherapierichtung nicht in der aktuellen Literatur auf.

Trotz mittlerweile vielfältig vorhandener klinischer Studien zum Schwerpunkt Lebensqualität[327] und gesicherter Befunde über positive Auswirkungen psychotherapeutischer Hilfen (psychosoziale Interventionen) zur Symptomkontrolle und Stabilisierung der Lebensqualität krebskranker Menschen, bleiben diese vielfach unbeachtet und führen zu keinen angemessenen Konsequenzen in der Routineversorgung.[328] Angemessen und hilfreich wäre ein kontinuierliches Betreuungsangebot bereits mit Erhalt der Diagnose.[329] Bezüglich externer Anforderungen in einem Grenzbereich zwischen Somato- und Psychotherapie geht es in der psychoonkologischen Betreuung vor allem um ein Arbeitsfeld mit extrem menschlichen Krisensituationen. Aus einer psychotherapeutisch professionellen Perspektive benötigt der Therapeut als verständnisvoller und einfühlsamer Begleiter daher die Fähigkeit Unsicherheiten zu ertragen, Empathie und ein hohes affektives Niveau.[330]

Das grundlegende psychotherapeutische Anliegen nach LeShan ist, in starker Übereinstimmung mit Rogers, die Einzigartigkeit des Patienten zu entdecken, sie immer wieder zu bestätigen und zu würdigen. Veränderung ist möglich, sobald die krebskranke Person die Gelegenheit bekommt, ihre Verzweiflung und einhergehende Gefühle auszusprechen. Psychotherapie kann dafür einen passenden Rahmen bieten, das Leben in einem neuen, realistischen und hoffnungsvollen Licht zu sehen.[331] Auf LeShan, Erickson und Meares bezugnehmend sind es für Hartmann die einfachen Worte und natürlichen Gesten, die beeindrucken und Veränderung ermöglichen.[332] Es geht nicht um die körperliche Wiederherstellung, sondern um die Erweiterung, Entfaltung und

---

325   Vgl. Macke-Bruck & Nemeskeri 2002, 580.
326   Rogers 1997.
327   Eine Auswahl klinischer Studienergebnisse diskutieren beispielsweise Diegelmann & Isermann 2010; Schwarz 2000; Schwarz & Singer 2008; Tschuschke 2006.
328   Vgl. Schwarz 2000, 41–43.
329   Vgl. Macke-Bruck & Nemeskeri 2002, 579.
330   Vgl. Schwarz & Singer 2008, 244–251.
331   Vgl. LeShan 2008, 47.
332   Vgl. Hartmann 1991, 71.

Befreiung des Selbst.[333] Der Therapeut empfindet Zuneigung, kümmert sich, hat Interesse und nimmt am Leben des Klienten teil. Das, was Krebserkrankte sind oder tun, ist von höchster Bedeutung. Was zählt, sind die therapeutische Qualität, Gefühle, Empfindungen, das Verständnis und die Einfühlungsgabe: „Wenn einem Menschen noch eine einzige Stunde zu leben bleibt und er in dieser Stunde zum ersten Mal sich selbst und sein Leben wirklich entdeckt – ist das nicht ein wirkliches und bedeutsames Wachstum?"[334] Die therapeutische Haltung ist durch Gegenwärtigkeit, ehrliches Interesse, herzliche und menschliche Zuwendung und eine verbindende Beziehung geprägt:

> „Wenn der Kontakt zu den Mitmenschen wiederhergestellt ist, das Gefühl der Zugehörigkeit sich wieder eingestellt hat und im Blickwinkel wieder das Leben, nicht mehr der Tod steht, dann läßt die Todesfurcht des Patienten merkbar nach. Er empfindet sein Leben wieder als real, und er macht sich freudig erregt auf die Suche nach dem eigenen Selbst. Das Gefühl des Verlusts und der Isolation, das ihn eine Zeitlang zu Boden gedrückt hat, ist einem neuen Gefühl des Beteiligtseins und des Einbezogenseins gewichen".[335]

3.4 Resilienz und Ressourcen

Wie auch immer eine Krebserkrankung verläuft, betroffene Personen sind unausweichlich mit ihren persönlichen Bedeutungszuschreibungen, ihrer Ungewissheit, den Schmerzen, ihrem Verlust, den Veränderungen ihres Körpers, den unerledigten Dingen im Leben, dem Abschiednehmen, ihrer Endlichkeit und ihrer Hoffnung auf Heilung konfrontiert, betonen Macke-Bruck und Nemeskeri in ihrem Artikel über den personenzentrierten Ansatz in der Psychoonkologie.[336] Die ebenfalls relativ neue Resilienzforschung bestätigt, dass selbst unter schwierigsten Lebensumständen und Risikobelastungen die Möglichkeit besteht, sich zu einer selbstbewussten, selbstsicheren und kompetenten Persönlichkeit zu entwickeln.[337] Swantje Reimann und Philipp Hammelstein bezeichnen mit Resilienz Prozesse oder Phänomene, die eine positive Anpassung des Individuums trotz vorhandener Risikofaktoren widerspiegeln.[338] Birgit Wolker versteht sie als „Seelische Widerstandskraft", als „Geheimnis der inneren Stärke".[339] Der damit eingeleitete Paradigmenwechsel, weg von einer defizitorientierten Sichtweise hin zu ressourcenorientierten Konzepten, muss in der Psychoonkologie, so Christa Diegelmann und Margarete Isermann, mehr Beachtung finden.[340] Das Ziel ist die bessere Nutzung des bereits individuell vorhandenen und weiterzuentwickelnden Potenzials für Krankheitsbewältigungen. Es geht um explizite Aktivierung individueller Ressourcen.

---

333 Vgl. LeShan 2008, 99. LeShan verweist in seinen Ausführungen auf Carl. R. Rogers Buch: „Entwicklung der Persönlichkeit".
334 Ebd., 101f.
335 Ebd., 103.
336 Vgl. Macke-Bruck & Nemeskeri 2002, 564.
337 Vgl. Wustmann 2009, 71.
338 Vgl. Reimann & Hammelstein 2006b, 18. Hier findet sich eine Aufstellung aktueller Studien zur Resilienzforschung.
339 Wolter 2005, 299.
340 Vgl. Diegelmann & Isermann 2010, 19.

Die Widerstandskraft beschränkt sich nicht nur auf die individuelle Persönlichkeit. Sie drückt sich zugleich auf sozialer (Familie und Umfeld) und gesellschaftlicher Ebene (Normen, Institutionen) aus.[341] Der Status der Resilienzforschung ist jenem der Psychotherapieforschung ähnlich. Dabei geht es nicht mehr um die grundsätzliche Frage der Wirksamkeit, sondern um spezifischere Fragestellungen, wie: „Welche Therapieform wirkt bei welchen Patienten unter welchen Bedingungen und von wem durchgeführt?" Für den Forschungszweig bedeutet es, komplexen Fragestellungen nachzugehen, welche Faktoren bei welchen Risikofaktoren unter welchen Bedingungen und bei wem zur Resilienz beitragen? Es geht, so die Autoren, nicht um kausale Interpretationen, sondern korrelative Forschung, sofern sie nicht Interventionsforschung ist und Resilienzfaktoren experimentell variiert.[342] Ob der unterschiedlichen Verwendung des Resilienzbegriffs wird darauf hingewiesen, dass sich die Widerstandskraft nur über die Funktion eines Merkmals, wie beispielsweise einer positiven Anpassung der krebserkrankten Person trotz vorhandener Risikofaktoren sicherstellen lässt.[343]

Die Onkologie gilt als eine der ersten Bereiche, wo an der Erfassung gesundheitsbezogener Lebensqualität aktiv geforscht wird. Eine von Klaus D. Graves 2003 publizierte Metaanalyse im Ausmaß von achtunddreißig Studien fasst die Befunde gesundheitsbezogener Lebensqualität von Krebspatienten auf Basis sozialkognitiver Theorien zusammen. Untersucht wurden Komponenten der Selbstwirksamkeit, der Ergebniserwartung und der Fähigkeit zur Selbstregulierung mit den Ergebnissen einer besser eingeschätzten subjektiven Lebensqualität und psychischen Befindlichkeit.[344] Bezug genommen wird auch auf die Zusammenstellung diverser Studienergebnisse bei Diegelmann und Isermann sowie Renate Frank.[345] Bisherige Studien bestätigen, dass für die Entwicklung psychischer Widerstandskraft eine qualitativ gute Beziehung wesentlich ist.[346] Resilienz ist das Ergebnis eines Beziehungsprozesses mindestens zweier Personen. Unter Berücksichtigung der Resilienzforschung kann, im Rahmen einer beziehungs- und begegnungsorientierten psychotherapeutischen Begleitung krebskranker Menschen, Resilienz vor allem auf folgenden Ebenen gefördert werden[347]: 1) Aufbau und Stärkung personaler Ressourcen, Unterstützung der Selbstwirksamkeit, Emotions- und Stressregulierung sowie Problemlösung und Stärkung der möglichen Eigenaktivität. Diese stützen die Kraft dafür, Eigenverantwortung zu übernehmen, zielorientiert eigene Interessen zu entwickeln und im Rahmen einer positiven Selbsteinschätzung durchzusetzen. 2) Aufbau, Stärkung und/oder situationsrelevante Anpassung stabilisierender sozialer Ressourcen in Beziehung zum Umfeld krebskranker Menschen. Konkret bedeutet dies Handlungsmöglichkeiten zu entwickeln oder zu fördern, damit Bedürfnisse betroffener Personen wahrgenommen werden.

---

341   Vgl. Reimann & Hammelstein 2006, 18.
342   Ebd., 19.
343   Vgl. ebd., 23.
344   Graves 2003, 210–219; zit. n. Renneberg & Lippke 2006, 32f.
345   Diegelmann & Isermann 2010; Frank 2007.
346   Vgl. Wustmann 2009, 77.
347   Vgl. ebd., 72.

Voraussetzung ist das Bewusstsein darüber, hebt Corina Wustmann hervor, Resilienz als einen dynamischen Entwicklungsprozess, eine situationsspezifisch und multidimensional variable und elastische Größe zu verstehen. Es ist ein prozessorientiertes und auf einer Vielzahl interagierender Faktoren beruhendes Phänomen.[348] Es ist darüber hinaus eine Form von Bewusstmachung impliziten Wissens. Aus meinem psychotherapeutischen Menschenbild heraus bedeutet es in der Begegnung mit krebskranken Personen genaue Achtsamkeit, Wahrnehmung und Beobachtung des Prozesses, des Begegnungs- und Beziehungsaspekts sowie der intra- und interpersonalen Ressourcen. Begegnung, so Stipsits, wird als ein Grenzproblem der Pädagogik diskutiert.[349] Wie sich zeigt, ist Begegnung ein grundsätzliches Grenzproblem. Denn nachhaltig wirksame Veränderungen im Sinne der Annäherung an die individuelle Aktualisierungstendenz können nur dann gelingen, wenn sich an Krebs erkrankte Personen zu neuen Erfahrungen eingeladen fühlen. Im Rahmen des medizinischen Versorgungssystems bereitet gerade dieser Blickwinkel Umsetzungsschwierigkeiten, weil die Exploration lebensgeschichtlicher Erfahrungen zeitintensiv ist und es einer persönlichen, von grundsätzlicher gegenseitiger Wertschätzung geprägten Beziehung bedarf. Dazu sind eine offene, wertschätzende und zugewandte Haltung, Einfühlungsvermögen und die Eigenreflexion der Professionisten erforderlich.[350]

3.5 Kurze Zwischenbilanz

Für mich lassen sich nun das Potenzial und der Bedarf einer kontinuierlichen psychotherapeutischen Begleitung deutlich ableiten. Es klärt sich die Vorstellung, die von Betroffenen erlebten Gefühle und Wahrnehmungen in den Mittelpunkt zu rücken:

> „Also das ist jetzt sozusagen der Widerspruch, den ich auch erlebe und spüre. Da lese ich so viele gescheite Bücher, um Antworten auf meine Fragen zu bekommen, und erfahre und erlebe, es gibt nur eine Gruppe, nämlich die der Betroffenen, mit der ich all diese Themen besprechen möchte – ehrlich gesagt. Es werden schöne Theorien aufgestellt, es klingt alles super, es klingt auch sehr verwirrend, weil ich mir denke, wer kann all diesen Kriterien menschlich entsprechen, Experte hin, Experte her. Frage Nummer eins: Was passiert da? Sind das nur Theorien? Wie schaut die Realität aus? Wie werden sie [Theorien] umgesetzt? Können sie überhaupt umgesetzt werden? Und dann der wichtigere Teil ist: Wie werden sie von den Betroffenen empfangen? Wie schaut es da aus? Wie kommt es rüber? In mir stellt sich gerade die Frage: Wer hat denn das Recht eine Theorie aufzustellen? Wovon gehen wir aus, wenn wir uns heute die Einführung in die Psychoonkologie reinziehen? Wo ich, während ich das gelesen haben, ständig die Frage in mir hatte: Bitte ja, und was sagt der Betroffene dazu? Wie geht es ihm damit, wenn er das alles liest und erlebt? Ja, das lebt? Ich glaube, dass mir das auch das Wahrnehmen [als Angehörige] ermöglicht hat. Dieses: Wie ginge es *mir* jetzt damit? Was wäre ich jetzt in dieser furchtbaren Situation? Das sind die Fragen in mir als Resultat *einer* Lebenserfahrung".[351]

---

348 Vgl. ebd., 72–74.
349 Vgl. Stipsits 1999, 11.
350 Vgl. Hüther 2010, 58.
351 Topaloglou 2009, I.

Erleben will sich ausdrücken, will kommunizieren. Wie dieser Ausdruck erfolgen kann, ist an die Qualität der Begegnung, der Beziehung, des Miteinanderseins gebunden und hängt von der Art und Weise der Kommunikation und dem Verständnis für subjektive Wirklichkeiten ab. Für Rogers findet wirkliche Kommunikation dann statt, wenn wir mit dem Verständnis – und ohne ständiges Werten aus eigener Sicht – zuhören.[352] Die Qualität der Exploration krebskranker Menschen und der zum Ausdruck gebrachten Gefühle zu einem ganz bestimmten Zeitpunkt kann mir vielleicht einen Hinweis darauf geben, wo und in welchem Prozess, in welcher Form der Veränderung sich diese Person gerade befindet.[353] Das Problem für wechselseitige, zwischenmenschliche Kommunikation liegt in der eigenen, natürlichen Tendenz, Aussagen der anderen zu beurteilen, zu bewerten, sie für gut zu befinden oder sie zu verwerfen. Diese Tendenz kann hemmen oder blockieren. Daher findet wirkliche Kommunikation dann statt, wenn es gelingt, verständnisvoll und ohne eigene Wertungen zuzuhören.[354] Das erfordert Mut und die Bereitschaft, sich in den Bezugsrahmen der anderen Person hineinzuversetzen. Die Lösung liegt darin, „eine Situation zu schaffen, die es jeder Partei ermöglicht, den anderen *vom Standpunkt des anderen* aus zu verstehen".[355] Im Sinne einer Spannungsentladung in der Vernetzung der An- und Aufforderungen verschiedener Welten kann das psychotherapeutische Angebot als neutrale dritte Position im Beziehungsgefüge einen Weg zur besseren Verständigung anbieten. Rogers begreift Psychotherapie auch als Aufgabe, Menschen durch das besondere therapeutische Beziehungsangebot zu einer verbesserten Kommunikation zu verhelfen: „Psychotherapie heißt gute Kommunikation im Menschen und zwischen Menschen".[356] Um diesem Anspruch folgen zu können war es zu Projektbeginn notwendig, die eigenen Vorannahmen, vor allem aber die Fragen nach der persönlichen Vereinbarkeit mit diesem Projekt zu klären. Stipsits Hinweis – „Ein Verständnis für den anderen erwächst aus der Erkenntnis von sich selbst und dem Verständnis für sich selbst"[357] – war mir dabei eine wichtige Stütze.

---

352 Rogers 2002, 323.
353 Vgl. ebd., 135.
354 Vgl. ebd., 322f.
355 Ebd., 327f.
356 Ebd., 322.
357 Stipsits 1999, 35.

4   Forschungslücke und Forschungsfrage

> „Ich werde mich ihnen immer nahe fühlen, denn sie haben Spuren in mir hinterlassen, mich seelisch angerührt, beschenkt und verändert".[358]

Die Diagnose Krebs ist eine Tatsache. Sie ist kein Konstrukt, sondern ist! Die substanziellen und relationalen Dimensionen im Spannungsverhältnis der „Dialektik von Selbstständigkeit und Beziehungsangewiesenheit"[359] sind ein wesentliches, das Erleben betreffendes, Kriterium für krebskranke Menschen. Rogers' Kernvariablen werden im Rahmen der psychoonkologischen Versorgung oft als notwendig erachtet und angeführt, scheinen jedoch eher als Techniken[360] und nicht im Sinne einer „Begegnung von Person zu Person"[361] ihren Einsatz zu finden. Andererseits wird die Beziehungsproblematik „Arzt-Pflege-Patienten-Angehörige"[362] in der bereits zitierten Literatur nahezu durchgängig festgehalten. Demgegenüber steht das subjektive Erleben krebskranker Menschen, das in seiner Bedeutung aus dem Fokus der wissenschaftlichen Beobachtungen und Betrachtungen zu rücken scheint. Über ihrem Haupt schwebt das „Damoklesschwert der Unsicherheit"[363] oder das „Damoklessyndrom"[364] symbiotisch mit ihrem Leben verknüpft. Sowohl der interpersonale Beziehungsaspekt als auch die tiefe Bedeutung einer Begegnungsphilosophie sind heute grundlegende Bestandteile psychoonkologischer Theorien.[365] Das substanzielle Wesen und existenzielle Sein werden mit der Diagnose Krebs bedroht: „Wenn der andere verletzt, verwirrt, gequält, verängstigt, entfremdet, erschreckt ist oder wenn er an seinem Selbstwert zweifelt, sich seiner Identität nicht sicher ist, dann ist Verstehen nötig".[366] Genau dieses Verstehen-Können und Verstanden-Werden bedeutet für das medizinische und pflegende Fachpersonal eine tägliche Herausforderung im Spannungsverhältnis zwischen Empathie und Leistungsdruck. Das eigentliche Erleben und die phänomenologisch subjektive Dimension Krebserkrankter drohen in ein Abseits zu geraten.[367]

Den Schwerpunkt meines Forschungsprojekts, in theoretischer und praktischer Hinsicht, bildet Rogers' „Philosophie der Interpersonalen Beziehungen"[368] aus der Perspektive des Selbstkonzepts, mit der Fragestellung:

Wie erleben sich krebskranke Menschen, und wie kann sich Personenzentrierte Psychotherapie auf das Erleben und das Selbstkonzept Betroffener auswirken?

---

358   Tausch 2004a, 271.
359   Schmid 2002, 75.
360   Z. B. Schwarz & Singer 2008.
361   Rogers 2004b, 31.
362   Fässler-Weibel & Gaiger 2009, 258.
363   Ebd., 198.
364   Meerwein 2000, 130; Schwarz & Singer 2008, 13.
365   Vgl. z. B. Fässler-Weibel & Gaiger 2009; Tschuschke 2006, 4f.
366   Rogers 2005a, 93.
367   Vgl. Fässler-Weibel & Gaiger 2009, 7.
368   Rogers 2005d, 197.

Diese Fragestellung über das Erleben und Empfinden der subjektiven Lebensrealität und subjektiven Wirkung Personenzentrierter Psychotherapie umspannt unterschiedliche Erkrankungsstadien. Der erste Schwerpunkt meiner Fragestellung konzentriert sich weder auf ein explizit theoriegeleitetes Vorwissen noch auf aktuelle Studien – wie könnte es sein, wenn …? – noch auf einen Vergleich verschiedener Positionen, sondern auf die Frage nach dem, was subjektiv ist. Was ist und wie ist Erleben? Was passiert mit mir, wenn ich die Diagnose Krebs erhalte und diese Erkrankung Teil meines Lebens wird? Welche Fragen und Folgen ergeben sich daraus für mich? Was bedeutet das für mich und mein Erleben? Der zweite Fokus meiner Fragestellung aus der Position betroffener Menschen bezieht sich auf die Frage: Was kann Personenzentrierte Psychotherapie subjektiv bewirken? Welche Veränderungen werden subjektiv wahrgenommen?

5 Die methodische Vorgehensweise

„Es gibt keine allwissendmachende Methode der Wissenschaft!"[369]

Nach dem bisher Gezeigten ließ die Entwicklung dieses Forschungsprojekts nur eine Methode zu, die sowohl das subjektive Erleben krebskranker Menschen als auch die subjektive Position der Forscherin und Psychotherapeutin berücksichtigen kann. Fischer[370] weist darauf hin, dass sich die Methode der Psychotherapie als Untersuchung intentionaler Systeme in einer intentionalen Einstellung beschreiben lässt. Um die Allgemeinheit des Gegenstands zu bewahren, entsteht für die Psychotherapiewissenschaft die Notwendigkeit, sowohl „die intentionale als auch die propositionale Verfassung des humanwissenschaftlichen Gegenstands *innerhalb* des Untersuchungsprozesses hinreichend" zu berücksichtigen.[371] Diese Forderung, das Verstehen der Intentionalität des menschlichen Subjekts in den Mittelpunkt zu stellen, entspricht methodisch der qualitativen Forschung.[372]

5.1 Qualitative Forschung und Gütekriterien

Qualitative Forschung beruht auf methodischer und systematisch subjektiver beziehungsweise intersubjektiver Beobachtung von Erleben und einhergehenden Erfahrungen. Sie ist stark anwendungsorientiert und bemüht, Lebenswelten aus der inneren Sicht handelnder Menschen so zu beschreiben, dass Gegenstände, Zusammenhänge und Prozesse nicht nur analysiert werden können, sondern Lesende sich in sie hineinversetzen, sie nacherleben, beziehungsweise aus ihrer Subjektivität nacherleben und verstehen können.[373] In ihrer offenen Zugangsweise ist sie näher an den Phänomenen ihres Untersuchungsgegenstandes.[374] Fischer beschreibt die Annäherung an Phänomene in der Psychotherapiewissenschaft aus einer nahezu naiven, fast kindlichen Wahrnehmung heraus, die sich sodann mit disziplinierter Beobachtung und Beschreibung verbindet. Das theoretische Wissen wird bestmöglich weggeblendet, die Interpretation bleibt minimal. Diese grundsätzlich phänomenologische Haltung als Beobachterin bildet die Basis für zuverlässigen Erkenntnisgewinn auch in der Psychotherapieforschung.[375]

Qualitative Forschung ist nicht einfach eine Abbildung der Wirklichkeit, sondern nutzt die Differenz, um Abweichendes oder Unerwartetes im Sinne einer Öffnung für

---

369 Nietzsche 2008, 266.
370 Fischer 2008, 139.
371 Ebd., 21.
372 Vgl. Rieken 2007, 23.
373 Vgl. Flick 2009, 13f; Mayring 2008, 17.
374 Vgl. Flick 2009, 17.
375 Vgl. Fischer 2008, 330.

erweiterte Erkenntnisse sichtbar zu machen.[376] Verbalisiert und beschrieben werden Erfahrungs- und Beobachtungsrealitäten.[377]

> „Sowohl Forscher als auch die Untersuchten sind im Forschungsprozeß soziale Subjekte, die in gegenseitiger Orientierung und Anpassung aneinander handeln. Die Untersuchten sind eben nicht (nur) Datenträger, sondern sie stehen im Forschungsprozeß in einer sozialen Beziehung zum Forscher".[378]

Verwiesen wird auf die kommunikative Beziehung zwischen dem Forscher, dem beforschten Subjekt und der daraus resultierenden Forderung nach Intersubjektivität, eben nicht durch rigide Standardisierung der Methoden, sondern durch Adaptierung der Methoden an die individuelle beziehungsstiftende Forschungssituation und die Qualität des interaktiven Verstehens.[379] Die Einbindung der Forscherin im Rahmen einer Feldforschung ermöglicht mir einerseits die direkte Teilnahme am Geschehen und Beobachtung von Fremdverhalten sowie andererseits „auch Erfahrungen ‚am eigenen Leibe' zu machen und somit die Perspektive der Handelnden besser zu verstehen".[380]

Umfangreiche Diskussionen um Gütekriterien qualitativer Forschung erfordern jedoch eine nähere Bestimmung in dreierlei Hinsicht, macht Ines Steinke[381] aufmerksam: Erstens der Vorwurf von Beliebigkeit und Willkür, der eine Gefahr für die qualitative Forschung bedeutet, sie daher nicht ohne Bewertungskriterien bestehen kann. Zweitens, dass quantitative Kriterien für die Bewertung qualitativer Forschung ungeeignet sind und drittens, die qualitative Forschung ihr eigenes Profil benötigt. Aufgrund unterschiedlicher Positionen in der Fachliteratur möchte ich mich im Rahmen meines Projekts an Steinkes „Kernkriterien qualitativer Forschung"[382] anlehnen:

- Intersubjektive Nachvollziehbarkeit durch
  - Dokumentation des Forschungsprozesses, das heißt die Dokumentation von: Vorverständnis, Erhebungsmethoden und -kontext, Transkriptionsregeln, Daten, Auswertungsmethoden, Informationsquellen, Entscheidungen und Problemstellungen, Kriterien. Interpretationen in Gruppen durch fachinterne Diskussionen mit Kolleginnen, die nicht direkt am Projekt beteiligt sind. Anwendung kodifizierter Verfahren im Sinne einer Vereinheitlichung der methodischen Vorgangsweise oder expliziter Dokumentation einzelner Analyseschritte.
- Indikation des Forschungsprozesses hinsichtlich der
  - qualitativen Vorgangsweise im Rahmen der Fragestellung, der Angemessenheit der Methodenwahl, der Genauigkeit von Transkriptionsregeln, der Samplingstrategie, der methodischen Einzelentscheidungen im gesamten Untersuchungskontext und der Bewertungskriterien.

---

376 Vgl. ebd., 13.
377 Vgl. Bortz & Döring 2006, 296f.
378 Lamnek 1995a, 15.
379 Vgl. ebd., 13.
380 Bortz & Döring, 2006, 337.
381 Vgl. Steinke 2009, 321f.
382 Ebd., 323–331.

- Empirische Verankerung hinsichtlich Theoriebildung und -prüfung, kodifizierter Methoden, hinreichender Textbelege, analytischer Induktion, Prognosen und kommunikativer Validierung.
- Limitation bezüglich der Grenzen des Geltungsbereichs und der Verallgemeinerbarkeit.
- Kohärenz in Bezug auf die Theorie, Widersprüche und ungelöste Fragen.
- Relevanz hinsichtlich der Fragestellung und des wissenschaftlichen Beitrags.
- Reflektierte Subjektivität im Zusammenhang mit Selbstbeobachtung, persönlichen Voraussetzungen, intersubjektiven Beziehungen und Reflexionen während des Feldeinstiegs.

In jeder Person, die Texte liest, entsteht etwas, das aus einem subjektiv empfundenen Gefühl zu einer Verknüpfung mit der eigenen Biografie, den eigenen Erfahrungen, dem eigenen Wissen, dem eigenen Selbst führt. Es entsteht ein *Wie*, das alleine jedoch den Anspruch auf Wissenschaftlichkeit noch nicht erfüllt. In der wissenschaftlichen Argumentation wird die Subjektivität, so Rieken, durch ihre „Plausibilität und Nachvollziehbarkeit"[383] – durch das Wie *in die Schuhe schlüpfen können und wieder auf Distanz gehen* – objektivierbar. Subjektivität und Objektivität gemeinsam bilden für Gottfried Fischer dann die „Kategorie des Selbstbewusstseins auf der Stufe der Intersubjektivität".[384]

Dieses Projekt konzentriert sich auf das Erleben krebserkrankter Personen zwischen Diagnose, onkologischer Versorgung und ihrer Lebensrealität sowie auf mögliche Veränderungen im Rahmen einer kontinuierlichen personenzentrierten psychotherapeutischen Begleitung. Um für die Vielfalt von Erlebensformen offenzubleiben, bemühte ich mich als Forscherin und Psychotherapeutin möglichst unvoreingenommen und frei in die Begegnungen hineinzugehen.

5.2 Das Forschungsfeld

Wie schwierig die Etablierung einer psychotherapeutischen Begleitung innerhalb der psychoonkologischen Versorgung sein kann, zeigte sich bereits zu Projektbeginn bei der Suche nach einem geeigneten Forschungsfeld im deutschsprachigen Raum. Gemeinsam mit einer im palliativen Bereich forschenden Kollegin und personenzentrierten Psychotherapeutin kontaktierte ich ein halbes Jahr lang verschiedenste onkologische Stationen und psychologische Unterstützung anbietende Institutionen. Die Argumentationen auf institutioneller Ebene bewegten sich – in gewisser Weise durch Aussagen kennzeichnend – zwischen „ist aufgrund des Datenschutzes nicht möglich", „müssten wir Sie versichern und haben kein Budget", „ist aus budgetären Gründen prinzipiell nicht möglich", „wir vergeben nur Praktikumsplätze an Psychologinnen" und, „dass wir uns hier in einer Grauzone bewegen".[385] Andererseits bestätigten krebserkrankte Personen und

---

383 Vgl. Rieken 2010, 16.
384 Fischer 2008, 126.
385 Forschungstagebuch 08.10.2009.

ihre Angehörigen im Rahmen der Kontaktaufnahme und Vernetzung mit Selbsthilfegruppen den psychotherapeutischen Bedarf.

Psychoonkologie und Rahmenbedingungen

Als die Frage, ob diese Forschungsidee überhaupt realisierbar wäre, im Raum stand, gelang es meiner Kollegin direkt Kontakt zu einer im Bereich der Onkologie leitend tätigen Person aufzunehmen. Im Zuge eines Vorstellungsgesprächs erhielt ich bei Prof. N[386] die Gelegenheit, mein Dissertationsprojekt vorzutragen und das erläuternde Exposé nachzureichen. Begrüßt und oftmals als wertvoll bekräftigt wurde das qualitative Forschungsdesign, wie auch die Idee Prof. Ns, Psychotherapie als Pilotprojekt in die sich eben etablierende psychoonkologische Abteilung zu integrieren. Der Leiter der psychoonkologischen Gruppe betonte mehrmals in Teambesprechungen, dass qualitative Forschung durch dieses Projekt und in dieser Institution, erstmals durchgeführt werde. Im Sinne eines Zugewinns für die bestehende Qualitätssicherung und mögliche Erweiterung der Abteilung durch eine Psychotherapieambulanz kamen wir überein, dass qualitative, die Institution betreffende Forschungsergebnisse, nach Rücksprache und mit Einverständnis der Patientinnen, zur Verfügung gestellt werden. Im Sinne eines weiterführenden Nutzens für die Institution wurde im Anschluss an das Forschungsprojekt die Entwicklung eines Fragebogens angedacht, die das Erleben in unterschiedlichen Erkrankungsphasen genauer erfassen sollte.

Um interessierten Personen einen kontinuierlichen Psychotherapieprozess anzubieten, vereinbarten wir einen Praktikumszeitraum von zirka einem Jahr. Für psychotherapeutische Einzelgespräche wurde ein Raum im Stationsbereich der onkologischen Tagesklinik zur Verfügung gestellt. Darüber hinaus war es möglich, das therapeutische Angebot nach Wunsch und körperlicher Verfasstheit der Patientinnen durch die Wahl zwischen meiner Praxis und einer mobilen Psychotherapie kostenlos zu erweitern. Krebskranke Menschen brauchen ein mobiles und flexibles psychotherapeutisches Setting. Je nach Behandlungsverlauf ist es ihnen oftmals nicht oder nur schwer möglich, ihr zu Hause zu verlassen, wie bei Geli und Vera. Löwe wiederum fühlte sich in der ambulanten Praxis wohler.

Das Dissertationspraktikum begann Anfang Februar 2010 für zunächst sechs Monate. Die Verlängerung sollte, wie durchaus üblich und vereinbart, automatisch erfolgen. In Abstimmung mit dem Team war ich an drei Wochentagen zu je sechs Stunden tätig und bot, über mein Forschungsprojekt hinaus, weiteren Patientinnen der Station psychotherapeutische Gespräche an. Wie alle anderen Institutsmitarbeiterinnen wurde ich durch das nach außen sichtbare Merkmal eines weißen Arbeitsmantels[387] gekennzeichnet. Ein Aspekt, den es in der Begegnung mit Krebspatientinnen zu berücksichtigen galt.

---

386 Leiter der psychoonkologischen Arbeitsgruppe.
387 Forschungstagebuch 08.02.2010: „Welch' ein Widerspruch, um nicht Bruch zu sagen!" Dieses Merkmals entledigte ich mich, sobald ich mich im „geschützten Psychotherapieraum" befand.

Prof. N ist nicht nur Onkologe, sondern selbst praktizierender Psychotherapeut. Sein psychoonkologisches Team bestand zu diesem Zeitpunkt aus zwei Psychologen, einer Psychologin, zwei wissenschaftlichen Mitarbeiterinnen und einer Praktikantin aus einem psychotherapeutischen Fachspezifikum. Die im palliativen Bereich forschende Kollegin und ich kamen hinzu. Themen der dreimal wöchentlich stattfindenden Teamsitzungen waren vorwiegend Fallbesprechungen, Fallsupervisionen und offene wissenschaftliche oder administrative Punkte. Das psychologische Team[388] sollte eingangs im Rahmen ihrer eigenen persönlichen Kontakte und Gespräche mit Patientinnen die aktuelle Möglichkeit psychotherapeutischer Begleitung anbieten. Zudem hatte ich die Gelegenheit, die ersten vierzehn Tage gemeinsam mit Psychologen die onkologischen Stationen kennenzulernen und bei Visiten mitzugehen. Ein Ausschnitt meines Forschungstagebuches verdeutlicht das Gemeinte:

> „Ich durfte mit X [Psychologe] auf die Station XX mitgehen. Spannend, das Team bespricht die Einzelheiten und das Vorgehen pro Patient, kurz bevor sie die Krankenzimmer betreten. Im direkten Gespräch mit den Patienten ist die Wortwahl sehr bedeutsam. Oft wird während der Visite die Diagnose oder Prognose transportiert. Rückfragen an die Psychologen und Anfragen bezüglich eines psychologischen Gesprächs werden ebenfalls direkt von der Visite vereinbart".[389]

Erst ab der dritten Woche war der direkte Kontakt mit Patientinnen geplant. Wie schwer mir das zunächst fiel, zeigt eine weitere Eintragung in mein Forschungstagebuch:

> „Als ich vor dem Aufzug stand und Prof B vorbeikam, fragte er, ob ich zu der heutigen Visite komme. Ich nahm die Einladung gerne an und fragte meinerseits, ob S [meine Psychotherapiekollegin] mitgehen dürfe. Alles fein. Wir gaben dem psychologischen Team kurz Bescheid und schlossen uns der Visite an. Während der Visite hielt S mich zweimal zurück, als ich instinktiv zu den Patientinnen wollte. ‚Wir dürfen noch nicht!', sagte sie. Stimmt, dachte ich und hielt mich zurück. Dennoch eine gute Möglichkeit, genau zu beobachten und auf Reaktionen zu achten. Das wäre zum Beispiel schon ein möglicher Ansatz, bei der Visite beobachten, wer Unterstützung brauchen könnte und diese anbieten".[390]

In Abstimmung mit dem Leiter der psychoonkologischen Arbeitsgruppe[391] wurde der aus meinen Beobachtungen resultierende Vorschlag[392], die aus psychologischer Sicht eher unterversorgte onkologische Tagesklinik betreuen zu wollen, sowohl von der

---

[388] Ebd.: „Aus meinen körpersprachlichen Beobachtungen, aber auch aus subtil verbalen Äußerungen spüre ich Widerstand. Ich zweifle daran, dass es realisiert wird. Ich habe das Gefühl, für das Team eine Gefahr darzustellen und kann dafür zunächst keine Erklärung finden. Erst nach kurzen Gesprächen mit Kolleginnen und Kollegen realisiere ich, dass das institutionelle Budget gekürzt werden soll und noch nicht klar ist, wer im Stammteam bleiben darf: Mit ein Grund, warum die Begrüßung zweier Psychologen eher frostig war?"

[389] Ebd.

[390] Forschungstagebuch 10.02.2010.

[391] Ebd. 09.2.2010: „Ich erlebe Prof. N als einen sehr guten Zuhörer, bedacht und darauf achtend, dass das Projekt – die Kooperation mit Psychologenteam und die Etablierung einer psychotherapeutischen Betreuung – möglich wird. Skepsis gibt es hinsichtlich der Frage, ob dieses Angebot überhaupt wahrgenommen werden wird".

[392] Dem voraus gingen persönliche Überlegungen genau zu beobachten, welche onkologische Stationen von den vollzeitbeschäftigten Psychologinnen und Psychologen abgedeckt waren, und wo sich eventuelle Versorgungslücken finden würden.

Teamleitung als auch vom Team für gut befunden. Prof. N stellte mich in der Folge persönlich beim Stationsteam vor. An dieser Stelle möchte ich die Gelegenheit ergreifen, mich für die freundliche, hilfreiche und sehr gut abgestimmte Kommunikation auf dieser Station zu bedanken. Die Art und Weise der Begegnungen und Zusammenarbeit berührte mich persönlich sehr und fand ihren spürbaren Widerhall in vielen Äußerungen der Patientinnen.

Um unvoreingenommen, und dem personenzentrierten Ansatz folgend, mit Patientinnen in Kontakt zu treten, war es mir wichtig, *keine* Einsicht in Krankenakte zu nehmen. Sämtliche persönliche Daten, wie Angaben zu Krebserkrankungen und ihrem Verlauf, stammen von den befragten Personen selbst. Alle aufgezeichneten Informationen und beschriebenen Phänomene sind daher ausschließlich aus dem Blickwinkel der Wahrnehmung und dem subjektiven Erleben krebskranker Patientinnen zu verstehen.

5.2.1 Aufbau einer therapeutischen Beziehung

Die erste Kontaktaufnahme mit Patientinnen der onkologischen Tagesklinik erfolgte durch persönliche Vorstellungsgespräche. Ich ging von Zimmer zu Zimmer, stellte mich, meine Funktion und mein Anliegen kurz vor, verweilte und unterhielt mich, und griff gegebenenfalls gerade anfallende Themen oder Fragestellungen auf. Bevor ich mich verabschiedete, übergab ich eine eigens zu diesem Zweck konzipierte Visitenkarte und ersuchte die Patientinnen, mich bei eventuell aufkommenden Fragen oder Anliegen zu kontaktieren. Durch die kontinuierliche Anwesenheit in der onkologischen Tagesklinik entstand in der Folge ein Aufeinander-Zugehen und eine Vertrautheit, die einen guten Beziehungsaufbau und Erfahrungsaustausch ermöglichte. Ich war einfach da, hörte zu, nahm regen Anteil, half dort und da, beantwortete Fragen oder fand mich in bereichernde Diskussionen eingebunden.

Die Frage – mache ich da tatsächlich Psychotherapie, oder was ist das? – stellte sich mir recht bald in meiner projektextern in Anspruch genommenen personenzentrierten Supervision. Dem voraus ging eine Diskussion während einer Teambesprechung, dass Psychologinnen genauso behandeln könnten wie Psychotherapeutinnen, im Gegenteil mehr Möglichkeiten zur Verfügung hätten, da sie sich meist durch Weiterbildungsseminare eine Vielzahl von Methoden angeeignet hätten.[393] Stimmte grundsätzlich, innerlich jedoch fragte ich mich, ob kurze Seminare oder sogenannte Wochenendseminare tatsächlich ausreichen, und warum beispielsweise die Bedeutung der Selbsterfahrung überhaupt nicht erwähnt wurde. Meinem Gefühl nach ist gerade die Selbsterfahrung für die therapeutische Begegnung und Beziehung zum Gegenüber sowie ständige Selbstreflexion eine wichtige Voraussetzung in der psychoonkologischen Tätigkeit. Die Art und Weise der Begegnung, des Settings und die Antwort auf die Frage, was genau gebraucht werde, beschäftigten mich intensiv.

---

393 Im Praktikumsverlauf bestätigte sich meine Meinung, dass *sowohl* das Berufsbild des Psychologen, als Psychologe *als auch* jenes des Psychotherapeuten, als Psychotherapeut für die onkologische Versorgung wesentlich ist.

Meine Intention war es, die psychotherapeutische Begleitung so an die onkologische Versorgung anzupassen, dass sie sich in die Abläufe des medizinischen Personals, der Pflege und des klinischen Tagesablaufs der Patientin integrieren ließen. Jeder Termin wurde daher zunächst mit der Leitstelle der onkologischen Tagesklinik koordiniert. Mit den Patientinnen vereinbarte ich zwar bestimmte Tage, blieb aber in der Frage wann und wo das Gespräch stattfinden sollte flexibel, um keinen zusätzlichen Druck zu verursachen. Patientinnen hatten die Wahlmöglichkeit, Psychotherapie vor, während oder nach ihrer Chemotherapie in Anspruch zu nehmen. Ich vertraute darauf, dass sich die passende Gelegenheit findet. Sofern es möglich war und besprochen wurde, fand die Psychotherapie im Therapiezimmer statt. Oftmals jedoch suchte ich Patientinnen erst im Haus, begegnete ihnen im Rahmen ihrer medizinischen Etappen oder wartete mit ihnen gemeinsam im Gespräch vertieft auf einen Untersuchungstermin. Ich hatte das Gefühl, das diese Form der Begleitung zum Spannungsabbau beitragen konnte. Belastend empfundene Wartezeiten verkürzten sich durch das Gespräch. Spannungen konnten direkt an- und ausgesprochen werden. Es schien mir wichtig, der Patientin die Wahl und die Entscheidung zu überlassen, denn ich kenne ihren Tagesplan nicht und weiß nicht:

– wie es der Patientin gerade in diesem Augenblick geht, wie sie sich fühlt.
– wie sie mit den momentan auf sie einwirkenden körperlichen und psychischen Eindrücken oder Belastungen zurechtkommen kann.

Die Form, das Ausmaß und die Qualität der Begegnung können für mich daher nur erspürt werden: durch genaue Beobachtung, Zuhören, bestmögliche Einfühlung und variable Angebote, was die Patientin *jetzt* brauchen könnte. Meinerseits setzte diese Einstellung die Bereitschaft voraus, offen und authentisch in eine Beziehung und Interaktion auf gleicher Augenhöhe zu gehen. Die Expertin ist die Patientin. Es beinhaltete außerdem die Bereitschaft dafür, auf an mich gerichtete persönliche Fragen im Rahmen meiner Möglichkeiten offen einzugehen und mir bewusst zu machen, dass Psychotherapie über das Setting hinaus seine Wirkung zeigen kann. Onkologische, psychotherapeutische Begleitung heißt für mich zudem Entspannungsmöglichkeiten oder -techniken für die Patientin zur Verfügung zu stellen, unterstützende oder das Erleben erleichternde Aktivitäten in Form von direkter Hilfe, sofern sie von der Patientin gewünscht wird, anzubieten, Begleitung am Krankenbett oder während der Chemotherapien[394] durch Dabeisein und gemeinsames Aushalten.

5.2.2 Bruch und Abschied

Nachdem ich am 22. Juli 2010 aufgrund des bevorstehenden Ablaufs der ersten sechs Monate die neue Diensteinteilung für den Zeitraum von 1. August 2010 bis 30. November 2010 erhielt, kam es am Freitag, den 30. Juli 2010 zu einem, für mich völlig unerwarteten, Kooperationsabbruch. Sämtliche Praktikumsverträge wurden plötzlich auf-

---

[394] So kamen die Krebspatientinnen oft mit ihrem rollenden Infusionsständer und der „angehängten" Medikation in das Psychotherapiezimmer, das heißt es galt für mich auch den Zeitrahmen der Infusionen zu koordinieren und zu berücksichtigen.

grund umfassender organisatorischer Maßnahmen nicht verlängert. Diese Nachricht erhielt ich am 30. Juli 2010 vormittags in Form eines E-Mails. Zu diesem Zeitpunkt befand sich der Leiter der psychoonkologischen Arbeitsgruppe, Prof. N, bereits im Urlaub und war daher für mich nicht direkt erreichbar. Ich war mit einer Situation konfrontiert, die mich dazu zwingen wollte, Psychotherapieprozesse mit dreizehn Personen, davon neun im Rahmen meines Forschungsprojektes, abrupt abzubrechen und mir das Gefühl vermittelte, einen akrobatischen Hochseilakt tanzen zu müssen. Das Setzen einer Handlung ohne weitere Erklärungen erinnerte mich an die Aussagen einiger Krebspatientinnen und stürzte mich persönlich in ein tiefes Dilemma. Wie sollte ich mit diesem, mich auf emotionaler, wie professioneller Ebene, zutiefst berührenden Ereignis umgehen? „Ich habe ein ähnliches Gefühl von Ohnmacht und Fassungslosigkeit, das ich aus den Tagen nach Haymos Tod gut kenne", schrieb ich in mein Forschungstagebuch.[395] Ich kontaktierte meine Dissertationsbetreuer und den Rektor der Universität, schilderte das Problem, dass „ich mich mit dreizehn Patientinnen mitten in einem Therapieprozess befinde und diesen alleine schon aus ethischen, aber auch gesetzlichen Gründen gar nicht abbrechen kann".[396] Der Rektor bestätigte dies und empfahl mir, meine weitere begründete Vorgangsweise mit den Patientinnen zumindest noch ein Abschlussgespräch zu führen, in einem E-Mail an die Institution zu richten, was ich in der Folge tat. Für diese persönliche Unterstützung, insbesondere in den darauffolgenden Tagen und Wochen war ich sehr dankbar.

Besonders aufgefangen und gestützt fühlte ich mich durch eine Projektkollegin, die den Schwerpunkt ihrer Arbeit dem Palliativbereich widmete. Nicht nur durch unzählige Intervisionen während des Praktikums, sondern insbesondere in dieser schwierigen Situation, lud sie mich am Samstag, den 31. Juli 2010 vormittags zu sich ein und war spontan bereit, mit mir ein Gespräch zu meiner aktuellen Situation und Verfasstheit zu führen, das ich aufzeichnete.

5.2.3 Inkongruenzen einer Psychotherapeutin und Forscherin

Ausschnitte dieses Zweitinterviews[397] möchte ich hier, zum besseren Verständnis beitragend aufzeigen.

> „Ich erwische mich da immer wieder bei dem Gedanken, warum fühle ich mich schuldig? Also es ist so ein: Bin ich Täterin, habe ich was Böses gemacht? Und dann wieder: Eigentlich habe ich nichts gemacht, außer das, was vereinbart war. Ich habe mich gestern genauso verloren gefühlt, wie nach Haymos Tod. Das ist spannend (weint). So eine Leere, so eine Verzweiflung, so eine Ohnmacht. Ich habe eine furchtbare Nacht hinter mir. Ich bin immer wieder aufgewacht, mit meinen neun Patientinnen im Kopf. Wie mache ich das? Wie tue ich das? Und eigentlich mit dem Gedanken: Mir graut vor dem heutigen Tag. Wie mache ich es richtig? Dann dieser Fokus: Kann mir daraus ein Strick gedreht werden? Wie gehe ich rechtlich damit um? Also, das ist für mich jetzt auch noch einmal eine große Frage. Wofür werde ich so

---

395 Forschungstagebuch 30.07.2010.
396 Ebd.
397 Eigeninterview 31.07.2010 (Topaloglou 2010, II).

bestraft? Dass man nicht einmal ‚mit freundlichen Grüßen' hinschreibt?[398] Ich fühle mich ohnmächtig, ich fühle mich ausgeliefert, ich fühle mich ängstlich, ich fühle mich bedroht. Und dann die rationale Frage: Warum eigentlich? Ich habe ja nichts gemacht! Ich habe das gemacht, was im Titel meiner Arbeit steht – Erleben – und es geht auch um das Erleben (lacht weinend), – es geht auch jetzt um das Erleben (weint). Okay, jetzt ist es ganz, ganz wichtig gut auf sich selbst aufzupassen (weint) und vielleicht emotional ein Stück zur Ruhe zu kommen, und dann das wirklich rational mir anzuschauen".

Ich fühlte subjektiv die Institution „auf alle Fälle über den Menschen stehend". Meine Kollegin beendete eine Woche zuvor ihr Forschungsprojekt und übergab, wie vereinbart, ihre die Institution betreffenden Aussagen. Die Reaktionen legten für mich die Vermutung nahe, dass wir durch unser qualitatives Forschungsdesign, trotz mehrmaliger Präsentationen, die ursprünglich reges Interesse hervorriefen, zu einer Bedrohung wurden. Und dies, obwohl zu diesem Zeitpunkt noch niemand auch nur eine Zeile meiner Ergebnisse gelesen hatte.

„Ja, meine Fantasie ist ja, dass sie [Mitarbeiter der Institution] nicht wissen, was Psychotherapie ist. Und ich mich jetzt in einem Dilemma fühle, von auch meiner rechtlich, gesetzlich, moralisch-ethischen Dimension als Psychotherapeutin gemäß Psychotherapiegesetz. Wie verhalte ich mich da jetzt? *Wie komme ich dazu* (betont) in diese Situation zu geraten, ich darf mit niemandem darüber reden?"

Die Schwierigkeit für mich lag darin, dass ich alle Patientinnen telefonisch kontaktieren musste. Ich musste sie neutral über die aktuelle Situation informieren und den bereits vereinbarten Therapietermin auf der onkologischen Tagesklinik absagen. Darüber hinaus war es für mich ein persönliches und moralisch-ethisches Bedürfnis alle Klientinnen stattdessen zu einem Abschlussinterview und Abschiedsgespräch einzuladen: „Aber ich bin jetzt in dem Dilemma, darf ich überhaupt diese Abschlussgespräche führen? Darf ich das überhaupt machen, was ich vorhabe?" Aus dem Blickwinkel der Ethik und dem Psychotherapiegesetz waren die Abschlussgespräche zwingend notwendig. Ich konnte ja nicht einfach verschwinden, auch wenn ich an diesem Tag mehrmals mit dem Gefühl aufgeben zu wollen konfrontiert war. Ich musste mich zudem entscheiden, ob ich das Forschungsprojekt an sich hier abbrechen oder fortsetzen möchte und kann.

Daher rief ich alle Patientinnen an, informierte sie in dem mir möglichen Rahmen über die aktuelle Situation und die Tatsache, dass das Forschungspraktikum aufgrund umfassender organisatorischer Maßnahmen mit dem 31. Juli 2010 endete. In jedem dieser Gespräche wies ich darauf hin, dass das bestehende psychoonkologische Stammteam den Patientinnen nach wie vor jederzeit zur Verfügung stehe und bat um ein kurzes Abschlussgespräch zum Therapieprozess beziehungsweise im Sinne einer Verabschiedung von dem laufenden Projekt. Im Zuge der Abschlussgespräche erhielten alle Patientinnen meine persönliche Visitenkarte mit der Option, ihre Psychotherapie auf Wunsch entweder in meiner Praxis oder bei Bedarf mobil und über den ursprünglich vereinbarten Zeitraum kostenlos weiterzuführen. Dieses Angebot wurde von den meisten Gesprächspartnerinnen so genutzt, dass der psychotherapeutische Prozess aufrecht erhalten werden konnte.

---

398   Hier beziehe ich mich auf das von institutioneller Seite an mich gerichtete E-Mail.

In der Qualität der Reflexivität schenkte mir dieses Zweitinterview die wertvolle Möglichkeit zu erkennen, dass in meinem persönlichen Trauerprozess noch ein gefühlter Selbstvorwurf steckte, meinen Mann im Stich gelassen zu haben:

> „Dieses ganz klare Feststellen, ich habe die Dimension nicht erfasst. Dieses, ich habe die finale Phase nicht erkannt (weint), das ist das, was mir so wehtut. Es bleibt diese Frage einfach über. Ich glaube, das ist nicht so einfach wegzukriegen. Auch wenn ich mir tausend Mal sage, er ist so gestorben, wie er wollte, und es war gut so".

Den an mich selbst gerichteten Vorwurf, als einen logisch nicht nachvollziehbaren aufzulösen[399] war ich nun bereit – in diesem Gespräch und meinen darauf folgenden Supervisionsstunden.

5.2.4 Ende eines institutionellen Projekts

Leider konnten die in der Folge initiierten Bemühungen, Klarheit in die verfangen scheinende Situation zu bringen, an der Tatsache des abrupten Kooperationsabbruches nichts ändern. Prof. Rieken, Betreuer meiner Doktorarbeit, ermutigte mich, das Projekt zu finalisieren. Während eines Telefonats am 10. August 2010 brachte er mein emotionales Befinden – mir so hilfreich – auf den Punkt: „Da ist ja auch etwas gestorben!"[400]

Wie mit der Institution ursprünglich vereinbart, übermittelte ich Prof. N am 2. September 2010 per E-Mail die zusammenfassenden Verdichtungen aller Gespräche zum Themenstrang „die Institution Krankenhaus und ihre subjektiven Auswirkungen auf [Nickname] Erleben". Nach kurzer, telefonischer Rücksprache reichte ich am 7. September 2010 zusätzlich eine Kurzfassung der qualitativen Forschungsmethode Inghard Langers sowie zwei komplette Verdichtungsprotokolle per E-Mail nach, um das Gesamtausmaß der möglichen subjektiven Aussagen im Rahmen des Forschungsprojekts zu demonstrieren. Ein am 25. Jänner 2011 einberufenes Treffen, an dem die Vertreter der Institution, der Universität, meine Projektkollegin und ich teilnahmen, änderte nichts an der bereits getroffenen Entscheidung und brachte für dieses Forschungsprojekt keine Klarheit. Seitens der Institution wurden dahingehend Bedenken artikuliert, dass einige Aussagen von Patientinnen, aus ihrem Zusammenhang gerissen, missinterpretiert werden könnten. Diese Bedenken betrafen die abgegebenen Forschungsergebnisse meiner Kollegin. Insofern konnte ich die getroffene Entscheidung in Verbindung zu meinem Forschungsprojekt nicht nachvollziehen. Der institutionelle Projektabschnitt war hiermit beendet, es kam auch in der Folge zu keiner weiteren Kontaktaufnahme. Und dennoch, die Hoffnung, dass jene Gesprächsausschnitte, die die Institution Krankenhaus und ihre subjektiven Auswirkungen auf das Erleben Betroffener betrafen, eventuell in verschiedene Betrachtungen miteinfließen, blieb.

---

399 Betrifft implizit auch die Frage, mit diesem Bruch Patientinnen im Stich zu lassen?
400 Forschungstagebuch 10.8.2010.

5.3 Das Persönliche Gespräch nach Inghard Langer

Die Beantwortung der Forschungsfrage lässt nur eine Methode zu, die das Erleben krebskranker Menschen in einer phänomenologisch subjektiven Dimension und Vielfalt erfassen kann und in seiner Bedeutung in den Fokus wissenschaftlicher Beobachtungen rückt. Sowohl Rogers' Auffassung von Wissenschaft als auch das personenzentrierte Menschenbild mitsamt einhergehender Grundhaltungen – der Kongruenz, der Empathie und der unbedingten positiven Wertschätzung – finden sich in der qualitativen Methode nach Inghard Langer so abgebildet, dass ich sie für die Auswertung der Forschungsergebnisse heranziehen möchte. Es ist dies eine wissenschaftliche Methode, die sich in das lebendige Geschehen hineinbegibt, daran Anteil nimmt und so unversehrt wie möglich darüber berichtet.[401] Im Zentrum steht nicht das Wissen über eine Person, sondern das Wissen voneinander. Das Kennenlernen persönlicher Lebenswege und Umgangsformen im Zusammenhang mit zentralen Lebensfragen steht im Vordergrund der Ergebnisdarstellung und gibt einer Vielfalt von Handlungs-, Erlebens-, Gefühls-, Bewertungs- und Gestaltungsmöglichkeiten Raum.[402] Langer entwickelte „das Persönliche Gespräch als Weg in der psychologischen Forschung"[403] aus dem Erfahrungsschatz Rogers' in seinem Werk „Partnerschule".[404] Darin wurden Lebensexperimente aufgezeigt, wie sie x-beliebig, Tag für Tag auf der Welt stattfinden. Die partnerschaftliche Begegnung und ihre Möglichkeiten der Annäherung und Veränderung fand, diesem Weg folgend, lebensnah ihr Experiment in der psychologischen Wissenschaft.[405] Langer beschrieb seine Erfahrungen wie folgt: „Und das ‚Mit-Teilen' sprudelt in persönlichen Gesprächen nur so heraus, wenn sie in die Ethik und das Wissensgut der Gesprächspsychotherapie sowie der Themenzentrierten Interaktion eingebettet sind".[406] Eine Erfahrung, die ich vor allem in der Einführungsphase in dieses Forschungsprojekt teilen durfte. In jahrelanger Arbeit wurden die Persönlichen Gespräche gemeinsam mit Anne-Marie und Reinhard Tausch zu einer qualitativen wissenschaftlichen Methode entwickelt, die, will man sie vergleichen, dem narrativen Interview ähnlich ist.[407] Weitere Einflüsse ergaben sich aus der Transaktionsanalyse von Ruth Cohn, aus Bubers Begegnungsphilosophie und der Wissenschaftsphilosophie von William Stern. Forschung wird hierbei als ein erfahrungsgesteuerter Prozess verstanden, in dem der Wissenschaftler sich auf die Suche begibt und eine aufnehmende, an der Vielfalt der Lebensweisen teilnehmende Person ist. Er möchte sich nicht in eine vorgegebene Form pressen, sondern nimmt die Vielfalt als Bausteine, Möglichkeiten und Angebote in einer lernbereiten und wertschätzenden Haltung an.[408]

---

401 Vgl. Langer 2000, 12.
402 Vgl. ebd. 15.
403 Ebd. 12.
404 Rogers 1975.
405 Vgl. Langer 2000, 10.
406 Ebd., 12.
407 Vgl. ebd., 32.
408 Vgl. Langer 1985, 448–452.

Ein wesentlicher Unterschied zu der narrativen Interviewtechnik von Fritz Schütze liegt im Persönlichen Gespräch nach Langer darin, dass die Interviewerin als gleichwertige Partnerin in das Gespräch eingebunden ist, wodurch ein tiefergehender Austausch möglich wird. Im Gegensatz zu der eher distanzierten Rolle als Zuhörerin bei narrativen Interviews[409], steht im Persönlichen Gespräch die personale und dialogische Begegnung im Vordergrund. Dadurch erschließt sich „eine vertraute, zwischenmenschliche Atmosphäre auch vergessene, entferntere oder zunächst nur schemenhaft präsente, frühere Begebenheiten oder innerseelische Vorgänge"[410] anzusprechen. Es ist dies ein Rahmen, in dem die interviewte Person über sich das erzählen kann, was ihr wichtig ist. Als wertschätzende Interviewerin – als Gesprächspartnerin auf Augenhöhe und nicht Gesprächsleiterin – bin ich interessiert, aufmerksam, empathisch und verstehend persönlich beteiligt. Die Echtheit der Aussagen betreffende Verfälschungsgefahr ist umso geringer, je persönlicher sich das Gespräch entwickelt. Es besteht für die Gesprächspartnerin keine Notwendigkeit, der Interviewerin, wie auch immer vermutet, entsprechen zu müssen oder sich ihr anzupassen. Langer sieht in der persönlichen Begegnung das Fundament eines ehrlichen und realen Informationsaustauschs.[411]

Der entscheidende Unterschied zu Schützes narrativer Interviewtechnik jedoch liegt in dem Novum, dass die Interviewprotokolle, bei Langer Verdichtungsprotokolle genannt, von den interviewten Personen auf ihre Richtigkeit hin rücküberprüft werden. Einschränkungen der Zuverlässigkeit und Gültigkeit von persönlichen Mitteilungen sind vor allem aus unfreien, wahrnehmungseingeschränkten oder beziehungsbeeinträchtigten Situationen bekannt. Dem wirkt Langer mit seiner Methode entgegen. Zentrale Aspekte zur Gültigkeit betreffen die gewählte Sprachebene, die Akzeptanz des Gegenübers als Wissende und Personen, die mündig mitarbeiten können.[412] Meinem Gegenüber bereits im Erstinterview im Sinne einer echten und spürbaren Begegnung begegnen zu können, dem ein Psychotherapieprozess folgte, war zusätzlich ausschlaggebend dafür, mich für das Persönliche Gespräch zu entscheiden. Das Ziel dieser wissenschaftlichen Methode ist es, „Lebenserfahrungen und innerseelische Vorgänge von Personen für andere Personen aufzubereiten".[413]

Ein weiteres Argument mich für das Persönliche Gespräch als Forschungsmethode zu entscheiden lag darin, das durch personelle Qualität gekennzeichnete Konzept des impliziten Wissens von Polanyi[414] für alle Beteiligten aufrechtzuerhalten und zu nutzen. Im Rahmen des Forschungsprojekts war es mir ein Anliegen den Raum dafür zu ebnen, sich der Kraft impliziten Wissens bewusst oder bewusster zu werden und darin verborgene Ressourcen durch das Erspüren und Finden subjektiv richtiger Worte an die Oberfläche kommen zu lassen. Dabei geht es für jede einzelne Person vor allem darum, das zunächst sprachlich nicht Ausdrückbare sinnlicher Wahrnehmungen zur Sprache wer-

---

409 Vgl. Diekmann 2012, 541.
410 Langer 2000, 33.
411 Vgl. ebd., 32ff.
412 Vgl. ebd., 94.
413 Ebd., 20
414 Polanyi 1985.

den zu lassen, um dann zu entscheiden, welche möglichen Handlungen – als nächste Schritte – diesen Erkenntnissen folgen wollen. Zusätzlich stellt die Methode für Lesende die Möglichkeit bereit, das Gelesene und Wahrgenommene zu dem Eigenen in Beziehung zu setzen, Erkenntnisse daraus zu schöpfen und das dann gewonnene Wissen für eine mögliche Verallgemeinerung bereitzustellen. Vor allem jedoch macht Polanyis Konzept bewusster, dass diese Wahrnehmungsqualitäten und deren Auswirkungen sowohl im Forscher selbst als auch, durch ihre Vertreter, in der Wissenschaft an sich verankert sind. Werden sie erkannt, können sie einen Erkenntnisgewinn begünstigen.

5.3.1 Eingangsvoraussetzungen – Eigeninterviews

Um den persönlichen Zugang und einhergehende Erfahrungen besser zu verstehen, erfolgte vor Projektbeginn das erste Eigeninterview mit einer personenzentrierten Kollegin am 5. November 2009. Dabei war es wesentlich mir meiner Einstellungen und Erwartungen bewusster zu werden, um diese nach Möglichkeit loszulassen und für die Gespräche mit krebserkrankten Personen frei und offen zu werden. Diesem Vorsatz zugrunde liegt auch das, aus einem persönlichen Bedürfnis entstandene, zweite Eigeninterview vom 31. Juli 2010. Langer verweist darauf achtsam zu bedenken, dass Personen sehr genau wahrnehmen, „wie wir die Einblicke in ihre innere Welt, die sie uns erlauben, aufnehmen".[415] Ein wichtiger Hinweis, der sich in meinen Begegnungen wiederholt als nützlich erwies (beispielsweise bei Rosamaria, Heidi, Brigitte) und wesentliche Auswirkungen auf die therapeutische Beziehungsqualität hatte.

5.3.2 Auswahl der Projektteilnehmerinnen

Der Kontakt zu Projektteilnehmerinnen ergab sich aus dem Begegnungsangebot der institutionellen Möglichkeiten. Dabei war weder das Geschlecht noch das Alter ein Kriterium, sondern einzig das Wollen einer kontinuierlichen psychotherapeutischen Begleitung seitens der Patientinnen. Es war nicht mein Anliegen „allgemeine Aussagen über Personengruppen zu machen", sondern, wie Langer vorschlägt, die „Ergiebigkeit hinsichtlich der Lebenserfahrungen der Personen" aufzuzeigen, auch wenn die Auswahl der Personen nicht repräsentativ ist.[416]

5.3.3 Vorbereitung auf die Gespräche

„Die eigenen Grenzen werden letztlich auch die Grenzen der Informationstiefe sein, bis zu denen wir die an den Gesprächen beteiligten Personen begleiten können".[417] Diesem Leitsatz der innerlichen Gesprächsvorbereitung folgend, wurde die eigene Position

---

415 Langer 2000, 17.
416 Ebd., 38.
417 Ebd., 39.

ausführlich dokumentiert. Die Erstgespräche fanden im geschützten Psychotherapiezimmer der Institution in ruhiger Atmosphäre statt. Zu diesem Zweck gestaltete ich den Raum mit bunten Decken und Kissen gemütlicher, stellte Gläser und Getränke bereit und achtete darauf, dass wir vom Klinikalltag nicht gestört wurden. Um den Fluss der Gesprächsaufzeichnung nicht zu beeinträchtigen, überprüfte ich vor jedem Gespräch das Tonbandgerät.

5.3.4 Die Gespräche

Für die Erstgespräche wählte ich die bereits beschriebene, eher narrative Interviewform des Persönlichen Gesprächs nach Inghard Langer. Die Abschlussgespräche dienten der Beantwortung des zweiten Teils der Forschungsfrage und konzentrierten sich auf die subjektiv wahrgenommenen Auswirkungen Personenzentrierter Psychotherapie auf das Erleben und das Selbstkonzept. Dem folgend beschloss ich, mich an das Client Change Interview nach Robert Elliott, Emil Slatick und Michelle Urman[418] zur Darstellung von psychotherapeutischen Veränderungsprozessen in der qualitativen Forschung anzulehnen.

Erfahrungen mit der gewählten wissenschaftlichen Methode und den Interviewformaten konnte ich durch einige Gesprächspartner in einer Selbsthilfegruppe für krebserkrankte Personen bereits sammeln. Aus dieser Vernetzung durfte ich zu diesem Zeitpunkt drei Personen psychotherapeutisch begleiten und Daten sammeln, die jedoch aufgrund ihres Umfangs nicht in dieses Projekt eingeflochten werden konnten.

Das Erstinterview

Langer empfiehlt nach der Begrüßung zu Gesprächsbeginn den persönlichen Bezug zum Thema durch Offenlegung der „Verankerung des Themas in unserer Lebensgeschichte, unsere eigene Betroffenheit, unsere Motivation sowie die Ziele und Anliegen der Untersuchung [mitzuteilen]".[419] Hier schließe ich mich der Kritik Claudia Woelfers an, die in der Interviewsituation zu bedenken gibt, dass die Gesprächspartnerin durch die Lebensgeschichte und Verwobenheit der Interviewerin in die Thematik von der eigenen Erlebensdimension abgelenkt werden könnte.[420] Die Offenlegung meines persönlichen Zugangs und detaillierte Informationen über den Ablauf des Forschungsprojekts erfolgten daher bereits in den ersten Kontakten, Begegnungen und Diskussionen mit Krebspatientinnen, wo es mir persönlich wichtig war, gut zuzuhören und darauf zu achten, ob der Bedarf an psychotherapeutischer Begleitung grundsätzlich gegeben war. Die Interviews eröffnete ich nach der Begrüßung daher mit einer kurzen Wiederholung des Projektvorganges, mit dem Hinweis auf psychotherapeutische Verschwiegenheit, Anonymisierung des Datenmaterials und der Betonung eines gemeinsamen Prozesses. Die narrative Ein-

---

418   Elliott, Slatick & Urman 2006.
419   Langer 2000, 45.
420   Vgl. Woelfer 2000, 4.

stiegsfrage, gepaart mit einer nichtdirektiven Vorgangsweise lautete: „*Wie haben sie sich erlebt, als Sie die Diagnose Krebs erhalten haben, und wie ist es Ihnen seitdem mit der Vielfalt an Erfahrungen, die sie im onkologischen, familiären und persönlichen Alltag erlebt haben, ergangen?"* Die Fragestellung sollte der Gesprächspartnerin eine offene Erzählform und das Eintauchen in ihre „Erfahrungsgeschichte"[421] ermöglichen sowie Raum geben, Wahrnehmungen und mögliche Veränderungen aus ihrer Subjektivität heraus zu beschreiben. Der zentrale Blickwinkel in der Gesprächsführung, wie in der psychotherapeutischen Begleitung, bezog sich auf nachfolgende Einstellung:

Auf die Realität reagiert eine krebskranke Person so, wie sie diese mittels ihres Selbstkonzeptes wahrnehmen und für sich erklären kann. Die Art und Weise, wie sich die oder der Krebskranke selbst wahrnimmt, beeinflusst umgekehrt die Wahrnehmungen von Realität und Verhalten. Das unmittelbare Gefühlserleben ist zwar nicht immer bewusst, offenbart sich aber auf körperlicher Ebene und beeinflusst das Verhalten.[422] Die individuelle Bedeutung, die dieser Gefühlsdynamik gegeben wird, öffnet Wege zur Veränderung und Entfaltung der Person. Wenn ich die Begegnung und Beziehung[423] als eine Gelegenheit betrachte, die krebskranke Person so anzunehmen, wie sie ist, und sie in all ihren vorhandenen Potenzialen bestärke, kann sie eine innerliche, kreative Entwicklung fördern.[424]

Gegen Ende der Gespräche erfragte ich persönliche Vorannahmen oder Einstellungen in Bezug auf psychotherapeutische Begleitung, erkundigte mich, ob meine Gesprächspartnerin noch etwas bewegte oder berührte und nicht zur Sprache kommen konnte, und bat um einen kurzen Eindruck zu dem Gespräch und ihrem augenblicklichen Befinden nach der Interviewsituation. Die von Langer empfohlene Nachsorge ergab sich aufgrund der vereinbarten Psychotherapie. Nach diesem ‚Revue passieren […] lassen'[425] der Gesprächssituation bedankte ich mich bei allen Gesprächspartnerinnen für ihre Bereitschaft, mir einen Einblick in ihr Erleben zu gewähren.

Das Abschlussinterview

Aufgrund der Dynamik der Ereignisse, die mir nur einen geringen zeitlichen Spielraum gewährte, und der bereits im Vorfeld angedachten Überlegung, das Abschlussinterview teilstrukturiert durchzuführen, entschied ich mich für das Client Change Interview nach Elliott, Slatick und Urman[426] zur Exploration subjektiv wahrgenommener Veränderungsprozesse des Selbstkonzepts im Psychotherapieverlauf. Das Client Change Interview konzentriert sich auf drei Hauptebenen der Erkenntnis[427]: 1) Die im Rahmen der Psychotherapie wahrgenommenen Veränderungen. 2) Die Klientin versteht die Ursa-

---

421 Langer 2000, 46.
422 Vgl. Rogers 2004b, 140f.
423 Vgl. auch Carl Rogers im Gespräch mit Martin Buber in APG 1984, 69.
424 Vgl. Rogers 2002, 70.
425 Langer 2000, 52.
426 Elliott, Slatick & Urman 2006.
427 Vgl. ebd., 71.

chen, Zusammenhänge und Ausgangspunkte ihrer Veränderungen, inklusive förderlicher Aspekte ihrer Psychotherapie, ebenso wie 3) die hinderlichen oder schwierigen Anteile im Psychotherapieprozess.

Hier verließ ich das nichtdirektive Terrain zugunsten einer komprimierteren Form des Interviews, war jedoch bemüht, der Gesprächspartnerin den erforderlichen Raum für ihre Ausführungen zur Verfügung zu stellen. Die Zielsetzung lag einerseits darin, Veränderungsprozesse aufzuzeigen und andererseits weiterführenden Überlegungen, mit dem Fokus hilfreicher und weniger hilfreicher therapeutischer Haltungen, Raum zu geben. Die Ausarbeitung der Abschlussinterviews basierte wiederum auf Langers Methode der Verdichtungsprotokolle.

Das Client Change Interview orientierte sich an folgenden Fragen zum Psychotherapieprozess und zum Forschungsprojekt:

- Wie haben Sie die Therapie erlebt, wie hat es sich angefühlt?
- Wie geht es Ihnen jetzt?
- Worauf führen Sie die Veränderungen zurück? Was hat dazu beigetragen?
- Was war hilfreich oder förderlich und warum?
- Was war weniger hilfreich, hinderlich, negativ oder enttäuschend und warum?
- Gab es etwas, das Sie schwierig oder schmerzhaft erlebt haben und dennoch annehmen konnten?
- Hat Ihnen in der Psychotherapie etwas gefehlt?
- Wie war es für Sie, in diese Art der Forschung eingebunden zu sein?
- Haben Sie irgendeine Empfehlung für uns oder für mich?

5.3.5   Die Verdichtungsprotokolle

Jedes geführte Gespräch wurde „in eine lesbare Form gebracht"[428], „sprachbereinigt"[429] transkribiert und in einem Verdichtungsprotokoll wiedergegeben. Unter Verdichten versteht Langer eine dichte und geordnete Informationswiedergabe, ohne etwas hineinoder hinzuzudichten. Diese „*reine Dokumentation* des Gesprächs"[430] beinhaltet weder eine Analyse noch eine Interpretation. Im Vergleich zu anderen qualitativen Methoden wird die reine Gesprächsdokumentation in Form von Verdichtungsprotokollen durch die befragten Personen selbst rücküberprüft und verhindert somit mögliche subjektive Färbungen oder Verzerrungen, die durch die Interviewerin entstehen könnten. Alle gesam-

---

428   Lamnek 1995b, 108.
429   Langer 2000, 57. Sprachbereinigt heißt demnach, Füllwörter, Halbsätze und Satzabbrüche so zu „begradigen", dass die Lesbarkeit der Transkription gewährleistet ist. Gemeint sind „‚Ähs', ‚Öhs' und andere Denklaute bzw. Füllwörter wegzulassen [...]" und „lediglich wenn wir anhand einiger Passagen zeigen wollen, wie unsere Gesprächspartnerin, unser Gesprächspartner sprachlich ‚gerungen' hat, um sich über das Erlebte klar zu werden, lassen wir den einen oder anderen Abschnitt unbereinigt". Diese Formulierung Langers kann zu Missverständnissen führen. In Absprache mit den Gesprächspartnerinnen fügte ich an jenen Stellen eine Beschreibung ein, wo es darum ging, die Verfasstheit zu dokumentieren. Halbsätze und Satzabbrüche wurden belassen bzw. mit einem Gedankenstrich oder einer in eckiger Klammer gesetzten Anmerkung dokumentiert.
430   Ebd., 58.

melten Daten wurden anonymisiert und genannte Namen von den Befragten frei gewählt. Die Erfahrungen im Bereich der onkologischen Versorgung können aus unterschiedlichen Krankenhäusern stammen, wobei die Anonymisierung der Krankenhäuser willkürlich erfolgte.

Zu Beginn der Verdichtungsprotokolle der Erstinterviews stelle ich meine Gesprächspartnerinnen kurz vor. Informationen zum Zustandekommen der Gespräche und die Beschreibung der räumlichen und zeitlichen Möglichkeiten wurden bereits ausgeführt. Aufgrund der immer gleichlautenden Einstiegsfrage verzichtete ich auf eine Wiederholung in jedem Verdichtungsprotokoll. Zugunsten der authentischen Wiedergabe des Erlebens, ging ich bei der Anordnung der Gesprächsinhalte von geordneten Stichpunkten aus, die sich aus der Chronologie der Ereignisse entwickelten. War ein Stichpunkt bereits eröffnet und im Verlauf des Interviews mehrmals erwähnt und/oder ergänzt, wurden diese Ergänzung dem bereits eröffneten Themenstrang zugeordnet. Diese mit den Gesprächspartnerinnen gemeinsam getroffene Entscheidung war sehr hilfreich, da während der Gespräche oftmals der Eindruck entstand, von einem Gedanken zum anderen zu springen. Das führte zu Irritationen, verunsicherte und hinterließ das Gefühl, sich unklar auszudrücken. Das Lesen der chronologisch nach Stichpunkten geordneten Verdichtungsprotokolle führte in der Folge zu einem Gefühl der Erleichterung bei den befragten Personen und vermittelte zugleich mehr Klarheit über das aktuelle Erleben. Diese getroffene Entscheidung entspricht auch Rogers' Äußerung, „Forschung ist die beharrliche, disziplinierte Bemühung, Sinn und Ordnung in den Phänomenen der subjektiven Erfahrung ausfindig zu machen".[431]

Die aus den Verdichtungsprotokollen gefilterten *personenbezogenen Aussagen* beinhalten eine Zusammenschau individueller Erlebensdimensionen aus dem Blickwinkel der Gesprächspartnerinnen. Die *themenspezifischen Schwerpunkte* beziehen sich auf den zweiten Teil der Fragestellung: das Selbstkonzept, den Veränderungsprozess und die Aktualisierung des Selbst. Auch diese Vorgehensweise wurde mit den Gesprächspartnerinnen abgestimmt und in den nachfolgenden Psychotherapieprozess integriert. Für die themenspezifischen Schritte zum Selbstkonzept lehnte ich mich an Rogers' „Versuch einer Analyse"[432] an, wobei die Analyse nicht als Interpretation, sondern als individueller, subjektiv sinn- und ordnungsstiftender Erkenntnisprozess der Klientin zu verstehen ist. Gemeint ist das Erkennen von Zusammenhängen, das Akzeptieren bislang unterdrückter Einstellungen und Impulse, oder auch die Bereitschaft, die eigene Rolle zu erkennen und anzunehmen.[433] Die Darstellung der themenspezifischen Schwerpunkte erfolgte unter Berücksichtigung von Rogers' neunzehn Thesen zur Theorie der Persönlichkeit und des Verhaltens. Sie bilden nicht nur die Verbindung zwischen dem Erleben und den eventuell zugrundeliegenden Annahmen, sondern gleichermaßen eine Brücke zwischen der Theorie und der Praxis. Um den Bezug und die Bedeutung für das Selbstkonzept der Einzelpersonen, vor allem jedoch für den individuellen psychotherapeutischen Prozess zu verdeutlichen, verweile ich hier sprachlich in der Ich-Form, ob-

---

431 Rogers 2002, 40.
432 Rogers 2004a, 175–177.
433 Vgl. ebd., 177.

gleich jede einzelne Aussage darüber hinaus als übergeordnete verallgemeinernde Aussage ihre Gültigkeit haben kann.[434] Die Sprache betreffend bemühte ich mich, den Duktus der Gesprächspartnerin aufzugreifen und auf Interpretationen zu verzichten. Als kritische Anmerkung sei hervorgehoben: Auch wenn ich mich noch so sehr bemühe, nicht zu interpretieren, laufe ich Gefahr dies doch zu tun. Allein die Auswahl und Ordnung der Inhalte – chronologisch oder nach Stichpunkten geordnet – sowie einhergehende Erklärungen oder Beschreibungen für das Verdichtungsprotokoll könnten aufgrund subjektiv aufgestellter Kriterien der Forscherin beeinflussend wirken. Umso wesentlicher war es, die Verdichtungsprotokolle der Interviews den Gesprächspartnerinnen persönlich zur Rücküberprüfung auszuhändigen. Diese wurden von ihnen gelesen, gegebenenfalls richtiggestellt, ergänzt und/oder korrigiert[435] und im Anschluss daran zur Veröffentlichung[436] freigegeben. Die Rücküberprüfung und Autorisierung der Verdichtungsprotokolle durch die Gesprächspartnerinnen ist als wesentliches Element zwingend notwendig. Langer betont, dass es kein angemesseneres Kriterium für die Güte beziehungsweise die Gültigkeit der Gesprächsdokumentation und darauf aufbauenden Aussagen gäbe, „als die zustimmende Stellungnahme der Person, deren Mitteilungen im Gespräch wir bearbeitet haben".[437] Ein komplettes Exemplar der Verdichtungsprotokolle[438] verblieb zur Erinnerung an den gemeinsamen Prozess bei den interviewten Gesprächspartnerinnen.

5.3.6 Zusammenschau und Gültigkeit der Aussagen

Alle rücküberprüften und von den Gesprächspartnerinnen autorisierten Verdichtungsprotokolle bilden strukturiert und thematisch zusammengefasst ein geordnetes Gesamtpanorama der Erlebensdimensionen. Lebenswirklichkeiten befragter Personen sind darin so erfasst, dass „prägnante Konturen der Themenbereiche" herausgearbeitet und dargestellt werden können.[439]

Die Gültigkeit der Aussagen und Gütekriterien dieser Methode entsprechen jenen der qualitativen Methode. Der Neuigkeitswert liegt darin, zu lebens- und erlebensnahen wissenschaftlichen Erkenntnissen zu gelangen, bei denen die an der Untersuchung beteiligten Personen mündig mitarbeiten können.[440] Diese überprüften, ob ihre Aussagen richtig verstanden und zur Gänze erfasst wurden. Eventuelle subjektive Einflüsse der

---

434 Vgl. Langer 2000, 87.
435 Die Ergänzungen bzw. Korrekturen der Gesprächsinhalte wurden in den Verdichtungsprotokollen mit einem (*) ausgewiesen.
436 Mit den Verdichtungsprotokollen übermittelte ich eine Einverständniserklärung für eine eventuelle Publikation und erhielt diese unterschrieben retour.
437 Vgl. ebd., 71.
438 Das Verdichtungsprotokoll des Erstinterviews wird zwecks Zitation mit dem gewählten Namen der Gesprächspartnerin, der Jahreszahl und der römischen Zahl „I" markiert, das Abschlussinterview zum Psychotherapieprozess wird mit der römischen Zahl „II" angezeigt.
439 Ebd., 86.
440 Vgl. ebd., 94.

Forscherin konnten so korrigiert werden, dass die Erlebensdimensionen im Sinne der interviewten Personen dokumentiert wurden.

Hilfreich und im Sinne der Gütekriterien wertvoll waren für mich intensive fachinterne und interdisziplinäre Diskussionen und unabhängige Auswertungen der Verdichtungsprotokolle durch fachspezifische Kolleginnen[441], die ähnliche Ergebnisse erzielten. Parallel dazu unterstützte mich meine Supervisorin im persönlichen Prozessverlauf, in der Aufdeckung von Übertragungs- und Gegenübertragungsphänomenen und in der Bewältigung schwieriger Projektphasen.

---

441 Eine Kollegin fokussierte die Interpretationen und ihre Zusammenhänge, während eine andere Kollegin sich auf die Ergebnisse der Klientenaussagen zum Selbstkonzept konzentrierte.

6 Begegnungen und Gespräche

„Wer aber ‚mittendrin' stand, hat zwar vielleicht zu wenig Distanz, um ein ganz objektives Urteil abgeben zu können –, er allein aber weiß um das in Frage stehende Erlebnis".[442]

Klientin[443] Klient	Alter	Erst-kontakt	Erst-interview	Therapie-beginn	Abschluss-interview	Therapie Gesamt	Rücküber-prüfunge(n)
Geli	37	15.02.2010	02.03.2010	17.03.2010	14.09.2010	19	23.04.2010 26.09.2010
Monika	48	17.02.2010	10.03.2010	31.03.2010	03.08.2010	12	06.05.2010 16.08.2010
Löwe	34	03.03.2010	10.03.2010	18.03.2010	05.08.2010	11	08.03.2010 25.08.2010
Brigitte	63	03.03.2010	17.03.2010	31.03.2010	11.08.2010	8	28.04.2010 01.09.2010
Rosamaria	48	31.03.2010 07.04.2010	14.04.2010	28.04.2010	05.08.2010	5	12.05.2010 25.08.2010
Heidi	55	14.04.2010	15.04.2010	29.04.2010	04.08.2010	11+5	18.05.2010 22.09.2010 08.10.2010
Vera	48	22.06.2010	23.06.2010	01.07.2010	02.08.2010	5	27.07.2010 02.09.2010
Christine	27	22.06.2010	02.07.2010	13.07.2010	31.07.2010	7	23.08.2010

6.1 Frau Geli – Diagnose: Brustkrebs

6.1.1 Die Starke – mein Platz in der Familie

Frau Geli[444] ist siebenunddreißig Jahre alt, hat türkisch-armenische Wurzeln, ist mit einem deutschsprachigen Mann verheiratet und Mutter eines fünfjährigen Zwillingspärchens. Beruflich war sie als Assistentin der Geschäftsführung in einem renommierten Unternehmen engagiert. Geli hatte ein Jahr vor der Diagnose Tagträume, das unbewusste Gefühl oder das körperliche Signal jedoch erst mit der Diagnose realisiert. Geli ertastete den ungefähr viermal drei Zentimeter großen Knoten in ihrer rechten Brust zufällig. Im November 2009 wurde bei Geli Brustkrebs diagnostiziert. Sie erhält jede dritte Woche eine Chemotherapie und soll im Anschluss daran operiert werden. Während unserer ersten Begegnung und später telefonisch erzählt Geli über ihr augenblicklich kraftloses, manchmal depressives Befinden, das ihrem eigentlichen Wunsch nach mehr Aktivität entgegensteht. In Erinnerung bleibt mir Gelis Äußerung „ich warte schon drei Monate",

---

442 Frankl 2005, 23
443 Eine Klientin brach nach ihren onkologischen Behandlungen auch die Psychotherapie ab. Nachdem es nicht möglich war, sie persönlich zu einem Abschlussinterview zu erreichen, fließt ihr Erleben nicht ein.
444 Geli 2010, I: Die Ansprache wird im Textfluss auf „Geli" gekürzt.

und dem damit spürbar verbundenen Wunsch nach neutralen Gesprächen und Unterstützung. Ganz klar und offen spricht sie über ihre negativen Erfahrungen mit Frauen durch Neid, Eifersucht oder Konkurrenzdenken. Eine Frau als Therapeutin ist daher ein gemeinsames Experiment, das mit dem Erstinterview am 2. März 2010 begann.

Personenbezogene Aussagen zum Erstinterview

Gelis Erleben mit der Entdeckung ihrer Erkrankung und der Diagnose

Ein Jahr vor der Diagnose, im November 2009, träumte Geli davon, Brustkrebs zu haben: „Da hatte ich so richtig Tagträume". Erst nach der Diagnose erinnert sie sich wieder daran und fragt sich, ob dies ein Zeichen ihres „Körpers" oder „Unterbewusstseins" war. Den Knoten in ihrer rechten Brust ertastete sie selbst: „Ich habe das selber gemerkt". Dem voran gingen jahrelang quälende Beschwerden, mehrere gynäkologische Operationen und wassergefüllte Zysten in der rechten Brust.

Zunächst überraschte Geli die kompetente und rasche Vorgangsweise in der Brustambulanz sehr. Ihre Befürchtung vom Radiologen sofort bestätigt zu bekommen, sieht sie als Vorteil. Durch die ihr vor der endgültigen Diagnose übergebenen Krebsbroschüren jedoch fühlte sie sich „vor den Kopf gestoßen". Als die Biopsie ohne für Geli nachvollziehbare Gründe wiederholt werden musste, ahnte sie die Diagnose: „In dem Moment wusste ich es eh schon". Sie sagte sich: „‚Okay' gut, ist so, das habe ich geahnt, ich habe das gewusst, was machen wir jetzt?' Also der Schock kam dann natürlich". Geli erkennt:

> „Mein Verdrängungsmechanismus funktioniert sehr gut. Verdrängung heißt natürlich nicht verarbeiten. Das heißt nicht, dass das Ganze nicht in mir immer arbeitet, aber ich verdränge es immer wieder, weil ich mir denke, okay, jetzt ist das wichtig, oder jetzt ist das wichtig. Es kommt natürlich immer wieder hoch".

Die darauf folgende Koordination zur Klärung ihrer Diagnose erlebte Geli zu Beginn positiv: „Also, das war – das hätte ich nicht erwartet. Ich weiß auch, wie es normalerweise läuft. Super! [...] bis dahin war es auch ok".

Gelis Erleben im Krankenhaus ist unterschiedlich

„Also die Ambulanz[...], die onkologische, ist ein Horror". Es ist „furchtbar", betont Geli, „wie mit den Menschen dort umgegangen wird. Es ist nichts Menschliches daran. Also die ganze Stadt scheint Krebs zu haben". Sie „weiß, sie sind überfordert", sie weiß, „sie haben keine Zeit, es ist übervoll". Trotzdem fühlt sie sich ausgeliefert und fragt sich: „Wozu komme ich eigentlich hierher?" Die Überforderung und den Zeitdruck des medizinischen Personals spürt Geli durch die Qualität der Äußerungen.

> „Um einen Befund anzuschauen, sich da den ganzen Vormittag hinsetzen zu müssen, als Kranke, und zu warten, dass man dann zwei Minuten drinnen ist beim Arzt, sich den Befund anschaut, fragt, ‚wie geht's Ihnen?', und wenn man dann antwortet, bekommt man so Aussagen wie, ‚ja das ist ja kein Aspirin, was Sie kriegen'. Ja, dann bitte nicht fragen, wie es mir geht, wenn das Interesse nicht vorhanden ist".

Das deprimiert Geli. Unterschiedliche Abläufe in den Ambulanzen passen für sie nicht zusammen und belasten. Auch fragt sie sich, warum sie sich mit den unterschiedlichen Reaktionen der Ärzte auseinandersetzen muss: „Das hat mich wieder einmal bekräftigt, also in der Onkologie hatte ich immer weibliche Ärzte, und das war wieder so (Pause), also das ist irgendwie eigenartig". Negative Erfahrungen mit Frauen bestätigen sich. Manchmal hat Geli das Gefühl es wird ihr nicht zugehört, es fehlt das Feingefühl: „Ja, so kann man doch nicht mit Menschen umgehen, ja!" Geli spricht für alle, wenn sie sagt: „Wir sind ja ausgeliefert, [...] haben ja keine andere Möglichkeit. Wir müssen ja da herkommen" und können es uns nicht aussuchen. „Ich *muss* (betont) immer wieder herkommen, und ich *muss* (betont) mich immer wieder ärgern. Ich werde immer wieder mit dem Gleichen konfrontiert. Massenabfertigung, das ist das richtige Wort dafür".

Auf der onkologischen Station ist es anders: Hier sind sie sehr wohl wieder freundlich". Hier fühlt sich Geli freundlich behandelt, „es wird Zeit genommen, es wird halbwegs mit den Patienten *normal* [betont] umgegangen". Die Gefühle in solchen Situationen sind „mehr Wut", „Zorn" und weniger Unsicherheit: „Unsicherheit habe ich mehr zu Hause, nicht hier".

Geli erlebt ihren Alltag zu Hause jetzt ganz anders

„Die Kinder – sie tun sich sehr schwer". Es ist „sehr schwierig" herauszubekommen, was ihre fünfjährigen Zwillinge „wirklich denken, was sie empfinden, und das macht mir schon sehr zu schaffen". Eine Äußerung ihres Sohnes lässt Geli hellhörig werden: ‚Ich hab' noch nie so eine Mama wie dich gesehen [...], schiache[445] Mama'. Da habe ich dann gedacht, hoppala, da ist irgendetwas und mit ihm geredet". Gelis Sohn geht überhaupt nicht aus sich heraus, ignoriert die Krankheit. Er hat Angst, „dass ich nicht mehr gesund werde, [...] dass ich sterbe" und fordert: „Mama setz dir deine Haare auf". Gesund ist sie für ihn, wenn sie wieder lange Haare hat. Gelis Tochter reagiert anders. Sie fragt interessiert, nimmt Gelis Befindlichkeiten wahr und spricht mit ihr darüber: „Gelt du wirst wieder gesund? [...] solche Dinge passieren halt". Dennoch, „sie kommt selten mit ihren eigenen Gefühlen heraus". Die Reaktion ihres Sohnes hat Geli „sehr gewundert": „Wir haben öfter darüber gesprochen, immer wieder und nie den Tod erwähnt. Dass der Kleine jetzt Angst hat, dass ich sterbe, das war für mich schon irgendwie sonderlich". Geli fragt sich, „wie man diese Gedanken aus dem Kind rauskriegt?" Es ist „ein schrecklicher Gedanke für ein Kind" Angst zu haben, „dass die Mama sterben muss". Geli sucht Lösungen: „Nur, wie gesagt, in der Onkologie, ich finde, dass *keiner* (betont) wirklich in der *Lage* (betont) ist, mit so etwas umzugehen, dass ich sage, ich nehme das Kind mit". Das, sagt Geli, „sind halt so die Sachen zu Hause und sonst –, man ist unfähig diese Dinge zu tun".

Geli ist direkt, sagt, was sie denkt: „Oft bin ich auch sehr sarkastisch, damit kommen nicht sehr viele Leute klar. Das hat sich jetzt auch verstärkt, und zwar mehr in Wut und Aggression, auch meinem Mann gegenüber". Öfter hört sie: „Du willst immer alles selber machen", und „du bindest mich nicht ein". Für Geli ist es schwierig und mühsam

---

445 Bedeutet „hässlich".

ihren Mann für jeden Handgriff zu loben und ihm zu danken. Es fällt ihr schwer, „ihm diese Anerkennung und dieses Lob dauernd (atmet tief aus) – ist mühsam". Bevor sie „das wieder machen muss", macht sie es selbst, „auch wenn es dann schwerfällt". Geli selbst tut, was sie tun muss und erwartet keinen Dank. Es ist selbstverständlich. Die Starke zu sein, ist ihr Platz in der Familie. Dies wurde ihr anerzogen: „Ja, weil ich musste, nicht weil ich es wollte. Weil es mir einfach schwerfällt, nein zu sagen. Auch wenn ich weiß, ich bin überfordert, und ich schaffe das eigentlich nicht". Sie reagiert automatisch und merkt die Überforderung erst danach: „Manchmal bin ich dann wirklich sehr, sehr erschöpft".

Gelis Selbstwahrnehmung und Lebensgefühl

Geli arbeitete als Assistentin der Geschäftsführung oft über fünfzig Wochenstunden, kam abends spät nach Hause: „Ich habe normalerweise einen Job, der sehr einnehmend ist". Am Wochenende war ihr Haus häufig voller Freunde und/oder Familienmitglieder. Am Montag ging sie geschlaucht, zum Erholen, wieder in die Arbeit. Durch die Äußerung ihres Sohnes, „Mama, was du bist schon da? Es ist ja noch gar nicht dunkel", realisierte Geli, dass sie mehr Zeit mit ihrer Familie verbringen soll.

Geli hat ein starkes „Naturell" und schafft alles so perfekt wie möglich: „Dass ich eigentlich immer sehr viel tragen konnte oder angenommen wird, ich kann sehr viel tragen. Das war auch so, wie die Diagnose feststand". So wird Geli auch von ihrer Umwelt wahrgenommen – „ja, du bist stark und du schaffst das" –, obwohl sie selbst sich manchmal schwach fühlt: „Es ist nicht so, dass ich dieses Empfinden nicht habe. Es ist nur so, dass ein anderes Empfinden stärker ist". Geli hat das Gefühl: „Ich muss da stehen, weil ich es den anderen schuldig bin". Sie „muss jetzt da durch", und sie „muss einfach wieder Stärke beweisen", wie sie es sonst auch immer macht: „Und es ist dann schon mühsam, auch der eigenen Familie nicht erklären zu können, he hoppla, ich bin nicht die Starke. Ich habe das auf mich genommen, weil das von klein auf immer so war". Jetzt fühlt sich Geli „einfach zu schwach". Körperlich und geistig kann und will sie sich oft nicht aufraffen. „Es macht mir ein schlechtes Gewissen. Ich fühle mich nicht gut dabei. Ich habe das Gefühl, die Umgebung, die mich unterstützt, auszunützen".

Ihre Chemotherapien samt Nebenwirkungen erlebt Geli unterschiedlich. Die Intensität der Nebenwirkungen zwei, drei Tage nach der Chemotherapie steigt mit jedem weiteren Zyklus. Furchtbare Knochenschmerzen geben ihr das Gefühl, vor lauter Schmerzen umzukommen: „Dieses Mittel hat mich umgebracht. Ich konnte nicht aufstehen, es tat mir alles weh –, es waren wirklich Schmerzen. Es ist furchtbar – ". Geli merkt, dass sie aggressiver wird: „Was früher direkt war ist jetzt eher aggressiv geworden".

> „Ich merke das. Dass ich ihn [Gelis Mann] wegen Kleinigkeiten anfahre oder aggressiv reagiere auf viele Dinge, was eigentlich nicht so sein sollte. Natürlich ärgert mich das, und ich sage ihm das auch oder versuche, es ihm zu erklären: ‚Wenn du zu mir sagst, mache es nicht, ich mache es schon, ja, dann erwarte ich, dass du es machst und nicht, dass es nach einer Woche noch immer dasteht'. Ich habe mir selten ein Blatt vor den Mund genommen. Aber es war nicht so heftig, und es war nicht in dieser Häufigkeit. Manchmal habe ich das Gefühl, mein Mann bekommt alles ab".

Geli verträgt es nicht, wenn jemand zu wissen glaubt, wie es ihr geht. Denken vielleicht, wissen aber kann es nur sie selbst: „Da könnte ich auszucken. Nein, weißt du *nicht* (betont), wie es mir geht. Du kannst vielleicht denken, und du kannst versuchen einfühlsam zu sein".

Gelis Schwester zum Beispiel, hat Angst sie zu besuchen.

> „Sie hat Angst mich zu sehen, weil sie das Gefühl hat, anscheinend, dass ich dann merke, dass es ihr schlecht geht, und das würde mir nicht guttun. Ich muss mich verstecken, ich muss dauernd mit einer Perücke herumlaufen, wenn irgendwelche Leute ins Haus kommen, damit die ja nicht irgendwie [...] sich schlecht fühlen".

Sie fragt sich, wie sie als Betroffene eigentlich dazu kommt. Die Relativierung der Erkrankung durch die Umwelt war für sie schwierig:

> „Am Anfang war für mich auch das Schwierigste zu sagen, ja mein Gott, ist ja nur Brustkrebs. Ist eh kein Problem, und mein Schwager hat zu mir gesagt: ‚Geh', das ist heute wie Grippe'. Ja, habe ich mir gedacht, eine Grippe übersteht man ein bisschen leichter als einen Brustkrebs. Es geht nicht darum, dass am Ende der Tod steht. Nur der Weg der Heilung ist halt ein schwieriger, und er ist auch schmerzhaft, und es geht einem echt sowohl körperlich als auch psychisch beschissen, wenn ich das jetzt einmal so sagen darf. Und wenn mir dann so etwas entgegengeschleudert wird, dann denke ich mir, hallo, was ist jetzt mit dem?"

Unbedachte Vergleiche und Äußerungen sind für sie unverständlich und nicht akzeptabel: „Wir schaffen das schon". Diese geläufig ausgesprochene Floskel gibt Geli das Gefühl „auszucken" zu wollen. Bis jetzt musste sie alle Hürden ihres Lebens alleine nehmen. Sie ist diejenige, die ihre Umgebung schont und sich Gedanken macht, auf die sich alle anderen meistens verlassen. Geli meint, nicht „wir", sondern „ich", muss das schaffen. Um anderen nicht wehzutun, nimmt sie sich zurück. Da leidet sie lieber selbst. Die Angst davor, wie Leute reagieren, hält Geli zurück. Manchmal würde sie gerne sagen, wonach ihr gerade ist, und wie es ihr wirklich geht. Durch Äußerungen, Komplimente und Bewunderungen von anderen Menschen fühlt sich Geli noch mehr unter Druck gesetzt: „Ich habe das Gefühl, ich habe Angst zu sagen, „eigentlich geht es mir schlecht". Denn für sie gibt es nichts Schlimmeres, „als dauernd zu jammern, oder? Ich tue mir halt sehr schwer damit". Ihren Weg kann ihr niemand abnehmen. Den muss sie alleine gehen.

Geli hat auch ein schlechtes Gewissen, mit ihren Freundinnen essen zu gehen. Ihre gute Woche, ist die dritte Woche, nach der Chemotherapie. Obwohl sie sich darauf freut, hat sie ein schlechtes Gewissen, weil sie nicht, wie früher aktiv sein und arbeiten kann: „Es geht weniger um mich als um die anderen, und das, was ich nicht geleistet habe, und das, was ich nicht getan habe. Es geht weniger um die Belohnung, sondern das schlechte Gewissen, dass ich das und das nicht tue".

Gelis Gedanken zum Thema Lebenswillen und Tod

Geli ist nachdenklich. Sie hat zwei Kinder und will leben. Prinzipiell geht sie davon aus, dass sie sterben würde, könnte sie diese Erkrankung nicht erdulden: „Weil, ich bin einfach ein Mensch, ich denke, wenn ich umfalle und tot bin, bin ich tot. Da gibt es nichts nachher". Dann spüre man nichts mehr: „und wahrscheinlich bis zum Tod auch nicht.

Ich weiß es natürlich nicht, aber was einen wirklich so krank und grausam macht, sind wahrscheinlich die ganzen Medikamente, und die Chemos und so weiter, und weniger die Krankheit", denkt Geli. Der Kampf gegen Krebs ist für sie daher wieder ein Kampf für die anderen. Ohne Familie, glaubt Geli, würde sie nicht so am Leben hängen und kämpfen. Geli setzt sich mit dem Leben und dem Tod auseinander:

> „Wobei mehr der Gedanke, was ist, wenn ich tot bin? Der Gedanke, ich dann nicht meinetwegen Angst vor dem Tod habe, sondern ich habe zwei kleine Kinder. Allein der Gedanke, dass egal welche Kinder, aber natürlich in dem Fall meine, ohne Mutter aufwachsen müssten, der stimmt mich traurig. Prinzipiell geht es eher in die Richtung".

Gelis Wahrnehmung und Erleben ihrer Körperlichkeit

Die wallenden, lockigen Haare waren etwas Besonderes, ein äußerliches Markenzeichen:

> „Ich habe so lange Stoppellocken gehabt, mehr als wallend. Es ist kaum jemand an mir vorbeigegangen ohne mir nicht in die Haare zu greifen, auch fremde Personen. Es war sehr wohl ein Markenzeichen von mir. Es waren nicht nur die Haare, wie man eben Haare hat, sondern es war wirklich (Pause), genau das war das Besondere an mir, zumindest äußerlich natürlich".

Geli leidet darunter, ihre Haare verloren zu haben. Lethargie und Müdigkeit bereiten ihr ein schlechtes Gewissen: „Manchmal, wenn ich nicht müsste, ich würde nicht aus dem Bett. Ich würde nicht aufstehen. Da kommt wieder dieses schlechte Gewissen". Dann, wenn es sein muss, versucht sie sich aufzuraffen und holt ihr Programm in kürzester Zeit nach: „Ich habe dann das Gefühl eben, wie (Pause)". Das macht „natürlich müde" und das schlechte Gewissen bleibt. Geli fühlt sich „wie eine Neunzigjährige":

> „Ich kann keine Stiegen mehr gehen, ich kriege keine Luft mehr. Ich bin dann außer Atem. Von der Garage wieder herauf (Geli atmet aus), das ist ein Tagesausflug für mich, im Moment. Ich gehe immer sehr schnell, also zum Beispiel jetzt sitze ich eine Stunde, und wenn ich aufstehe, bin ich immer sehr flott. Das geht dann zack, zack, zack und dann (Geli atmet ein), nach fünfzig Metern, war es dann aus. Ich verausgabe mich von vornherein schon, und dann kommt der Punkt. Das schaffe ich nicht".

Geli fällt es schwer, ihren Körper zu akzeptieren und anzunehmen: „Ich tue mir sehr schwer. Ich hatte vorher schon gewisse Probleme. Ich habe vor der Schwangerschaft eine sehr gute Figur gehabt [...]. Meine Brust war, wie ein gemachter Busen, vor der Schwangerschaft". Die Erkrankung hat Geli ihr Äußeres gekostet. Es fällt ihr schwer, sich im Spiegel zu betrachten: „Ich wasche mich, weil ich mich waschen muss. Das ist der Kontakt zu meinem Körper, ist aber kein liebevoller". Geli wünscht sich das Ganze wäre für sie ein bisschen leichter, nicht so mühsam, sondern so, dass sie Kraft hat, die Zeit zu Hause jetzt auch mehr zu genießen. Sie wünscht sich in den Spiegel zu schauen und Gefallen an dem zu finden, was sie sieht, auch wenn es sich dabei um Äußerlichkeiten handelt.

Themenspezifische Schwerpunkte zum Selbstkonzept vor der Psychotherapie

Gelis Auffassung über ihre Persönlichkeit
- Ich entwickle mich in Richtung einer selbstbestimmten, stark und direkt agierenden Person und bin gewohnt, alles selbst zu machen. Manchmal kann ich auch sarkastisch sein. Es fällt mir schwer, Unterstützung anzunehmen.
- Den Platz der Starken in der Familie habe ich mir nicht selbst ausgesucht. Er wurde mir anerzogen.
- Bestimmte Tätigkeiten sind selbstverständlich und alltäglich. Daher ist es für mich schwer und mühsam, anderen für ebensolche Tätigkeiten zu danken und Anerkennung beziehungsweise Lob auszusprechen.
- Es fällt mir schwer, nein zu sagen. Ich reagiere automatisch, auch wenn ich weiß, dass ich überfordert bin und es nicht schaffen kann.
- Die Überforderung erschöpft mich. Eigentlich wünsche ich mir zurückhaltender und abwartender zu sein, bevor ich antworte oder reagiere.

Gelis Auffassung über ihr Ich vor der Erkrankung
- Ich sah mich als eine Person, die immer aktiv sein musste, gut funktionierte und perfekt sein wollte.
- Auf andere wirkte ich oft stark. Eine Person, die alles schaffte und in der Lage war viel zu tragen.
- Es kann sein, dass meine wirklichen Empfindungen von anderen nicht oder anders wahrgenommen wurden.
- Manchmal hatte ich das Gefühl, für andere dazustehen, Stärke zu beweisen, wie ich es gewohnt und anderen schuldig war.
- Anderen nicht erklären zu können, dass ich nicht stark war, konnte mühsam sein.
- Oft nahm ich etwas auf mich, weil es immer schon so war.
- Auf meinen Körper war ich stolz, meine Haare waren mein Markenzeichen.

Gelis Auffassung über ihre Diagnose
- Ich hatte ein Jahr vor der Diagnose Tagträume, konnte das unbewusste Gefühl oder das körperliche Signal aber erst mit der Diagnose realisieren.
- Expertenaussagen wurden von mir sensibel wahrgenommen und bedeutungsvoll gewichtet. Wenig authentisch wahrgenommene Aussagen verunsichern mich und bekräftigten meine Vorahnung.
- Daher hatte ich das Gefühl, bei der Mitteilung der Diagnose emotionslos gewirkt zu haben. Ich wollte einfach funktionieren, Gefühle ausschalten oder verdrängen.

Gelis Auffassung über ihre onkologische Erfahrung
- Der Schock folgte verzögert. Emotionale Ausdrücke wie zum Beispiel belastend, furchtbar, unmenschlich, sinnlos, deprimierend werden durch das subjektive Erleben der Ambulanzen ausgelöst.

- Gefühle der Ohnmacht, der Wut, des Zorns, des Ausgeliefert-Seins werden mir bewusster.
- Demgegenüber nehme ich die onkologische Tagesstation positiv wahr.

Gelis Auffassung über ihr jetziges Erleben
- Trotz Erkrankung versuche ich meinen Lebensalltag genauso zu verrichten, wie zuvor, auch wenn ich mich dadurch sehr erschöpfe.
- Ich muss es schaffen mit meiner Erkrankung umzugehen, nicht wir oder die anderen. Nur ich weiß, wie es mir wirklich geht.
- Körperlich und geistig fühle ich mich schwach. Ich kann und will mich nicht aufraffen.
- Ich erlebe mich anders, habe ein schlechtes Gewissen und das Gefühl meinen Mann und meine Umgebung auszunützen.
- Früher war ich direkt, jetzt bin ich eher aggressiv geworden. Im Zuge meiner Krebserkrankung kommt es vor, dass ich Wut und Aggression meinem Ehepartner gegenüber empfinde.
- Brustkrebs ist keine Grippe. Der Weg der Heilung ist für mich körperlich und psychisch schwierig und schmerzhaft.
- Was einem so krank und grausam macht, sind wahrscheinlich die Medikamente.
- Mein Markenzeichen, die Haare, fehlt. Der Kontakt zu meinem Körper ist kein liebevoller.
- Die Perücke tragen zu müssen bedeutet, mich verstecken zu müssen, damit sich die anderen nicht schlecht fühlen.
- Ich will leben, ich habe zwei kleine Kinder. „Wenn ich all das nicht erdulde, dann würde ich sterben".
- Wenn ich tot bin, bin ich tot, da gibt es nichts nachher. Ich selbst spüre dann nichts mehr und bis zum Tod auch nicht. „Damit ich nicht sterbe und die anderen darunter leiden, leide ich jetzt".
- Es ist ein schrecklicher Gedanke für ein Kind Angst zu haben, dass die Mama sterben muss. Der Gedanke, dass Kinder ohne ihre Mutter aufwachsen müssen, stimmt mich traurig.
- Was meine Kinder empfinden, macht mir zu schaffen.

Gelis Auffassung über die Reaktionen und den Druck des Umfeldes
- Gutgemeinte Äußerungen und Ratschläge können mich zusätzlich belasten und zu verärgerten oder aggressiven Reaktionen führen.
- Damit einher geht mein schlechtes Gewissen und die Entscheidung lieber das Umfeld zu schonen und selbst zu leiden, als anderen Leid zuzufügen.
- Angst vor der Reaktion der Leute führt bei mir dazu, dass ich das, was ich gerne tun würde und mir auch gut tut, nicht tue. Wie gut darf ich aussehen, und wie gut darf ich es mir gehen lassen, und trotzdem krank sein?
- Dieses Gefühl der Angst lässt mich auch nicht sagen, dass es mir schlecht geht.
- Für mich gibt es nichts Schlimmeres, als dauernd zu jammern.

- Ich möchte andere auch nicht belasten, damit sie nicht leiden.
- Wenn ich es mir gutgehen lasse, kommt das schlechte Gewissen nicht das getan zu haben, was getan werden muss. Damit tue ich mir sehr schwer.

6.1.2 Ich kann heute loslassen

Ich kontaktierte Geli nach ihrem Urlaub am 9. September 2010 und informierte sie im Anschluss an eine Psychotherapieeinheit darüber, dass das Forschungspraktikum nicht mehr verlängert werden konnte. Nach neunzehn wöchentlichen Therapiesitzungen fand das Abschlussgespräch am 14. September 2010, wie auch die letzten vierzehn Therapieeinheiten zuvor, bei Geli zu Hause statt. Der Erstkontakt, das Erstinterview und das Abschlussinterview[446] erfolgten getrennt von den Psychotherapieeinheiten.

Personenbezogene Aussagen zum Psychotherapieprozess

In unserem Erstgespräch wies Geli auf ihr bereits im November 2009 geäußertes Bedürfnis nach psychologischer/psychotherapeutischer Begleitung hin. Sie fühlte sich damals kraftlos und zeitweise depressiv. Sie wusste nicht, was alles auf sie zukommen würde und wünschte sich mit einer neutralen Person zu reden. „Ich habe es sehr positiv aufgenommen, weil ich einfach gemerkt habe, es kümmert sich jetzt doch wer". Damals hatte Geli Angst sterben zu müssen und sagte zum Abschluss ihres Erstinterviews: „Es ist schon angenehm, einmal mit jemandem zu reden. Allein, dass da vielleicht viele Dinge [sind], die ich in meinem Umfeld jetzt nicht so sagen kann, das ist okay, weil ich niemanden verletzen will".

„Die größte Veränderung ist natürlich, dass ich am Anfang nicht wusste",

„was auf mich zukommt, was noch alles vor mir liegt. Damals war die Angst sehr groß, ob ich überhaupt mit der Situation im Allgemeinen umgehen kann". Geli beendete ihre onkologischen Therapien. Die Abschlussuntersuchungen stehen jedoch noch aus. Davor hat Geli heute Angst: „Ich habe nicht mehr diese Angst – ich sage es jetzt ganz offen – vorm Sterben, die ich vielleicht damals gehabt habe, weil ich nichts gewusst habe. Aber ich habe auf jeden Fall jetzt Angst, das Ganze noch einmal durchzumachen".

„Ich möchte nicht mehr erleben, was ich erlebt habe".

Anfangs hatte Geli „mehr Angst vor der Krankheit als solches". Jetzt steht die Angst im Vordergrund, was sie erwartet, wenn die Erkrankung wieder auftritt: „Wenn man es nicht kennt, dann kann man nicht Angst davor haben. Jetzt kenne ich es, und jetzt habe ich natürlich Angst davor, es noch einmal durchmachen zu müssen".

---

446 Geli 2010, II.

„Da war das für mich schon sehr erleichternd jemand zu haben, mit dem man über diese Dinge sprechen konnte".

Geli konnte über ihre Gefühle, Gedanken und Probleme reden: „weil man doch viele Dinge so nicht anspricht, mit Angehörigen nicht bespricht, weil man sie natürlich auch schonen möchte. Man hat das Gefühl, sie tragen eh so viel Last und dann auch noch die Gedanken und Probleme". Vieles anzusprechen, „das ist etwas, was ich nicht getan habe, nicht wirklich tun konnte [...], auch wenn es dann nachher natürlich wieder zurückkommt".

„Das hat mir zumindest persönlich sehr gutgetan, diese Stunden immer wieder ohne Rücksicht auf andere".

Es ist ja nicht so, dass Geli „das dann komplett ablädt, und das ist dann vorbei". Aber ihre Gedanken, Gefühle und einhergehende Ängste aussprechen zu können, „oder viele Dinge ansprechen zu können", „ohne Angst haben zu müssen, dass der andere dann verzweifelt ist, oder erschrickt oder Angst hat". Geli möchte nicht, dass ihre Umgebung verzweifelt oder „sich einfach schlecht fühlt".

„Einfach das Gefühl zu haben, dass jemand da ist, der zuhört ohne Vorurteile zu haben".

Für Geli ist die Psychotherapeutin nicht persönlich eingebunden, sondern kann „von außen objektiv die Sache einfach" beobachten. Es ist dies jemand, „der weiß und einem auch vermitteln kann, dass man nicht der Einzige ist, der diese Ängste und Gefühle mit sich herumträgt. Geli möchte keine Ratschläge und Beschwichtigungen, sondern wertfrei verstanden werden, warum sie sich so fühlt, warum sie jetzt „schlecht drauf ist, oder verzweifelt ist oder Angst hat". Es ist gut für sie vermittelt zu bekommen, dass es okay ist, und sie es zulassen kann: „Genau (betont), der [Psychotherapeut] nicht beschwichtigt, sondern das so annimmt und vielleicht dann und wann auch Wege zeigt, wie man mit dieser Angst und mit dieser Verzweiflung umgehen kann". Geli wollte zulassen lernen, damit umgehen lernen und vielleicht etwas für die Zukunft mitnehmen.

„Ich kann heute loslassen".

Dieses Loslassen ist in vielen Bereichen in Gelis Leben ein großes Thema. Heute muss nicht mehr alles so perfekt sein: „Es stört mich zwar immer noch", aber „dann schaut es halt so aus".

„Dass ich nur mehr Menschen reinlasse [...], bei denen ich auch weiß, dass ich [betont] wichtig bin".

Geli wünscht sich heute von den Personen in ihrem Umfeld, dass sie kommen: „wenn sie *mich* (betont) sehen wollen". Sie möchte spüren, dass sie als Mensch wichtig ist: „Das hat sich schon bei mir verändert".

> „Ich habe immer noch dieses, ja, Jemand-nicht-kränken-Wollen und so. Das ist schon noch vorhanden. Es ist jetzt nicht so, dass es weg ist. Aber ich habe einfach meine Kontakte zu *den* [betont] Personen intensiviert, die mir wichtig waren und denen ich wichtig war, und andere Kontakte vielleicht nicht ganz aufgegeben, aber reduziert. Die mich eigentlich nur Energie

und Nerven gekostet haben im Nachhinein. Egal ob das jetzt körperliche Energie war oder psychische".

Geli versucht ihre körperlichen und psychischen Energien gut einzuteilen, sucht aus, was ihr wichtig ist. Zugleich spürt sie, dass sie sich nicht so anstrengen muss, wie früher. Es ist in manchen Bereichen eine andere Qualität: „Wenn es wem nicht passt, dann soll er reden". Früher wäre es ihr „zu wichtig gewesen, perfekt zu sein [als] Gastgeberin, als was auch immer". Das macht sie heute nicht mehr, weil sie „einfach die Energie noch nicht" hat, aber hofft, dass sie bei ihrer Einstellung bleibt.

„Ich habe überhaupt meine Grenzen kennengelernt".

Geli kannte nur Grenzen, wenn ihr Körper sie zeigte. Jetzt gelingt es ihr besser, in sich hineinzuhören, Grenzen zu setzen, „ohne schlechtes Gewissen (lacht)". Förderlich war es „überhaupt zu erfahren, oder immer wieder gesagt zu bekommen, dass das in Ordnung ist". Das schlechte Gewissen ist „nicht notwendig". Für Geli ist es wichtig auf sich und ihren Körper zu hören. Hilfreich dabei war „das immer wieder bestätigt zu bekommen, dass das eben in Ordnung ist, und dass das nicht an meiner Faulheit liegt, sondern dass das die Krankheit auch mit sich bringt". Diese Diskrepanz konnte Geli lange Zeit nicht auflösen und versuchte sich immer zu verteidigen.

„Das war ein Prozess"

Die Veränderungen sind für Geli nicht bewusst eingetreten. Sie entwickeln sich und finden schrittweise statt. Durch neue, andere Erfahrungen hat sie das Gefühl, dass ihr Prozess erst begonnen hat, dass diese Therapien, die sie bis zum Urlaub hatte, „erst angefangen haben zu wirken [...]. „Also jetzt nicht, okay, heute war sie da und nachher habe ich dann anders darüber gedacht, sondern das war ein Prozess, der sich so gezogen hat bis heute".

„Also für mich war das sehr positiv, diese Erfahrung auch mit einer Frau zu haben".

Mit Frauen hatte Geli oft schlechte Erfahrungen. In der Psychotherapie war die Begegnung von Frau zu Frau für sie positiv: „Sie waren geschlechtsneutral". Vielleicht war es das Gefühl: „Es sitzt zwar eine Frau vor mir, könnte aber auch ein Mann sein. Deswegen war das für mich recht". Durch ihre Erkrankung hat Geli das Gefühl, dass viele Probleme am „Geschlecht festgemacht" werden. Dagegen wehrt sie sich und bemerkt: „Also es ging nicht um mein weibliches Geschlecht, und dass ich so denke, weil ich eine Frau bin oder, dass ich so empfinde, weil ich eine Frau bin oder Sonstiges, sondern es war einfach komplett ausgeklammert". Was Geli wichtig ist, bestätigt sie: „Genau wertfreie Ebene, genau. Genau, ohne diese Klischees, genau. Das ist, genau das ist das wichtige Wort. Also ohne diese Klischees. Und das hat mir sehr geholfen, mich wohlzufühlen". Dadurch fühlt sich Geli als Mensch angenommen und wohl. Es gibt ihr Raum sich neu zu organisieren, Neues zuzulassen. Für Geli ist das Individuelle, das Eigentliche am Menschen wichtig. Es liegt nicht an seinem Geschlecht, wie er jetzt empfindet, wie er denkt, welche Ängste er hat, schon gar nicht in Bezug auf diese Krankheit:

> „Mich hätte es sehr gestört, wenn eben diese klischeehaften Aussagen gekommen wären und nicht auf das Eigentliche eingegangen worden wäre. Das hat mir eigentlich sehr geholfen.

Deswegen konnte ich dieses Geschlecht oder das [...], ich habe relativ rasch vergessen, dass Sie eine Frau sind –, sagen wir so (lacht), nicht falsch verstehen jetzt".

"Es ist mir nichts Negatives in Erinnerung geblieben".

Unklarheiten und für Geli nicht exakt passende Verbalisierungen oder Symbolisierungsangebote hat sie „dann auch in dem Moment zur Sprache gebracht". Das ist auch in Ordnung so: „Es gab sicher in unseren Gesprächen immer wieder irgendetwas, aber ich habe dann, glaube ich, eh immer reagiert darauf und habe gesagt: ‚Nein, also das ist es nicht'". Geli kann jetzt nicht sagen, dass alles perfekt ist, aber sie könnte ad hoc auch nicht sagen: „okay, das wäre besser". Die Flexibilität der Psychotherapeutin ist vorhanden. Sie ist da, wenn sie gebraucht wird und Geli kann sich die ihr wichtigen Themen aussuchen. Es wird nichts vorgegeben, und das ist wichtig.

"Einmal zu akzeptieren, bevor man es verändern kann".

Einfach ist die Psychotherapie für Geli nicht:

> „Man wird ja oft mit Dingen konfrontiert oder manchmal mit Dingen konfrontiert, die man vielleicht so nicht gesehen hat. Oder manchmal erkennt man, dass das, was vorher war, nicht der richtige Weg ist. Das einmal zu akzeptieren, das ist schon manchmal schwierig. Zu akzeptieren, dass man vorher jahrelang irgendwie nicht am richtigen Dampfer war. Ich glaube, das ist das Schwierigste. Einmal zu akzeptieren, bevor man es verändern kann".

Für Geli geht es darum, zuerst akzeptieren und annehmen zu können, was geschehen ist, bevor sie Veränderungen zulassen kann. Ein schwieriger Weg, über den nachzudenken für sie früher nicht notwendig war. Alles ging automatisch, war selbstverständlich. Jetzt denkt Geli bewusster darüber nach, was sie will und was nicht:

> „Was *kann* (betont) ich anders machen, ja. Überhaupt, wenn man nie vorher darüber nachgedacht hat, über diese Dinge. Wenn mir das neu ist, und dann kommt das auf einmal. Du erkrankst, das kommt eh alles vom heiteren Himmel, und dann musst du dir Gedanken machen über dich, über dein Leben, über deine Gedanken und erkennen, das vieles entweder – ich will jetzt nicht sagen *falsch* (betont) – aber nicht richtig für dich selber war, und du das trotzdem gemacht hast. Oder auf, wie viel du verzichtet hast, oder wie viel du gegeben hast, ohne jemals was zu bekommen. All diese Dinge zu akzeptieren, das ist schon sehr schwierig".

Die frühere Selbstverständlichkeit ist nicht mehr da: „Das ist das Mühsame an der ganzen Sache", aber ein wichtiger, neuer Weg. Einige Veränderungen wurden schon eingeleitet, andere noch nicht: „Der Denkprozess ist angeregt". Früher „war einfach alles automatisch [...] man hat das einfach so gemacht, weil man es halt immer schon so gemacht hat". Heute denkt Geli bewusster: „Was will ich, oder will ich überhaupt?"

Themenspezifische Schwerpunkte zur Aktualisierung

Aus Gelis Perspektive sollte Psychotherapie in einer psychoonkologischen Einrichtung etwas Normales sein, und als weitere Alternative zu der Seelsorge zur Verfügung stehen: Ich bin der Meinung, „das sollte gerade bei chronisch kranken Menschen eigentlich eine Selbstverständlichkeit sein, dass Psychotherapie angeboten wird für die, die es wollen". Für mich hat sich im Rahmen der Psychotherapie einiges verändert:

- Ich weiß heute, was es heißt, Brustkrebs zu haben, Angst zu haben.
- Wertfreies Zuhören, Verstehen, Dabeibleiben und Aushalten, können den Raum für die Suche nach neuen Möglichkeiten und Begegnungen öffnen.
- Ich habe erfahren, in meiner emotionalen Welt nicht alleine zu sein.
- Heute kann ich besser loslassen.
- Ich muss nicht mehr allen entsprechen und Angst haben, jemanden zu kränken.
- Ich möchte auch etwas bekommen.
- Ich suche aus, welche Personen und Kontakte für mich Bedeutung haben.
- Ich brauche mich nicht mehr so anzustrengen.
- Ich kann ohne schlechtes Gewissen besser auf mich achten.
- Ich habe erfahren, Grenzen zu ziehen und mich selbst zu spüren.
- Es ist in Ordnung, auf mich und meinen Körper zu hören.
- Die Veränderungen fühle ich prozesshaft. Sie dauern an.
- Ich kann mir den Raum schaffen, das für mich Eigentliche zu entdecken.
- Ich bin wichtig. Mir ist es wichtig, mich selbst zu verstehen und zu akzeptieren. Erst dann sind Veränderungen möglich.
- Ich hinterfrage mich selbst.
- Ich denke über mich und mein Umfeld nach.
- Verschiedene Blickwinkel bieten mir die Möglichkeit auszuprobieren, was ich will, und was gut für mich ist.

6.2 Frau Monika – Diagnose: Brustkrebs

6.2.1 Eine schöne Kindheit – das kann ich nie wieder aufholen

Frau Monika[447] ist achtundvierzig Jahre alt, verheiratet und lebt gemeinsam mit ihrem Mann, ihrer achtzehnjährigen Tochter und den Schwiegereltern in einem Haus ungefähr hundert Kilometer von der Großstadt entfernt. Im Rahmen ihrer regelmäßigen Vorsorgeuntersuchungen sieht es Monika als Zufall und Glück, ihre Brustkrebserkrankung im Jahr 2004 frühzeitig erkannt zu haben. Aufgrund ihres Rezidivs mit Metastasen in Lunge und Wirbelsäule erhält Monika zurzeit Chemotherapien im Abstand von drei Wochen. Darüber hinaus arbeitet sie ganztags in einem Krankenhauslabor. Weil es vielleicht noch etwas anzuschauen gibt, möchte Monika Psychotherapie in Anspruch nehmen. Das Thema Sterben und Tod ist für sie bis jetzt ein Tabu. Das Erstinterview fand am 10. März 2010 statt.

---

447 Monika 2010, I: Die Ansprache wird im Textfluss auf „Monika" gekürzt.

Personenbezogene Aussagen zum Erstinterview

Monikas Erleben der Krankheitsentdeckung und Diagnose

Im Rahmen ihrer regelmäßigen Vorsorgeuntersuchungen ist es für Monika mit „wirklich sehr viel Zufall und sehr viel Glück" verbunden, dass ihre Erkrankung im Jahr 2004 frühzeitig erkannt wurde. Bei der Befundübergabe an die Sekretärin ihrer Hausärztin kam es zu einem Missverständnis mit Auswirkungen. Die Äußerung, dass alles in Ordnung wäre, war gar nicht an Monika gerichtet, sondern an eine andere Patientin: „Und wie ich dann hineinkomme, hat meine Hausärztin schon Tränen in den Augen, hat gesagt: ‚Es tut mir leid, aber'". Diese Diskrepanz, „was ich gerade gehört habe, und was dann passiert ist, das war für mich einfach ein Absturz".

Monika fuhr von der Hausärztin direkt in den Wald. Ihre Sorge galt vor allem der damals elfjährigen Tochter Hanna:

> „Ich hätte (*)nach Hause zu meinem kleinen Kind müssen[448], und das hätte ich nicht geschafft. Soweit habe ich mich dann nicht im Griff gehabt, weil ich wollte das ja nicht gleich so herausplatzen, sondern schön langsam, vorsichtig sagen. Ich habe eigentlich gar nicht gewusst, wo ich hin soll, niemand ist da. Und dann bin ich bei uns in den Wald gefahren [...], ich habe gleich eine Stunde lang dort geheult und das richtig ausgetobt. Dann habe ich noch einmal eine Stunde gebraucht, dass ich mich wieder erfangen habe, und dann bin ich heimgefahren".

Hanna erfuhr es als Erste, „ja, eben mit deutlichster Abschwächung, aber sie hat sofort, wie ich bei der Tür hereingekommen bin, gespürt, da ist was. Es macht auch keinen Sinn, wenn man Kinder belügt". Bei Hanna im Vordergrund stand die Angst um ihre Mutter: „dass ich jetzt nicht da sein könnte". Die enge Bindung zueinander half Monika bei der Bewältigung ihrer Diagnose: „Sie hat dieses absolute Urvertrauen zu mir, wenn ich das so sage, dann ist das so".

Die medizinische Versorgung empfindet Monika sehr positiv

Für Monika ist es eine „grundlegende Sache, dass man einen Arzt hat, den man direkt ansprechen kann und der immer der gleiche ist". Es ist ihr wichtig eine Bezugsperson zu haben, „dass ein Arzt seine Patienten hat, und die betreut er weiter". Für Monika war immer „alles bemüht, alles in Ordnung". Diesbezüglich gab es „nie was, super alles", Monika machte gute Erfahrungen damit, „dass die Schwester kommt, sich vorstellt, das Gespräch einleitet, also dass man wirklich eine Bezugsperson hat". Ein „bisschen stört" Monika die Situation in den Ambulanzen: „Aber was mich eigentlich stört, was ich ganz extrem finde, dass man immer zu neuen Ärzten kommt".

> „Ich sehe keinen Sinn darin, dass ich immer wieder von vorne anfange, dass der ja eigentlich dann nicht einmal einen Bruchteil von dem weiß, was ich dem anderen schon erzählt habe. Bei den Ambulanzen ist das halt gegebenermaßen so, dass man immer zu wem anderen kommt. Es sind hunderte Ärzte, und dann musst du wieder [...] alles erzählen, alles berichten, die ganzen Medikamente, die Voruntersuchungen, die ganzen OPs und so. Wenn das alles einer in der Hand hat, der verfolgt das konsequent, und die Qualität ist ganz anders".

---

448 Ergänzung vom 6.5.2010. Der Beginn ist mit einem „(*)" gekennzeichnet.

Monika möchte immer nur eine Bezugsperson haben, auch bei den Ärzten: „Und jedes Mal, wenn ich auf eine andere Station komme, muss ich die ganze Geschichte erzählen. Das regt mich maßlos auf. Ich habe schon so viele Operationen, so viele Medikamente, ich weiß es manchmal selber nicht mehr so genau". Monika möchte, dass sie der betreuende Arzt vorab informiert, und die Patienten „nicht vor allen Leuten" befragt werden:

> „Muss ja nicht jeder wissen. Klar, das ist eigentlich eine Maschinerie. Aber es gibt auch andere, die stehen vor der Türe mit den Patientendaten, lesen sich das genau durch, und wenn sie hereinkommen, bist du schon die Frau Monika und nicht die operierte Schilddrüse".

Monika spürt einen großen qualitativen Unterschied: „Ja, und eben weil ich es erfahre, verlange ich es eigentlich auch. Ich bin jetzt so weit, dass ich sage, so und so will ich das und nicht anders".

Auch energieraubende Schmerzen müssen heute nicht mehr sein: „Die habe ich früher auch gehabt, nur jetzt ist der Gedanke immer anders. Was passiert jetzt gerade da mit dem Tumor?" Monika kontaktierte die Schmerzambulanz: „Die haben sich total bemüht und mich dann auf eine andere Dosis umgestellt. Das habe ich besser vertragen, und seitdem geht es wunderbar". Als beim ersten Krankenhausaufenthalt eine Psychologin an Monikas Bett kam, „die neben jedem mit jedem geredet hat", reagierte sie:

> „,Ich will jetzt nicht, und ich möchte Sie bitten zu gehen'. Die hat das nicht akzeptiert, und ich bin dann ziemlich deutlich geworden [...]. Ich meine, ich bin eh sehr gesprächig und gesprächsbereit oder ziemlich offen, aber da war ich bei der einfach nicht fähig. Und aufdrücken lassen? Ja, aber man kann den Leuten ja – so, wie Sie [es] sagen – mit Visitenkarten die Möglichkeit geben: ,Ich bin zwar da, aber nur wenn Sie wollen'. So dieses (Pause), also das war das Einzige überhaupt in all den Jahren, was mich damals gestört hat. Aber das habe ich ihr dann auch gesagt. Also, ich habe da eh keine Hemmungen (lacht)".

Monikas Kindheit und Jugend

Monika wuchs in einer ländlichen Umgebung auf. Sie hat zwei ältere Brüder. Durch Recherchen fand Monika heraus, dass sie mit ungefähr acht Jahren in einer psychiatrischen Abteilung für Kinder war: „Weil ich mich sicher als Kind extrem vielen Dingen widersetzt habe". Das, was ihre Mutter sagte, war immer das, was sie nicht machen wollte: „Sie ist mit mir absolut überhaupt nicht zurechtgekommen, und diesbezüglich war ich eines von diesen quasi schlimmen Kindern". Ein Kampf der Aggressionen mit ihrer Mutter, obwohl sie eine gute Schülerin war und es diesbezüglich keine Beschwerden gab: „Ich habe einfach ihr immer Kontra gegeben. Und das war halt das, was sie gar nicht vertragen hat". Monika tut sich schwer zu erzählen, was ihr widerfahren ist: „Wie heißt das? – schwer erziehbare Kinder, genau. Das ist damals, also dieses Wort, dieses ,schwer erziehbar' [Pause]. Das war kein Heim. Das war eine richtige psychiatrische Abteilung für Kinder":

> „Und ich weiß noch, der letzte Arzt, das war der erste, der das von der anderen Seite aufgezogen hat. Und dann hat sie [Monikas Mutter] ja das Ganze eher abgebrochen, weil, der hat nicht gemacht, was sie wollte. Und da war irgendwie dann schon diese Diskrepanz".

Dieser Arzt sagte Monika auch, dass sie jederzeit wiederkommen könne, dass der Kontakt „nicht über die Mutter" laufen „*muss* (betont)". In dem Patientenbericht von damals las Monika das erste Mal, dass ihre Mutter dringend eine Therapie bräuchte:

> „Das war für mich damals so der erste Punkt: Gott sie Dank bin es nicht nur ich. Oder, dass jemand das erste Mal erkannt hat, dass die Sache wo *anders* (betont) liegt. Man hat wirklich innerlich auch als Kind schon ein Gefühl für Dinge, die nicht sein sollen".

Dank des Arztes konnte Monika in der Pubertät erkennen, dass die Ursache ihrer Diskrepanz nicht bei ihr selbst lag. Ihre Mutter ist für sie „dermaßen omnipräsent und mischt sich überall ein". Im Teenageralter hörte Monika von ihr, dass sie immer im Weg sei „und eigentlich gar keine Lebensberechtigung habe". Monika glaubt, dass ihre Mutter selbst psychisch krank war. Das zeigte auch ihr Selbstmordversuch und „hat sich in vielem geäußert". Monika hörte jetzt einmal auch,

> „dass sie [nicht nur] ausgerastet ist, wirklich hingeschlagen hat, aber gewaltig, sondern dass sie verbal extrem scharf war, extrem tief und verletzend und bösartig. Ich kann das jetzt nur an mir beurteilen – aber sie war sicher psychisch nicht in Ordnung, gar nicht".

Monikas Vater war zwar eine emotionale Stütze, aber „einfach zu schwach ihr [Mutter] gegenüber" um Monikas Erfahrungen mit ihrer Mutter zu verhindern. Als Tochter stand sie dazwischen: „Ich war immer ein Papa-Mädi, und sie hat nichts vertragen, was zwischen ihr [selbst] und meinem Vater gestanden ist". Monika begann, ihr Leid aufzuschreiben: „Ich weiß nur von meinen Tagebüchern, jeder dritte Satz: Ich will nie so werden, wie meine Mutter". Sie schrieb auch über den Hass gegen ihre Mutter, über ihren Wunsch, sie wäre tot. Und trotzdem war da immer wieder das Bedürfnis nach Mutterliebe, die sie nie hatte: „Wenn man das durchmacht, hat man auch das Recht darauf, wütend zu sein – absolut". Irgendwann las Monika all ihre Aufzeichnungen wieder und dachte sich: „Wenn ich das von Fremden lesen würde, wäre ich tief erschüttert".

Nach der zweiten, großen Operation ging Monika in eine Gesprächspsychotherapie. Die Frage und Aussage ihrer Therapeutin: „Warum wollen Sie diese Frau lieben? Die ist Böse", war für Monika eine Erleichterung. Klarer wurde, dass sie ihre Mutter nicht lieben muss. Sie braucht sich selbst keine Vorwürfe mehr zu machen, warum sie „das eigentlich nicht zusammenbringe". Sie ist nicht schuld, wurde jedoch von ihrer Mutter immer wieder beschuldigt: „Und wenn man das jemanden ständig vorgibt, irgendwann glaubst du es einmal". Lange fühlte Monika sich zweigespalten: „Auf der einen Seite war ich im Zweifel, auf der anderen Seite war ich trotzdem noch von mir überzeugt, weil ich weiß, ich habe nichts getan". Ihre Existenz führt Monika auf einen Zufall zurück. Sie war ihrer Mutter nicht willkommen. Der schwerste Vorwurf seitens ihrer Mutter lag darin, als Kind das Essen zu verweigern. In Machtkämpfen wurde sie dazu gezwungen. Monika jedoch wusste, dass sie den längeren Atem hatte. Sie wollte es ihrer Mutter zeigen – zeigen, wer letztendlich gewinnt. Zeigen, dass man das mit ihr nicht machen konnte.

Monika hat eine Asymmetrie im Gesicht. Ein Arzt sagte ihr, dass diese wahrscheinlich auf eine frühkindliche Störung im Mutterleib zurückzuführen ist: „irgendwas muss da gewesen sein". Daher vermutet Monika einen versuchten Schwangerschaftsabbruch ihrer Mutter und ist sich heute diesbezüglich sicher. Das ist für sie logisch: „Es ist einfach, dass sie mich absolut nicht wollte, und ich halt trotzdem geboren bin. Jetzt bin ich da, was tue ich mit der? So auf die Art". Bis heute negiert und verdrängt Monikas Mutter die Ereignisse: „Die gesunde Watsche, das hat alles nie stattgefunden?" Für Monika ist sie eine Frau mit mehreren Gesichtern:

> „Sie hat das geschafft, sich mit Leuten über das ganze Gesicht strahlend und lachend zu unterhalten und mich nebenbei *so* (betont) festzuhalten [Monika krallt sich schmerzhaft in ihren Unterarm]. Also das habe dann nur ich gespürt, und ich bin halt dann gestanden und habe gewartet, dass wir wieder weitergehen. Aber dieses, auf der einen Seite die Aggression und auf der anderen Seite dieses Lachen, das war für mich als Kind völlig [unverständlich]. Ich habe mir gedacht, merken die das alle nicht? Täusche nur ich mich da so?"

Einerseits Aggression andererseits das Lachen. Dieser Gegensatz war für Monika als Kind und Jugendliche unverständlich. Sie hätte sich gewünscht ihrer Mutter sagen zu können, dass sie Hilfe brauchte: „Ich habe wirklich viel mitgemacht", sagt Monika über ihre Kindheit.

Monikas Familienleben heute

Heute lebt Monika mit ihrem Mann, ihrer Tochter Hanna und den Schwiegereltern in einem Haus: „Es wird nie langweilig". Liebe, Mutterliebe und Wertschätzung sind für sie zentrale Werte. Nie wäre sie auf die Idee gekommen, ihre Erfahrungen aus Kindheit und Jugend an Hanna weiterzugeben:

> „Ich war strikt gegen jede Gewalt, weder verbal noch körperlich. Ich war immer ein großer Verfechter dessen, dass man Kinder nie erziehen sollte. Hängt sicher mit meiner *Erfahrung* (betont) als Kind zusammen. Aber ich habe mir bei meinem Kind immer nur gedacht, ich will gar nicht. Nach dem bin ich gegangen, und das hat sich aber so was von bestätigt. Und auch sehen, dass man vertraut".

Hanna wird immer Rückhalt bei Monika finden: „Es wird immer wer da sein". Wichtig ist, „sie einfach so zu nehmen, sie als Person zu sehen und nicht als kleines Kind". Heute denkt Monika, sie macht all das mit Kindern, was sie selbst gerne gehabt hätte. Ihre Tochter Hanna denkt positiv, hat einen gesunden Selbstwert und ist selbstständig. Monika hat das Gefühl, dass Hanna aus den gemeinsamen Erfahrungen lernte. Sie sagte ihr immer wieder: „,Du kannst alles sagen, du kannst alles machen, du musst es eh selber verantworten, aber du wirst nie hören, dass ich sage, ich mag dich nicht'. Das gibt es nicht". Monikas Tochter geht heute anders mit ihrem Leben um. Bewusst, genussvoll, ihr Leben realisierend: „Sie hat schon ein ganz anderes Lebensgefühl". Allein aus „*dem* (betont) Grund" heraus wertet Monika „das Ganze" positiv: „Es hat schon für die Zukunft Positives bewirkt.

Reaktionen am Arbeitsplatz

Monika arbeitet in einem Krankenhauslabor. Die Reaktionen ihrer Kolleginnen auf ihre Erkrankung überraschten sie positiv: „Ich habe sehr viel Glück. Wenn es mir nicht gutgeht, die bewachen mich alle mit Argusaugen", sagt Monika lachend. Sie fühlt sich wirklich aufgehoben und unterstützt: „Diese totale Fürsorge, weil ich das so für mich persönlich nicht gewohnt war". Anders als sie es aus Kindheitstagen gewohnt war, sind das Interesse und die Hilfestellungen ihrer Arbeitskolleginnen neue Lebenserfahrungen. Wenn Monika manchmal von der Arbeit erledigt ist: „dann bleibt irgendeine von den Damen stehen, packt mich, umarmt mich, haltet mich fest und geht einfach weiter. Da kommen mir sogar die Tränen. Die haben Sensoren, das ist gigantisch". Monika lernte, Hilfe zu fordern. Sie darf offen und klar ihre Bedürfnisse ausdrücken, darf loslassen und findet Halt. Monika fragt sich: „Das ist eigenartig, aber es passiert halt einfach immer nur bei Schicksalsschlägen. Warum kann man nicht, wenn man unbelastet ist, trotzdem über so etwas reflektieren? Warum muss ich immer erst so weit kommen, dass was passiert?"

Monikas Selbstwahrnehmung und Lebensgefühl

Eine schöne Kindheit, dass „ist ein Punkt, den man *nie* (betont) wieder aufholen kann [...], der mich immer wieder erwischt", sagt Monika. „Das beste Kind der Welt" zu haben, ist für sie eine Kompensation. Ihr sonstiges Umfeld passt komplett, „es ist eine ganz andere Art zu leben". Manchmal denkt Monika an die Vergangenheit. Sie erinnert sich daran, dass sie sich „in diesem Krankenhaus [Psychiatrie]" ihre „eigene Traumwelt aufgebaut" hat: „So einen Ort, wo ich mich zurückziehen kann". Oder sie überlegt zum Beispiel, ob das viele Essen heute etwas damit zu tun hat, dass sie als Kind extrem wenig aß. Was wäre heute anders gewesen, wenn damals …? „Auf das krieg ich dann nie Antworten, wie soll man das jetzt noch nachvollziehen", fragt sich Monika.

Monika lernte, sich Zeit für sich zu nehmen. Eine Erfahrung, die sie an ihren Eltern auch nicht beobachten konnte. Ihr Blickwinkel änderte sich. Die Zeit, „die nehme ich mir, das habe ich gelernt. Zu akzeptieren, „wenn die Türe zu ist, bin ich alleine und Ende", musste Monikas Familie erst lernen. Seit ihrer zweiten Operation achtet Monika mehr auf sich:

> „Ich lese gerne viel oder ich male irgendwas, wo ich sage, ich brauche einen Rückzugsort, wo ich wirklich für mich bin. Ich bin von vorne herein nicht so ein Mensch, der nur an andere klebt, das mag ich nicht so. Ich brauche immer ein bisserl Luft zum Atmen".

Gemeinsame Familienessen beispielsweise sind genauso wichtig, wie die gegenseitige Achtung der Freiräume. Deshalb funktioniert es: „Man muss sie auch einfordern können". Das steht Monika zu, ist ihr Recht. Sich zu vertiefen, ist für Monika extrem wichtig:

> „Ich glaube, wenn man sich dann damit auseinandersetzt und sich die Zeit nimmt, seine eigenen Ziele abzustecken, sich mit sich selber beschäftigt, da wird es dann sukzessive leichter. Wenn ich einmal weiß, wohin ich will, oder was ich erreichen will und so".

Monikas körperliches und psychisches Erleben

Nach der zweiten Operation und Entfernung einer Brust merkte Monika, dass die Kraft „schlagartig weg war [...], gegen irgendwas anzukämpfen", weil „so viel unaufgearbeitete Sachen herumgeistern". Monika grübelte darüber, warum sie „so extrem ausgelaugt, so ohne Kraft" war. „Dass das irgendwie ausgelöst wurde" und sie „das alles aufarbeiten kann", darüber ist sie froh:

> „den richtigen Ausschlag hat diese zweite Operation gegeben. Das war dann doch eine große [Operation], das war eine Amputation. Na ja, ich finde das schon gut so. Ich kann damit umgehen, dass ich immer wieder einmal traurig werde, und dass das immer wieder einmal hochkommt, aber ich habe für mich Mittel und Wege gefunden, dass ich das verarbeiten kann".

Die zweite Chance, wie Monika es nennt, machte ihr bewusst, einiges anschauen zu wollen, vor allem die „Energiefresser". Sie erfuhr, dass sie ihre Meinungen und Empfindungen aussprechen darf: „Erstaunlicherweise kann man den Leuten sogar ins Gesicht sagen: ‚Du, pass' einmal auf, es geht jetzt nicht, ich will nicht'. Ich habe auch nicht einmal mehr kommentiert, warum ich nicht will. Ich will jetzt nicht". Monika macht die Erfahrung, dass es reicht nein zu sagen: „und das hat mir wirklich die Bestätigung dafür gegeben, dass ich sehr wohl selber entscheiden kann, was für mich wichtig ist und was nicht". Die Psyche hat für sie extrem viel mit den ausgebrochenen Krankheiten zu tun: „Es hat einen Grund gehabt, warum ich ein zweites Mal krank geworden bin". Monika sieht darin einen Hinweis: „Ich denke mir, dass diese Krankheiten immer wieder auftreten, wenn du irgendwas übergehst, wenn du das nicht auslebst oder zulässt, wenn man sich verkapselt, irgendwo muss es herauskommen. Es ist einfach dann ein Hinweis, da passt was nicht". Solange man nichts hat, sagt Monika allgemein, „denkt man über so etwas nie im Leben nach". Sie sieht sich selbst als besten „Gegenbeweis". In der Psychotherapie erkannte Monika neue Zusammenhänge:

> „Das Einzige, was mir aufgefallen ist, wenn andere Leute geredet haben, mit sechs Jahren ist bei mir das und das passiert – *ich* (betont) habe das nicht mehr gewusst. Ich habe es nicht nachvollziehen können, sogar bis zu meiner Gymnasiumszeit fehlen mir völlige Bruchteile".

Nach und nach kehrte, bruchstückhaft und leidvoll, die Erinnerung an Kindheitsdetails zurück. Monika sieht beispielsweise den Schlafsaal in der Psychiatrie: „Ich sehe das optisch. Wieso träume ich so was? Woher habe ich das? Ich sage ja nichts, wenn ich am Abend irgendeinen Psychofilm gesehen hätte, aber da war *nichts* (betont). Da sind dann aus heiterem Himmel irgendwie so komische Sachen gekommen". Sie ging dem nach und fand ihre Akte vor vierzig Jahren, in der Psychiatrie als zirka Achtjährige.

Nach dieser Entdeckung und der Verarbeitung ihrer Erfahrungen in der Psychotherapie hatte Monika das Gefühl, von überall Energie zu bekommen. Sie fühlt sich „hochgepusht" und kann dies „dann auch wieder weitergeben". Gerne hätte sie sich die Krebserkrankung erspart. Andererseits war sie ein Weg: „dass es gut ist, so wie ich bin". Das ist Monikas „wichtigstes Statement". Dennoch, „gewisse Ängste bleiben immer". Insbesondere als Monikas Mutter nach ihr an Brustkrebs erkrankte: „Da bin ich bei meiner Tochter schon sehr dahinter, dass sie immer rechtzeitig alle Untersuchungen macht".

Monikas Umgang mit Sterben und Tod

Mit dieser typischen Angst kann Monika nicht wirklich gut umgehen. Da überfällt sie ganz selten „auf einmal so ein eigenes Gefühl, so von wegen Sterben, Tod und so". Der Umgang damit gelingt ihr nicht wirklich gut: „Dass muss ich ehrlich sagen, also das habe ich noch nicht im Griff". Monika träumte immer wieder davon, gestorben zu sein und wie ein „Außenseiter-Beteiligter" zuzuschauen, was abläuft. Sie träumte skurrile Sachen,

> „was auf der einen Seite irrsinnig traurig war, weil ich die Leute beobachtet habe, und auf der anderen Seite war das irgendwie so – weiß ich nicht –, es hat mir nicht wehgetan. Es war irgendwie –, und ich bin dann munter geworden und habe mir gedacht, eigentlich ist es nichts Schlimmes. Aber so wirr, dass ich es selber gar nicht zuordnen können habe. Es ist schon ein Thema, das einem in dieser Situation dann [beschäftigt], wo man normalerweise ja nie daran denkt, bis es eintritt".

Mit Sterben und Tod konfrontiert wurde Monika zudem durch ihre Schwägerin. Sie hatte Magenkrebs. Ihr Abschied von den Kindern und der Familie, bevor sie starb, ging Monika sehr nahe. Sie glaubt nicht, dass sie selbst das kann, erzählt Monika tief berührt. Ohne Hoffnung fühlt sie sich hilflos. Das „Angewiesen-Sein auf die anderen dann", ist so ein Punkt. Der Gedanke „letztendlich stirbt jeder", hilft nicht über das Gefühl der Bedrohung hinweg: „Es ist so ein Ding, womit ich mich mehr beschäftigen muss, als jemand der gesund ist". Für Monika ist das offen – einen Weg zu finden, der erträglich ist und von ihr akzeptiert werden kann.

Themenspezifische Schwerpunkte zum Selbstkonzept vor der Psychotherapie

Monikas Auffassung über ihr Ich in der Kindheit und Jugend
- Ich bekam von meiner Mutter das Gefühl vermittelt, keine Lebensberechtigung zu haben. Ich war nie erwünscht und doch abhängig, immer schuld und brachte in ihren Augen eigentlich nichts zusammen.
- Ich wuchs mit einer Mutter auf, die psychische Probleme hatte, ausrastete, gewaltig hinschlug, verbal extrem scharf, tief verletzend und bösartig war.
- Ich erlebte meine Mutter nach außen strahlend und lachend und zugleich mich aggressiv körperlich quälend – psychisch nicht in Ordnung.
- Widersetzt hatte ich mich nur meiner Mutter. Ich wollte ihr immer nur zeigen, dass sie das nicht mit mir machen kann.
- Ich spürte, dass mein Vater emotional mehr bei mir war, mich manchmal retten konnte.
- Eine Privatsphäre gab es nicht. Meine Mutter war grenzüberschreitend, überall präsent, offen mit ihr sprechen konnte ich nicht.
- In mein Tagebuch schrieb ich, was ich über meine Mutter dachte. Heute wirkt es, distanziert betrachtet, auf mich aggressiv, hasserfüllt und mit Recht wütend.
- Ich zweifelte an mir selbst, andererseits war ich trotzdem noch von mir selbst überzeugt.
- Ich baute mir meine eigene Traumwelt auf, einen Ort des Rückzugs. Da „war ich eigentlich von mir losgelöst".
- Durch die Diskrepanzen fühlte ich mich „zweigespalten".
- Ich glaubte, meine Mutter lieben zu müssen und kämpfte um ihre Liebe.
- Ich will nicht so wie meine Mutter werden. Davor habe ich Angst.

Monikas Auffassung über ihr Ich heute
- Ich bin eine pflichtbewusste Person, die sich im Griff haben möchte.
- Ich glaube an so etwas wie Zufall, Glück und Schicksal.
- Die Beziehungs- und Bindungsqualität sind für mein Gefühl der Sicherheit maßgeblich und finden ihren Ausdruck in meinem Verhalten.
- Wenn mir etwas bewusst ist, kann ich dafür Eigenverantwortung übernehmen und für mich kämpfen.
- Ich kann meine Wünsche ausdrücken. Zu sagen was ich will, und wie ich es will, erhöht meine Lebensqualität. Wissen ist dafür förderlich.
- Ich möchte mir nichts aufdrücken lassen. Druck erzeugt Gegendruck.
- Um mich zu schützen, schließe ich heute tief erschüttert mit meiner Kindheit und Jugend ab. Trotz der Diskrepanzen kann ich damit leben, will nicht mehr hinterfragen.
- Ich bin strikt gegen jede Gewalt, sei sie verbal oder körperlich.
- Kinder brauchen Vertrauen, Liebe, Wertschätzung und die Förderung ihrer Kreativität. Das bestätigt sich für mich in meiner Tochter Hanna.
- Bedingungslose Mutterliebe, das ist für normal. Als Mutter bin ich unersetzlich.
- Für Hanna bin ich die intensivste Bezugsperson mit einem absoluten Urvertrauen. Diese Beziehungsqualität ist allgemein die Basis für meine Lebensqualität.

Monikas Auffassung über ihr Ich in der Diagnose
- Die Diagnose stürzte mich, durch ein Missverständnis, in ein großes Dilemma.
- Ich hatte das Gefühl mich nicht mehr im Griff zu haben, fuhr in den Wald, heulte stundenlang, tobte, brüllte und versuchte mich wieder zu fangen.

Monikas Auffassung über ihre onkologische Erfahrung
Auch in der onkologischen Versorgung empfinde ich die Konstanz durch eine persönliche Bezugsperson und die Bemühung um mich als Patientin wichtig und positiv, denn:
- Die Qualität ist ganz anders, ich kann vertrauen.
- Der Krankheitsverlauf kann konsequent verfolgt werden.
- Ich fühle mich diskreter und als Person wahrgenommen.

Monikas Auffassung über ihre Wahrnehmung heute
- Meine Kindheit kompensiere ich mit Hanna. „Ich habe das beste Kind der Welt".
- Neue und positive Erfahrungen nehme ich heute intensiv wahr.
- Auf meinem Arbeitsplatz fühle ich mich durch meine Kolleginnen gut aufgehoben, bewacht und total fürsorglich behandelt.
- Ich lernte Dinge anzusprechen, kürzerzutreten und mir Zeit für mich zu nehmen.
- Freiräume einzufordern, steht mir zu. Sie helfen mir, mich mit mir selbst auseinanderzusetzen, eigene Ziele abzustecken und mich leichter zu fühlen.
- Für mich hat es einen Grund, ein zweites Mal krank geworden zu sein.
- Meiner Ansicht nach spielt sich alles auf der psychischen Ebene ab. Meine Lebensgeschichte ist dafür ein Beweis.

- Ich möchte auf meine Ressourcen gut achten, eigene Ziele abstecken. Das ist wichtig und schafft Erleichterung.
- Aus dem spürbaren Lebensgefühl, „dass es gut ist, so wie ich bin", schöpfe ich heute Energie.
- Der Umgang mit dem Sterben und dem Tod fällt mir schwer, lässt sich nicht durch Vernunft lösen. Es macht mir Angst und geht mit einem bedrohlichen Gefühl einher. Eine vertiefende Auseinandersetzung widerspricht meinem positiven Denken.
- Angstauslösend ist auch das Angewiesen-Sein auf andere. Die Zeit ist noch nicht gekommen, daher hilft es mir, auf Distanz zu gehen.
- „Wenn man alles geregelt hat, was man selbst niemals regeln will, dann tut man sich damit leichter".

6.2.2 Ich denke jetzt wirklich wieder bewusst an mich selber

Wir vereinbarten unser kurzes Abschlussinterview für den 3. August 2010. Nach dem Erstinterview verbrachten Monika und ich insgesamt zwölf einstündige Therapiestunden im Psychotherapiezimmer der Tagesklinik. Diese wurden in einem ein- bis dreiwöchigen Rhythmus an die Chemotherapie-Termine angepasst. Das Abschlussinterview[449] fand davon getrennt in meiner psychotherapeutischen Praxis statt. Monika kam gerade von einer Befundnachbesprechung aus dem Krankenhaus.

Personenbezogene Aussagen zum Psychotherapieprozess

Aus dem Erstgespräch geht hervor, dass Monika schon Erfahrungen mit einer Gesprächspsychotherapie hat. Im Rahmen dieses Projektes gab es weitere Möglichkeiten zu experimentieren und zu schauen, ob und wo sich Raum für Veränderungen anbietet. Die Voraussetzung für Offenheit war für Monika schon damals die Sympathie zur Therapeutin. Im Erstgespräch wurde viel wieder aufgewühlt und Monika konnte erkennen, dass es für sie wichtig ist gut zu schauen, wie es weitergehen kann: „Wie komme ich mit dem zurecht?"

„Für mich hat sich geändert, dass ich jetzt bewusster über alles reflektiere".

Monika kann über ihre ganze Situation und ihr Umfeld durch „mehrere Impulse" Zusammenhänge schneller verknüpfen. Dadurch ist es ihr möglich, „bewusster Entscheidungen" zu treffen: „Also auch jedes Mal, wenn ich jetzt so ein Treffen habe, dass ich wieder anfange zu überlegen und das Ganze wieder überdenke, dass immer andere Impulse kommen, wo ich dann schneller agieren kann. Das ist für mich eigentlich ein großer Fortschritt". Gerade für ihr Wohlbefinden ist es wichtig Entscheidungen zu treffen, die ihr guttun, betont Monika.

---

449 Monika 2010, II.

„Im Laufe des Gesprächs bin ich einfach selber ruhiger geworden".

Vor der Psychotherapieeinheit fühlte Monika sich müde und abgehetzt. Sie hatte das Gefühl, dass ihr alles zu viel wird. Die im Gesprächsverlauf einkehrende Ruhe tat ihr einfach gut: „Und ich wirklich, wie soll ich das formulieren, dass ich in die eigentliche Chemotherapie dann ganz anders hineingegangen bin, als wenn ich jetzt gleich dort [zur Chemotherapie] hingegangen wäre". Monika erinnert sich:

> „ganz am Anfang, wie ich dieses Taxol[450] das erste Mal gekriegt habe. Ich war wirklich froh und dankbar, dass Sie da eben bei mir waren, und dass ich einfach gezwungen war, mir irgendwie ein Bild zu erschaffen, was mir das Ganze erleichtert, weil ich wirklich Angst gehabt habe davor".

„Das Verbildlichen und das Darüber-Reden".

Monika lernte, angst- und panikmachende Situationen durch Imaginationen zu überbrücken. Ihre Therapeutin dabei zu haben, gemeinsam ein positives Bild zu schaffen und darüber zu reden, war für Monika erleichternd und extrem hilfreich: „Ich denke mir, dass das vielen Leuten helfen würde". Dann müsse es gar nicht so weit kommen, sagt Monika,

> „dass ich dann dort liege, und mir speiübel ist. Ich meine, sicher gibt es Körperreaktionen, die kannst du nicht ändern. Aber wenn ich mit der passenden geistigen Einstellung schon dazukomme, dass das einfach dann viel leichter, wirklich leichter zu bewältigen ist".

Monika hatte das Gefühl, bewusst aus der Panik weggeholt zu werden und zwar so, dass sie die Situation eigentlich nur mehr positiv nehmen konnte. Sonst wäre sie sicher dort gelegen und hätte verzweifelt auf jeden Tropfen geschaut. Sie hätte darauf gewartet, dass ihr jetzt etwas Schlechtes passiert. Für Monika war das eine große Hilfe: „Ich glaube nicht, dass ich das alleine da so in der Richtung gemacht hätte". Denn, da „war wirklich der Panikpegel schon bis da rauf". Ein ziemlich hoher Blutdruck und die Einnahme von Kortison, vermutet sie, förderten ihre Panik. Trotzdem sie es immer wieder versucht hat, war sie selbst nicht mehr fähig, betont Monika, positiv zu denken. In der Folge gab es mit dieser Medikation kein Problem mehr.

„Es hat ja auch viele weitergehende Vorteile, wenn ich mich besser fühle".

Außerdem, meint Monika, geht sie „ja dann auch noch neben der Chemo arbeiten". Das eine zieht das andere nach sich. Monika möchte sich so wohlfühlen, dass ihr das auch möglich ist: „Das resultiert ja alles daraus [...]. Also für mich war das schon sehr wertvoll". Wichtig war der „fließende Übergang" im Rahmen der Chemotherapie, da sie von auswärts kam und für die Psychotherapie nicht „extra reinfahren muss". Die Therapiestunde war für Monika „eigentlich [...] das Ideale": „Es war so, so richtig die Vorbereitung, um die Chemo angenehm zu erleben". So konnte Monika eine unmittelbare Auswirkung auf ihre Erlebensqualität in einer Situation verspüren, die ja nicht angenehm ist.

---

450   Ist ein Medikament (Paclitaxel).

„Du musst dein Gegenüber akzeptieren und sympathisch finden".

Für die psychotherapeutische Beziehungsqualität ist Monika neben der Sympathie auch die Akzeptanz wichtig: „Das geht nicht mit jedermann, das ist einfach – du musst dein Gegenüber akzeptieren und sympathisch finden, glaube ich. Das ist einmal ganz wichtig, dass man das Gefühl hat". Dieses Gefühl braucht Monika, um sich zu öffnen und leichter annehmen zu können: „Wo ich dann wieder reflektieren kann und dann wieder meinen Weg daraus finde. Ich muss ja nicht alles so übernehmen, wie es mir erklärt wird. Aber ich kriege einen Denkanstoß, oder einen Impuls und kann für mich das Beste daraus suchen".

Durch den entstehenden Dialog öffnen sich bei Monika noch andere Blickwinkel.

In ihrer Reflexion kann Monika die durch Routine festgefahrenen Strukturen, überarbeiten und sich mit sich selbst beschäftigen: „Genau, genau. Dinge, auf die man vielleicht selber nicht kommt, und da reicht es einfach, dass man ein Wort, ein Satz, irgendwas worüber man dann reflektieren kann". Eine Möglichkeit zu entdecken, dass genau *„das* (betont) für mich umsetzbar" ist. Durch die Therapien wird Monika dazu motiviert, immer wieder nachzudenken: „Durch diese ständigen Fixpunkte [Therapiestunden] kommst du aber immer wieder zu dir selber". Es ist dies der Rahmen, in dem sich Monika wieder bewusst mit sich selbst auseinandersetzt und einiges mit nach Hause nehmen kann, damit sie nicht einfach der komplette Alltag überrollt:

> „Oder so wie mit den CDs[451], die ich von Ihnen gekriegt habe, dass ich die immer wieder bewusst hernehme, und mich wieder auf mich konzentriere, bevor sich dann die Routine wieder einschleicht. Und dann kommt wieder der Punkt, wo man dann wieder eine Stunde gehabt hat. Das ist glaube ich schon sehr hilfreich".

Für Monika waren die Therapieeinheiten „eigentlich immer so ein Ruhepunkt dazwischen".

„Das ist etwas, was ich als totalen Gewinn empfunden habe".

Monika empfindet es sehr positiv, Psychotherapie vor ihrer Chemo Vorort zu haben:

> „Das ist das, was ich wirklich, also jetzt über die Therapie, da – oder Ihr Verhalten, oder Ihre (Pause) also, das war eh optimal. Nur das eben, dass das als Einstieg für die Chemo dazukommen würde, das wäre optimal. Weil, es gibt da wirklich die Möglichkeit, zum Beispiel auch die Ängste vor der Chemo schon auszusprechen".

Dadurch, meint Monika, „kriegt man dann einen ganz anderen Sinn für das Prozedere und erlebt das [die Chemotherapie] auch schon ganz anders". Sie empfand das „als totalen Gewinn". Positive Bekräftigungen oder Rückmeldungen der Therapeutin vermittelten in der Folge Sicherheit. Dadurch konnte sie spüren: „Das hast du ja eh richtig gemacht", „das ist okay so".

Hinderliche, weniger hilfreiche oder störende Aspekte, gab es für Monika nicht.

---

451   Zur Entspannung und Progressive Muskelentspannung nach Jacobson.

Themenspezifische Schwerpunkte zur Aktualisierung

Ich finde es schade, dass das institutionelle Angebot einer begleitenden Psychotherapie „so nicht durchführbar ist". „Das ist etwas, was sehr viel bringen würde und nicht nur für mich gebracht hat, sondern auch sehr viel anderen helfen würde". Für mich zieht das eine, das andere nach sich. Daher resümiere ich:
- Sympathie und gegenseitige Akzeptanz sind für eine gute Beziehungsqualität wichtig und Voraussetzungen dafür, dass ich mich öffnen kann.
- Ich kann bewusster über die Situation und mein Umfeld reflektieren.
- Durch die Impulse kann ich schneller und bewusster Entscheidungen treffen.
- Die Reflexion und daraus entstehende Impulse sind ein großer Fortschritt.
- Ich kann Zusammenhänge schneller erkennen.
- Ich kann rascher entscheiden und reagieren, so wie es mir guttut. Das wirkt sich auf mein Wohlbefinden aus.
- „Dass ich mich so wohlfühle, dass ich trotzdem arbeiten gehen kann", war wertvoll.
- Der Dialog ermöglicht neue oder andere Blickwinkel und/oder Sichtweisen.
- Sich bewusst den Raum und die Zeit zu nehmen, mich auf mich selbst zu konzentrieren und mit mir selbst auseinanderzusetzen.
- Durch Imaginationen lernte ich, mich in bedrohlichen Situationen zu entspannen.
- Ich kann mir überlegen, was wirklich gut für mich ist, ich für wichtig empfinde und es durchziehen, ohne mich von meinem Umfeld beeinflussen zu lassen. Das ist für mich ein großer Gewinn.

6.3 Herr Löwe – Diagnose: Non-Hodgkin-Lymphom

6.3.1 Ohne einen Willen funktioniert das nicht

Herr Löwe[452] ist vierunddreißig Jahre alt, verheiratet, hat zwei kleine Kinder. Er liebt seinen Beruf als Tischler und baut für sich und die Familie ein Haus in seinem Heimatort. Die erste Begegnung zwischen Löwe und mir fand in der Onkologie über den behandelnden Arzt statt. 2005 erkrankte Löwe an Morbus Hodgkin. Im Februar 2006 galt er zu 99,9 Prozent als geheilt. Im Dezember 2007 brach für Löwe aufgrund eines diagnostizierten Non-Hodgkin-Lymphoms die Welt zusammen. Heute gilt Löwe als geheilt. Dennoch fühlt er sich besonders vor anstehenden Kontrolluntersuchungen durch schwankende Befindlichkeiten zwischen Euphorie und Depression sowie durch seine Ängste und damit verbundenen Schlafstörungen belastet. Er möchte diese Dynamik besser verstehen und wünscht für sich, auch seiner Familie zuliebe, psychotherapeutische Unterstützung, die nach dem Erstinterview am 10. März 2010 begann. Der gewählte Name „Löwe" steht symbolisch für Kraft und Zuversicht.

---

452 Löwe 2010, I: Die Ansprache wird im Textfluss auf „Löwe" gekürzt.

Personenbezogene Aussagen zum Erstinterview

Löwes Erleben der Krankheitsentdeckung und Erstdiagnose

Löwe, damals neunundzwanzig Jahre alt, verspürte schon längere Zeit einen Knoten. Die Anzeichen von Ermüdung und sein erhöhtes Schlafbedürfnis führte er auf seinen Hausbau zurück. Als Mann geht er nicht gerne zum Arzt. Er dachte, es handelte sich um einen verspannten Muskel, bis seine Frau ihn darum bat, den Hausarzt zu konsultieren. Das Ergebnis des ersten Ultraschalls 2005 nahm Löwe zunächst gar nicht wirklich wahr. Er dachte sich nichts dabei: „Man sagt okay, schwarze Flecken, fängt damit nichts an. Meine Frau hat das dann gelesen, sie hat dann schon ein bisserl eine Vorahnung gehabt, weil sie ja [im Krankenhaus] tätig ist". Die vom Hausarzt ausgesprochene Dringlichkeit einer Biopsie zeigte, dass es sich nicht um eine vermutete Viruserkrankung, sondern um Morbus Hodgkin im 1A-Stadium handelte. Durch die ihm vermittelten guten Heilungschancen war Löwe beruhigt und zuversichtlich.

Für Löwe passte die ärztliche Betreuung und medizinische Versorgung

Trotz anfänglicher Euphorie wurde Löwe nach den Chemotherapien oft übel: „Ich habe mir gedacht, da wird einem immer übel, war aber nicht so *während* (betont) der Chemo. Nur, wie ich nach Hause gekommen bin, da ist es dann losgegangen, dieses Erbrechen, dieses Dreckig-Sein, dieses zwei Wochen Schlecht-Sein". Alles was Löwe zu sich nahm, kam wieder retour. Dieses Befinden „war schon ziemlich arg". Vom Blutbild abhängig, erfolgten die Chemotherapien in „zeitlich unterschiedlichen Abständen":

> „Dann hat man das Neurogen[453], so heißt das, gespritzt. Das war natürlich auch eine Erfahrung, weil das auch mit Schmerzen verbunden war, weil ja das Knochenmark arbeitet, aber die Knochen nicht mit. Das waren auch wieder schlaflose Nächte damals, aber es hat geholfen".

Löwe fiel auf, dass sein Körper immer schwächer wurde: „Er wehrt sich ja immer weniger gegen das Gift, und dadurch verträgt man es auch leichter. Man legt sich dann schon irgendwas zurecht: Aha, das habe ich gut vertragen". Stückchenweise probierte er aus, wie er wieder zu Kräften kommen konnte, welche Nahrung ihm guttat. Die auf die Chemotherapien folgenden Bestrahlungen vertrug Löwe gut. 2006 galt er zu 99,9 Prozent als geheilt: „Die ärztliche Betreuung war auch gut. Also ich habe mich wohlgefühlt, gut gefühlt".

Die Kontrolluntersuchung 2007 zeigte Auffälligkeiten: „Da hat man dann wieder was gesehen". Dem genau und bedacht nachgehend, wurde ein hochmalignes und aggressives Non-Hodgkin-Lymphom diagnostiziert. Am „Freitag, den 21. Dezember 2007, drei Tage vor Weihnachten", erinnert sich Löwe genau: „Mein Schwiegervater war bei mir, meine Frau war bei mir, und er sagt, ich habe wieder Krebs, ein hochma-

---

453 Medikament, das im Knochenmark die Entwicklung weißer Blutkörperchen unterstützt.

lignes ⁽*⁾Non-Hodgkin-Lymphom[454], sehr aggressiv". Im Rahmen der Mitteilung dieser Diagnose konnte Löwe dem Arztgespräch nicht mehr folgen:

> „Ab diesem Zeitpunkt habe ich nicht mehr zugehört [...]. Für mich ist eine Welt zusammengebrochen. Ich habe diese Umwelt nicht mehr wahrgenommen. Ich bin nur mehr dagesessen, das kann ja nicht wahr sein. Nichts, komplett, komplett abgeschottet. Das kann jetzt nicht sein, das kann jetzt nicht wahr sein. Jetzt vor Weihnachten. Dann sind diese ganzen alten Dinge wieder gekommen: Was passiert mit der Arbeit? Was passiert mit dem Haus? Was passiert mit den Kindern? [...] Erst wie wir den Raum verlassen haben, bin ich schön langsam wieder zu mir gekommen".

Und dann, sagte Löwe, habe „Prof. N nicht lange gefackelt" und organisierte „zwischen Weihnachten und Silvester die erste Chemo". Seine Frau forderte ihn auf, für die Kinder und für sie weiterzumachen. Löwe ordnete die Dinge, bekam auch Rückhalt von seinem Arbeitgeber und dem Betriebsrat: „Ich habe dann alle meine Vorgesetzten angerufen. Krankenstand! Die haben gesagt: ‚Okay, kein Problem, schau', dass du wieder gesund wirst'". Löwe war eigentlich auf die Behandlung vorbereitet: „ich glaubte zu wissen, was auf mich zukommt – dieses Übelsein, dieses Schlechtsein. Ich habe gedacht, das wird wieder was werden". „Die Zeit davor" – vor der Behandlung – und die Überwindung, sich auf den Weg zu den Behandlungen zu begeben, waren für Löwe schwierig: „Der Weg war eigentlich das Problem". Löwe hatte das Gefühl nicht mehr zu können. Die Unterstützung seiner Frau und ihr gutes Zureden halfen. Im Krankenhaus war für Löwe alles okay, er fühlte sich wohl, wurde immer gut betreut und nahm Veränderungen in der medizinischen Entwicklung positiv wahr:

> „Ich war da drei oder vier Tage im Spital, sie haben mich auch in das Nervenwasser gestochen, weil der Krebs auch die Wirbelsäule durchwachsen hatte, und die Ärzte Angst hatten, dass sich auch etwas im Kopf gebildet hat. Das haben sie mir gemacht, und dann wurde mir übel. Da habe ich gesagt: ‚Habt ihr nicht irgendwas gegen die Übelkeit?'"

Löwe erhielt ein Medikament, das sofort wirkte: „Da habe ich mir dann schon gedacht, Wahnsinn, was die Medizin in zwei Jahren alles macht. Vorher hat man was gespritzt, jetzt nimmt man ein Pulver, und es ist einem nicht mehr übel". Das verstärkte sein Vertrauen. Die befürchtete Übelkeit trat dank des medizinischen Fortschritts nicht ein, resümiert Löwe. Er ist stolz darauf, Sozialversicherung zu zahlen und in seinem Land zu leben. Das System und die Qualität der medizinischen Versorgung schätzt er sehr, denn „Menschen in anderen Ländern sterben daran". Verärgert ist Löwe, wenn andere Menschen unbedacht sind: „Entweder will ich das, oder ich will es nicht". Dieses Motto gilt für ihn.

> „Das ärgert mich halt auch, dass manche Leute sagen, das ist alles teuer, das ist alles ein Wahnsinn und nehmen das alles so –. Ich finde das nicht selbstverständlich, weil, unsere Ärzte leisten heute Sachen – ein Wahnsinn! Wie soll man sagen, man kann ihnen nicht die Wertschätzung bringen oder die Dankbarkeit zeigen".

---

454   Ergänzungen vom 08.03.2010 sind mit einem „(*)" gekennzeichnet.

Löwe gelingt es generell gut, sich auf Menschen einzustellen. Er wurde gut betreut, fühlte sich wohl, die Schwestern kannten ihn und hatten Humor. Löwe tastet die Menschen ab und überlegt, wie er mit ihnen auskommen kann:

> „Ich sage immer nur, so, wie man in den Wald hinein schreit, kommt es auch wieder heraus. So, wie ich mich benehme, und so, wie ich bin, werde ich auch behandelt. Auch von den Ärzten, sie sehen, okay, der macht mit, der kann was tun. Ich bin immer sehr gut betreut worden".

Nur so geht es und gemeinsam. Für Löwe passte alles: „Von Anfang an bis zum Ende, nur man muss einmal mitmachen. Man darf das halt nicht so schleifen lassen und nicht so linksliegen lassen". Löwe wurde über seine Erkrankung und „über die psychologische Betreuung" informiert. Zusätzlich nutzt er das Internet. Die Informationen und der Austausch auf themenspezifischen Plattformen machen ihn zum Experten für sich selbst und ermutigen ihn. Für Löwe ist die „Bereitschaft, den Menschen im anderen zu suchen", wesentlich.

Löwes Alltag zu Hause

Die Erkrankung ist „einfach eine Umstellung". Löwes Kinder waren sehr klein und beobachteten, dass ihr Papa wegfährt, wiederkommt, und es ihm schlecht geht: „Nach der zweiten, dritten Chemo sind wir auch draufgekommen, dass die Kinder darunter leiden". Darum zogen Löwe und seine Frau psychologisch/psychotherapeutische Unterstützung hinzu.

Für sich und seine Familie baut Löwe ein Haus. Die zugesagte Unterstützung seines Vaters jedoch blieb aus. Deshalb zieht sich der Hausbau über zehn Jahre hin. Löwe ist darüber wütend: „*Meine* (betont) leiblichen Eltern haben mich nie persönlich gefragt, wie es mir geht". Löwe hat nicht das Gefühl, dass sie an ihm interessiert sind, denn

> „nach dieser MR-Untersuchung sind wir nach Hause gekommen, und mein Vater ist da über die Straße gegangen. Ich habe gesagt: ‚Leider habe ich es nicht geschafft'. Und mein Vater (Löwe lacht) hat zu mir gesagt: ‚Wieso? Hast du nicht reingepasst?' Da habe ich mir dann auch gedacht, von nichts eine Ahnung – [...]. Aber es ist nie irgendwie Interesse daran entstanden zu sagen, wie geht es dir?"

Löwe fällt es schwer, das zu akzeptieren. Von seiner Frau fühlt er sich sehr unterstützt: „Sie war immer bei mir, sie hat mich bei jeder Chemo besucht, sie war bei jeder Untersuchung. Sie hat jeden freien Tag genutzt. Sie hat gesagt: ‚Ich könnte im XY schon wohnen', und deswegen bin ich ihr sehr dankbar". Auch sein Schwiegervater versteht ihn. Er selbst hatte Lungenkrebs und diesen erfolgreich bekämpft. Dennoch ist es nicht dasselbe, wie das Interesse und die Hilfe von den eigenen, leiblichen Eltern. Oder auch seine Großmutter, die nur das Arbeiten kennt und damals meinte: „Was ist das schon, eine Chemotherapie? Gehst da hin, holst dir das, und am nächsten Tag gehst du wieder arbeiten". Ihr Unverständnis kann Löwe aufgrund ihres Alters und ihrer Lebenserfahrung nachvollziehen: „aber *meine* (betont) Eltern?"

Für Löwe sind die Verantwortung und die Zeit für seine Kinder sehr wichtig: „Wie gesagt, *das* (betont) erledigen, Leistungsdruck in der Firma, und dann hast du nicht einmal Zeit für deine Kinder". Er möchte die Entwicklung seiner Kinder nicht versäumen. Anderseits besteht der Druck durch die Arbeit und den Hausbau:

„Paul spielt Fußball, Vera geht tanzen. Das sind alles wieder so Sachen. Ich denke mir, die Zeit kannst du nicht zurückdrehen. Wenn du da nicht hingehst, ist er traurig, und du versäumst was. Auf der anderen Seite erledigst du dann deine Dinge nicht, die du gerne erledigen möchtest. Und da kommen meine Eltern wieder ins Spiel. Die haben damals gesagt: ‚Wir helfen euch, dass ihr einzieht'. Bis jetzt ist das nicht passiert".

Die Unterstützung seiner Eltern wäre für ihn eine große Entlastung gewesen. Aber es gibt kein Verständnis: „Mein Vater versteht das nicht, dass ich anders bin als er". Löwe fühlt sich in seiner familiären und beruflichen Verantwortung unter Druck: „Ich darf aber nicht krank werden. Das ist einfach, ja (Pause)". Zugleich ist es Löwe ein Bedürfnis mit seinen Kindern zu sein, bestätigt er: „Weil ich auch selber spüre, dass es mir guttut". In der Nacht jedoch nimmt Löwe oft den vielseitigen Druck seit seiner Erkrankung wahr:

„wo man alleine ist, wo man wahrscheinlich auch nicht schlafen kann, weil man ja das wieder [nicht] erledigt hat. In diesem Zeitraum, wo man nichts macht, wo man sagt, okay, man nimmt sich jetzt Zeit, geht es einem gut. Am Abend fängt schon wieder das Rad zu laufen an. Was muss ich noch erledigen? Aber ich muss auch noch zur Untersuchung. Das, das und das".

Die Gedanken kreisen um die nicht erledigten Angelegenheiten, um seine Kinder, die Hoffnung, dass sie diese Erkrankung nicht haben, um schädliche Umwelteinflüsse, Verschmutzung, Strahlung und so weiter: „Ich sehe das wahrscheinlich zu groß [...]. Ich mache mir über solche Sachen auch Gedanken, was ich früher sicher nicht gemacht hätte".

Löwes Selbstwahrnehmung und Lebensgefühl

Seine Arbeit als Tischler konnte Löwe trotz seiner Erkrankung behalten: „Gott sei Dank, auch ein wichtiger Aspekt für mich. Wenn dieser Teil wegbricht, diese Arbeit, dann wäre ich in ein schwarzes Loch gefallen". Nicht gekündigt worden zu sein und die Erfahrung, von seiner Firma und den Kollegen unterstützt zu werden, ist besonders wichtig:

„Mein Betriebsrat, das habe ich nicht gewusst, wohnt bei mir zu Hause in der Ortschaft. Damals haben wir uns noch nicht gekannt, ja und er hat gesagt, was dieser Mensch hat? Na, er hat Krebs. Und er hat gesagt: ‚Nein den kündigen wir nicht, weil für ihn bricht die Welt dann zusammen'. Also war da auch noch eine Stütze für mich".

Auch sein Partieführer stand hinter ihm, als er wieder arbeiten konnte und bestätigte, dass er seinen „Job" behalten wird.

Das Thema Krebs ist zwar für Löwes Eltern ein Tabu. Löwe selbst jedoch möchte darüber öffentlich sprechen und sich nicht genieren: „Ich bin ja nicht schuld an der Krankheit, oder? Das ist auch, was mich innerlich nervt, was mich bis heute noch nervt, dieses Kaltlassen, oder dieses (Pause), ja, Hauptsache mir geht es gut". Es nervt ihn auch, dass seine Eltern ihre eigenen Erfahrungen mit Löwes Erfahrungen vergleichen und bewerten:

„Er [der Vater] sagt: ‚Aber wir haben ja viel mehr durchlebt'. Habe ich gesagt: ‚Das stimmt ja gar nicht, ich bin zwar ein junger Mensch, aber ich habe schon so viel durchgemacht'. Wie gesagt, das kocht immer noch in mir. Oberflächlich passt es mit meinen Eltern, aber innerlich, da braucht nur ein kleiner Funke sein. Das ist immer irgendwie explosiv".

Bis Herbst 2007 ging es Löwe gut. Die einzigen Anzeichen waren seine Müdigkeit und das Schlafbedürfnis: „Das war aber nach dem ersten Krebs weg [...], ich war fit, agil, ich habe das einfach genossen". In der Folge führte er seine wieder zunehmende Müdigkeit auf den Hausbau zurück. Für die Krankheitsbewältigung gilt für Löwe grundsätzlich: „Ohne einen Willen funktioniert das nicht". Löwe betrachtet die Medizin als seine Truppe: „und ich bin der Anführer, und ich muss ihnen sagen, ihr müsst das bekämpfen. Und so habe ich auch das zweite Mal den Krebs geschafft". Für seine Frau Doris strahlte Löwe in diesen Phasen meist Ruhe aus, die sie bewunderte. Dieses Herausschreien machte er, wenn sie nicht da war, erklärte er ihr. Dieses: „Warum ich? Warum ich? Warum nicht der? Es gibt so viele schlechte Menschen auf der Welt". Löwe ist bemüht alles wahrzunehmen:

„Genauso ist es, so ist es. Warum ich? Ich habe nichts falsch gemacht in meinem Leben. Für wen muss ich büßen? Ich trenne meinen Müll, ich schaue, dass ich wenig mit dem Auto fahre, ich schaue, dass ich viel zu Fuß gehe, ich schaue, dass ich ökologisch ein Haus baue für meine Kinder, dass ich nachhaltig baue. Warum ich? Ich lebe nicht in Saus und Braus, ich vertrinke mein Geld nicht, ich rauche nicht, warum ich?"

Die Konflikte und die innerliche Unruhe trägt Löwe in seinem eigenen Raum aus. In diesen, seinen vier Wänden geht er alleine in den Kampf. Draußen kann er zwar darüber sprechen – aber:

„Das ist jetzt schwer zu verstehen. Wie könnte man das sagen? Da war für mich dieser Moment, da gehe ich jetzt, habe diesen Kampf mit dem Krebs, den kann ich aber nur alleine führen. Ich kann zwar sprechen darüber, aber ich muss ihn alleine führen, und das war in meinen eigenen vier Wänden. Ich habe einfach nur zu Hause geschrien, gekämpft, auch – wie soll man sagen, das war für mich eine bildliche Darstellung – ich habe schwer bewaffnet diesen Krebs einfach vernichtet. Klingt zwar komisch, aber es ist so. Und so habe ich das – ich habe ihn bekämpft, und mit dem Schwert habe ich ihn vernichtet".

Den Kampf kann Löwe dagegen nur alleine führen. Miteinander zu reden ist für Löwe wesentlich. Er möchte die Scheu des Umfeldes überwinden und entdeckt selbst, wie schwierig das ist:

„da habe ich auch Leute gesehen, die eine Glatze gehabt haben. Und ich hätte sie gerne angesprochen. Nur ich habe einfach diesen Mut nicht gehabt. Die Scheu ja, es ist schon schwer wahrscheinlich, jemanden anzureden. Aber wenn man, vielleicht, wenn man das mehr macht, dass man auf die Leute zugeht und sagt, ja so ist das, vielleicht verliert sich das dann irgendwann einmal mit der Zeit [...]. Wie ich mit den Leuten darüber gesprochen habe, haben manche gesagt: ‚Ich würde mich einsperren'. ‚Ich würde die ganze Zeit nur weinen'. ‚Ich wäre traurig, deprimiert'. Und da habe ich gesagt, aber das ist ja das nicht. Man muss einfach kämpfen".

Auch wenn es „komisch" klingt, Löwe hat „diese Zeit auch genossen". In seiner Erkrankung hatte er „wieder einmal Zeit auch für" sich, ohne Leistungsdruck und einhergehende Erwartungen: „Ich habe das einfach wie einen Urlaub betrachtet". Das führte Löwe zu einer anderen Wahrnehmung seines Lebensgefühls: „Ich bin auch ein sehr naturverbundener Mensch, ich liebe es einfach, diese Ruhe und die Energie, die Landschaft, wenn sie es hergibt, in mich aufzunehmen". Löwe beschreibt die kleine Ortschaft, wo sein Vater geboren wurde. Kein Handy, kein Flugzeug, keine Autobahn:

> „Da hören Sie nur den Wald, die Vögel, die Tiere, das Plätschern des Baches. Das ist so schön, Ruhe und Stille. Dieses Hektische gibt es dort nicht. Dort ist einfach die Zeit. Keiner muss irgendwo hin, keiner wird irgendwie angerufen. Das genieße ich einfach. Wie eine andere Dimension".

Aber es gibt auch andere Orte, die sehr angenehm sind: „Ist auch mystisch ein bisserl, da kann man sehr viel Energie tanken. Es ist sehr schön dort, da erhält man auch viel. Einfach irgendwo, wenn es schön ist, stehen bleiben, zu verweilen, wirklich jedes Detail anzuschauen. Dieser Mensch bin ich". Löwe lebt intensiver, anders, schaut sich mehr an: „Ich denke mir immer, was wäre wenn (Pause), könnte ich das alles nicht mehr erleben".

Löwes körperliches und psychisches Erleben

Über seine Glatze konnte Löwe ganz offen sprechen. Er nutzte die Gelegenheit, interessierte Menschen zu informieren. „Mir ist es ein Bedürfnis über diese Dinge zu reden, weil, es kann jeden treffen".

In der Nacht kann Löwe, vor allem wenn er sich unter Druck fühlt oder eine Kontrolluntersuchung bevorsteht, schlecht schlafen. Üblicherweise helfen ihm positive Erlebnisse oder Nachrichten sehr: „Da habe ich wirklich, wie wenn Sie einen Schalter umlegen, gut geschlafen". Dann wieder kreisen die Gedanken, es fängt klein an und schaukelt sich hoch:

> „Was ist, wenn wieder was ist. Du schwitzt, das ist ein Anzeichen dafür. Oder du hast Schmerzen, wo sie dich operiert haben. Oder dich sticht es im Kopf. Ganz besonders Angst habe ich, dass was im Kopf ist. Die Angst, dass etwas im Kopf ist, ist extrem groß. Wie gesagt, vor der Untersuchung schaukelt sich diese Angst immer so hoch, und wenn dann der Befund daliegt und der Prof. N sagt, ‚es ist nichts', dann (atmet tief aus) kommt diese Erleichterung".

Daraus entstehende Launen verspüren auch die Familienmitglieder. Das findet Löwe grundsätzlich nicht richtig. Dennoch sind die Anspannungen und einhergehenden „Launen vor der Befundbesprechung" seine Realität und beschäftigen ihn. Er ist dann zwar nicht böse aber sehr aufgedreht und empfindet es auch so, obwohl er es nicht will. In diesem Moment ist es so und nicht änderbar. Dann kann es schon vorkommen, dass er seinen Kindern eher zackige Befehle erteilt, die er eigentlich grundsätzlich nicht richtig findet und auch nicht will.

Es gibt viele Körpersignale, die wir im normalen Alltag gar nicht so wahrnehmen oder über die wir eigentlich nicht nachdenken. In Löwes Situation, und vor allem in sensiblen Phasen, ist genau das Gegenteil der Fall. Es ist, als ob ich als Person jeden Mucks meines Körpers interpretieren möchte, aus Angst davor, dass da wieder was kommt. Da ist jetzt wieder was mit der begleitenden Frage: Was ist das? „Genau, so ist es", sagt Löwe. Was ist richtig? Was ist falsch? Was soll er ignorieren, und was soll er ernst nehmen? Das zu differenzieren fällt schwer: „Das ist aber eine Spirale, die dreht sich immer enger. Ja nervöser wird man da, viel quirliger und, ja, das muss jetzt so sein (hektisch aussprechend)". Er fragt sich, ob er alle erhaltenen Informationen in Verbindung zu seiner Angst und unter dem Druck, alles erledigen zu wollen, bewerten kann: „Es ist sehr schwer, alles unter einen Hut zu bringen. Es ist da der Leistungsdruck, und man hat ja auch Kinder".

Löwes Wünsche für die Zukunft

Löwe möchte mit seiner Familie gut, gesund, lang und verantwortungsbewusst leben. Das wünscht er sich generell für alle Menschen. Was er in seinem Rahmen tun kann, fällt Löwe schwer auszudrücken. Er vergleicht: „Was bietet mir die Welt, oder was bietet mir der Konsum? Was soll ich wirklich annehmen? Wovon soll ich die Finger lassen? Was tut mir gut, und was tut mir nicht gut?" Die Fragen, wie genau es unter den heutigen Bedingungen möglich ist, beschäftigen ihn sehr. Die Natur mehr zu schätzen vielleicht? Löwe meint, dass die Natur Mittel bereithält, „um den Krebs zu heilen". Obwohl er jetzt der Meinung ist, die Erkrankung ein drittes Mal nicht zu schaffen, würde er es trotzdem für seine Frau und Kinder versuchen: „Das Leben war noch nicht lange genug für mich. Es gibt noch vieles zu sehen, man muss gar nicht so weit wegfahren".

Themenspezifische Schwerpunkte zum Selbstkonzept vor der Psychotherapie

Löwes Auffassung über sein Ich in der Diagnose
- Mit der zweiten Diagnose ist „eine Welt zusammengebrochen". Die Welt für mich heißt, meine Frau und meine Kinder, meine Arbeit und mein Haus.
- Ab dem Zeitpunkt der traumatischen Diagnosemitteilung hörte ich nichts mehr, schottete mich gedanklich komplett ab, war in meiner Welt der Fragen und kam erst später langsam wieder zu mir.

Löwes Auffassung über seine onkologischen Erfahrungen und zum Sozialsystem
- Ich fühle mich im Rahmen der onkologischen Versorgung gut und wohl. Für mich passte alles, es war komplett in Ordnung.
- Ich bin für das Sozialsystem dankbar. Es ärgert mich, wenn andere die Leistungen nicht wertschätzen. Für mich ist nichts selbstverständlich.
- Für mich gilt, entweder will ich oder ich will nicht. Mitmachen statt schleifen lassen. Die innere Einstellung ist wesentlich.
- Wie ich mich benehme, und so wie ich bin, werde ich auch behandelt.
- Ich taste mich an Menschen heran, schaue vorsichtig und stelle mich darauf.
- Es geht nur gemeinsam.
- Die Enttabuisierung des Themas Krebs ist nicht einfach, liegt mir aber am Herzen.
- Auch ich erkannte, jeder ist anders und jeder nimmt anders wahr.

Löwes Auffassung über seine Familienerfahrungen
- Ich bin auf meine Eltern wütend, ihre Kälte nervt mich innerlich. Sie haben sich nie interessiert und unterstützen mich nicht. Das kann ich nicht akzeptieren.
- Mein Vater versteht nicht, dass er anders ist als ich.
- Vergleichend nehme ich wahr, dass ich von meiner Frau und meinem Schwiegervater komplett unterstützt werde. Dafür bin ich sehr dankbar.
- Mir ist es sehr wichtig viel Zeit mit meinen Kindern zu verbringen. Ich spüre, dass es mir guttut. Diese Zeit ist kostbar.
- Obwohl meine Erkrankung nicht vererblich ist, sorge ich mich um die Gesundheit meiner Kinder. Generelle Umweltthemen tragen zusätzlich dazu bei.

Löwes Auffassung über sein jetziges Erleben
- Ich habe Angst noch einmal zu erkranken. Obwohl ich wieder kämpfen würde, bin ich mir nicht sicher, es ein drittes Mal zu schaffen.
- Innere Kämpfe trage ich mit sich selbst aus. Dafür habe ich meinen eigenen Raum und will die Welt nicht daran teilhaben lassen.
- Der aufgestaute Druck, Gedankenkreisen und wenig Schlaf zeigt sich manchmal in Form von Launen. Das finde ich nicht richtig, kann es aber nicht ändern.
- Den innerlichen Kampf mit meiner Erkrankung kann ich nur alleine führen. Bildlich dargestellt möchte ich den Krebs in mir vernichten.

Löwes Auffassung über sein Ich
- Ich sehe mich als Kämpfer. Ich nehme ich mich ganz anders wahr, stelle auch Selbstverständliches in Frage.
- Ich bin ein sehr naturverbundener Mensch, liebe die Ruhe und Energie der Landschaften. Diese möchte ich tanken, in mich aufnehmen. Für mich gibt es diesen Ort der Ruhe und Stille.
- Ich möchte einfach stehen bleiben, verweilen und jedes Detail anschauen. „Dieser Mensch bin ich".
- Ich möchte intensiver leben, nicht an dem Leben „vorbeifahren".
- Ich finde es wichtig, mich zu informieren. So werde ich zum Experten.
- In der Bereitschaft den Menschen im anderen zu suchen, sehe ich ein wesentliches Merkmal für Gemeinsamkeit.
- Ich spüre, dass es mir guttut, Zeit mit meinen Kindern zu verbringen.
- Ich bemühe mich ein guter, bedachter und nachhaltig denkender Mensch zu sein.

6.3.2 Das Finden einer verloren gegangenen Betriebsanleitung

Nach telefonischer Absprache am 31. Juli 2010 führten wir am 5. August 2010 ein kurzes Abschlussgespräch zum Therapieprozess. Das Erstinterview ausgenommen, gab es im Abstand von je einer Woche insgesamt elf einstündige Therapiegespräche. Das Abschlussgespräch[455] fand von den Therapiestunden getrennt, wie die Psychotherapie auch, in meiner Praxis statt.

Personenbezogene Aussagen zum Psychotherapieprozess

Löwe sprach in seinem Erstinterview von seinen Empfindungen vor seinen Kontrolluntersuchungen. In dieser Zeit verspürte er eine Fülle von Gefühlen, die Angst wieder zu erkranken und fragte sich, wie er diese bewältigen kann. Sich Zeit nehmen, reden und zuhören war für Löwe im Rahmen des Erstgesprächs „angenehm und sehr befreiend", „weil jetzt auch ein gewisses Verständnis dafür da ist".

„Also die Psychotherapie, sage ich einmal so, das ist so eine Art – für mich jetzt – wie eine verloren gegangene Betriebsanleitung, ja".

In der Psychotherapie hat Löwe „gewisse Sachen besprochen", die ihm sehr guttaten: „Also nicht nur mit meinem Umkreis, sondern auch mit anderen Menschen, um die Dinge auch etwas anders zu sehen und vielleicht auch den Mut jetzt zu fassen, was man in der Therapiestunde bespricht, auch wirklich zu Hause umzusetzen". Mut zum Beispiel mit seiner Frau oder den Kindern zu reden und zu schauen, was sich entwickeln kann:

> „Und auch die eigenen Fehler sehen, ja. An sich selber zu arbeiten. Die Kinder, der Umgang mit den Kindern, und auch selber vielleicht sich – wie soll man sagen – bewusst wird, was man da getan hat, ja. Früher hat man das einfach getan und hat nicht viel darüber nachgedacht".

Heute denkt Löwe nach, schaut bewusst auf seine „Fehler", kann darüber sprechen und daran arbeiten: „Durch die Psychotherapie ertappt man sich selber".

„Also das sind kleine Schritte".

Für Löwe ist dies ein Weg der „kleinen Schritte", der nicht abgeschlossen ist, sondern sich in kleinen Abständen selbstreflektierend und beobachtend entwickelt: „Man glaubt okay, jetzt ist dieser Schritt bewirkt, aber man kann sich auch einen Schritt vorwärts bewegen und zwei zurück, ja. Das passiert ja nicht von heute auf morgen. Das passiert ja in kleinen Abständen, wie gesagt".

„Auch irgendwo die Erkenntnis, dass ich da abschließen kann".

Hinsichtlich des Verhaltens seines Vaters wurde Löwe im Rahmen der Psychotherapie klar, dass dieser sich nicht ändern wird. Dass es „nie passieren wird, dass wir auf einer Ebene und auf einem Level fahren werden". Löwe gelangte zu der Erkenntnis mit seinem Vater insofern abzuschließen, als er dessen Bemerkungen an sich „abprallen lassen" kann.

---

455   Löwe 2010, II.

Löwe konzentriert sich auf sich und darauf, was er und seine Familie wollen.

Von der Psychotherapie profitiert Löwe auch insofern, als es ihm nun möglich ist, das zu sagen, was er „will". Dieses Möchten oder Wollen braucht Löwe nicht umschreiben, sondern kann es klar ausdrücken: „,Ich möchte das so'. Oder, ,das bewirkt, dass', ,das könnten wir so machen', und Sachen mit meinem Vater, die mich eigentlich treffen, dass man die auch dann irgendwie abschmettert. Also: ,Aus, ich will nicht mehr. Warum rege ich mich auf, über solche Sachen?'"

„Dass man einfach diesen Kompromiss findet, dass es für beide Seiten akzeptabel ist".

Nicht nur zu entsprechen und zu machen, sondern gemeinsam zu besprechen, was möglich ist: „Man sieht die Dinge einfach anders". Dadurch entsteht ein anderes Gefühl: „Also, es ist irgendwie so ein entspanntes Gefühl, ja. Also, dass man sagt: Ja auch wenn das so ist, dass ich mich dabei auch entspannen kann". Löwe lernte, dass er bestimmt, wie es wird.

„Einfach das Reden über gewisse Sachen".

Sehr half das Reden über jene Dinge, die Löwe nicht permanent bespricht, sondern teilweise in sich „hineinfrisst". Es war förderlich: „dass man einfach *mit einer fremden Person* (betont) auch darüber spricht. Weil, man muss sich ja auch überwinden, also überwinden, wäre das falsche Wort – aber einfach so, man redet jetzt einfach so darauf los. Manche Leute genieren sich vielleicht für das". Für Löwe war es förderlich, „weil dadurch eine schwere Last" von ihm gegangen ist. Er dachte: „Okay, sprich einfach drauflos, und es kann dir eh nichts passieren (lacht). Das hat mir sehr geholfen". Er konnte darüber sprechen, wie es für ihn wirklich ist, was er dagegen machen kann, oder vielleicht einen anderen Standpunkt in Erwägung ziehen.

„Na ja, das Zuhören und Argumentieren".

Die Gespräche hatten eine entlastende Wirkung, wobei Löwe das Zuhören, Argumentieren und Betrachten verschiedener Blickwinkel am hilfreichsten empfand: „Das, was ich zur Sprache bringen wollte in den Stunden, habe ich einfach zur Sprache gebracht, und wenn es nicht untergegangen ist, in der Stunde (lacht), ist es einfach nächste Woche gekommen". Das, was kam, wurde besprochen. Das, was in einer Einheit keinen Raum fand oder vergessen wurde, tauchte in der nächsten Therapiestunde wieder auf:

> „Ich habe mich eigentlich am Anfang und auch jetzt immer auf jede Sitzung gefreut. Man hat losgeredet, man hat diese Stunde jetzt konsumiert, hat geredet über das, und es hat sich dann aber, am nächsten Tag habe ich schon gewusst, okay, über das, über das, über das möchte ich reden. Und da habe ich mich schon wieder gefreut auf die nächste Sitzung".

Hinderliches gab es für Löwe während der Psychotherapie nicht, „sonst würde ich ja nicht da sitzen, da würde ich dann *jetzt* (betont) auch meine Meinung kundtun".

„Das hat das sicher bewirkt, einfach, diese Blickwinkel zu betrachten".

In der Psychotherapie passte für Löwe alles, die Umgebung war für ihn „super". Er konnte über alles sprechen, verschiedene Themen betrachten und diskutieren. Dabei ging es nicht immer nur um Probleme, sondern auch darum, „ganz offen und über die ganze Welt" sprechen zu können. Das „war total positiv":

> „Wenn wir jetzt rein über mich gesprochen hätten, und ich würde ein anderes Thema anschneiden, wie gesagt jetzt global über diese Ölkatastrophe, und Sie hätten diesen Schwenk wieder auf mich gemacht, also das hätte mich gestört. Aber das haben wir ja nicht gemacht. Und, wir haben ja über alles gesprochen".

Wichtig war es nichtdirektiv bei jenen Themen zu verweilen, die Löwe gerade emotional oder gedanklich beschäftigten.

Themenspezifische Schwerpunkte zur Aktualisierung

Die Psychotherapie hat mir sehr gutgetan, war das Finden einer „verloren gegangenen Betriebsanleitung", eine Reflexion zur Selbstregulierung.
- Durch die Psychotherapeutin als „andere", erhielt ich ein „unbelastetes" und vielfältiges Bild.
- Ich erlebe mich als wichtige und wertvolle Person.
- Ich konnte „die Dinge" aus verschiedenen Perspektiven sehen und mich selbst entspannter und reflektierter wahrnehmen.
- Ich versuchte Besprochenes umzusetzen, mutig auszuprobieren und zu schauen, wie es sich entwickelt.
- Ich kann sehr gut mir selbst, im Sinne von „sich selbst ertappen", begegnen.
- Manches wurde bewusster, stimmte förderlich nachdenklich.
- Ich entwickle mich schrittweise, ich probiere mich selbst aus. Es bewegt sich und dauert an.
- Ich erkannte, dass mein Vater sich nicht verändern kann, und ich ihm nicht entsprechen muss. Das macht ein Abschließen möglich.
- Ich lernte meinen Standpunkt zu vertreten oder auch einen Kompromiss zu finden. Die Entscheidung liegt bei mir.
- Dieses Bewusstsein führt zu einem entspannten, entlastenden Gefühl und verringert den Druck. Ich kann ohne Anspannung bestimmen, wie ich es will oder möchte.
- Über Befindlichkeiten oder Angelegenheiten zu reden, die ich früher eher „hineingefressen" habe, kann zu meiner Entlastung und Entspannung beitragen.
- Zuhören, Argumentieren und verschiedene Blickwinkel, helfen mir, Entscheidungen zu treffen und mein Lebensgefühl zu steigern.
- Über vieles sprechen zu können, was mich auf und in dieser Welt berührt, war ein sehr positives Gefühl für mich.

6.4 Frau Brigitte – Diagnose: Darmkrebs

6.4.1 Auch ich habe gelernt: du hast, du sollst, du musst

Frau Brigitte[456] ist in Pension, verheiratet, hat eine erwachsene Tochter und einen erwachsenen Sohn. Vierzig Jahre lang war sie in einer Bank beschäftigt und immer mit Menschen in Kontakt. Bei einer Kontrolluntersuchung ihrer vergrößerten Leberzyste wurde im Dezember 2009 ein metastasierender Darmkrebs entdeckt. Zurzeit erhält Brigitte, immer in Begleitung eines ihrer Kinder und/oder ihres Mannes, eine vierzehntägige Chemotherapie. Sie fühlt sich weder krank noch verspürt sie Schmerzen. Bereits unsere erste Begegnung mündete in ein sehr ausführliches und anregendes Gespräch, in dem Brigitte ihre Wahrnehmungen mitteilte. Für sie ist es von großer Bedeutung, ihr Erleben, ihre Wahrnehmungen und belastende Ereignisse mitzuteilen und aufzuzeigen. Respekt- und würdevoller mitmenschlicher Umgang sowie soziales Engagement liegen ihr am Herzen. Durch mitmenschliche Kontakte und Gespräche kann Brigitte sowohl etwas erfahren und lernen, als auch sich selbst mitteilen. Das Erstinterview fand am 17. März 2010 statt.

Personenbezogene Aussagen zum Erstinterview

Brigittes Erleben der Krankheitsentdeckung und Diagnose

Vor sieben oder acht Jahren wurde bei Brigitte eine Leberzyste festgestellt, die sich bis 2008 auf siebzehn Zentimeter vergrößerte und an sich regelmäßig kontrolliert wurde. Als Brigitte „ziemliche Schulterschmerzen bis in die Oberarme" hatte, die nicht aufhörten, ging sie zum Betriebsarzt, der sie zu einer Computertomografie schickte:

> „Ich bin dort in diese ganz zugemachte Röhre hineingekommen, und die [Assistentin] kommt dann heraus und war ganz entsetzt – eine Zyste auf der Leber. Sage ich, ‚ja und?' Also es war gar nicht gravierend zu wissen, was ich da oben habe, sondern sie war von der Zyste [entsetzt]. Sag ich: ‚Na ja, und was soll ich jetzt machen?' Also ich war geschockt, weil sie das so gesagt hat. Ich bin dann wieder zurück zu unserem Arzt und habe ihm das gesagt. Sagt er: ‚Machen Sie sich nichts daraus, das haben viele Leute, aber man soll das beobachten'".

Brigitte wurde fachärztlich ein Leberspezialist empfohlen, den sie auch konsultierte. Sie machte vierteljährlich einen Blutbefund und einmal im Jahr einen Ultraschall. Im Dezember 2009 wurde aufgrund schlechter Leberwerte ein Ultraschall veranlasst:

> „Dann habe ich gesehen, dass also Metastasen –, sage ich, ‚was ist denn da?' – ist er heruntergefahren und hat gesehen, dass es eine Verdickung im Darm ist, also Tumor. Dann hat der Herr Prof. S mir ein Bett besorgt, eben erst im Jänner, weil er gesagt hat, über Weihnachten wird so und so nichts gemacht, ich bin kein Akutfall. Das ist ein Zufallsbefund, und er möchte das Pferd von der Seite aufzäumen, dass er eben mich in die Interne legt und schaut, was eigentlich im Darm los ist, und dann kann man vielleicht auf etwas schließen".

---

456 Brigitte 2010, I: Die Ansprache wird im Textfluss auf „Brigitte" gekürzt.

Für Brigitte „war dieser Ultraschall schon einmal ein Zusammenbruch". Bereits ein Jahr zuvor hatte sie zu Weihnachten aufgrund eines Brustknotens eine Biopsie. Der Verdacht bestätigte sich nicht. „Jetzt haben wir wieder Weihnachten", sagt Brigitte zu dem Facharzt, „und Sie erzählen mir von dem Ganzen". Brigitte ist bewusst, wie er es meinte. Bewusst ist ihr auch, dass es „ein harter Weg werden" wird. Den sofortigen Kontakt zu einem Spezialisten blockt Brigitte zunächst ab:

> „,Nein also heute sicherlich nicht, ich brauche Ruhe, [...] und danke für das Angebot, aber ich komme am Montag'. Ich habe mich dann zusammengepackt und bin zu meiner Schwester und zu meinem Schwager, – weil mein Mann war unterwegs – der ist Neurologe. Der hat dann auch gesagt: ,Schau, das ist ein Zufallsbefund und sei froh, dass wir was sehen. Kannst eigentlich dankbar sein, dass deine Leber eine Zyste hat, sonst wäre man da gar nicht darauf gekommen'".

Die Gespräche im Rahmen der Familie halfen: „Natürlich habe ich gezweifelt, gehadert, gedacht". Über alles Mögliche dachte Brigitte nach: „so kurz vor Weihnachten, aber ich bin eine, die sehr gut schieben kann". Zur Besprechung der weiteren Behandlung wurde Brigitte drei Tage vor Weihnachten von ihrer Schwester begleitet. Für die mit ihr korrespondierende Meinung des Professors war Brigitte dankbar:

> „Und ich soll mir keine Gedanken machen, es ist ein Zufallsbefund, und man weiß nicht, was diese Knötchen auf der Leber sind. Es können Metastasen sein, es kann was anderes sein. Im Darm weiß man nicht, ist das ein Tumor oder sonst irgendetwas. Bis zum 13. Jänner hat sich das insofern verschlechtert, dass ich auf einmal Blut im Stuhl gehabt habe. Jedenfalls habe ich aber keine Schmerzen gehabt, überhaupt nicht".

Psychologisch waren die neun Tage Durchuntersuchung ein „Horror"

Im Krankenhaus wurde Brigitte am 13. Jänner nett empfangen. Die Aufforderung sich auszuziehen und sich aufs Bett zu legen, lehnte sie ab und sagte: „Ich ziehe mich aus und meinen Jogginganzug an, aber ich gehe in kein Nachthemd. Ich sehe keine Veranlassung, mir tut weder was weh, noch bin ich lahm, noch bin ich siech". Das war, meint Brigitte, „schon einmal etwas befremdend für sie [die Pflege]". Die ausführliche Anamnese und Untersuchungen direkt am Krankenbett empfand Brigitte positiv:

> „Das finde ich großartig, da man nicht weiß, wohin ich laufen muss und anmelden, und so weiter. Das finde ich wirklich toll, weil der eine halbe, dreiviertel Stunde bei mir gesessen ist, alles durchgecheckt und mich untersucht hat. Es lässt sich wieder streiten darüber, ob andere Patienten im Zimmer sind, und man wird untersucht – das ist die Frage".

Brigitte persönlich ist es egal, sie „habe nichts zu verbergen". Sie fragte sich jedoch, ob dies alle gutheißen, denn „man hört automatisch zu". Die erforderliche Koloskopie ging mit einer Magen-Darm-Entleerung einher. Bei dem Vorhandensein nur einer Toilette für sechs Personen fiel es Brigitte schwer. Sie wich ins Bad aus, musste die Toilette jedoch selber „desinfizieren". Das war „schrecklich". Es müssen ja nicht alle sechs Personen im Zimmer eine Koloskopie haben, aber für Brigitte reicht es, „wenn es einer hat, und die wird verschmutzt, und es ist niemand da". Das empörte sie sehr, weil sie sich dachte, dass das nicht wahr sein darf: „Ich bin natürlich eine Beobachterin gewesen und habe deshalb das ganz anders beobachtet als andere Leute, die schwerkrank im Bett liegen und auf Untersuchungen warten. Ich bin da natürlich kritischer gewesen, weil ich ja nichts gehabt habe". Brigitte fühlte sich wie eine Besucherin, die schaut, was los ist. Auch vergleicht sie die Übermittlung der Diagnose im Krankenhaus mit jener Situation, die sie beim Ultraschall erlebte: „Da war das noch human und lustig gegen die Diagnose, die sie mir dann gesagt haben, wo ein ganzer Schwanz von Ärzten da war, und der Leiter der Abteilung mir gesagt hat, ich habe einen Tumor im Darm". Brigitte erzählt weiter:

> „und dann hat ein anderer Arzt, der für mich ein Schönling von A bis Z war, – das Einzige, was mir wirklich aufgefallen ist, er konnte einem wenigstens in die Augen schauen, wann er mit einem gesprochen hat – zu mir als nächsten Satz gesagt, ob ich denn nicht fernsehe oder Radio höre. Sage ich: ‚Warum?' Daraufhin hat er gesagt: ‚Na ja, es wird ja eigentlich ununterbrochen gepredigt, man soll ab fünfzig eine Koloskopie machen'. Habe ich gesagt: ‚Herr Doktor, ich glaube, das tut jetzt nichts mehr zur Sache. Tatsache ist, hat der Herr Prof. gesagt, ich habe ein Karzinom, respektive einen Tumor im Darm ist gleich ein Karzinom'. Also es ist lächerlich".

Warum sie während der Visite wie in der Schule vom Bett aufstand, weiß Brigitte bis heute nicht, wahrscheinlich aber, weil das Zimmer voller Menschen war. Sie erfuhr, dass sie „Metastasen auf der Leber" hat. Brigitte wollte nähere Informationen über ihre Erkrankung. Auf ihre Frage, „bin ich demnächst eine Todeskandidatin?" und „wie geht es weiter?", erhielt Brigitte die Aussage: „Sterben können Sie immer".

> „Ich habe nicht gesagt ‚Dankeschön' – das habe ich natürlich nicht gesagt, sondern: ‚Herr Doktor, ich möchte nur eines sagen, ich habe ein gutes Gehör, ich habe ihre Stimme vernommen. Ich habe jedes einzelne Wort verstanden, aber ich habe den Zusammenhang nicht verstanden, und ich würde Sie bitten, dass Sie mir das schriftlich geben'. Hat er gesagt: ‚das kriegen Sie eh'. Und dann haben sie sich verabschiedet, ‚schönen Tag noch', und sind hinausmarschiert".

Die Oberschwester kam und erklärte Brigitte, was in den nächsten Tagen passieren wird. Die Ärzte

> „haben beschlossen, dass sie keine Operation im Darm machen, und dass die Leber schon überhaupt nicht zum Operieren geht. Und sie haben bei einer Besprechung beschlossen – Tumorspezialisten, Chirurgen, Internisten und so weiter –, es wird so gemacht. Das stimmt schon, dass ich am nächsten Tag in die Onkologie gehen soll und eine Chemotherapie gemacht wird".

Darüber hinaus wurde Brigitte über die psychologische Betreuung in der Onkologie informiert. Brigitte bedankte sich. „Natürlich ist in mir etwas zusammengebrochen", sagt Brigitte, aber zu diesem Zeitpunkt hat sie es noch nicht ganz registriert. Beobachtend nimmt Brigitte wahr, dass auch andere Menschen sehr viel mitmachen und kommt in ihrem inneren Dialog zu dem Schluss: „da geht es dir eh noch gut, wenn du jetzt Chemotherapie machen kannst, vielleicht hast du eine Chance".

Brigitte ist der Meinung, dass sie sich gegen die Art und Weise, wie ihr die Diagnose übermittelt wurde, wehren kann: „Ich habe Gott sei Dank meine Leute, mit denen ich reden kann, sprich meine Geschwister und mein Umfeld, meine eigene Familie und das ist Goldes wert" und eine „große Stütze". Die Frage, ob sie ihre Krebserkrankung bewältigen würde oder nicht, bleibt in ihr offen:

"Eigentlich zipft[457] es mich an, ich habe mir aber nie die Frage gestellt, warum gerade ich? Sondern ich stelle mir die Frage: Was hat das für einen Sinn, warum muss ich da jetzt durch? Oder: Komme ich durch? Komme ich nicht durch? Das sind meine Fragen. Bewirkt es irgendetwas, soll ich das sehen?"

Den Sinn ihres Krankenhausaufenthaltes sieht Brigitte darin aufzuzeigen, was sie stört, nämlich, "wie mit den Menschen umgegangen wird, sprich auch mit mir". Obwohl Brigitte keine Person ist, "die Angst hat", ist es trotzdem ungut, dass das Krankenhaus in der Nacht nicht abgesperrt wird: "Es kann mich jemand überfallen, es ist eigentlich ein Wahnsinn". Weiters ist Brigitte der Meinung, die Hygiene ließe zu wünschen übrig, vor allem in Situationen, die für Kranke ohnehin schon demütigend sind:

"Wie komme ich dazu, dass ich jedes Mal, wenn ich auf die Toilette gehe, mit dem Desinfektionsmittel die Toilette putze. Es gibt Aufsätze, es gibt alles Mögliche und, das ist nicht vorhanden. Ich finde das unhygienisch. Ist eh schon demütigend genug, wenn man so viel trinken muss, dass man eigentlich übermannt wird, und man selbst das alles nicht mehr steuern kann".

Nicht in Ordnung sind für sie auch die Zustände in den Aufenthaltsräumen, "dass jeder gepolsterte Sessel solche Flecken hat, dass es einem wirklich graust, sich draufzusetzen".

Brigittes Alltag, Selbstwahrnehmung und Lebensgefühl

Brigitte war vierzig Jahre in einer Bank beschäftigt, arbeitete gerne und hatte viel mit Kunden zu tun. Ursprünglich machte sie ihre Reifeprüfung in einer Haushaltungsschule und ist ausgebildete Kindergärtnerin:

"Ich habe es sehr interessant gefunden, diese Psychologie, die man als ausgelernte Kindergärtnerin hat. Die hat mir mein ganzes Leben lang geholfen. Ich habe auch eine Schwägerin gehabt, die Psychologin war. Mit ihr habe ich mich auch sehr viel befasst und interessiert und gesprochen. Leider [ist sie] schon verstorben, aber (Pause), das war für mich immer sehr spannend, dadurch habe ich auch manche Dinge einbringen können".

Als ihr Vater "an einer Zersetzung der Bauchspeicheldrüse binnen drei Tagen" verstarb, war Brigitte als älteste von drei Kindern acht Jahre alt. Dennoch konnte ihre Mutter, eine engagierte Lehrerin, ihren Kindern die Möglichkeit bieten, etwas aus sich zu machen. Sie hat "es immer so gestaltet, dass wir zu Ostern, zu Weihnachten und im Sommer zwei Monate weg waren. So, dass ich zurückgekommen bin und mir nicht mehr vorstellen konnte, wie meine Gasse ausschaut, zum Beispiel. So beeindruckt waren wir als Kinder". Für Brigitte sorgte und gestaltete ihre Mutter das Leben ihrer Kinder so, dass alle in den Ferien immer wegfahren konnten, die Familie unternahm Wanderungen und auch ihre musischen Talente wurden gefördert. Das war damals nicht so selbstverständlich und ist bis heute beeindruckend in Erinnerung. Als Kind fühlte sich Brigitte durch ihre Mutter und das familiäre Klima sehr gefördert. Diese Erfahrungen begleiten sie. Nur mit dem durch das Umfeld der damaligen Zeit üblichen „du hast, du sollst, du musst", setzt sich Brigitte bis heute intensiv auseinander: „Und diese drei Dinge, wenn

---

457 „Zipft mich an" bedeutet „es nervt mich" oder „es ärgert mich".

jemand im Laufe seines Lebens nicht draufkommt, dass man das auch anders sehen kann, dann hat er schon ein bisserl verloren".

Heute sorgt sich Brigitte um ihren Mann. Sie beschreibt ihn als „rührend" besorgt, aber introvertiert. Er kommt mit der aktuellen Situation schwer zurecht, lehnt alles ab. Im Gegensatz dazu ist Brigitte offen: „Ich bin halt offen, weil hin und wieder übermannt es mich, und dann heule ich und dann sagt er: ‚Was hast du denn?' Sage ich: ‚Na ja, was werde ich schon haben?'" Die Kinder sorgen sich ebenfalls „rührend" um sie. Von ihrer sehr guten Freundin bekommt Brigitte etwas für sich: „Sie hat viel Kinesiologie gemacht und alles Mögliche, die einen Menschen nur anschaut – ich merke das an ihren Augen – und eigentlich durch den Menschen durchschauen kann. Sie hat mich auf den Weg gebracht". In der „Art und Weise" wie Brigitte lebte und jetzt noch lebt, denkt sie nicht an sich selbst: „Die letzten einenhalb Jahre waren sehr beschwerlich, und ich habe viele Dinge gemacht, die ich machen *musste* (betont), die ich nicht gerne gemacht habe". Sie müsse umdenken, „habe keine Gelegenheit gehabt" darauf zu achten, was sie will. Brigitte ist sehr mit der Um- und Besorgung ihrer Familie bemüht, genauso wie sie es ursprünglich selbst erfahren hatte. In den früheren Jahren ihrer Ehe war das gar nicht so einfach, weil sie ihre dominante Schwiegermutter, „als junge Frau sehr drangsaliert und immer wieder kritisiert hat", und sie immer wieder mit ihrer ebenfalls dominanten Schwägerin verglich. Brigittes Mann stand in den Konflikten ausgleichend dazwischen. Zu wenig für Brigitte. Eine, durch Schicksal „eingeschweißte Familie, und ich wage zu behaupten, dass mein Mann die Trennung von der Mutter noch nicht vollzogen hat". Gemeinsam mit ihrem Mann kümmert Brigitte sich heute sehr um die neunzigjährige kranke Schwiegermutter und erhält kaum Unterstützung von der Schwägerin, die „absolut kein Gespür und Gefühl hat". Im Gegenteil, tradierte Familienmuster, bewusste oder unbewusste Beschuldigungen und kontraproduktive Aktionen ihrer Schwägerin entfalten ihre Dynamik und belasten Brigitte sehr: „Wir sind total anders, ich *musste* (betont) eben arbeiten gehen, wir haben halt nicht so viel gehabt". Brigitte ist es gewohnt, funktionieren zu müssen. Ob sie auf sich selbst vergessen hätte? Auch das beschäftigt Brigitte, denn der soziale Umgang ist ihr grundsätzlich wichtig:

> „Über dreißig war ich, wo ich dann dieses Umdenken begonnen habe, wo wir darüber gesprochen haben, dass man aus diesem Kreis raus muss: du hast, du sollst, du musst, du hast, du sollst, du musst. Du musst das anders machen. Es ist mir wirklich bis daher gestanden, ich habe mir gedacht, jetzt ist mir das eigentlich wurscht. Und da habe ich eines Tages gesagt, ‚Mutti, ich würde dich ersuchen, dass du endlich einmal aufhörst, die beiden Familien zu vergleichen'. ‚Wieso, das tue ich ja nicht?' Sage ich: ‚Ja das machst du, leider seit Jahren. Ich bitte dich darum, nimm zur Kenntnis, das ist eine Familie, und wir sind eine Familie. Hier wird es so gemacht, da wird es so gemacht, und sei so freundlich und höre endlich auf mit diesen Vergleichen'. Das hat sie zur Kenntnis genommen, mir ist das Herz natürlich bis daher gestanden (deutet auf die Kehle), das macht man ja nicht, tut man ja nicht, aber es hat sich dann geändert".

Da, sagt Brigitte, „hat eigentlich der Prozess dann begonnen". Voriges Jahr brach sich Brigittes Schwiegermutter durch einen Sturz den Dens-Wirbel. Sie ging mit ihr zum Arzt und drängte auf klärende Untersuchungen. Auch hier mischte sich ihre Schwägerin ein und versuchte zu manipulieren. Im Gegensatz zu früher sagt Brigitte ihrer Schwiegermutter heute ihre Meinung:

> „Ich sage ihr auch, dass sie bösartig war, wie ich jung war, was sie natürlich abstreitet. Es ist da halt sehr viel geschehen, in dem Bereich, voriges Jahr. Dann wollte die Tochter die Mutter entmündigen, und wir nehmen ihr das Geld weg. Das hat sie dann beim Staat gesagt. Also viele Dinge, viele Dinge. Und da glaubt eben meine Freundin auch, dass – also nicht nur das, aber ich habe immer irgendwo versucht Leute, wenn sie als außenstehend hingestellt wurden, zu integrieren. Das war schon in meinem Beruf wichtig für meine Kolleginnen".

Wieder machte Brigittes Freundin darauf aufmerksam, dass sie zu wenig auf sich achte und auf sich selbst vergesse: „Und natürlich vielleicht auch der ausschlaggebende Punkt, dass das eben in einem Zusammenhang mit dem Tod meines Schwagers steht, mit dem Jahr, wo wir herumgetan und geholfen haben". Brigitte sorgte für ihre Schwiegermutter, suchte mit ihr gemeinsam ein geeignetes Pensionistenheim und verhinderte, dass ein eingeleitetes Entmündigungsverfahren durch ihre Schwägerin bei Gericht fortgesetzt wurde:

> „Wie wir dann dort hingekommen sind, ist angegeben worden, wir haben Geld weggenommen, und wir machen das und jenes, und das gerade mir, furchtbar. Das war für mich wirklich das Allerletzte, weil ich keinen *Cent* (betont) von jemand brauche".

Im Kreise ihrer Freunde, ihres Stammtisches oder ihrer ehemaligen Bürokolleginnen und Kollegen spricht Brigitte offen über ihre Erkrankung. Es sind dies „sehr nette" Menschen, die Brigitte unterstützen:

> „Ich habe das offen gesagt, was los ist und ich denke mir, ich habe mein ganzes Leben [Menschen] beraten. Wenn jemand was wissen will von mir, muss er mich fragen, dann gebe ich ihm Antwort. Vielleicht mit Tränen in den Augen, vielleicht nicht, weil ich manchmal das Gefühl habe, ich spreche über eine dritte Person, und dann kommt es wieder über mich. Und sonst, habe ich gesagt, möchte ich weiter behandelt werden, wie eh und je. Wenn es mir schlecht geht, dann sage ich es, und wenn ich nur Hilfe brauche, dann sage ich es auch".

Zu Hause hat Brigitte ihre spezielle Ecke: „Ja, ich habe mir gedacht, das stelle ich mir auf, weil das so liebenswert ist, wie manche geschrieben haben". Mit Brigittes Krebserkrankung können einige Freunde nicht umgehen. Weil sie damit nicht umgehen können, schreiben sie. Brigitte erwähnt ihren Kindergartenfreund: „Der kann damit *überhaupt* (betont) nicht umgehen. Der ruft mich momentan *überhaupt* (betont) nicht an. Der ist so geschockt, verstehe ich aber auch". So sammelt Brigitte Billetts, Bücher und Sonstiges, was für sie liebenswert ist und blättert manchmal darin. Beispielsweise Billetts von der Frau ihres Kindergartenfreundes oder einen Kalender mit Psalmen oder Engelsgeschichten, die sie von einer älteren Dame erhielt. „Ich bin ein gläubiger Mensch", sagt Brigitte emotional tief betroffen:

> „Mir gibt das Kraft in die Kirche zu gehen (weint). Also das brauche ich schon sehr. Das ist für mich wichtig, ja (Pause). Er [Gott] wird es schon wissen, warum das so ist (Pause). Vielleicht bin ich beispielführend für andere, das man das so auch machen kann. Ich weiß es nicht".

Es gibt so viele Bereiche, wo Brigitte viel machen kann, um anderen Menschen im „Dschungel" des Alltags zu helfen. Vielleicht liegt darin, so Brigitte, der Sinn ihrer Erfahrungen.

Brigittes körperliches und psychisches Erleben

Durch die Auswirkungen der Chemotherapien fühlt sich Brigitte eingeschränkt:

> „Es ist irgendwie komisch, wenn mir dann die Hände so wehtun, durch die Chemotherapie, kann ich nichts angreifen. Man ist so eingeschränkt. Das Feingefühl ist gar nicht so (Pause), sondern allgemein. Jetzt zum Beispiel fahren sie [die Chemos] wieder ein, dass da die ganzen Fingerkuppen runzelig werden, wie bei einer alten Frau".

Brigitte spricht von einer einkehrenden Bescheidenheit und Demut, wenn sie im Krankenhaus liegt und herumschaut:

> „Ich habe meine Haare am Kopf – noch. Angeblich verliert man sie nicht, aber man weiß es nicht, jeder ist anders. Wenn ich vielleicht heute sagen würde, es wäre nicht tragisch, vielleicht ist es dann [zu einem anderen Zeitpunkt] tragisch für mich. Das weiß ich nicht".

Der Umgang mit unguten Gefühlen fällt Brigitte schwer. Ihre Erfahrungen zeigten, dass jedes Mal, wenn sie ein ungutes Gefühl hatte, alles in Ordnung war: „Bin ich irgendwo selbstbewusst hingegangen und war locker vom Hocker habe ich auch mal geheult". Daher wartet Brigitte nun immer darauf, wie ihr Körper reagiert, wenn etwas Gravierendes auf sie zukommt. Sie will nicht negativ denken und nichts Negatives an sich ziehen. Diesen „Spagat jetzt zu springen", davor hatte sie „riesige Angst": „Was kommt auf mich zu? Wie ist das?"

Um ihre Angst besser zu kompensieren, verwendet Brigitte einen Trick, den sie bei ihren Kindern schon anwandte: Erst schreien, wenn es wehtut. Durch das Warten darauf, ob etwas wehtut, entspannten sich ihre Kinder. Das möchte sie nun selbst ausprobieren, denn vor den Chemotherapien fühlt sich Brigitte „angespannt und innerlich aufgewühlt". Sie führt Buch über ihre Empfindungen und darüber, was sie für sich nachvollzieht, um es im Anschluss mit ihren Ärzten zu besprechen. Zur besseren Entspannung konsultiert Brigitte vor den Chemotherapien einen Alternativmediziner, fragt viel und versucht Zusammenhänge besser zu verstehen. In jedem Fall bekommt sie dadurch mehr Energie.

Themenspezifische Schwerpunkte zum Selbstkonzept vor der Psychotherapie

Brigittes Auffassung über ihr Ich
- Ich bin die Älteste von drei Kindern. Ich fühlte ich mich als Kind sehr gefördert. Beeindruckende Erfahrungen und Erinnerungen an die Kindheit prägten und begleiteten mich.
- Geprägte Erfahrungen, ‚du hast, du sollst, du musst', standen zu den sonstigen Gefühlen eines förderlichen Klimas im Widerspruch und verursachten Diskrepanzen.
- Man ist aber so erzogen worden.

- Ich bezeichne mich als eine Persönlichkeit, die sehr gut schieben kann.
- Ich habe viele Dinge gemacht, die ich machen musste, die ich nicht gerne gemacht habe.
- Ich hatte keine Gelegenheit darauf zu achten, was ich will, fühlte ich mich phasenweise stark kritisiert und unter Druck gesetzt.
- Ich lernte mich zu wehren, mich zu verteidigen und zu handeln.
- Ich möchte nicht mit anderen Personen verglichen, sondern in meiner Individualität wahrgenommen werden.
- Ich bin eine gute Zuhörerin, eine sehr genaue Beobachterin und bewerte das Wahrgenommene, wie auch gefühlte Spannungen, aus meiner Sicht der Dinge.
- In meiner offenen und direkten Einstellung lasse ich mich innerlich berühren, gehe auf andere Menschen aktiv und interagierend zu.
- Beruflich und privat versuche ich immer Menschen in die Gesellschaft zu integrieren.

Brigittes Auffassung über ihre Diagnose
- Für mich war die Ultraschalldiagnose ein Zusammenbruch: „Bin ich demnächst eine Todeskandidatin?"
- Ich zog mich zurück, brauchte Ruhe, zweifelte, haderte und dachte nach.

Brigittes Auffassung über ihre onkologische Erfahrung
- Ich empfand den neuntägigen Spitalsaufenthalt zur Klärung der Diagnose als psychologischen Horror.
- Ich fühlte mich weder krank, noch verspürte ich Schmerzen. Die Empfindungen sind durch meine Wahrnehmungen sehr unterschiedlich.
- Ich beobachte genau und differenziere meine Erlebnisse.
- Wie teilweise mit Menschen – sprich auch mit mir – umgegangen wird, stört mich.

Brigittes Auffassung über ihre jetzigen Wahrnehmungen
- Ich frage mich nach dem Sinn meiner Erkrankung. Bewirkt sie etwas, das ich sehen soll?
- Ich frage mich, ob ich ein Beispiel für andere sein soll.
- Ich bin ein sehr gläubiger Mensch. Glaube und Gottvertrauen geben mir Kraft.
- Ich fühle mich nicht krank, habe keine Schmerzen und bin verunsichert.
- Meine Angst davor, was genau mit mir ist und auf mich zukommt, ist riesig.
- Hatte ich ein gutes Gefühl, waren die Erfahrungen oft negativ und umgekehrt. Die Frage, ob ich mich auf meine Gefühle verlassen kann, verunsichert und beängstigt mich.
- Manchmal habe ich das Gefühl, von mir als eine dritte Person zu sprechen.
- Ich möchte aufzeigen, was mich stört, auch wenn zurzeit die Kraft dafür noch fehlt.
- Demütigend für mich ist es, mich weder körperlich noch durch mein Verhalten steuern und kontrollieren zu können.

- Im Vergleich mit dem Leiden anderer kann ich einen Weg finden, meine Erkrankung zu relativieren und Hoffnung zu schöpfen.
- Ich möchte verstehen und dazulernen. Wahrgenommen zu werden, ist dafür ebenso eine Voraussetzung, wie ein respektvoller Umgang.
- Das Bild, zu wenig auf mich selbst zu achten, wird von meiner Freundin bestätigt.

Brigittes Auffassung über ihre Beziehungen mit dem Umfeld
- Obwohl mein Mann mit meiner Krebserkrankung nur schwer zurechtkommt, fühle ich mich von ihm und meinen Kindern rührend umsorgt.
- Familie und Freunde sind mir wichtig und eine große Stütze.
- Gespräche mit meiner Freundin unterstützen mich darin, mich selbst besser zu verstehen. Sie bringen mich auf den Weg, vermehrt positiv an mich zu denken.
- Behandelt werden möchte ich, wie eh und je. Wenn es mir schlecht geht, sage ich es, und wenn ich Hilfe brauche ebenso.
- Unter Druck gesetzt, bedingt verstanden, gekränkt oder ungerecht behandelt fühle ich mich durch Spannungen und Intrigen meiner Schwiegerfamilie.
- Ich beriet Menschen beruflich mein ganzes Leben lang. Diese Fähigkeit möchte ich, vor allem soziale Themen betreffend, weiter nutzen.

6.4.2 Ein Glück, dass ich auch noch andere Dinge kennenlerne

Am 11. August 2010 fand ein kurzes Abschlussgespräch zum Therapieprozess statt. Das Erstgespräch ausgenommen, hatten wir in einem zweiwöchigen, an die Chemotherapie angepassten Rhythmus, insgesamt acht Therapiestunden. Das Abschlussinterview[458] erfolgte, unabhängig von der Psychotherapie, in meiner Praxis.

Personenbezogene Aussagen zum Psychotherapieprozess

Im Rahmen des Erstgespräches war es für Brigitte wichtig, das was sie belastete, aufzuzeigen: „Mein Bestreben ist, dass man diese Dinge, die ich in irgendeiner Form aufgezeigt habe, und die mich betroffen haben, ernst nimmt. Dass man versucht, aus dem zu lernen, und dass man anders mit Menschen umgeht". Das war Brigittes Wunsch nach dem Erstinterview. Wieweit sie selber Hilfe brauchte oder nicht, das konnte sie nicht beurteilen. Gespräche und der Kontakt mit Menschen sind für sie immer interessant. Selbst zu erfahren, zu lernen und sich mitzuteilen ist für Brigittes Leben förderlich. So, wie sie die anderen wahrnimmt, möchte auch sie wahrgenommen werden. Darin liegen Brigittes Ressourcen.

---

458   Brigitte 2010, II.

„Das hat mich fasziniert, dass jemand das so heraushört, wie ich es eigentlich richtig gemeint habe".

In der ersten Begegnung mit der Psychotherapeutin war Brigitte von dem Hinhören und Hellhörig-Werden beeindruckt: „Sie haben gefragt, wie es mir geht. Und ich habe gesagt: ‚Es geht mir gut, aber es ist mir nicht immer so gut gegangen'. Und da sind Sie hellhörig geworden und haben gesagt: ‚Wie meinen Sie das?'" Das Nachfragen, Heraushören und Aufgreifen des Gesagten faszinierte Brigitte.

„Die Gespräche als solche, waren für mich erleichternd".

Für Brigitte war es eine Erleichterung, dass sie sagen konnte, was sie empfand. Sie wurde nicht negiert, sondern verstanden und konnte über ihre Erfahrungen wirklich sprechen. Das war wichtig, da sie ihre erste stationäre Erfahrung zu Jahresbeginn schockierend fand. Auf der Tagesklinik geht es Brigitte gut. In der Psychotherapie „hat mich eben beeindruckt, dass mir dann doch jemand da zugehört hat, dass man miteinander spricht, und dass man über Dinge nachdenkt, die der andere sagt, im Nachhinein". Ursprünglich wollte Frau Brigitte zum Ombudsmann gehen:

> „Ich habe die Kraft nicht gehabt, ich habe die Nerven nicht dazu – irgendwie verständlich. Und dann habe ich mir gedacht, ich werde das irgendwann einmal –, aber das sitzt in meinem Kopf fest. Und da war das sehr schön, dass ich Sie da kennengelernt habe, und dass wir dann darüber sprechen konnten".

Für Brigitte ist es wunderbar, ein gutes Gespräch zu führen.

„Das ist förderlich insofern, dass man sich wieder mit der Thematik auseinandersetzt".

Brigitte kann nachdenken, Erlebtes noch einmal durchgehen, von einer anderen Seite betrachten und wieder hinterfragen, wenn es für sie selbst nicht ganz lösbar scheint. So zumindest erging es ihr. Aktuell hat Brigitte das Gefühl, dass „sich in den letzten Monaten überhaupt sehr viel geändert" hat, sie sehr nachdenklich wurde. Viel Aufheben über ihre Person, Figur und so weiter machte sie nie: „Ich denke natürlich schon sehr viel mehr über mich nach. Über meine Position, wie das in der Familie ist und was war, und wie es war, und so weiter. Das natürlich schon". Sie reflektiert, nimmt sich selbst mehr wahr und achtet auf sich. Gezwungenermaßen meint Brigitte, weil sie nicht mehr so kann, wie sie will. Sie gibt zwar nicht klein bei, nimmt aber zur Kenntnis, dass sie im Moment nicht kann: „Ich war immer in einem guten Familienbett eingebettet, ob das jetzt geschwisterlich oder – die Eltern leben ja nicht mehr – aber sonst war das immer so, dass wir danach getrachtet haben, nachdem ich ja zwei Geschwister habe".

„Also das sind so Kleinigkeiten, die mich sehr berühren".

Es sind die kleinen Dinge, wie zum Beispiel ein selbst gemachtes Glas Marillenmarmelade per Post von ihrem Bruder: „Wo ich sehe, dass ich nichts Großes brauche, aber nie im Leben hätte ich gedacht, gerade bei meinem Bruder muss ich sagen, dass er auf einmal diese Feinfühligkeit hat, ein Glas einzupacken und nach N [eine Stadt] zu schicken". Brigitte erinnert sich, dass sie auch mit ihrer Schwester solche „Austauschgeschichten" hatte. Aber darüber, dass ihr Bruder „so spontan ist", hat sich Brigitte „wirklich sehr gefreut". In der Psychotherapie war Zeit und Raum, „solche Dinge Revue passieren zu lassen" und sie anzusprechen: „Ihnen das zu erzählen, das finde ich schön".

„Vor allem, dass ich nie gedacht hätte, dass ich einmal über das Ganze sprechen werde, in dem Zusammenhang".

Brigitte hätte sich nie gedacht: „Dass mir das widerfährt, dass man mir sagt, ich habe einen Krebs. Auf der anderen Seite bin ich irgendwie verwundert, dass ich mir gedacht habe, ja, ich habe das zur Kenntnis genommen, habe versucht das zu integrieren". Da ist ihr doch etwas gelungen, stellt Brigitte fest. Sie muss jetzt damit leben „oder nicht, oder es vergeht oder es vergeht nicht". Dabei ist der Wunsch gesund zu werden nicht so vorrangig, sondern „wie gehe ich mit mir selber um, das ist *das* (betont) momentan".

„Das Gefühl habe ich, dass die Ausgangsbasis schon einmal nicht so konträr war".

Wichtig für den Psychotherapieprozess war eine gewisse Grundeinstellung zu Gesprächen zwischen ihr und der Therapeutin. Das gegenseitige Akzeptieren der Erfahrungen, das Benehmen, eine gewisse Erziehung und die Begegnung auf einer gemeinsamen Linie waren dabei wertvoll. Durch ihre Eltern, insbesondere ihre Mutter als Lehrerin, ihre Schwägerin, die Psychologie studierte und ihre eigenen Erfahrungen als Kindergärtnerin interessiert sich Brigitte generell für Psychologie. Vielleicht ein Grund warum „das Gespräch für mich so interessant und fördernd ist", meint Brigitte:

> „Es ist schon sehr angenehm, wenn man mit jemanden ein Gespräch führen kann, der – das ist jetzt sehr altmodisch, wenn ich das sage – von Grund auf auch eine gewisse Erziehung genossen hat und weiß, wie, was, wann, wo, und wie man sich gibt. Das ist für mich schon sehr wertvoll".

„Ich habe ja keinerlei Erfahrung in dem Sinn".

Ob Brigitte im Rahmen ihres psychotherapeutischen Prozesses etwas abging, kann sie nicht sagen. Nein, eigentlich nicht, meint Brigitte. Sie ist ein ziemlich offener Mensch: „Ich hätte ja fragen können, wenn mir was abgeht". Eine Vergleichsmöglichkeit hat sie nicht, aber sie wüsste auch nicht, was sie einfordern oder erbitten sollte.

„Ein Glück [...], dass ich auch noch andere Dinge [...] kennenlerne".

Tief berührt äußert Brigitte: „Ich glaube, dass es für mich ein Glück ist, dass ich vielleicht in der Situation bin (Pause), dass ich auch noch andere Dinge in irgendeiner Form kennenlerne". So wolle sie es bezeichnen. Diese Entdeckungen und Erfahrungen wünscht sich Brigitte grundsätzlich auch für andere Personen.

> „Und, dass das so manchen Leuten widerfahren sollte, und eben zu einer früheren Zeit. Dass sie vielleicht draufkommen auf so manche Dinge, die sie vielleicht sonst nie erfahren. Das ist dasjenige. Ich meine, es muss nicht auf diese Art und Weise sein, dass man so krank wird".

Das wünscht Brigitte niemand, aber: „mir geht das auch sehr auf die Nerven, wie mit den Leuten überhaupt umgegangen wird und mit allen (betont) Menschen jetzt momentan". Brigitte wundert es nicht, dass es vielerorts eskaliert: „Was sich abspielt, das ist für mich momentan Wahnsinn". Härte, Gegensätze und das, was da auch durch die

Masse so brodelt, ist etwas, das Brigitte sehr berührt. Sie ist an aktuellen weltpolitischen und gesellschaftlichen Themen, wie auch an der Umwelt sehr interessiert:

> „Es ist kein Wunder, dass der Vulkan ausbricht, es ist kein Wunder, dass die Erde brennt in Russland, es ist kein Wunder, dass das oder jenes ist, diese Überschwemmungen. Es trifft immer nur die Ärmsten, leider Gottes, weil die, die in Saus und Braus leben, die erwischt es eh nicht. Das ist halt leider Gottes, ich meine, ich will nicht damit sagen, es ist halt Stress, das will ich damit nicht sagen, ja aber (Pause)".

Brigitte ist insgesamt tief besorgt. Vieles, was sie um sich herum wahrnimmt, findet sie schrecklich und erschütternd.

Themenspezifische Schwerpunkte zur Aktualisierung

„Ich glaube, dass es für mich ein Glück [...] ist, dass ich vielleicht in der Situation bin (Pause), dass ich auch noch andere Dinge in irgendeiner Form kennenlerne. So würde ich das bezeichnen".

- Für mich war es besonders wichtig meine Erfahrungen mitzuteilen, sie aufzuzeigen und für mich selbst in einen Zusammenhang zu bringen, um sie zu integrieren und Veränderungen zu ermöglichen.
- Ich hinterfrage immer wieder bewusst den anerzogenen Leitsatz: „Du hast, du sollst, du musst".
- Es ist für mich eine Erleichterung zu sagen, was ich tatsächlich empfinde.
- Zuhören, verstehen und wirklich darüber sprechen war für mich förderlich.
- Miteinander sprechen, nachdenken und sich immer wieder mit der Thematik auseinandersetzen ist wichtig.
- Im Gegensatz zu früher nehme ich mich heute selbst mehr wahr, achte mehr auf mich.
- Ohne klein beizugeben, muss ich akzeptieren, dass ich momentan nicht so viel Kraft habe.
- Sich Erinnerungen zu vergegenwärtigen und zu erzählen, ist wichtig und schön.
- Meine Erkrankung zu integrieren, ist mir gut gelungen.
- Ich nehme wahr, dass sich in den letzten Monaten sehr viel veränderte.
- Wie ich mit mir selbst umgehe, *das* steht im Vordergrund.
- Das Gefühl einer ähnlichen grundsätzlichen Einstellung und mit der Psychotherapeutin auf einer Linie zu stehen, ist für mich förderlich und wertvoll.
- Ich bezeichne es als Glück, in irgendeiner Form noch andere Dinge kennenzulernen. Manches zu entdecken, das ich vielleicht sonst nie erfahren hätte.
- Der generelle, zwischenmenschliche Umgang ist für mich ein Grundsatzthema und belastet emotional.
- Das Aufzeigen bestimmter Situationen ist mir wichtig.

6.5 Frau Rosamaria – Diagnose: Brustkrebs

6.5.1 Das ist mein Lebensproblem – wahrhaft dünn zu sein

Frau Rosamaria[459] ist achtundvierzig Jahre, verheiratet und hat eine Tochter, deren Hochzeit kurz bevorsteht. Vor ihrer frühzeitigen Pensionierung war sie in einem Kindergarten beschäftigt. 2007, in der Zeit zwischen ihren Vorsorgeuntersuchungen, spürte Rosamaria eine Brustdrüsenschwellung. Im August selbigen Jahres wurde Brustkrebs diagnostiziert. Rosamaria hat Metastasen in der Leber. Bereits in unserem ersten Kontakt wurde die Möglichkeit einer psychotherapeutischen Begleitung angeregt diskutiert und grundsätzlich für gut befunden. Persönliche Erfahrungen und die Art und Weise meines persönlichen Zugangs offenzulegen, war für Rosamaria wichtig, um sich verstanden zu fühlen. Ich erzählte von mir und dem Dissertationsprojekt und übergab ihr, für den Fall offener Fragen, eine Visitenkarte. Bei unserer zweiten Begegnung saß Rosamaria noch alleine in einem Sechsbettzimmer beim Tisch und erzählte, dass es ihr nicht gut geht. Sie hatte Angst. Auf meine Frage, ob sie mehr erzählen möchte, unterhielten wir uns eine Weile, sehr anregend und bereichernd für uns beide. Rosamaria wollte psychotherapeutische Begleitung. Zu diesem Zeitpunkt bekam sie Chemotherapien im Abstand von meist drei Wochen. Phasenweise empfand Rosamaria ihre Angst intensiver. Dann wäre Psychotherapie für Rosamaria eine Möglichkeit die aktuelle Gefühlswelt, Lebensereignisse und sich verändernde Situationen anzuschauen, neu zu ordnen und/oder in ihr Leben einzubinden. Das Erstinterview fand am 14. April 2010 statt.

Personenbezogene Aussagen zum Erstinterview

Rosamarias Erleben der Krankheitsentdeckung

Rosamaria arbeitete in einem Kindergarten. Auffallend waren ihre Müdigkeit und ein erhöhtes Schlafbedürfnis. Aufgrund einer schmerzhaften Brustdrüsenschwellung und eines Knotens, den sie beim Duschen spürte, verlegte Rosamaria ihre routinemäßige Mammografie vor. Niemand in ihrer Familie hatte Krebs: „Jetzt habe ich halt dann – ein Jahr vorher war ich bei der Mammografie – gesagt okay, das erledige ich noch in den Ferien. Und dann ist das alles so schnell gegangen, dass es mit freiem Auge sichtbar war, so groß war dieser Tumor". Rosamarias erste Reaktion nach der Diagnose war: „Ich bin gegangen und habe mir eine Leberkässemmel gekauft. Die habe ich schon zwanzig Jahre nicht gegessen gehabt (lacht). Auf das habe ich immer verzichtet, und an diesem Tag habe ich mir das gekauft. Blöd, aber es war so". Die Diagnose nahm Rosamaria zunächst nicht wahr:

> „Nein, wie wenn es nicht um mich gehen würde. Ich bin, so sagt meine Freundin immer, ein totaler Verdränger. Ich kann das irgendwie von mir so – weiß nicht, so wie ein –, so ein

---

459 Rosamaria 2010, I: Die Ansprache wird im Textfluss auf „Rosamaria" gekürzt.

Schutzschild. Das lasse ich nicht in mich hinein. Dabei war es ja drinnen (lacht). Das war ja da. Zu meiner Psyche habe ich es nicht so richtig vorgelassen".

Rosamaria hat „eben gar nicht" reagiert: „Ich habe immer alle anderen beruhigt. Die Ängste, die die anderen hatten, die habe ich ihnen alle genommen – ich mach' das schon". Innerlich war Rosamaria nach der Diagnose „schon so am Boden zerstört – oh ja, muss man schon nachdenken [...]. Da ist etwas drinnen, das gehört heraus". Längere Zeit fragte sie sich in der Folge, warum sie überhaupt aufstehen solle:

> „Ich möchte gar nichts erleben, ich möchte niemanden treffen, ich möchte mich mit nichts auseinandersetzen, und diese Psychopharmaka haben mir schon über diese Zeit geholfen, aber ich habe fast nichts gesprochen. Ich habe mir das alles mit mir innen [ausgemacht], zu dem habe ich immer geneigt".

Innere Dialoge zu führen und sich zurückzuziehen, konnte Rosamaria schon vor der Diagnose sehr gut „und dann in dieser Zeit auch".

Rosamaria fühlt sich medizinisch gut versorgt

Auf Anraten wechselte Rosamaria das Krankenhaus und wurde in eine klinische Studie aufgenommen. Sie erhielt drei Monate lang Chemotherapie, „damit dieser Tumor sich hoffentlich so verkleinert, dass man das operieren kann". Zur ersten Nachuntersuchung nach ungefähr dreieinhalb Monaten spürte Rosamaria schon, dass „diese extreme Müdigkeit wiederkommt". In den folgenden Untersuchungen wurden Metastasen in der Leber festgestellt. Ein größerer Tumor verkleinert sich, zwei kleine kamen dazu. „Vor der Operation hat man mir dann schon gesagt, dass die Brust entfernt wird, ja", erzählt Rosamaria:

> „Wie Brustkrebs diagnostiziert war, hat es geheißen neunzig Prozent Heilungschancen, und wenn wir die Brust ganz entfernen, und wann dann nichts weitergeht und man keine Metastasen hat, also Heilung. Wie gesagt, ich habe das gar nicht so ernst genommen von 2007 weg. Ja, aber diese Wiedererkrankung und unheilbar krank, das Wort *unheilbar* (betont) krank, ja, da kriege ich jetzt noch Magenweh, wann ich das sage".

„Das war ein Stoß" zu erfahren, dass es in ihrem Fall „*keine!* (betont)" keine Heilungschancen gibt, und man auch nicht operieren konnte. Im Zuge der Kontrolluntersuchungen wurde festgestellt, „dass nichts weitergeht, aber auch nichts weggeht".

Eine sechswöchige starke Grippe machte es Rosamaria unmöglich, ihre Psychopharmaka einzunehmen. Diese Grippe: „hat mich richtig stark getroffen. Dann habe ich keine Medikamente nehmen können, weil ich ganz einfach nicht aus dem Bett kam, auch nicht auf die Toilette gegangen bin, nichts getrunken habe, gar nichts". Als ihr Hausarzt eine Woche nicht da war, „war es dann abrupt aus". Rosamaria ging es gut damit und in Absprache mit dem Arzt ließ sie diese fortan weg: „Und jetzt nehme ich das, ich glaube, acht Wochen schon nicht mehr, und seitdem habe ich überhaupt keine Hemmung mich mitzuteilen, erzähle es allen, wo ich das Gefühl habe, die das wissen möchten".

Rosamarias Erleben des beruflichen Abschieds und Lebensalltags

Eineinhalb Jahre nach der Erstdiagnose ging Rosamaria wieder „in die Berufswelt" zurück. Der Bürgermeister ermöglichte es, den Arbeitsplatz eineinhalb Jahre aufzuheben: „und dann konnte ich aber keine vierzig Stunden mehr arbeiten und habe mich zurücksetzen lassen auf dreißig Stunden. Das hat für mich dann gepasst." Aufgrund ihrer Wiedererkrankung musste Rosamaria frühzeitig einen Pensionsantrag stellen:

> „In meinem Job war es dann so, ich hätte sechs Monate nicht an der gleichen Krankheit erkranken dürfen, dann hätte zum Beispiel die Krankenkasse wieder für mich die Kosten übernommen. Dem war dann nicht so, weil sie ja nach viereinhalb Monaten schon wieder diagnostiziert haben".

Einerseits eine Erleichterung, es war zumindest „diese Angst weg", in einem Jahr wieder so fit sein zu müssen, dass sie ihren „Job wieder ausüben kann". Trotzdem weinte Rosamaria, als sie das Schreiben erhielt, weil sie sich dachte: „ist das jetzt mein Todesurteil? Warum schicken sie mich jetzt so schnell in Pension?"

Zu Hause das richtige Tempo für den Alltag zu finden, „ja, das ist aber schwierig. Weil, den Haushalt anzuschaffen, und ich bin halt so (atmet aus), ich habe es gerne ordentlich und schön. Das möchte ich haben. Dann kann ich mich auch beruhigt niedersetzen". So wird Rosamaria auch einen Tag nach der Chemotherapie schon wieder unruhig: „Ich kriege es nicht richtig mit, aber morgen bin ich so (gestikuliert aufwühlend). Ja, Wahnsinn. Und da putze ich und mache, und wenn ich sitze, muss ich schon wieder aufstehen".

Rosamaria wurde auf einem Bauernhof groß. Ihre Eltern gingen früher, vom Feld kommend, immer mit den Schuhen in die Küche und Rosamaria musste aufkehren: „Und ich habe mir immer gewünscht, wenn ich einmal selber ein Haus habe, dann möchte ich das nicht". Auch wurden die Betten nur sonntags gemacht: „Und ich habe mir immer nur gewünscht, ich möchte jeden Tag das Bett machen. Das habe ich mir, glaube ich, als Kind schon so [gewünscht]". Rosamaria wollte es schon früh anders machen als sie es von ihrem Elternhaus gewohnt war, obwohl sie es Daheim schön hatte, alles passte und sie ganz natürlich aufwuchs. So blieb es.

Rosamaria bewundert und betreut ihre einundachtzigjährige, auch heute noch bodenständig lebende Mutter. Sie ist dankbar, dass sie ihre Mutter so lange hat und nach wie vor viel von ihr lernen kann. Sie sät und erntet, ist zufrieden und glücklich. Obwohl sie zurückgezogen lebt, verfügt sie über einen Urinstinkt und weiß sehr viel. Früher glaubte Rosamaria ihre Mutter jeden Sonntag besuchen zu müssen, da sie alleine wohnt. Irgendwann, bemerkte ihre Mutter zu ihr: „Ah zu mir musst du nicht jeden Sonntag kommen, da tue ich eh fernsehen". Sie freue sich zwar sehr, es müsse aber nicht sein, und das sei für sie in Ordnung. So, sagt sich Rosamaria, „ist man in irgendeinem Lebensmuster gefangen".

Wie erlebt Rosamaria sich selbst?

„Man hat mich *so* (betont) gerne gehabt, weil ich immer versucht habe, alles möglich zu machen". Innerlich zerriss es Rosamaria nahezu. Sowohl beruflich als auch privat übernahm sie sehr viele Verpflichtungen: „Es hat schon allen gepasst, weil ich sehr viel Verantwortung übernommen habe bei uns, im Privaten so wie in der Arbeit". Beruflich ergänzte sich das Team gut, weil Rosamaria gerne eher grobe Tätigkeiten verrichtete: „Ich war in der Arbeit, habe vierzig Stunden gearbeitet. Ich war vom Anfang bis zum Schluss immer da". Rosamaria putzte lieber die Mülltonne, trug lieber Kisten und kehrte vor dem Haus: „Ich bin der Hausmeister", sagt Rosamaria lachend von sich selbst und war es gerne. Es machte ihr auch Spaß, zu Hause viel im Garten zu machen. Nur jetzt sagt Rosamaria leise, hat sie „die Kraft nicht mehr".

Rosamaria denkt immer positiv, ist zuversichtlich und hat die Geduld zu warten, bis Ereignisse auf sie zukommen. Genau das wird oft nicht wirklich verstanden. Katastrophendenken und negative Äußerungen ihres sozialen Umfeldes machen es ihr schwierig, sich nicht von der Hektik mitreißen zu lassen:

> „Und so hängst du nachher mit drinnen. Und ich konnte sie nie von meinem positiven Denken so überzeugen: ‚Ah, du immer mit deinem Positiven'. Da habe ich einmal eine Geschichte gelesen. Die wollte ich ihnen auch immer so übermitteln, aber es wurde auch nicht verstanden".

Rosamaria war grundsätzlich immer für alle da auch zu Hause. Sie neigt dazu, alles für alle zu machen. Rosamaria erinnert sich an eine Zeit als junge Ehefrau und Mutter, da

> „habe ich mein Kind fertiggemacht zum Weggehen, meinem Mann das Gewand hergerichtet, die Wohnung noch schnell sauber gemacht. Dazwischen das Bad gerichtet, die [WC-]Muschel geputzt und beim Ausgang war ein Spiegel, da habe ich dann ab und zu gesehen, Rosamaria geht weg, wie das Aschenputtel. Alles um mich hat perfekt gepasst, komisch, gelt? Das ist urkomisch. Das kommt mir erst jetzt so momentan hoch, dass ich da – zum Beispiel die Muschel war sauberer, als ich gestylt war".

Rosamaria ist sich seit Jahren bewusst, dass sie „zu dem neige". Sie sei so. Wenn es den anderen gut geht, „wenn es ihnen allen gut geht, und ich richte für sie alles, *dann* (betont) geht es mir auch gut. Das war mein größter Irrtum". Heute – „wo ich dann oft *so* (betont) bin" – achtet Rosamaria mehr auf sich, drückt sich klarer aus und erkennt, auch das für alle passt.

Durch ihr Gefühl, ihren Urinstinkt half Rosamaria vielen Menschen in Gesprächen. Bis zu dem „Eklat" zwischen ihrer Freundin und ihrem Mann: „Ich habe nirgends mehr an einem Gespräch teilgenommen, weil ich immer das Gefühl gehabt habe, ich habe es ja gar nicht mehr richtig erkannt". Ab diesem Zeitpunkt konnte sie ihren eigenen Gefühlen nicht mehr vertrauen: „Ich habe immer geglaubt ich kenne sie, ich mag sie, ich bin ihr wichtig, dabei war ich ihr nicht wichtig, sondern ich war nur wichtig, dass sie in meine Familie eindringen kann". Dann begann Rosamaria zu schreiben: „In dem Fall ist der erste Gedanke, was habe ich falsch gemacht? Die Schuld immer – ". Dieses Schuldgefühl wird ihr zwar durch ihren Mann genommen, es folgten jedoch schwierige Zeiten, viele Überlegungen und Gespräche. Eine eigene lange Geschichte auf die Rosamaria nicht genauer eingehen will, damit es ihr nicht schlecht geht: Der „große Knacks" in Rosamarias Leben, den sie mit ihrer Erkrankung in Verbindung bringt

> „und ich glaube, auch deswegen habe ich ausbrechen lassen, dass ich Krebs bekomme. Ich wollte nur mehr sterben. Und ich glaube, in dieser Form habe ich es mir gewünscht. Ich möchte sterben. Ich habe keinen Herzinfarkt gekriegt, bin umgefallen und war tot, sondern ja

möglicherweise hat mich das Universum so erhört, dass es mir die Krankheit geschickt hat, und jetzt habe ich entscheiden können, sterbe ich daran oder nicht".

„Alles ist heilbar. Und zu diesen gehöre ich, das weiß ich". Davon ist Rosamaria „in der Zwischenzeit überzeugt". Nach neun Monaten bekommt sie heute „die letzte Chemotherapie und dann nur mehr das lebenserhaltende Programm weiter". Rosamaria hat aktive Pläne. Auf einer betreuten Pilgerreise möchte sie ihren Körper so in Gang bringen, dass sich ihre Selbstheilungskräfte aktivieren: „Angeblich geht man auch wieder ein Stück zurück. Das heißt, den gleichen Weg noch einmal sehen, eben nur von einer anderen Perspektive". Psychisch, meint Rosamaria, spiele sich „ja alles im Kopf ab", und so dachte sie: „genau das ist das Richtige für mich, und da möchte ich mitmachen. Und freue mich, ich kann es gar nicht sagen". Ideal wäre bei der nächsten Untersuchung zu hören: „Ein Wunder, die hat nichts mehr".

Rosamaria fällt auf, dass ihre Gefühlswelt wiederkehrt, sie sich ihrem Leben stellt: „Vorher, wenn mich wer gefragt hat, ,wie geht es?', habe ich immer gesagt: ,Danke gut', und habe überhaupt nichts von mir [erzählt], nicht ob es mir schlecht geht. Ja, fällt mir jetzt so ein". Jetzt stellt sie sich ihrer Situation und kann „seit dieser Zeit auch wieder weinen". Drei Jahre habe sie nicht geweint, „überhaupt keine [Träne] – so wie jetzt, ja – wenn ich darüber rede, das war nicht, das habe ich jetzt wieder. Diese Gefühlswelt kommt anscheinend wieder zurück". Wenn es Rosamaria gut geht, ist sie nicht „so zickig (ganz leise)". Zickig ist sie nur, wenn sie nicht anders kann, wenn es ihr nicht gut geht, wenn sie „diesen Schwindel" hat und das Gefühl auftaucht, versagt zu haben. Heute ist Rosamaria offener und traut sich, ohne ein schlechtes Gewissen nein zu sagen.

Rosamarias Ansprüche an sich selbst waren immer hoch, in der Körperpflege, in allem:

> „Das Einzige, wo ich – und das ist mein Lebensproblem, das ist mehr Problem wie mein Krebs, dass ich *nie* (betont) schaffe, wahrhaft dünn zu sein. Also Körper, Geist und Seele, das ist mir schon lange bewusst, Jahrzehnte bewusst, passt bei mir nicht zusammen. Ich bin nie mit meinem Körper zufrieden, weil ich ganz einfach zu füllig bin. Vielleicht bemühe ich mich deswegen auf diese Art so, dass mich alle *liebhaben* (betont). Könnte so sein. Habe ich noch nie so betrachtet".

Während des Interviews geht Rosamaria der Frage nach, warum sie sich nie einem Streitgespräch stellt und entdeckt mögliche Zusammenhänge. Sie denkt darüber nach, ob die Angst davor, dann nicht mehr geliebt zu werden, ein Grund sein könnte.

Heute verblüfft es Rosamaria zu entdecken, welche Fähigkeiten sie hat: „Was da in mir steckt, ich bin selber oft verblüfft, was da kommt". Früher glaubte sie immer ihre Malkünste reichen nur für die Kinder im Kindergarten. Zurzeit drückt Rosamaria während des Malens ihr Befinden aus, immer lebensorientiert und hell, im aktuellen Erleben verweilend:

> „Wenn ich viel Ruhe brauche, male ich eher klein und im Detail. Und wenn ich, so wie diese Hand, weil ich die nicht immer so einsetzen kann, wie ich es brauche, dann male ich oft – am Anfang habe ich immer mit die Finger, wunderschön, Kreise in sich, so Tunnels hell, es wurde nie dunkel. Ich habe immer gewusst, da draußen ist noch was Helles und ich schaffe das. Ich habe nicht das Helle mit dem Tod gesehen, sondern mit dem Leben, immer. Und meine

Hintergründe sind auch immer hell und vorne ist dieses Dunklere, und in das gehe ich hinein, so sehe ich das halt oft".

Für Rosamaria zählt der Augenblick. Sie möchte im Hier und Jetzt leben. Das konnte sie „in der Arbeitswelt" nicht umsetzen: „Ich habe das zwar alles gekannt, aber wenn ich mir so denke, wenn ich total im Stress war – den Augenblick soll ich jetzt genießen (lacht), ist gar nicht gegangen". In der Freizeit erging es Rosamaria ähnlich. Jetzt jedoch erzählt Rosamaria: „wenn ich nicht gerade daliege, und es geht mir nicht gut, und ich sehe nicht gut, dann kann ich das schon leben, dieses Hier und Jetzt". Ihre Betrachtungsweise ist eine andere geworden:

> „Also das war nicht gleich da. Die Diagnose man denkt, so –, das passiert in Jahren, ja! In kleinen Schritten, dass man dann wirklich das Wesentliche [tut]. Und man muss auch immer nachdenken. Diese Krankheit, wenn sie ausbricht, will uns ja auch etwas sagen. Bin in eine falsche Richtung unterwegs, oder irgendwas, glaube ich schon. Ich glaube schon. Ändere etwas. Es ist ein Hilferuf. Der Körper, er geht zugrunde. Glaube ich schon. Wobei dieses – wie soll ich sagen –, dieses Lebensphilosophieren, und dieses Nachdenken und von innen Gefühle – mit bestimmten Menschen konnte ich mich immer austauschen in so eine Richtung. Also das tun wir ab und zu. Man findet aber dann ohnehin immer wieder solche Menschen, die sich durch dein Leben ziehen, oder die dich begleiten, oder die dir dann sympathisch werden".

Rosamarias körperliches und psychisches Erleben

Sich neu kennenzulernen, plötzlich keine Brust zu haben, sich „halbwegs" wieder anzunehmen, „dieses Bild zu lernen", dauerte bei Rosamaria über ein Jahr: „So schaue ich jetzt aus. Das ist schwirig (atmet aus)". Rosamaria konnte die Brustprothese nicht wirklich als ihre annehmen: „Ich nehme das herunter, überlege gar nicht, lege das in den Kasten, und wenn der BH zum Wechseln ist, nehme ich den frischen, stecke das hinein, lege es genau auf dieses Platzerl". Die Brustprothese liegt nie irgendwo sichtbar herum. Sich an das Bild, „da ist ein Busen und da ist gar nichts", zu gewöhnen, ist für Rosamaria schlimm. Auch die ihre Körperlichkeit betreffenden Gespräche mit ihrem Mann waren „dann halt eine heftige Sache", trotz seiner Äußerung: „*Ich nehme dich auch so, wie du bist*' (betont)". Berührungsängste, sagt Rosamaria, habe sie und nicht ihr Mann. Berührungen kann Rosamaria nicht zulassen, und ihre Lust ist durch die Einnahme der Medikamente auch vorbei – „es ist leider so". Für Rosamaria ist die Sexualität ausgeblendet. Sie bekommt eine andere Dimension. Wichtig ist ihr, von ihrem Mann gehalten zu werden: „Liebe zum Beispiel braucht man sehr viel in dieser Zeit". Der abrupte Übergang ist ein Wahnsinn

> „[...] wenn du so jung bist, kriegst ja – dann kommst du von einem Tag in den anderen in einen künstlichen Wechsel. Also das klingt nicht langsam aus, da haben ja viele Frauen sehr viele Probleme, und uns hat man gesagt, das ist von hundert auf null, von heute auf morgen. Das ist halt auch – (atmet aus)".

Dass Rosamaria mit ihren Erfahrungen nicht alleine ist, bekommt sie in vielen Gesprächen mit gleichaltrigen oder noch viel jüngeren Frauen bestätigt.

Wenn es Rosamaria „schlecht geht, da geht kein positives Denken. Da geht nichts". An diesen Tagen fragt sie sich, ob sie es schafft, wohin zu gehen. Hinzu kommt, dass sie an manchen Tagen schlechter sieht. Das kann altersbedingt sein aber auch mit ihrer Tagesverfassung zusammenhängen:

> „Es geht kein Autofahren mehr, du kannst nicht hinausgehen, somit ist keine Lebensqualität mehr da. Weil man nirgends mehr teilnehmen will und kann. Das geht dann nicht wirklich. Und diese Erholungsphasen dauern halt schon dann jetzt bald von Mittwoch auf Mittwoch. Somit habe ich zwischendurch nichts Positives. Alles was ich dann sage okay, ich probiere es und so – ich habe nicht viel davon. Ich bemühe mich so und keiner bemerkt es, es kostet so viel Kraft, für andere zu funktionieren. Es macht keinen Spaß, wenn ich heute dort oder da bin, dass man halt am Familienleben teilhaben kann".

Am Tag nach der Chemo ist Rosamaria bis am Nachmittag hyperaktiv. Dann fällt sie in eine drei- bis viertägige Erschöpfung und erholt sich nur langsam wieder. Rosamaria braucht jetzt sehr viel Schlaf. Kortison und Flüssigkeitsstaus tun ihre Wirkung. Sie versucht auf sich zu achten und wirkt mit Tees und Kraftsuppen oder Bädern entgegen: „Solange mir das jetzt hineingefüllt wurde, solange dauert es auch, bis es der Körper wieder abbauen kann". Der Körper reagiert nicht mehr so, wie vor der Erkrankung, „auf gar nichts mehr": „Manchmal habe ich einen Feuchtigkeitsstau, dass ich kaum Pipi gehe. Und heute habe ich gerade vierundzwanzig Stunden Harn sammeln müssen und habe gestern einen Entwässerungstag gehabt, na holla, da habe ich was zu tun gehabt". Zurzeit badet Rosamaria auch gerne:

> „Das tut mir wieder gut. Das habe ich zwei Jahre fast nicht können, wegen der Narben, wegen der Lymphödeme, aber das passt wieder. Danach lege ich mich ins Bett, und ich schlafe fast jeden Tag um zwanzig Uhr. Und wenn ich keinen Termin habe, schlafe ich in der Früh, wenn ich munter werde, um sieben Uhr noch einmal nach".

Aktuell braucht Rosamaria viel Schlaf.

Rosamarias spirituelle Gedanken

Wenn wir geboren werden, wissen wir, dass wir eines Tages sterben müssen. Aber das ist Theorie. Rosamaria bezeichnet diese Gedanken lachend als „Trockentraining". Durch die Erkrankung erfährt sie erst, was in ihr steckt: „Und somit glaube ich, dass ich vielleicht Geist und Seele in Harmonie bringe und irgendwann auch meinen Körper dazu. In kleinen Schritten, ja". Was sie jetzt erleben darf, hätte sie „als seinerzeit gesunder Mensch nie erlebt". Heute nimmt Rosamaria sich viel Zeit, wie sie die Natur betrachtet: „Ich habe im August die Diagnose bekommen, und mein größter Wunsch war, den Frühling zu erleben. Jetzt habe ich schon drei erlebt". Da war zwar schon früher „schon so was" in ihren Gedanken: „komisch, wenn man fünfundvierzig ist, wie viele Frühlinge darf man noch erleben? Die meisten haben wir schon. Bis zwanzig Jahr ist dir der Frühling egal, sind wir uns ehrlich". Rosamaria sind ihre Gefühle bewusster geworden. Manchmal hat sie wahnsinnige Lebensängste oder Angst um ihre Mutter oder davor, Abschied zu nehmen:

> „Und dann denke ich mir jetzt immer, warum mache ich mich da schon fertig? Warum überlege ich jetzt so intensiv [was sein wird], wenn ich die Mama nicht habe? Wenn es so weit ist, dann! Weil meinen Papa, den habe ich jahrelang – der war immer so krank, so viel Kummer und so arm. Und da habe ich mir gedacht: Meine Güte. Umgekehrt ist es auch vielleicht schön

und gut, weil, da habe ich mir oft gedacht, Vati, so wie du jetzt dasitzt, so fotografiere ich dich in meinem Kopf ab, und wenn ich dich später einmal suche, hole ich mir das Bild, und das kann ich. Ist ja auch in Ordnung".

Entscheidungen trifft Rosamaria erst, wenn sie „vor dem Fluss" steht: „Jetzt darf ich mich mit meinen Gedanken, wenn es mir gut geht, sehr spirituell beschäftigen". Sie hat sich entschieden, nicht an Krebs zu sterben: „Am Anfang habe ich mir immer gedacht, wofür werde ich jetzt gestraft, bestraft?" Heute sieht Rosamaria ihre Erkrankung als Chance und nicht als Strafe: „Ja ich sehe dem Leben positiv entgegen".

Themenspezifische Schwerpunkte zum Selbstkonzept vor der Psychotherapie

Rosamarias Auffassung über ihr Ich vor der Erkrankung
− Ich hatte eine schöne und naturverbundene Kindheit und bin froh auch heute noch von meiner bodenständigen Mutter zu lernen.
− Ich hatte nach außen immer gemacht, obwohl es mich innerlich fast zerriss.
− Ich arbeitete gerne, übernahm viel Verantwortung und war sehr zuverlässig.
− Ich ließ Dinge auf mich zukommen und agierte erst, wenn es an der Zeit war.
− Ich dachte positiv, war immer für alle da. Wenn es den anderen gut geht, dann geht es mir auch gut. Das war mein größter Irrtum".
− Meine Ansprüche an mich selbst waren immer hoch. Alles um mich herum passte perfekt.
− Mit meinem Körper war ich nie zufrieden, das ist mein Lebensproblem.
− Vielleicht bemühte ich mich deshalb auf meine Art, damit mich alle liebhaben.
− Ich half anderen Menschen instinktiv in vielen Gesprächen.

Rosamarias Auffassung über ihre Diagnose
− Ich nahm die Diagnose so wahr, als ob es nicht um mich ginge. Ich verdrängte sie, aktivierte mein inneres Schutzschild und reagierte nach außen nicht.
− Gefühle konnte ich nicht richtig zulassen. Ich war am Boden zerstört.
− Ich machte meine Gefühle mit mir selbst aus.
− Ich agierte, als ob es nicht um mich selbst ginge. Ich wollte nicht mehr aufstehen, nichts erleben, niemanden treffen, nicht reden.
− Mich zurückzuziehen, konnte ich auch vor meiner Erkrankung schon sehr gut.

Rosamarias Auffassung über ihr jetziges Erleben
− Lange Zeit konnte ich mir selbst und meinen Gefühlen nicht mehr vertrauen.
− Ich habe nicht mehr so viel Kraft und ziehe mich zurück.
− Zickig bin ich, wenn es mir nicht gut geht und ich Angst habe, zu versagen.
− Ich frage mich, was mir die Krankheit sagen will, führe innere Dialoge.
− Für mich ist Krebs der Hilferuf meines Körpers, und die Aufforderung etwas dagegen zu tun.
− Ich glaube, ich ließ meine Krankheit selbst ausbrechen.
− Plötzlich keine Brust zu haben, daran kann ich mich nicht gewöhnen.

- Ich habe Berührungsängste und blende meine Sexualität aus.
- Die körperliche Umstellung durch den künstlichen Wechsel und die Nebenwirkungen der Chemotherapie belasten und erschöpfen mich.
- Ich brauche viel Schlaf, der Körper reagiert nicht mehr so, wie vor der Krankheit.

Rosamarias Auffassung über ihr jetziges Ich
- Ich entdecke und stelle fest, dass ich nicht nur „muss".
- Ich bin in irgendeinem Lebensmuster gefangen.
- Ich zerreiße mich nicht mehr für andere. Ich teile mir meine Zeit ein, sage es klar.
- Ich bin heute der Meinung, dass alles heilbar ist.
- Ich spüre meine Gefühlswelt wieder zurückkommen. „Ich traue mich öfter nein zu sagen".
- Ich kann von mir erzählen und sagen, wie es mir geht.
- Ich kann mich der „Sache" stellen und auch wieder weinen.
- Ich entdecke mich selbst, freue mich darüber, bin stolz. Ich bin oft verblüfft, was da kommt, was in mir steckt.
- Meine Erkrankung sehe ich als Chance. Durch sie lerne ich vieles kennen, erlebe eine andere Betrachtungsweise und Lebensqualität, die ich als gesunder Mensch nie erlebte.
- Ich genieße im Hier und Jetzt: „Die Vergangenheit ist Geschichte, die Zukunft ein Geheimnis und dieser Augenblick ein Geschenk".
- Entscheidungen treffe ich erst, wenn ich davor stehe.

6.5.2 Das Leben wieder lebenswert zu machen

Rosamaria und ich vereinbarten das Abschlussgespräch zum Therapieprozess für den 5. August 2010. Dieses Gespräch fand bei Rosamaria zu Hause im Garten bei Kaffee und Kuchen statt. Sehr berührt war ich, als Rosamaria mir ihre Acrylbilder zeigte und Details liebevoll erklärte. Nach dem Erstgespräch hatten Rosamaria und ich fünf einstündige, gemeinsame Therapiestunden, in einem, an die Termine der Chemotherapie angepassten, meist dreiwöchigen Rhythmus. Das Abschlussinterview[460] wurde von der Psychotherapie getrennt geführt.

Personenbezogene Aussagen zum Psychotherapieprozess

Für Rosamaria kam die Psychotherapie gerade passend, als ob das Universum sie ihr geschickt hätte. Sie wünscht sich Menschen zu begegnen, die ihr guttun und ist dankbar dafür. Sie spürt, dass sich ihre Gefühlswelt und die Lebenssituation verändern. Ausschlaggebend für die Psychotherapie war für Rosamaria die gegenseitige Sympathie. Nach dem Erstinterview sorgte sie sich ein wenig darüber, wie es möglich sein wird, das von ihr Erzählte zu ordnen: „Ich komme von Einem ins Tausendste, gelt? Wie will man

---

460 Rosamaria 2010, II.

das schlichten [...]. Mich brauchen Sie gar nichts fragen, gelt? Ich rede nur und rede und rede und rede". Das Gespräch an sich fand Rosamaria „schön":

> „Nur, wenn Sie mir nicht sympathisch wären, würde ich das alles nicht preisgeben. Weil es ist aus meinem Innersten. Es sind Gedanken, die nicht viele Menschen kennen, was ich da jetzt gesagt habe. Viele würden es auch nicht verstehen, weil da fällst du schon bald in die Schiene, na ja, jetzt ist sie deppert geworden. Weißt eh, abgehoben. Viele, die über so etwas nie nachdenken, vertragen keinen Satz von dem".

„Und somit hat sich das im XY für mich also wirklich gut angeboten".

Rosamaria erinnert sich an die Zeit, als „das zweite Mal eben diese Diagnose Krebs gestellt worden ist". Wieder wusste sie nicht, was auf sie zukommt: „Und dann diese Ängste, die man durchlebt. Dieses, dass du immer schwächer wirst, dass es dir immer schlechter geht. Diese Müdigkeit, die man da durchlebt, diese Übelkeit, die man durchlebt, dieses Verzweifelt-Sein". Dann fand Rosamaria einen Fragebogen, den sie ausfüllte und vermerkte:

„Wir Chemo-Patienten, wir brauchen eine Unterstützung, psychotherapeutische Unterstützung".

Das Gefühl, Unterstützung zu brauchen, hatte Rosamaria nicht jeden Tag. Aber in der Zeit, wo es ihr sehr schlecht ging, war es „fast jeden Tag (Pause)" da. Rosamaria bemühte sich auch privat um psychotherapeutische Hilfe. Für sie ist es dann einerseits eine „finanzielle Sache", andererseits stellt sich ihr die Frage:

> „Wenn es dir so schlecht geht, kommst du ja auch kaum dorthin, wo dir diese Hilfe angeboten wird, wenn ich da fahren muss, zwanzig, dreißig Kilometer oder weiter. Und somit hat sich das im XY für mich, also wirklich gut angeboten. Ich war schon sehr dankbar".

Rosamaria empfindet, dass es ihr momentan vergleichsweise gut geht, wenn sie an ihre Situation zu Jahresbeginn zurückdenkt, wo es ihr „schon sehr, sehr schlecht gegangen ist". Sie findet, dass „jeder, der Chemotherapie und so was erlebt, und der es dann natürlich möchte", psychotherapeutische Unterstützung bräuchte. Und dennoch, „zwangsbeglückt", meint Rosamaria lachend, „gehört man nicht".

„Sprechen können [...], etwas verstanden fühlen [...], Zeit für mich [...] befreit".

Für Rosamaria waren die psychotherapeutischen Treffen „sehr angenehm": „Dieses, dann doch sprechen können, und dieses, mich etwas verstanden fühlen für meine Situation", und „danach war eben das, dass es mir *besser* (betont) gegangen ist". Rosamaria war danach: „immer wieder [ein] bisschen befreit. Wichtig! Es ist wichtig, dass ich da bin und zum Beispiel auch lebe". Es ist jemand da, der eben diese Stunde Zeit hat. Von der Psyche her, glaubt Rosamaria, ist es ihr besser gegangen. Wenn sie sich dachte, worüber sie heute reden soll, „ist das ganz einfach so gelaufen, und wir haben gesprochen":

> „Wenn ich zurückgegangen bin, den Gang in mein Zimmer und dann halt die Chemo, und das Avastin und das bekommen habe – na, es war gut, es war das Richtige. Bin auch oft zurückgekommen und habe gesagt: ‚Ich weiß jetzt gar nicht, über was wir geredet haben'. Aber ich habe immer gespürt, es hat mir gutgetan".

Rosamaria fühlte sich erleichtert und gut bevor sie ihre Chemotherapie bekam, vielleicht auch ohne im Moment genau zu wissen, was da war.

„Dann will man seine Umgebung nicht damit belasten".

Rosamaria wollte ihre familiäre und soziale Umgebung nicht belasten und immer wieder von ihrer Krankheit sprechen:

> „Wenn man dann aber wem hat, wo man das Gefühl hat, wart', die verstehen uns, oder da darf ich jetzt sagen und dann vielleicht auch noch, was zurückkriege, wo ich mir denke, aha, ich glaube, die wissen jetzt von was ich rede, oder die verstehen mein Gefühl oder können es mitfühlen. Nur wenn man das Gefühl hat, oder sagt dann auch einmal irgendwas drauf oder ja, das ist richtig, was ich mache, oder die Bestätigung, das ist schön, wichtig, sehr wichtig".

Nicht nur das Zuhören, sondern das Miteinander-Reden, „das tut ganz einfach gut, tut gut". Es fließt, auch wenn Rosamaria vor der Psychotherapiestunde nicht so genau wusste, worüber sie reden werde: „Dann habe nur ich gesprochen oder, wie beim letzten Mal, da haben wir beide gesprochen". Diese Beziehung, diesen Austausch wird Rosamaria vermissen.

„Verstanden zu werden, so habe ich oft das Gefühl gehabt, ja".

Hilfreich war für Rosamaria, sich in ihrer „Denkweise" bestätigt zu fühlen:

> „Sachen aussprechen zu dürfen und dann halt auch zum Beispiel manchmal in einem Beispiel, oder so, eine Antwort bekommen. Oder dass das eben, so wie ich fühle, normal ist oder in Ordnung ist. Das habe ich bei diesen Gesprächen schon gelernt oder bestätigt gekriegt. Ja es hat in dieser Richtung gutgetan".

Psychotherapie hilft Rosamaria, „das Leben wieder lebenswert zu machen", und sie glaubt auch sogar „irgendwo einen Lichtschimmer zu sehen". Diese „viele Verzweiflung", die oft aufkommt oder die Ängste, die Rosamaria durchlebt, die kommen immer wieder. Auch wenn sie sich dagegen wehrt oder versucht anders zu denken, sodass „diese Todesangst ganz einfach nicht so präsent ist". Diese Gefühle, Ängste und Gedanken lassen sich nicht so einfach abstellen: „*Das* (betont) kann man meistens nicht mehr alleine" bestätigt Rosamaria. Da findet Rosamaria psychotherapeutische Unterstützung gut. Auch der Austausch mit anderen Patienten ist für sie in Ordnung, so lange keine Menschen dabei sind, die „so negativ sind".

„Bis daher, mehr lasse ich nicht zu".

Sich abzugrenzen, auf sich zu achten und sich etwas zu erlauben, ist für Rosamaria wesentlich. Das glaubt Rosamaria auch gelernt zu haben, dieses Weggehen, wenn ihr „Leute zu negativ sind" oder die Wahl zu haben, sich auf kein Gespräch einzulassen. Damit meint Rosamaria Patienten, „die *total* (betont) fertig sind an dem Tag". Sie entscheidet, was sie zulassen möchte und erlaubt sich, das zu tun: „Was mir dann guttut, ja, ja".

„Für meine Person war es so, wie es war, in Ordnung".

In der Psychotherapie hat Rosamaria sich wohlgefühlt: „Diese Zeit, die wir gemeinsam jetzt dort verbracht haben, und diese Gespräche, traue ich mir jetzt so sagen, also zu hundert Prozent war das gut für mich. Deswegen werden wir uns auch begegnet sein, dass gerade wir zwei geplaudert haben, denke ich mir". Die Gespräche wird Rosamaria „sehr vermissen (lacht)" und erinnert sich, Abschied nehmend, an unsere erste Begegnung:

> „Na aber das war eh so lieb, wie Sie gesagt haben, ‚Grüß Gott', im Zimmer, ‚ich bin da jetzt', ich weiß nicht, wie Sie es genannt haben ‚psychotherapeutische Betreuung […], und ich gehe immer durch die Zimmer'. Und ich habe gesagt: ‚Na oft können Sie noch nicht gegangen sein, weil ich habe Sie noch nie gesehen' (beide lachen)".

Diese Begegnung machte mir als Psychotherapeutin in der Institution erst bewusst, wie sehr ich von den Patientinnen und Patienten beobachtet wurde. Sie verdeutlichte andererseits auch den dringenden Bedarf. Denn, wie Rosamaria sagt: „Diese neuen Monate hätte ich schon öfter irgendjemanden gebraucht".

„Daran könnte ich mich nicht erinnern, dass ich mich einmal nicht wohlgefühlt habe".

Dass es Rosamaria im Rahmen des psychotherapeutischen Prozesses einmal nicht gut ging, das Gefühl hatte sie nicht gehabt: „Mit einem Gespräch oder so? Nein, nein. Nein, das war gar nicht, nein (Pause), nein.

Themenspezifische Schwerpunkte zur Aktualisierung

Im Erstinterview wird spürbar, dass ich mich schon vor der Psychotherapie meinen inneren Prozessen widmete und Veränderungen erlebte. Begleitet wurden sie von durchlebten Ängsten, von Gefühlen körperlicher Schwäche, Übelkeit, Müdigkeit und meiner Verzweiflung in manchen Situationen: „Wir Chemo-Patienten, wir brauchen eine Unterstützung, psychotherapeutische Unterstützung".

- Psychotherapie vor Ort ermöglicht mir, gerade in diesen Phasen Unterstützung zu erleben.
- Ich erlebe, dass es mir durch die Psychotherapie momentan gut geht.
- Durch das Miteinander-Sprechen, Sich-verstanden-Fühlen und die Zeit für mich, bekomme ich das Gefühl, dass es wichtig ist zu leben.
- Nach der Psychotherapiestunde fühlte ich mich befreit und erleichtert. Es geht mir besser.
- Ich habe Bestätigung erfahren, dass ich es richtig mache. Es ist normal und in Ordnung, was ich spüre und tue.
- Mit meiner Verzweiflung, Todesangst, einhergehenden Gefühle und Gedanken umzugehen, fällt mir allein schwer.
- Sich auszusprechen, oder in Form eines Beispiels eine Antwort zu finden, erleichtert.
- Ich fühle mich in der Bedeutung, was ich zulassen will, und wo ich mich abgrenze, bestätigt.
- Ich will mein Leben wieder lebenswert machen, einen Lichtschimmer sehen.
- Ich achte genau darauf, was mir guttut.

6.6 Frau Heidi – Diagnose: Lungenkrebs

6.6.1 Ich lasse mir im Leben nur einmal wehtun

Frau Heidi[461] ist fünfundfünfzig Jahre alt, verheiratet und hat einen erwachsenen[462] Sohn. Bis zu ihrer frühzeitigen Pensionierung arbeitete sie als Leiterin der Buchhaltung in einem Automobilkonzern. Heute betreut sie ihren seit einigen Jahren durch Schlaganfälle erkrankten Mann. Heidi rauchte neununddreißig Jahre lang und ging ab ihrem fünfundvierzigsten Lebensjahr regelmäßig zur Kontrolle. Zwischen dem Auftreten der ersten Beschwerden und der Diagnose verging über ein Jahr. Heidi bekommt im XY[463] Chemotherapien, ihre Metastasen im Kopf wurden im Februar bestrahlt, und sie entdeckte, dass ihre Erkrankung nicht heilbar ist. Vor unserem Erstinterview am 15. April 2010 beobachtete Heidi mich und sprach mich in der Folge hinsichtlich einer möglichen Psychotherapie an, obwohl sie selten aus sich selbst heraus auf Menschen zugehe.

Personenbezogene Aussagen zum Erstinterview

Heidis Erleben mit der Entdeckung ihrer Erkrankung und der Diagnose

Heidi ging jährlich zum Lungenfacharzt: „Aber er hat mich eigentlich nie zu einem Lungenröntgen geschickt". Ein Lungenröntgen ist in der Vorsorge nicht vorgesehen, was Heidi sehr bedauert: „In meinem Fall wäre man vielleicht früher draufgekommen". Ihren Husten führte man auf das Rauchen „und vielleicht psychosomatische Störungen" zurück. Als ihr Mann aufgrund seiner Schlaganfallerkrankung bei einem Lungenfacharzt geröntgt wurde, fragte Heidi, ob er auch sie durchleuchten könne: „Bin dort hineingegangen, hat er nichts gesehen". Ein Jahr verging. Heidi hatte Beschwerden und sagte zum Facharzt:

> „‚Ich bekomme überhaupt keine Luft. Ich kann nicht Stiegen steigen, ich wohne im ersten Stock, ich bekomme keine Luft, irgendetwas stimmt da nicht'. (*)Er gab mir einen Inhalationsspray und in vier Wochen einen Kontrolltermin. Der Erfolg war gleich null. Dies wiederholte sich mit einem anderen Spray. So vergingen wieder zwei Monate.[464] Dann meinte der Lungenfacharzt: ‚Na machen wir einmal ein Lungenröntgen'".

Das Lungenröntgen und die Computertomographie waren nicht eindeutig, aber es schaute „nicht gut aus". Ende September 2009 wurde eine Bronchoskopie gemacht. Im Oktober erhielt Heidi die Diagnose:

> „‚Sie haben Lungenkrebs' – ich hatte keine Empfindung in dem Moment. Es war die Tatsache, und ich ja an sich sehr realistisch bin und habe gesagt: ‚Und wann operieren wir?' Das war also für mich – Krebs, herausschneiden, Behandlungen, du wirst wieder gesund. Sagt er: ‚Gar nicht, Ihre Krebsart ist nicht zu operieren'".

---

461   Heidi 2010, I: Die Ansprache wird im Textfluss auf „Heidi" gekürzt.
462   Heidis Sohn ist psychisch beeinträchtigt und geht seit Jahren zu einer Psychotherapeutin.
463   Das ist ein Krankenhaus.
464   Der Beginn von Ergänzungen vom 18.05.2010 sind mit einem „(*)" gekennzeichnet.

In diesem Moment empfindet Heidi „nichts, nichts, gar nichts". Es war für sie: „[...] auf der einen Seite, wie ein Keulenschlag, auf der anderen Seite, na ja, warum sollst du das nicht schaffen". Im Hinterkopf hatte sie dieses Gefühl – „das ist sicher Krebs" – irgendwie schon, sagte es aber niemandem. Angst hatte sie „vor dieser Krankheit in diesem Moment" keine, sie war zuversichtlich: „Ich war so positiv, auch wenn es nicht zum Operieren ist. Die hauen da jetzt diese Chemotherapie hinein, und das wird alles wieder gut". Vorherrschend war der Gedanke: „Okay, ist eben so, aber das wird alles wieder". In drei Monaten konnte sie in Pension gehen.

Heidis Lebensalltag allerdings änderte sich. Als Leiterin der Buchhaltung fühlte sie sich durch die Dynamik der Erkrankung „aus ihrem Berufsleben herausgerissen". Ursprünglich war es ihr Wunsch, ihre Arbeit zu übergeben: „Von einem Tag auf den anderen hat sich mein Leben total verändert".

Im Krankenhaus fühlt sich Heidi gut aufgehoben

Heidi ist von der fachärztlichen Betreuung begeistert. Sie beschreibt die ärztliche und menschliche Kompetenz und hebt hervor, wie wichtig ihr die Wahrheit ist. So beispielsweise:

> „Prof. Y ist, sage ich einmal, ein kleiner zerstreuter Professor, aber *sicher* (betont) auf seinem Gebiet eine Kapazität [...]. Er ist ganz ein Netter, und wenn man Fragen hat, er drückt halt herum mit der Wortwahl. Jeder Patient vertragt es nicht, die Wahrheit, obwohl ich immer wieder der Meinung bin, mir tut die Wahrheit besser weil, dann kann ich agieren".

Beschönigungen will Heidi nicht. Auf die Bemerkung eines Arztes, dass sie „eigentlich ganz atypisch reagiert", antwortete sie: „ Na ja, Krebs war für mich Herausschneiden, und dann bist du wieder gesund". Daher wollte Heidi zuerst wissen, wann sie operiert werde. Doch operiert wurde sie nicht. Heidi bekam eine Chemotherapie. Ihre Metastasen im Kopf wurden im Februar 2010 bestrahlt:

> „Ich war auch die zwei Tage, wie ich die punktgenaue Bestrahlung gehabt habe auf der Station, aber die waren auch ausgesprochen lieb, nett, höflich, zuvorkommend. Ich kann überhaupt nichts sagen. Es waren alle sehr, sehr nett. Auch wenn man Fragen hat, wird geantwortet, vielleicht nicht immer ganz verständlich, aber da muss man einfach nachfragen, das habe ich jetzt für mich schon in Anspruch genommen. Wenn ich etwas nicht verstehe, dann bitte Klartext, ich bin kein Mediziner. Ich will es verstehen können. Ich habe nichts davon, wenn einmal ein Fachausdruck kommt. Ich müsste nach Hause gehen, im Internet nachlesen. Dazu finde ich ist er da, dass er es mir erklärt, und das tun sie auch. Nein, da kann ich gar nichts sagen".

Heidi braucht Klartext um das, was passiert, verstehen zu können. Zu Beginn der Chemotherapien hatte Heidi noch Kraft, die ersten vier Chemozyklen hat sie „toll vertragen". Sie hatte „Energien", ihr Blut „hat das alles ausgehalten, alles positiv". Heidi las dann „blöderweise" im Internet nach. Das bedauert sie heute, denn darin stand, dass „es nicht heilbar ist", was sie zuerst nicht wusste. Heidi glaubt jetzt nicht mehr, was sie zuerst annahm: „Das verkapselt sich, ich habe zwei, drei, vier, fünf Jahre vielleicht eine Ruhe, möglicherweise fängt er dann wieder an zu wachsen". Heidi erzählt, wie die

Behandlung weiter verläuft und resümiert: „Jetzt hofft man halt, dass er vielleicht mit den nächsten Zyklen ein bisschen Ruhe gibt, aber das ist, ewig ein Risiko".

Heidi wünscht sich, „dass ein bisschen eine Ruhe einkehrt", weil sie auch noch die Metastasen im Kopf hat: „Die kleinen sind zwar alle weg. Dann hatte ich noch zwei, die sind im Februar 2010 punktgenau bestrahlt worden, sind aber noch immer da. Sie sind tatsächlich noch da, aber sie drücken nirgends hin".

Heidis Familienleben

Heidi war ein „Nachzügler", sie hat noch drei Geschwister. Das Verhältnis zu ihren Eltern war ein sehr, sehr inniges. Sie waren immer um sie herum:

„Ich war behütet, ich war wie ein Einzelkind. Ich war kein Schlüsselkind, wenn ich von der Schule nach Hause gekommen bin. Es war immer jemand da. Daher sage ich immer wieder, ich hatte zwar meine Eltern vielleicht nicht so lange wie andere, aber ich hatte sie intensiver".

Sie war vierundzwanzig Jahre als ihr Vater und dreiunddreißig Jahre alt, als ihre Mutter verstarb. Was Heidi „so fasziniert ist" –, „ich habe gelitten, wie ein Hund". Aufgrund des Altersunterschiedes ist der Kontakt zu den älteren Geschwistern eher selten. Für Heidi sind das nicht Geschwister im üblichen Sinne, sondern: „jede ist halt seinen Weg gegangen, und ich war der Nachzügler. Das ist nicht wirklich Familie, die fängt. Dazu ist einfach der Kontakt zu wenig in den letzten Jahren gewesen".

Seit fünfunddreißig Jahren ist Heidi mit ihrem Mann verheiratet. Für Heidi waren es gute Jahre: „Und die hatte ich absolut mit ihm. Da gibt es gar nichts". Es wurde immer geteilt, es wurden keine Unterschiede gemacht. Ihr Mann kochte auch, etwas was sie nicht konnte. Er hat zwar „dazwischen ein bisserl getrunken" und fing zum Spielen an, aber aggressiv wurde er nie. Er war sehr dominant und für Heidi die Schulter zum Anlehnen: „ – also, ich meine gute Jahre, natürlich waren sie gut, aber sie waren halt, wie eine Ehe ist".

Heidis Sohn ist heute neununddreißig Jahre alt. Er lehnt das Rauchen strikt ab. In der Vergangenheit hatten Heidi und ihr Mann im Auto immer geraucht. Aus Heidis heutiger Sicht keine tolle Vorbildwirkung für den Sohn, der darunter litt und meinte, vergiftet zu werden: „Wir waren eigentlich wahnsinnig böse Eltern zu ihm. Daher hat er noch nie eine Zigarette angerührt und *wird* (betont) auch nie eine anrühren".

Heidis Mann ist seit sieben Jahren krank. Er kann nicht alleine für sich sorgen. Drei Schlaganfälle, massive Sprachprobleme und Einschränkungen der rechten Seite bedeuteten für Heidi eine große Umstellung. Ein herzlicher Mensch zu sein, hatte Heidis Mann von Kind auf nie gelernt. Nicht so, wie sie es selbst von ihren Eltern kannte. Ihrem Sohn versuchte Heidi diese Herzlichkeit weiterzugeben. Sie hat den Eindruck, dass ihr Mann durch seine Erkrankung heute überhaupt keine Gefühle mehr zeigen kann. Sexualität ist für Heidi kein vorherrschendes Thema. Diese unterscheidet sie von jenen Gefühlen und Berührungen, die sie sich wünscht.

Heidi möchte noch alles organisieren. Für ihren Mann und für ihren Sohn. Von ihrem Sohn könne sie nicht verlangen, dass er „das für seinen Vater macht, was der Partner für ihn macht". Nach drei Schlaganfällen „mit einem wirklich massiven Sprachproblem, und jetzt wird natürlich die rechte Seite auch schwächer". Dass ihr Mann selbst keine Therapien mehr möchte, muss Heidi akzeptieren, auch wenn sie sich für die Partnerschaft mehr erhoffte. Depressionen und zeitweilige Aggressionen ihr gegenüber kommen belastend hinzu: „Ich kann meinen Mann auch nicht gut in ein Heim geben. Heimhilfe lässt er aber wahrscheinlich nicht zu [...]. Mein Mann ist im Moment das zweite Kind für mich geworden". Sie fühlt sich verantwortlich und hat Angst, dass sie „diese Möglichkeiten nicht mehr habe, das so zu tun", wie sie glaubt, es tun zu müssen: „Das beherrscht mich so, dass für mich zu wenig Zeit bleibt. Das Gefühl habe ich jetzt". Heidi meldete sich und ihren Mann voriges Jahr in einem Pensionistenheim an. Heute sagt sie sich: „,Ich weiß nicht, wie es mit mir einmal weiter werden wird, gehen wir halt in ein Pensionistenheim, wenn wir so alt sind, dass wir gehen können'. Das habe ich versucht, aber mittlerweile denke ich mir, vielleicht komme ich gar nicht mehr dort hin".

Heidis Selbstwahrnehmung und Lebensgefühl

Heidi war immer sehr introvertiert. Das war auch in ihrem Berufsleben so. Als zartfühlende Frau, wäre sie in dem männerdominierten Arbeitsumfeld untergegangen. Es war in Ordnung so: „Ich warte eigentlich immer zuerst. Dann kann ich mich schon öffnen. Nur erwarte ich, dass die Leute auf mich zukommen". Damit ist Heidi nie schlecht gefahren und fand daher keine Notwendigkeit, etwas zu ändern.

Jetzt glaubt Heidi, sich „zu viel aufzuhalsen". Sie weiß wirklich nicht mehr, wo vorne und hinten ist. Das Gefühl krank zu sein, war zwar nicht wirklich da, der Körper spricht aber eine andere Sprache. Dann denkt sie sich wieder: „Bitte versuche doch, dich auf dich zu konzentrieren. Ich meine, ich muss meinen Mann nicht vergessen, für ihn bin ich ja nach wie vor da, umsorge ihn nach wie vor und tue und mache, was ich kann". Durch die Sorge um ihren Mann lastet alles auf Heidi. Er war nie ein sehr herzlicher Mensch, sagt Heidi, aber er passte sich im Verlauf der Ehe sehr an:

> „Aber jetzt durch diese Krankheit – klar hat er auch mit sich am meisten zu tun – ist das, was er all die Jahre mir doch an Gefühlen gezeigt hat total verloren, wenn ich heute zu ihm sage, bitte drücke mich einmal. Es ist natürlich schon einmal diese Überwindung für mich ihm das sagen zu müssen, dass ich das brauche. Das ist nur das Gefühl, da ist jemand, der drückt dich so wie früher".

Manchmal wünscht sich Heidi einfach herzlich gedrückt zu werden, ohne es einfordern zu wollen: „Da denke ich mir, wenn es nicht vom ihm aus kommt, vergiss es! Dann ist es eh nur eine Alibihandlung. Dann ist es aber nicht das, was ich will: dieses Einfordern-Müssen". Heidi fragt sich, wieso er das nicht spürt: „Klar, jetzt noch weniger, wie vorher. Bei einem Mann ist es halt so, wenn du sagst, bitte drücke mich, ist es gleichbedeutend, dass du Sex willst. Das ist aber nicht so".

Als ihr Sohn sie unlängst in den Arm nahm, weil es ihr schlecht ging, stieß Heidi ihn weg. Sie wollte keine Alibihandlungen. Das kränkte ihren Sohn. Für Heidi ist ihr Sohn das Wichtigste: „Das hat mich so erschüttert, dass ich mir gedacht habe, das kann es nicht sein, dass ich mich so verändert habe". Heidi findet: „ich, kann ich mich nicht so gehen lassen, *trotzdem* (betont) ich krank bin". Manchmal wünscht sie sich weinen zu können. Vielleicht würde es dann leichter werden, nur sie kann nicht: „Das ist ein trockenes Schluchzen, das sind drei Tränen, und dann ist das wieder weg. Wozu soll ich heute noch weinen, frage ich mich. Ich kann nicht mehr. Wie, wenn ich mich bei meinen Eltern ausgeweint hätte". Sie fühlt sich, wie in einem Panzer, der immer enger wird: „Das ist so verhärtet alles, und ja jetzt lebe ich halt mit der Diagnose".

Die von ihr gewünschte Nähe bekommt Heidi von ihrer langjährigen Freundin Maria: „Ja, die gibt sie mir, und das gibt mir auch sehr, sehr viel. Nur denke ich mir dann auch manchmal, ich habe so das Gefühl, sie ist ‚mein Weinstein'". Heidis Freundin ist geduldig, hört zu, ist da und hilft. Selbst wenn es „nur bedingt hilft", ist sie auch eine Stütze, wenn Heidis Mann einmal ekelhaft wird. Manchmal fühlt Heidi, dass sie Maria zu sehr belastet.

Von einer anderen Freundin trennt sie sich: „Ich war immer sehr kritisch meinen Mitmenschen gegenüber. Ich habe immer falsche Töne gehasst, die sind mir aufgefallen". Die Echtheit und Ehrlichkeit spürt Heidi bei Menschen genau. Ihr gutgemeinter Einsatz für die Probleme dieser Freundin wurde zum Bumerang. Sie war sehr enttäuscht, sehr, sehr verletzt, distanzierte sich und zog klare Grenzen. Eine versuchte Wiederannäherung seitens der Freundin konnte Heidi nicht mehr zulassen: „Ich lasse mir im Leben nur einmal wehtun". Heidi sagt klar, was sie möchte. Wenn sie verletzt wird, zieht sie sich zurück, dann kann sie diesen Personen gegenüber „nicht mehr offen" sein. Solche „Dinge", kann und will sie nicht verzeihen. Es bleibt „dieser bittere Nachgeschmack und auch eine gewisse Unehrlichkeit". Sie bleibt freundlich und höflich, aber es geht nicht tiefer. Diese Erfahrungen haben Heidi verändert. Auf andere wirke sie manchmal relativ hart. Sie selbst sieht es nicht ganz so. Es berührt sie einfach nicht mehr:

> „Es ist mein gutes Recht, und warum soll ich mir wehtun lassen? Einmal aber sicher kein zweites Mal von ein und derselben Person, da wäre ich blöd. Und ich glaube nicht, dass ich blöd bin, daher gibt es eine gewisse Distanz. Ich bin nicht unfreundlich und unhöflich".

Heidi hat das Gefühl, dass ihre Umwelt ihr nahelegt, positiv zu denken. Daraus schließt sie, dass sie Negatives ausstrahlt. Sie selbst hatte „nie so den Eindruck", wirklich „so negativ behaftet" zu sein. Natürlich hat auch sie manchmal einen „Durchhänger". Die „rührende" Sorge ihrer Kolleginnen beispielsweise, wenn sie anzurufen versuchen, geht ihr „manchmal richtig auf die Nerven". Dann blockt Heidi ab und versucht dem Gespräch eine andere Wendung zu geben". Sie möchte nicht permanent über ihre Krankheit reden:

> „Wobei ich mir dann denke, ich bin ungerecht. Sie rufen mich ja wirklich nur an, weil es um mich geht. Sie mögen mich einfach. Es ist ja nicht so – weil, wenn ich das Gefühl hätte, es sind nur Alibianrufe, wären die schon lange erledigt für mich. Da kenne ich mich zu gut, dass ich dann sage: ‚Du einmal im Monat reicht, weil …'. Und dann bin ich auch so ekelhaft, dass ich sage: ‚Ich glaube es ist sowieso nur, weil du glaubst, es nach all den Jahren zu *müssen*' (betont). Ich für mich glaube es klar unterscheiden zu können, wer es ehrlich mit mir meint und wer nicht".

Auf ihre Härte und ihren Sarkasmus angesprochen, sagt Heidi, dass beides im Moment für sie wichtig ist. Sie kann dadurch ihre Hilflosigkeit überbrücken, merkt jedoch, dass ihr Verhalten andere verletzen kann:

"Von mir stoßen, gewisse Leute – und das ist das, wo ich im Moment sage, ich glaube, man muss versuchen für mich einen anderen Weg zu finden. Das möchte ich, ja. Für mich einen Weg zu finden, wo ich das Gefühl habe ich werde mir gerecht, ich kann noch diese Dinge, die ich ordnen möchte, die gelingen, oder die kann ich in Angriff nehmen".

Heidis körperliche und psychische Selbstwahrnehmung

Heidi hatte im Verlauf ihres Lebens nie gesundheitliche Beschwerden. Jetzt fühlt sie sich „sehr, sehr, sehr schwach". Die ersten Chemozyklen waren wie eine Heilung. Dann erfuhr sie, dass der Tumor wieder gewachsen ist: „Dann erstens einmal die Diagnose, dass er wieder gewachsen ist, also wir beginnen wieder von vorne [...]. Seit dem fünften Zyklus und dem Infekt habe ich körperlich irrsinnig abgebaut. Ich habe auch wieder drei Kilo abgenommen, ich habe keinen Appetit". Die ursprünglich guten Reserven sind aufgebraucht. Was nicht geht, geht nicht, aber es belastet. Heidi sucht für sich selbst einen Aufhänger: „Es geht jetzt wieder, ich schaffe das wieder". Im Alltag spürt Heidi, dass die Luft immer knapp ist und die Stimme sich veränderte. Sie hat das Gefühl, „wie wenn da drinnen einer sitzt und mit einem Messer herumbohrt".

Ihren Körper kann Heidi annehmen und Veränderungen akzeptieren: „Ja, das kann ich, obwohl er sich sehr, sehr verändert hat. Ja, hat sich sehr, sehr verändert. Es hängt alles, okay, der Busen ist um zwei Drittel kleiner geworden, aber der hat mich ohnehin gestört [...]. Nein, das stört mich alles nicht". Das sind für Heidi „einfach nur Äußerlichkeiten". Schwerer war der Verlust der Haare. „Da habe ich geglaubt über diesen Dingen zu stehen, aber dem war doch nicht so". Eine Perücke, dachte Heidi ursprünglich, die brauche sie nicht, jetzt komme der Winter, und da habe sie die Haube auf:

> „Nach drei Wochen stand ich in der Dusche, wirklich also, ich habe es nicht geglaubt. Am nächsten Tag habe ich da schon gebetet: ,Bitte kann ich doch eine Verordnung haben?' Nur, ich trage sie nach wie vor sehr wenig, weil ich immer das Gefühl habe, mein Kopf ist zu groß für die Perücke. Sie drückt, obwohl man sie verstellen kann. Aber ich trage sie nur, wenn es sein muss".

Scheinbar sind die Haare für eine Frau doch von Bedeutung, alles andere jedoch, gehört für Heidi zum Krankheitsbild dazu. Das wird schon: „Wie gesagt, die zehn Kilo, die ich abgenommen habe, das war ohnehin das, was ich im Wechsel zugenommen habe, also das hat mich nicht so tangiert". Heidi glaubt, dass ihr Appetit wiederkommt. Auch das Wetter spielt mit und geht dann halt auf die Psyche. Durch die Chemotherapien sind Heidis Geschmacksnerven sensibler. Wenn sie sich manchmal einen Wunsch erfüllt und etwas isst, auch wenn es unvernünftig ist, gerät Heidi in einen Zwiespalt. „Bist du vernünftig oder bist du unvernünftig, mit dem möglicherweise Umstand, dass du deinem Körper nichts Gutes tust". Aber sich etwas zu „*erfüllen* (betont)" gibt Heidi „*Berge* (betont)". Sie kann nicht allen Gefahren aus dem Weg gehen: „Klar sind dort Menschenansammlungen und Leute, die verkühlt sind, und ich natürlich diese Sachen aufschnappen *kann* (betont), aber trotzdem mag ich mich nicht zu Hause einsperren müssen". Zu leben und eine gewisse Normalität sind Heidi wichtig: „Ich will doch versuchen, mein Leben – war der Anfangstenor für mich – unter einer gewissen Normalität weiterlaufen zu lassen". Anfangs hatte Heidi dieses Gefühl auch noch. Die ersten drei Monate hatte sie überhaupt nicht das Gefühl einer Erkrankung gehabt. Für sie waren es damals: „drei – sage ich mal – anfangs fade Tage, die du da verbringst, aber sie helfen dir wieder gesund zu werden". Sie hatte das Gefühl, ihr Leben gehe normal weiter: „Nur jetzt einfach nicht mehr. Jetzt habe ich dieses Gefühl einfach nicht mehr". Jetzt – und das kommt hinzu – denkt sich Heidi, dass man ihr die Erkrankung ansieht. Das merkt sie an den Reaktionen der Leute. Das gibt ihr zu denken: „Weil du schaust dich jeden Tag selber in den Spiegel, du merkst diese kleinen Veränderungen nicht, wenn du vielleicht Ringe unter den Augen hast, oder das Gesicht doch jetzt etwas schmäler geworden ist". Früher ging Heidi auch nicht ungeschminkt aus dem Haus. Jetzt reicht die Energie „nur dann, wenn man also wirklich wohin geht, wo man Leute trifft, die man nur zweimal im Jahr sieht. Denen möchte ich nicht das Gefühl übermitteln krank zu sein, sondern da richte ich mich dann schon noch her". Sonst fehlt Heidi die Energie und es ist ihr „eigentlich nicht mehr so wichtig".

Heidis Gedanken zum Sterben und zum Tod

Heidis Erkrankung ist im fortgeschrittenen Stadium: „Im Moment ist es so, dass ich glaube, mein Leben ist in zwei bis drei Jahren vorbei". Weil sie nicht weiß, wie lange vorher der Krebs schon in ihr war, sind es jetzt vielleicht nur mehr eineinhalb Jahre:

> „Und das ist (°)furchtbar, *nicht* (betont) die Angst vor dem Tod, die ich eigentlich immer hatte. Für mich war der Tod immer beklemmend. Ich habe immer, wenn ich in der Nacht munter geworden bin, und ich so Träume gehabt habe, dass mein Leben vorbei ist, ich hatte Panik".

Angst hat Heidi heute nicht vor dem beklemmenden Tod, so wie früher, sondern davor, nicht mehr zu wissen was passiert: „Ich bin ein Typ, der versucht alles zu steuern. Für sich, für seine unmittelbare Umgebung und das macht mir Angst, dass ich das dann nicht mehr kann". Heidi interessierte sich auch nicht dafür, in welchen Stadium sie jetzt sei: „Das ist erst jetzt gekommen". Denn, „wer will schon gerne gehen?"

Angst und Träume begleiten Heidi seit dem Tod ihrer Eltern. Damals fühlte sie sich, trotz eigener Familie, sehr alleine. Weil sie ihren Sohn nicht belasten will, und auch ihren Mann versorgt wissen will, ordnet sie ihr Leben. Zuweilen sei sie spartanisch und fragt sich selbst warum?

Manchmal hat Heidi das Gefühl sterben zu wollen, findet diesen Gedanken aber böse. Dennoch ist er da und mit einer gewissen Aussichtslosigkeit verbunden: „Auch wenn man sagt, das ist frevelhaft, und es wird schon wieder, und gib nicht auf, aber dieser Gedanke – ‚gib nicht auf' [fällt schwer]". Heidi möchte „Ruhe finden, Ruhe finden". Ihre innere Stimme jedoch sagt:

> „Das ist einfach frevelhaft. Und vor allem, es gibt hunderttausend andere Menschen, denen es noch viel, viel schlechter geht. Du versuchst dann für dich selbst zu sagen, nimm dich nicht so wichtig! *Versuche* (betont) es – nur es *gelingt* (betont), also mir gelingt es fast nie. Ich bin dann eigentlich noch verzweifelter wie vorher, weil ich diese bösen Gedanken eigentlich zugelassen habe".

Der Gedanke „sterben zu wollen" ist für Heidi „böse", obwohl sie der Meinung ist, dass jeder Mensch ein Ablaufdatum hat, wenn er auf die Welt kommt. Sie erinnert sich an diesbezügliche Aussagen ihres Schwiegervaters. Damals verstand sie es nicht, heute schon: „Genauso, wie man ja auch sagt, jeder Mensch hat ein gewisses Krebs-Gen in sich". Heidi fragt sich, inwiefern sie selbst für den Ausbruch ihrer Erkrankung Schuld ist. Sie findet es logisch, darüber nachzudenken, auch, wenn ihr der Arzt sagte, dass niemand schuld ist: „Nur, es ist auf der einen Seite müßig, ich kann die Zeit nicht mehr zurückdrehen". Heidi klammert sich an den Gedanken, dass ihre Erkrankung „vielleicht einmal zum Stillstand kommt", und ihr „dadurch doch mehr Zeit bleibt, als die Statistik [meint]". Auf der andern Seite müsse sie auch realistisch sein.

Heidis Wünsche

Für Heidi ist der Rucksack voll. Sie hat das Gefühl, Hilfe zu brauchen. Erholung, Kräftigung, Luftveränderung, andere Leute und Abstand. Sie denkt,

> „es gibt Leute, die sind sehr positiv, die anderen sind sehr negativ. Also sowohl als auch. Dann denke ich mir wieder, die Negativen helfen mir, weil *so* (betont) möchte ich nicht werden. Obwohl ich manchmal auch sehr negativ eingestellt bin. Man denkt, das schaffst du nie. Und am nächsten Tag ist es dann wieder so, dass du sagst, Blödsinn, du musst nur fest daran glauben".

Früher las Heidi gerne, jetzt sind die Augen schlechter geworden. Es strengt sie an. Auch möchte sie sich wieder besser konzentrieren können. Dem Leben das Schöne abzugewinnen, steht aktuell im Vordergrund: „Wird schon wieder aufwärtsgehen". Deshalb strebt Heidi zunächst eine „Luftveränderung" und einen „Tapetenwechsel" an.

Themenspezifische Schwerpunkte zum Selbstkonzept vor der Psychotherapie

Heidis Auffassung über ihr Ich
- Das Verhältnis zu meinen Eltern war sehr innig. Sie waren immer um mich, behüteten mich und fingen mich auf. Diese Zeit war für mich herzlich und sehr intensiv.
- Zu meinen Geschwistern habe ich aufgrund des Altersunterschiedes wenig Kontakt.
- Als Mutter versuchte ich, die Herzlichkeit meiner Eltern an mein Kind weiterzugeben.
- Ich war immer sehr introvertiert. Ich passte mich an.
- Ich warte zuerst. Kommt jemand auf mich zu, kann ich mich schon öffnen. Ich habe damit gute Erfahrungen und finde nicht, es ändern zu müssen.
- Klarheit und Ehrlichkeit sind mir ebenso wichtig, wie Freundlichkeit und Höflichkeit.
- Verantwortungsbewusst und realistisch bin ich mir selbst und anderen gegenüber.
- Ich bin vielleicht ein Kontrollfreak und für meinen Beruf als Buchhalterin wichtig.

Heidis Auffassung über ihre Diagnose
- Im Moment der Diagnose spürte ich keine Empfindung.
- Ich hatte schon so eine Vorahnung und reagierte atypisch ohne Angst.
- Ein Keulenschlag, ja, aber ich war zuversichtlich.

Heidis Auffassung über ihre onkologische Versorgung
- Für die Versorgung im Krankenhaus finde ich positive Worte, wie begeistert, nett, lieb, höflich, zuvorkommend.
- Die Wahrheit ist mir wichtig, denn dann kann ich agieren.
- Erklärungen und Klartext sind mir lieber, so kann ich es verstehen.

Heidis Auffassung über ihre jetzige Wahrnehmung
- Jetzt fühle ich mich sehr geschwächt und habe das Gefühl auf mich schauen zu müssen.
- Gefühle und Berührungen von mir nahestehenden Personen sind mir wichtig, ohne sie einfordern zu müssen.
- Alibihandlungen lehne ich ab. Falsche Töne hasse ich.
- Meinen Sohn aus Angst wegzustoßen, erschütterte mich und schmerzte.
- Ich erkenne mich einfach nicht wieder und frage mich, ob ich mich wirklich verändert habe.
- Ich finde, dass ich mich nicht so gehen lassen kann, trotzdem ich krank bin.
- Ich möchte von meinem Mann gedrückt werden.
- Ich brauche sehr viel Nähe.
- Ich möchte niemand Nahestehenden belasten.
- Ich fühle mich verhärtet.
- Ich wünsche mir, weinen zu können.
- Ich organisiere alles im Leben meiner Familie. Für meine Familie fühle ich mich verantwortlich.
- Ich lasse mir nur einmal wehtun. Durch Distanz und Abblocken schütze ich mich.
- Ich entscheide selbst, wie ich eine Person an mich heranlassen will.
- Manchmal kann ich erkennen, dass ich anderen gegenüber relativ hart geworden bin, die es nicht verdienen. Dann habe ich das Gefühl ungerecht zu sein, und entschuldige mich.
- Ich merke, wenn ich Leute verletze, und mahne mich selbst, nicht ekelhaft zu sein.
- Sarkasmus ist ein Ventil, meine Hilflosigkeit zu überbrücken. Nur verletzen möchte ich eigentlich niemand damit.
- Manchmal denke ich, ich möchte sterben. Es ist für mich das Gefühl einer gewissen Aussichtslosigkeit. Dieser Gedanke, sterben zu wollen, ist für mich böse.
- Ich baue körperlich sehr ab. Ich kann es annehmen und akzeptieren, solange es sich um Äußerlichkeiten handelt.
- Zu einer Normalität zu finden, ist für mich von Beginn an ein Motto.

Heidis Auffassung über ihr Umfeld
- Manche sagen mir, ich sei unversöhnlich oder hart geworden. Ich sehe das anders. Es ist mein Recht.
- Von meinem Umfeld bekomme ich die Rückmeldung, dass ich nicht so negativ sein soll. Es kann sein, dass dieser negative Eindruck entsteht, weil ich müde und phasenweise total erschöpft bin.

- Die vielen Gespräche über mein Wohlbefinden nerven mich.
- Durch die Reaktionen in der Öffentlichkeit merke ich, dass ich auf andere krank wirke. Ich selbst merke die kleinen Veränderungen nicht.

6.6.2 Es ist noch nicht vorbei, sondern erst am letzten Tag

Unser Abschlussgespräch vereinbarten wir für den 4. August 2010 in meiner psychotherapeutischen Praxis. Wir hatten elf wöchentliche, einstündige Therapieeinheiten in Anlehnung an Heidis Chemotherapien und Bestrahlungen. Fünf Therapieeinheiten zu je dreißig Minuten an ihrem Krankenbett, zweimal die Woche, variierten aufgrund Heidis Krankenhausaufenthaltes aufgrund einer Lungenentzündung und ihrer einhergehenden Erschöpfung. Der Erstkontakt sowie das Eingangs- und Abschlussinterview[465] wurden getrennt geführt.

Personenbezogene Aussagen zum Psychotherapieprozess

Zu Beginn war Heidi fasziniert, eineinhalb Stunden reden zu können. Im Erstinterview, sagt Heidi: „ist es auch richtig dort hingekommen, was ich wirklich sagen wollte". Oft ist es schwierig, das zu artikulieren, was man empfindet. Es fällt Heidi schwer, die eigenen Gefühle so in Worte zu fassen, dass sie beim Gegenüber auch so rüberkommen, wie sie gemeint sind. Das Erstgespräch ermüdete sie auch deshalb, weil sie viel von sich hergab und „doch relativ oft auch sehr intime Sachen" erzählte. Heidi hatte das Gefühl, „einen gewissen Druck verloren zu haben", mit ihren Sorgen nicht alleine zu sein. Wichtig war ihr zu versuchen ihre Gefühle für sich selbst in Worte zu kleiden, sie auszusprechen und auch so stehen lassen zu dürfen – zu reden, auch wenn es manchmal subjektiv konfus geklungen haben mag. Die Empfindungen, so wie sie kommen, zu verbalisieren, das war für Heidi ein erster Schritt und Hilfe zugleich.

„Ich habe das Gefühl gehabt, vom ersten Augenblick an verstanden worden zu sein".
Zu Beginn der Psychotherapie war die Situation für Heidi sehr aussichtslos. Das Gefühl jemanden an ihrer Seite zu haben, Sorgen, Ängste, Befürchtungen und Hoffnungen mitteilen zu können, war für Heidi wichtig. Verstanden zu werden war eine Möglichkeit sich mit ihren Gefühlen auseinanderzusetzen: „Vielleicht ist es einfach so, dass bei manchen Menschen die Chemie von Anfang an passt und bei manchen einfach nicht. Ich habe bei Ihnen den Eindruck gehabt, auf viel Verständnis zu stoßen, das Sie mir auch vermittelt haben, dadurch für mich auch eine Stütze waren". Wenn eine „gewisse Aussichtslosigkeit" ihres Zustandes aufkam, konnte Heidi darüber sprechen.

„Ich als Person wurde immer wahrgenommen".
Nicht nur über die Krankheit konnte Heidi sprechen, sondern über alles, was erwähnenswert war und sie gerade bewegte: „Einfach von mir erzählen zu können, und mich

---

[465] Heidi 2010, II.

als Person – ich als Person wurde immer wieder wahrgenommen. Das war so für mich das wirklich ganz, ganz Wichtige, was mir auch sehr geholfen hat. Und das ist jetzt eigentlich so, dass es begleitend ist". Es war ihr möglich „einfach einmal Dinge aussprechen zu können, ohne Angst haben zu müssen, falsch verstanden zu werden". Dazu brauche man vielleicht eine Psychotherapie, die Heidi „auch genossen" hat.

„Ansätze wurden aufgezeigt, keine Ratschläge".

Die Haltung der Therapeutin ermöglichte Heidi einen tiefergehenden Prozess. Sie konnte ihre Empfindungen aussprechen: „Gewisse Interpretationen, die ich getätigt habe, sind mir ja dann eigentlich erst im Gespräch bewusst geworden. Und die versuche ich jetzt zu übernehmen und weiterzuleben, oder in mein Leben einzubauen". Es wurden Ansätze aufgezeigt, es folgten aber keine Ratschläge,

> „weil, du musst ja selbst draufkommen. Das habe ich damit jetzt eigentlich auch gelernt, wo ich ansetzen muss. Nicht nur denken, sondern auch die Ansätze dann selbst in die Hand zu nehmen. Und das war für mich ganz, ganz wichtig. Denn gewisse Dinge weiß man ja, aber sie dann umzusetzen, braucht vielleicht einen Anstoß oder einen Ansatz, einen Gedanken, einen Impuls von außen".

Zu erkennen und selbst zu handeln, war für Heidi wichtig. Trotz des Naheverhältnisses, das zwischen Therapeutin und Heidi entsteht, hat die Therapeutin doch einen „gewissen Abstand" und „kann vielleicht dann mehr in dich hineinschauen als du selbst".

„Du glaubst ja dich selbst zu kennen, was aber nicht immer stimmt".

Heidi ist sich nicht sicher, ob sie sich genau genug kennt: „Aber der andere, der Außenstehende, der Helfende, der kann dir dann den Ansatz dazu geben. Und dann fängst du vielleicht wieder zu überlegen an". Dabei betont Heidi, gehe es nicht darum, sich eine andere Meinung anzueignen, sondern darum, einfach darüber nachzudenken: „Mhm, genau, wenn ich es auch so sehen kann, kann ich es für mich in mein weiteres Leben einbauen. Und das war das ganz, ganz Wichtige".

„Ich habe nicht mehr so das Gefühl dieses, über dich ergehen lassen müssen, sondern eine gewisse Stärke".

Heidi wurde in gewisser Weise stärker. Ihr wurde bewusst, dass sie das Recht dazu habe, zu fragen und zu hinterfragen: „Aber *ich* (betont) bin der Patient, und *ich* (betont) bin wichtig. Und diese Stärke, die habe ich auch gewonnen durch die Therapie. Nicht das arme Hascherl zu sein". Es war für Heidi „sehr, sehr wichtig" zu lernen, sich ihr Recht herauszunehmen.

„Sie haben eine unheimliche Ruhe. Die überträgt sich dann auch zum Teil auf mich".

Das Verständnis seitens der Therapeutin war für Heidi „ganz wichtig". Sie reden zu lassen, auch wenn es „manchmal wirr war und konfus", dass Heidi oft selbst nicht wusste, wohin sie abschweifte, war für Heidi „ganz, ganz wichtig". Sie konnte aus sich herausgehen, trotz ihrer Befürchtung die Therapeutin damit zu „erschlagen". Heidi hatte das Gefühl, dass ihr, aufgrund ihres „wirren" Erzählens „kein vernünftiger Mensch" mehr folgen konnte. Sie erlebte die Therapeutin einfühlsam.

„Sie hat mich als mich (betont) gesehen".

Das war „*so* (betont) eine unheimliche Stütze". Heidi musste sich dadurch nicht verstellen: „und habe bei der Wortwahl manchmal *sicher* (betont) danebengegriffen". Für Heidi war es förderlich: „einfach so zu reden, wie *du* (betont) bist. *Du* (betont) als ganze fünfundfünfzigjährige Person, die zum Teil ja ein schönes Leben gehabt hat, und jetzt kein schönes, so schönes mehr hat, aber einfach – ich bin ich bei ihr gewesen". Heidi konnte alles ansprechen ohne das Gefühl zu haben, dass die Therapeutin jetzt aus irgendwelchen Gründen etwas von ihr erfahren möchte. Sie erzählte „Dinge", die sie bewegten. Für alle Themen war das Verständnis da.

„Gestört hat mich manchmal vielleicht das Gefühl: gewisses Naheverhältnis".

Manchmal machte sich Heidi am Ende oder nach der Therapieeinheit Gedanken, ob sie die Therapeutin zu sehr belastet, ihr zu viel zumutet:

> „Da habe ich mir manchmal gedacht, ich mag sie auch sehr. Aber Sie sollten es sich für sich nicht antun, es so nahe oder so tief gehen zu lassen. Das hat mich – aber dann habe ich mir auch wieder gedacht, sie ist erwachsen, sie müsste das wissen, sie ist Therapeutin –, wie weit darf ich, wie weit darf ich nicht".

Dieses entstandene Naheverhältnis, wenn ein ganz intensives Gefühl in der therapeutischen Beziehung da war, irritierte Heidi gelegentlich: „Wenn ich halt vielleicht doch zu viel über private Dinge mit meinem Mann oder so gesprochen habe". Hin und wieder überlegte Heidi, ob diese Themen eigentlich zur Psychotherapie gehören. Aber auch wenn sie versuchte sich zurückzuziehen, waren diese Gedanken beim nächsten Treffen wieder weg: „dann ist ja sowieso wieder alles rausgesprudelt".

„Es war für mich befreiend".

Im Zuge ihrer Erkrankung fiel es Heidi immer schwerer, mit sich selbst klarzukommen. Das auszusprechen, sagen zu dürfen, war für sie befreiend.

„Das Erstgespräch, vor dem habe ich Bammel gehabt".

Schwierig war für Heidi das Erstgespräch. Sie war sich nicht sicher, was sie sagen solle, dachte sich jedoch dann: „Ich werde halt einfach sagen, es geht mir schlecht, und alles andere wird sich finden". Angst hatte sie nie. Dadurch, dass es „eigentlich gleich von Anfang an relativ gut funktioniert hat", dachte Heidi, dass Psychotherapie doch etwas für sie wäre. Es war nichts im psychotherapeutischen Prozess dabei, das anders hätte sein können, oder das sie sich anders vorgestellt hätte. Ursprünglich ging Heidi ohne Erwartungshaltung in die Psychotherapie, denn ein wenig kannte sie es von ihrem Sohn. „Für mich war es perfekt", sagt Heidi.

„Ich versuche anzunehmen".

Für Heidi bewegt „hat sich eigentlich", dass sie versucht, das, was ihr von außen vermittelt wird, anzunehmen. Gleichzeitig möchte sie nicht alles mit sich geschehen lassen. Heidi möchte ihre Erkrankung für ihr weiteres Leben auch nicht überbewerten. Sie betont, dass sie sie nicht hinnehmen, sondern einfach annehmen will. Für Heidi brachte die Psychotherapie andere Sichtweisen. Weg von einem „Ach-Gott-bin-ich-arm-Muster" und dem anderen Extrem, „ohne Rücksicht auf Verluste Ich-bin-Ich", hin zu einem „goldenen Mittelweg", den sie für sich fand:

> „Auf gar keinen Fall versuchen, mein Leben *gelebt zu haben* (betont). Und genau das habe ich gelernt in diesen glaube ich zehn- oder elfmal, die wir uns jetzt getroffen haben, und das kann ich aus dieser Therapie mitnehmen. Das wurde mir also bis in die letzte Faser hinein vermittelt, anzunehmen nicht hinzunehmen, um selbst daraus etwas zu machen".

Für Heidi ist es noch nicht vorbei, „sondern erst am letzten Tag". Es ist ihr wichtig zu leben.

Themenspezifische Schwerpunkte zur Aktualisierung

„Aus meiner Sicht war meine Situation damals für mich zu Beginn sehr aussichtslos. Das Gefühl jemanden an meiner Seite zu haben, dem ich meine Sorgen, meine Ängste, meine Befürchtungen, aber auch meine Hoffnungen mitteilen kann, war für mich sehr, sehr wichtig". Um Dinge angstfrei aussprechen zu können, „dazu braucht man einfach vielleicht eine Psychotherapie".

- Ich hatte das Gefühl vom ersten Augenblick an verstanden worden zu sein.
- Ich konnte über alle Dinge sprechen, die mich bewegten
- Den gewissen Druck, den ich verspürte, konnte ich verlieren.
- Die Ruhe der Therapeutin übertrug sich zum Teil auf mich.
- Mir war wichtig, mich mitteilen zu können, ohne gleich Ratschläge zu erhalten.
- Nicht nur zu denken, sondern die Ansätze selbst in die Hand zu nehmen, ist mir wichtig.
- Ich hatte das Gefühl, dass ich als Person wahrgenommen und verstanden wurde, so wie *ich* bin. Das war wichtig und half mir tieferzugehen.
- Meine Gefühle wurden mir durch meine Verbalisierung erst richtig bewusst.
- Ich konnte mich selbst durch neue Blickwinkel entdecken.
- Ich konnte Dinge entdecken, die ich alleine nicht gefunden hätte. Weil es wichtig ist, diese angstfrei auszusprechen, ohne falsch verstanden zu werden.
- Ich verspürte wieder eine gewisse Stärke.
- Ich versuche mich wieder zur Wehr zu setzen.
- Nicht geschehen lassen, sondern hinterfragen. Das ist mein Recht.
- Ich konnte wahrnehmen, dass ich wichtig bin.
- Das Gefühl die Psychotherapeutin zu sehr zu belasten und mich zurückziehen zu müssen, konnte sich in der Begegnung wie von selbst auflösen.
- Ich versuche anzunehmen, gleichzeitig aber nicht alles mit mir geschehen zu lassen.
- Ich bewege mich in Richtung goldenen Mittelweg.

- Ich versuche aktiv zu leben, und nicht bereits jetzt gelebt zu haben.
- Ich versuche mein Leben nicht hinzunehmen oder über mich ergehen zu lassen, sondern anzunehmen, um daraus selbst etwas zu machen.

6.7 Frau Vera – Diagnose: Lennert-Lymphom

6.7.1 Das würde niemand in der Familie verstehen

Frau Vera[466] ist achtundvierzig Jahre alt, verheiratet, frühzeitig pensioniert, hat eine erwachsene Tochter und einen, noch im gemeinsamen Haushalt lebenden achtzehnjährigen Sohn. Fünfundzwanzig Jahre arbeitete sie als zahnärztliche Assistentin in einem Spital. Extreme Erschöpfung und unerklärlicher Juckreiz führten im Februar 2009 zu der seltenen Diagnose eines Lennert-Lymphoms. Nach Chemotherapien und einer Knochenmarktransplantation fuhr Vera tumorfrei zu ihrer Rehabilitation. Diesen Aufenthalt Anfang 2010 musste Vera wegen eines plötzlichen Rezidivs abbrechen. Zurzeit erhält sie weitere Chemotherapien und wird für eine Zelltransplantation vorbereitet. Als passender Spender fand sich ihr Bruder. Sie hat Angst davor, was aufgrund der bevorstehenden Zelltransplantation auf sie zukommen könnte. Das Erstinterview fand am 23. Juni 2010 statt.

Personenbezogene Aussagen zum Erstinterview

Veras Entdeckung ihrer Erkrankung und ihrer Diagnose

Die ersten Anzeichen deutete Vera aus ihrer Lebenssituation heraus. Sie nahm ab und wurde immer müder. Ein unerklärlich starker Juckreiz ohne Ausschlag irritierte sie: „Ja, ich habe dann schon gesagt: ‚Ich weiß nicht, ich bin so müde, so abnormal müde'". Eines Tages konnte Vera nicht mehr aufstehen und sagte zu ihrem Mann: „Ich kann nicht, ich muss in den Krankenstand gehen. Ich *kann nicht mehr* (betont)".

Vera arbeitete fünfundzwanzig Jahre als zahnärztliche Assistentin in einem Krankenhaus. Anlässlich einer Strahlenschutzuntersuchung sprach sie den Betriebsarzt an, der sie „nicht wirklich für bare Münze genommen" hatte, obwohl die Thrombozyten schon „ziemlich im Keller waren". Der Juckreiz machte Vera furchtbar müde: „Das ist ganz schlimm. Das juckt, man sieht aber nichts. Dann kratzt man und am schlimmsten ist es, wenn es im Gesicht ist, in den Augen, in den Ohren drinnen". Vera überlegt:

> „Also, wenn der das schon drei Wochen vorher ein bisserl besser gecheckt hätte, dann ja, ist egal, wäre es halt drei Wochen früher gewesen. Aber im Endeffekt bin ich doch noch rechtzeitig draufgekommen, weil eben dieses Lymphom diesen Juckreiz ausgelöst hat".

Erst der praktische Arzt äußerte Bedenken, reagierte und sagte Vera: „Mädchen du bist schwer krank, irgendwas stimmt mit dir nicht". Vom Röntgenologen wurde Vera mit

---

466 Vera 2010, I: Die Ansprache wird im Textfluss auf „Vera" gekürzt.

ihrem Befund sofort auf die Hämatologie geschickt: „Ich habe Blut abnehmen gehen müssen und sagt er [Prof. X]: ‚Nein, aber es wird nichts Schlimmes sein, Sie brauchen keine Angst haben'. Das CT, das wir gleich gemacht haben, hat aber was anderes gezeigt". Nach einer Computertomografie und Biopsie erfuhr Vera, dass sie ein Lennert-Lymphom habe: „Das ist eine Untergruppe vom Non-Hodgkin-Lymphom, ist aber ein sehr seltenes Lymphom, das noch kaum erforscht ist und deswegen auch so schwierig ist, in der Therapie. Wahrscheinlich habe ich deswegen heuer auch so schnell ein Rezidiv bekommen". Vera erhielt Chemotherapien und eine Knochenmarktransplantation. Danach war Vera tumorfrei, fuhr zur Rehabilitation und musste ihren Aufenthalt wegen eines plötzlichen Rezidivs abbrechen:

> „In O haben sie es am Ultraschall schon gesehen. Ich habe dort auf einmal hoch angefiebert, wo kein Mensch gewusst hat, warum. Der CRP[467] ist immer weiter in die Höhe gegangen. Das war alles schon in der Leber, weil sich vor dieser Pfortader, die vor dem Lebereingang ist, die Lymphknoten hingesetzt haben. Sind eh nur fünf, sechs, die da sitzen. Einer ist dabei, der so einen Zentimeter groß ist".

Die in der Folge durchgeführte Biopsie zeigte neuerliche Krebszellen. „Das war halt noch das letzte I-Tüpfelchen", sagt Vera, „die haben einfach alles überstanden vom ersten Mal. Die waren sicher schon da, haben aber einfach nur geschlummert. Weil ich war, nach der KMT im PET-CT und war auch tumorfrei. Beim zweiten PET-CT waren sie da (räuspert sich). Es ist halt schwer". Vera ist der Meinung, dass sie es schon gespürt hatte, denn während der Rehabilitation erkundigte sie sich bereits, wie hoch die Wahrscheinlichkeit sei, ein Rezidiv zu bekommen. Aufgrund des seltenen Lymphom-Typs ist es schwierig: „Man lernt bei mir sozusagen". In diesen an Experten gerichteten Fragen kam Veras Angst durch:

> „Aber wie, wenn ich das schon gespürt hätte innerlich, dass irgendwas wieder kommt. Ich habe da so komische Fragen gestellt, wo ich mir gedacht habe, im Prinzip hätten mich die Fragen gar nicht interessieren brauchen. Ich war ja tumorfrei und bin dort hingefahren, um wieder auf die Beine zu kommen, wieder zu Kräften zu kommen".

Jetzt wird ihr eine zweite Zelltransplantation zur Absicherung der Chemotherapien nahegelegt. Für Vera stehen jedoch die abgespeicherten Erinnerungen und Bilder ihres bisherigen Krankheitsverlaufs im Vordergrund. Es fällt ihr schwer: „Dass ich das Gute daran sehe, dass mein Bruder als Spender passt, ja, weil das ist ja auch nicht selbstverständlich". Die erste Diagnose war für Vera „komischerweise nicht so schlimm". Erst das Wort „Rezidiv" verbindet sie mit ihrer beruflichen Erfahrung in der Betreuung von Krebspatienten:

> „Und das ist für mich – darum ist das Wort so schlimm für mich, weil ich gewusst habe, wenn der ein Rezidiv gehabt hat, der ist gestorben, der hat das nicht überlebt. Und für mich ist, ‚Rezidiv' immer so, ja, das wird nichts mehr. Das ist wahrscheinlich das, was nicht richtig ist, weil für mich ist, so wie die Fr. Dr. X sagt: ‚Die KMT ist die Absicherung dafür, dass es wegbleibt, wenn man es weggebracht hat'".

---

467 C-reaktives Protein, Entzündungswert.

Veras Erleben auf der KMT[468] ist mit angstauslösenden Bildern verbunden

Nach Veras Erstdiagnose begannen Chemotherapien, um sie für die Knochenmarktransplantation vorzubereiten. Tumorfrei wurden dann Zellen für die Eigentransplantation gesammelt. Ende Juli 2009 erfolgte die Aufnahme zur Transplantation. Zunächst hat sich Vera „noch irrsinnig gefreut". Alles lief gut, bis am Folgetag plötzlich Durchfall und Erbrechen eintraten: „Aber wirklich so Durchfall, dass ich mich im Bett oft nicht einmal umdrehen konnte, und es ist schon wieder geronnen", und das vierzehn Tage lang. „Ich bin einfach gelegen im Bett, habe die Decke über dem Kopf gehabt und mir gedacht, ja es wird schon alles vorbeigehen". Die Bilder dieser Erfahrung begleiten Vera: „Jetzt ist es so, dass ich vor allem extreme Angst habe". Die abgespeicherten Bilder stehen so im Vordergrund, dass es ihr schwerfällt, das Gute daran zu erkennen:

„Man hat dann diesen Cava-Katheder, der wird jeden Tag eingewaschelt mit Desinfektionsmitteln. Ich habe das noch immer in der Nase. Wenn ich daran denke, habe ich sofort diesen Geruch in der Nase, sehe nur diese ständigen Durchfälle und das Erbrechen. Aber, dass es eigentlich etwas Gutes ist, was ich da bekomme, dass ich weiterleben kann, und dass ich eventuell die Chance habe gesund zu werden, das stellt sich alles so furchtbar in den Hintergrund. Dass ich das Gute daran sehe, dass mein Bruder als Spender passt, ja, weil das ist ja auch nicht selbstverständlich, aber es ist (weint)".

Tief berührt erzählt Vera, dass sie es machen muss, obwohl sie tatsächlich keine Sicherheit hat. Und was dann? „Man hat so überhaupt keine Entscheidungsfreiheit", alles ist so selbstverständlich, sagt Vera: „Es fragt gar keiner, ob du das nachher überhaupt willst. Oder, dass jemand darüber mit mir spricht, was für andere Möglichkeit es ohne diese Transplantation gibt. Das ist so, so ist der Weg, und die Geschichte hat sich". Vera hat das Gefühl, keine Wahl zu haben: „Ja, es bestimmen alle anderen, nur du selber (Pause)". Auch die völlige Isolation in der Quarantäne:

„Man ist alleine in einem Zimmer und sieht außer der Schwester, die gelegentlich kommt, niemand. Es gibt dann auch Tage, wo man froh ist, dass niemand kommt. Weil es eigentlich eh egal ist, und dieses einfach nur Decke über den Kopf – und sich denken, irgendwie vergehen die Tage schon – das ist".

Die Ärzte und das Pflegepersonal achteten darauf, dass Vera etwas zu sich nahm:

„In Form von Infusionen kriegt man es halt dann, ist ja egal. Was man zu wenig trinkt, kriegt man über die Vene, und mit dem Essen ist es genauso. Was du nicht isst, kriegst du als Ersatznahrung über die Vene, auch egal. Dann hängt so ein Riesensack da oben, so ein milchiger, und da kommt die Ersatznahrung. Wo es dir dann auch vergeht, wenn du den Sack da oben hängen siehst. Da wird dir schon schlecht, bevor da noch irgendwas hineintropft".

Vera fühlte sich nach ihrem KMT-Aufenthalt „wirklich kraftlos". Zu Hause saß Vera dann „vor drei Stück *so* (betont) kleinen Brotstücken, *so* (betont) geschnitten" und weinte, weil sie nicht wusste, wie sie diese essen sollte. Das Einzige, was sie an der ganzen nochmaligen Behandlung stört, ist „diese schlimme Nachbetreuung, die dann war". In ihren extremen Nervenschmerzen fühlte sich Vera nicht wahrgenommen und muss jetzt „wieder zu diesen Leuten zurück, weil die dafür zuständig sind". Ganz

---

468 Station für Knochenmarktransplantation.

schlimm empfand Vera die sieben Meter lange Dauerverkabelung an Geräte, Infusionen, Ernährung und die Äußerungen eines Arztes:

> „Wobei ich hoffe, dass dieser Dr. V (Pause), dass ich den gar nicht, hoffentlich nicht sehe, weil, das ist eine Katastrophe. Wenn ich mich wohin gesetzt und was gegessen habe, und er gekommen ist, hat er gesagt: ‚Jetzt legen Sie sich da gefälligst hinein, den Scheiß können Sie auch dann machen, ich muss Sie jetzt anhängen'. Und dann hast du, wenn du da oben bist (weint), eine sieben Meter Leine, weil du ständig am Tropf hängst. Überall gehst du an der Leine, egal, wo du im Zimmer hingehst. Du hast immer was dranhängen und wirst, wie an einer Leine, geführt. Es ist ganz schlimm. Es ist echt schlimm".

Das erlebte Vera sehr entwürdigend. Darauf wurde sie vorher nicht aufmerksam gemacht, erhielt „keine Antworten auf direkte Fragen" und konnte sich daher nicht einstellen. Sie merkte nur, wie ihr Körper auf einmal komplett entgleiste:

> „Diesen stinkenden Cava-Katheder hast du da. Dieses Desinfektionsmittel geht ja nicht mehr weg, weil das jedes Mal verwendet wird. Ich meine, es muss sein, ich verstehe schon, dass die ⁽*⁾Desinfektion[469] [wichtig] ist, aber es [ist] schlimm. Dann hast du da die Glastür, und da rennst du mit dem sieben Meter Kabel hinein, das hängst du dann über die Türe. Und dann gehst du auf die Toilette, und dann weißt nicht, wie schnell du die Hose runterkriegst, weil du dich wieder anmachst und (Pause)".

Als Vera zur KMT aufgenommen wurde, machte sie noch Tagebucheintragungen: „Dann habe ich absolut nicht mehr wollen [...]. Ich habe mir nur mehr die Decke über den Kopf gezogen, nichts mehr gegessen und getrunken, und eigentlich nur mehr den ganzen Tag geweint, weil ich mir gedacht habe, ich kann nicht einmal auf die Füße". Erst kurz vor ihrer Entlassung wurde sie vom Professor darüber aufgeklärt, dass ihre Phänomene normal sind, dazugehören und sie nun nach Hause gehen könne. Wichtig war es viel zu trinken, obwohl sie das Wasser nicht mehr sehen konnte: „Dann hat man mit dem Geschmack so Probleme".

Vera wünscht sich Information, Klarheit und Offenheit seitens der onkologischen Versorgung. So, dass sie das Gefühl hat, für sich und ihr Leben selbst entscheiden zu können.

Veras aktueller Alltag zu Hause

Nach der KMT war es zu Hause auch nicht einfach: „Es fängt schon beim Essen an, dass man auch getrennt wird von seiner Familie. Das ist so". Aktuell macht Vera alles nur für ihre Familie:

> „Momentan bin ich so, dass ich das alles nicht für mich selber mache, sondern nur für die Familie. Und ich kann schon nicht mehr hören, dieses immer wieder: ‚Ja, du machst das schon, es wird schon'. Ich kann das nicht mehr hören. Ich kann es nicht mehr hören. Mein Mann steht irrsinnig zu mir, da kann ich nichts sagen, aber manchmal wäre ich am liebsten alleine und denke mir, lasst mich einfach nur einmal in Ruhe (Pause). Wenn man das sagt, dann tut man ihnen auch wieder weh".

---

469   Ergänzungen vom 27.07.2010 sind mit einem „(*)" gekennzeichnet.

Das belastet, denn niemand kann nachvollziehen, wie es Vera wirklich geht. Erwartet wird, dass sie durchhält. Wie groß ihre Angst ist, kann sie niemandem sagen. Darüber wie es ihr geht, kann sie zwar sprechen, aber ihr ist bewusst, dass es niemand in der Familie verstünde, ließe sie die zweite Zelltransplantation nicht durchführen. Innerlich tief bewegt fragt sich Vera dennoch, ob sie eine zweite Zelltransplantation überhaupt will: „Wenn ich es nicht mache, dann sind alle angefressen auf mich [...]. Sie erwarten, dass ich das so durchstehe". Vera hat Angst: „Das kann ich einfach niemand sagen. Das sind so Sachen, wo ich mir denke, alle könnten dann wieder ruhiger leben. Sie möchte Ruhe für alle, fühlt sich inmitten einer Entscheidung: „Sicher es kann sein, dass ich nächstes Jahr um die Zeit total glücklich bin, aber ich weiß es ja nicht (weint)". Vera ist erfreut darüber, dass ihre Tochter nicht weit weg wohnt. Ihr Sohn lebt noch zu Hause. Was immer passiert, es ist gut, dass alle beisammen sind. Vera vergleicht ihre Erfahrungen mit jenen ihrer Nachbarin und wundert sich über deren Härte:

> „Ich kann nicht. Ich kann das nicht. Ich bin nicht der Mensch. Und darum war ich auch immer für alle da und habe für alle getan. Weil ich eben nicht diese Härte habe. Die Härte habe ich zu den anderen nicht, aber ich habe sie auch zu mir nicht (weint)".

Wenn es Vera nicht gut geht, sagt sie, dass es ihr „bekleckert geht", und sie „eigentlich" nicht mag. Sie spricht darüber. Ihre Nachbarin versteht das nicht und sagt verwundert: „Was heißt du magst nicht? Das ist halt so, da musst du jetzt durch, und das war es. Und so gottigkeit, raunze nicht herum, geh' hin, hole dir alles, was du kriegst, und die Geschichte hat sich". Vera kann weder zu sich noch zu anderen hart sein.

Bei ihrer Mutter verspürt Vera eine ähnliche Härte: „Ich habe manchmal das Gefühl, sie ist – vielleicht tut sie das auch nur, weil sie mich schonen will und nicht vor mir weinen will – total kalt. Sie nimmt mich nie (weint). Ab und zu fragt sie mich, wie es mir geht". Manchmal wünscht sie sich, von ihrer Mutter umarmt zu werden oder sich auszuweinen, aber es geht nicht: „Ich kann sie nicht einmal reden hören, weil sie nur mehr brüllt, nicht mehr normal redet, sondern nur mehr hysterisch herumbrüllt. Oder mir dann von ihren Krankheiten erzählt. Für das alles habe ich keinen Nerv". Ab und zu fragt sie Vera, wie es ihr geht, sonst reagiert sie total kalt, erzählt Vera tief betroffen. „Zurück kommt eigentlich nur, ich soll mich halt nicht so anstellen. Und das ist egal wo".

Vera war immer mehr ein Papa-Kind. Er nimmt sie zwischendurch, drückt und streichelt sie und weint manchmal. Vera versucht sich das Verhalten ihrer Mutter zu erklären, aber es fällt ihr schwer: „Ich habe auch immer machen und tun müssen, dass ich das habe, was ich heute habe. Aber trotzdem habe ich geschaut, dass für die Kinder Liebe da ist".

Veras Selbstwahrnehmung und Lebensgefühle

Vera verspürt Druck von ihrer Familie, die zweite Behandlung schaffen zu müssen. Wenn ihr Vater sie sieht, fängt er immer zu weinen an. Dann denkt Vera, dass es ihm sicher sehr schlecht damit geht. Ihre Mutter kann damit irgendwie umgehen: „Sie sagt, sie will es mir nicht zeigen und nicht noch mehr Druck [machen]. Meine Mutter sagt auch nie, du, das wirst du schon schaffen oder so". Das macht eher Veras Mann:

> „Mein Mann meint es gut, aber für mich ist das so (atmet aus) – ich muss es unbedingt machen, unbedingt schaffen, weil sie erwarten es alle von mir. Ich habe so das Gefühl, von der Familie her, dass ich so einen Druck habe, du musst es schaffen. Ich will ja nicht sagen, dass ich sterben will. Um das geht es mir ja nicht. Aber, dieses – mein Mann sagt auch nicht ‚du musst es schaffen', sondern er sagt immer ‚wir schaffen das'. Aber trotzdem es ist irgendwo".

Für ihre Familie leistete Vera bereits viel in ihrem Leben, musste sich durchkämpfen, war psychisch belastet und jetzt, wo es um sie selbst geht: „Jetzt bräuchte ich es für mich, und da habe ich nicht wirklich mehr Kraft dazu (weint)". Hinzu kommt durch Veras Pensionierung die Existenzangst:

> „Ich bin in Pension geschickt worden, ich habe irrsinnig viel Geld weniger im Monat, und man muss trotzdem damit irgendwie auskommen und schafft es kaum, und muss aufpassen, dass man nicht das, was man sich in fünfundzwanzig Jahren erarbeitet hat [verliert]. Wir haben ein Haus gebaut und alles gemacht, dass wir nicht alles verlieren nur wegen der Krankheit. Das kommt ja noch dazu".

Veras Hobby und Ausgleich für die Seele sind ihre Pflanzen im Garten. Aber auch diese soll sie zurzeit meiden. „Ihr könnt nicht alle verlangen, dass ich mich einsperre und nichts tue", meint Vera an ihr Umfeld gerichtet. Sie muss einfach was tun:

> „Gestern bin ich am Abend in den Garten gegangen, und ich habe dann was gemacht. Mir war das dann so was von egal. Ich habe gesagt: ‚Ich halte es nicht mehr aus'. Ich habe mir gedacht, ich kann nicht mehr. Ich kann nicht nur dauernd von drinnen raus, eine Gartenrunde und wieder rein".

Sehr vorsichtig, bedacht und langsam, je nach Kraft, versucht Vera sich um ihre Blumen und Pflanzen zu kümmern.

Veras körperliches und psychisches Erleben

Vera möchte jetzt beim zweiten Mal zwischen ihren Behandlungstagen darauf achten, was ihr guttut: „Ja auf das schaue ich. Das habe ich nach der Erstdiagnose nicht gemacht. Aber jetzt beim zweiten Mal mache ich das, was ich will, intensiv". Dennoch schränkt Vera ihr Wollen ein: „Ja ich kann sicher viel selber machen, aber ich brauche halt irrsinnig lange dazu". Jetzt in ihrer Pension ist es egal: „Ja, gut ist es so". Als Ehepaar halfen sie früher immer zusammen, erledigten die Hausarbeit gemeinsam. Darüber ist Vera froh, denn jetzt gibt es auch Tage, wo sie gar nichts machen kann, und all die Hausarbeit bei ihrem Mann bleibt: „Aber ich weiß, ich bin vielleicht, ja, ich bin wahrscheinlich, wie soll ich sagen, unzufrieden oder undankbar". Manchmal fühlt sich Vera aggressiv:

„Ich werde es manchmal. Ich weiß, dass das manchmal ungerecht ist, aber manchmal, wenn es mir wirklich zu viel wird, dann sage ich: ‚Du bitte, lasst's mich jetzt einfach in Ruhe'. Dieses dauernde: ‚Wie geht es dir? Brauchst du was?' Ich kann es schon nicht mehr hören. Ich weiß, es ist nicht böse gemeint, aber es ist für mich wie, wenn ich selber nicht mehr fähig wäre irgendwas zu tun".

Vera fühlt sich „sehr, sehr undankbar, obwohl sie durch ihren Bruder eine zweite Chance bekommt. Sie denkt an andere Familienmitglieder, die an Leukämie verstorben sind und dies Möglichkeit nicht hatten. Sie macht sich selbst Vorwürfe, hat Schuldgefühle: „Ich denke mir das manchmal, wenn ich am Abend so liege und nach oben meine Zwiegespräche halte, jetzt gibt er [Gott] mir eine zweite Chance, indem mein Bruder eh passt. Ja, aber manchmal sage ich dann: ‚Gelt, ich bin schon sehr, sehr undankbar'.

Körperlich bezeichnet sich Vera als ein *„Es* (betont)". Sich räuspernd erzählt sie, dass ihre Libido komplett verschwunden ist: „weil die ganzen Hormone, das ist alles bei der KMT und einfach die Chemo, ist das alles kaputt gegangen. Seit einem Jahr sei sie praktisch weder „Weiberl noch Manderl". Vera wurde über die Veränderung ihrer Sexualität nicht informiert: „Es ist mir überhaupt so viel nicht gesagt worden (weint)". Der Gedanke daran keine Wahl zu haben, und ihren Körper jetzt durch Chemotherapien wieder zu vergiften, macht Vera krank. Macht sie keine Chemotherapie, stirbt sie „und das wahrscheinlich ziemlich schnell". Ihr ganzer Körper sträubt sich dagegen, aber eine Entscheidungsfreiheit hat sie nicht: „Es gibt nur das oder das". Das Eine zieht anderes nach sich: „Es ist nicht nur die Krankheit alleine, es zieht ja einen ganzen Schwanz hinten nach (Pause)". Negative Äußerungen anderer, und die Beobachtung der eigenen Befindlichkeiten und Reaktionen, verunsichern Vera sehr. Sie hat Angst vor den Auswirkungen der Chemotherapie und erinnert sich an ihre Erfahrungen: „Ich weiß es nicht. Momentan habe ich so das Gefühl, es ist egal, was sie sagen, weil ich mich einfach gegen diesen ganzen Zustand, indem ich mich befinde so wehre und ständig nur nachdenke, warum gerade ich? Weiß es nicht". Vera fühlt sich sehr verunsichert: „Man ist eingesperrt auf dieser KMT. Man darf nirgends hingehen, man darf nicht einkaufen gehen, man darf wochenlang wirklich nirgends hingehen". In der Quarantäne ist Vera isoliert.

Veras Gedanken zum Sterben

Auf der Suche nach einer Entscheidung, setzt sich Vera intensiv mit möglichen Konsequenzen auseinander: „Ich überlege mir das und schlafe lieber ein, und habe lieber meine Ruhe, und denke mir ‚okay, habe ich halt nur achtundvierzig Jahre gehabt und mehr nicht, und meine Kinder sind groß', aber auf der anderen Seite will ich es aber auch noch nicht." Sie fragt sich, ob „soviel Quälerei" Sinn macht, „nur damit man im Endeffekt dann doch stirbt":

„Die Relation dazu ist so für mich nicht nachvollziehbar, weil ich mir denke, ja okay, ich probiere es. Und es kann auch sein, dass es gut geht und, dass ich noch lange lebe. Aber das kann mir keiner sagen, und die Relation dazu, dass ich vielleicht dann nächstes Jahr tot bin. Da denke ich mir, dann verzichte ich auf diesen Scheiß und nehme einfach irgendwelche Tabletten, und stirb dann ein halbes Jahr früher, aber inzwischen kann ich mir irgendwas anschauen oder irgendwas tun".

In jedem Fall ist es Vera wichtig, die Angelegenheiten für sich und ihre Familie zu ordnen. Dazu zählen die Regelung der Finanzen, ihr Begräbnis wie auch eine Patientenverfügung. Zu ihrem Mann sagte sie: „Ich mache eine Patientenverfügung, wenn ich aufgenommen werde, weil ich nicht an Geräten hängen will. Die Lust habe ich nicht". Davon habe sie nichts und die Familie auch nicht. Ob sie „im Endeffekt" fünf Monate später stirbt, „hilft ja niemand".

Themenspezifische Schwerpunkte zum Selbstkonzept vor der Psychotherapie

Veras Auffassung über ihre Persönlichkeit vor der Erkrankung
— Es machte mich glücklich, die ganze Familie in meiner Nähe zu wissen.
— Trotz Alltag und Stress achte ich darauf, dass für meine Kinder Liebe da ist.
— Mein Mann und ich teilten den Alltag gemeinsam auf, halfen immer zusammen.
— Mir ist es wichtig, alle Angelegenheiten für mich und meine Familie zu ordnen.
— Ich wollte mit meinem Mann viel mehr unternehmen, etwas Anschauen, sobald meine Kinder groß sind.
— Ich möchte nahe miterleben, was aus meinen Kindern wird.
— Der Garten und die Pflanzen sind mein Hobby, mein Ausgleich für die Seele.

Veras Auffassung über ihre Diagnosen
— Die Erstdiagnose war nicht so schlimm, ein Rezidiv zu haben, verbinde ich mit den Gedanken nicht zu überleben, zu sterben.
— Angst, Zweifel und Unsicherheit prägen zurzeit meinen Alltag.

Veras Auffassung über ihr Ich nach der ersten Knochenmarkstransplantation
— Die notwendigen Hygienevorschriften geben mir, auch zu Hause, das Gefühl von der Familie getrennt zu sein.
— Ich mache alles nur der Familie zuliebe und nicht für mich selbst.
— Manchmal möchte ich einfach nur Ruhe, anderseits möchte ich niemand kränken.
— „Du machst das schon" und „wir schaffen das", kann ich nicht mehr hören.
— Ich kann nicht nachvollziehen, wie es mir wirklich geht.
— Meine Angst und das Gefühl nicht zu wissen, was sein wird, kann ich niemandem mitteilen.
— Ich frage mich, was ich will und weiß noch nicht, wie ich mich entscheiden werde.
— Darüber, ob ich einen guten oder schlechten Tag habe, kann ich sprechen.
— Die Existenzangst, das Aufgebaute durch die Erkrankung zu verlieren, ist groß.
— Ich möchte intensive Tage erleben.
— Ich werfe mir vor, manchmal unzufrieden und undankbar zu sein.
— Ich spüre, dass ich nicht mehr so viel machen kann. Es emotional bewusst werden zu lassen, kann schmerzhaft sein.
— Wenn ich behandelt werde, als ob ich selbst nicht mehr fähig wäre irgendwas zu tun, werde ich manchmal aggressiv.
— Über die Veränderungen des sexuellen Empfindens war ich nicht informiert.

- Ich fühle mich weder als Frau noch als Mann und bezeichne mich als „*Es*".
- Es macht mich krank daran zu denken, mir durch die Chemotherapien wieder Gift zu holen.
- Im Moment wehre ich mich und denke ständig darüber nach: „Warum gerade ich?"
- In der Auseinandersetzung mit dem Sterben frage ich mich, ob so viel Quälerei Sinn macht, wenn ich im Endeffekt doch sterbe.

Veras Auffassung über ihr aktuelles Erleben vor der zweiten Zelltransplantation
- Ich erlebe, dass der Ausdruck „tumorfrei" mir keine Sicherheit bietet. Negative Bilder und subjektive Erlebnisse ängstigen mich extrem.
- Ich habe das Gefühl keine freie Wahl zu haben und mich nicht frei entscheiden zu können. Ich „muss" und fühle mich damit nicht selbstbestimmt.
- KMT bedeutet völlige Isolation. Die Disziplin meine Erkrankung durchzustehen kostet mich Kraft.
- Manchmal ziehe ich mir die Decke über den Kopf, manchmal komme ich so weit, dass mir alles egal ist.
- Es gibt Situationen, die ich menschlich sehr entwürdigend erlebe.
- Statt des Gefühls, dass mein Körper entgleist, möchte ich besser vorbereitet sein.

Veras Auffassung über die Reaktion ihres Umfeldes
- Meine Familie erwartet, dass ich die zweite Zelltransplantation durchstehe.
- Von meiner Familie spüre ich die Erwartung und den Druck, es schaffen zu „müssen".
- Ich kann nicht zu mir so hart sein. Nicht zu mir und nicht zu anderen.
- Ich wünsche mir manchmal von meiner Mutter umarmt und gefragt zu werden oder mich auszuweinen.
- Ich habe das Gefühl, dass von meiner Mutter nur Aufforderungen kommen.
- Von meinem Vater werde ich gedrückt und gestreichelt, manchmal weint er.

6.7.2 Mit meinem Mann kann ich jetzt darüber reden

Das Abschlussinterview[470] führte ich, vom Psychotherapieprozess getrennt, mit Vera am 2. August 2010 bei ihr zu Hause. Gemeinsam hatten wir bis zu diesem Zeitpunkt fünf Therapieeinheiten. Davon eine Stunde bei ihr zu Hause und vier Stunden auf der Tagesklinik. Sehr berührend und offen war zu Beginn das kurze Gespräch mit Veras Mann. Er erzählte, wie glücklich er über die prozessbegleitende Unterstützung sei, obwohl es anfänglich für ihn nicht einfach zu verstehen war, dass seine Frau nicht alles mit ihm bespricht. Jetzt merkt er, wie wichtig ein neutraler Rahmen für die Gefühle seiner Frau ist. Vera erfuhr heute im Krankenhaus, dass die bisherigen Chemotherapien nur teilweise greifen. Da Vera dringend eine Hochdosischemo empfohlen wird, wartet sie nun auf einen stationären Platz. Der Befund ist für sie nicht ganz klar formuliert und daher irritierend.

---

[470] Vera 2010, II.

Personenbezogene Aussagen zum Psychotherapieprozess

Vera wollte über ihr Leben, ihre Rolle als Frau und ihre Wünsche nachdenken. Eigentlich möchte sie leben, sagte Vera am Ende ihres Erstinterviews. Sie möchte ihre Kinder durch ihr Leben begleiten und ihre Enkelkinder heranwachsen sehen. In ihrer Klarheit möchte sie wahrgenommen werden. Sie möchte auch ihre Gedanken und Gefühle aussprechen dürfen. Die neutrale Position der Therapeutin findet Vera erleichternd. Sie kann sprechen, ohne über die Wortwahl nachdenken zu müssen. Das hilft ihr, Klarheit und Ordnung in vorhandene Gefühle und Gedanken zu bringen. Wertschätzende Begegnung und die Möglichkeit eine selbstbestimmte Entscheidung zu treffen, stehen im Vordergrund.

„Für mich waren sie [die Gespräche] entlastend".

Vera konnte in der Folge mit ihrem Mann über Sachen sprechen, die sie vorher nicht aussprechen konnte:

> „Wie eben, dass sie mir die Entscheidung überlassen müssen, ob ich weitertun will oder nicht. Dass ich das, wenn dann für mich mache und für sonst niemand. Und wenn ich sage, ‚ich will nicht mehr', dass sie das auch akzeptieren müssen. Es ist zwar schwergefallen, aber, ja. Und das habe ich vorher nicht, also das hat mich irrsinnig blockiert, weil mit dem war ich halt alleine, ja. Weil ich mir gedacht habe, ich kann das niemandem antun".

„Aber vor allen Dingen diese Sätze, ‚wir stehen das gemeinsam durch', werden nicht mehr gesprochen (lacht)".

Durchstehen muss sie es ohnehin alleine. Sätze wie, „wir stehen das gemeinsam durch", will Vera nicht mehr hören. Das zu vermitteln ist ihr gelungen. Mit ihrem Sohn spricht Vera nicht darüber, weil sie weiß, dass es ihn fertigmacht. Vera will ihn in seiner Ausbildung nicht stören.

„Dass ich diese schreckliche Angst, die ich hatte vor der KMT, mittlerweile schon relativ verloren habe".

In gewisser Weise hat die Psychotherapie Vera im Umgang mit der Angst etwas gebracht. Die Angst ist jedoch nicht grundsätzlich weg:

> „Kann passieren, dass ich dort oben reingehe und Panik schiebe. Ja, es kann natürlich sein, aber das weiß ich heute nicht. Aber momentan ist es so, dass ich sage, okay, es muss halt so sein, wie es ist. Weil wenn ich es nicht tue, dann – so viel medizinischen Verstand habe ich – weiß ich, was auf mich zukommt [...]. Das möchte ich auch nicht. Und das ist sicher schlimmer. Ich meine es ist zwar relativ schnell dann wahrscheinlich erledigt, aber die Zeit bis dorthin ist dann sicher nicht lustig".

Ganz sicher ist Vera sich nicht, denn sie weiß nicht, was tatsächlich passieren wird.

Vera möchte im aktuellen Erleben bleiben.

Vera versucht einen Schritt nach dem anderen zu setzen, auch wenn sich der Druck vonseiten der Klinik situationsbedingt erhöhen könnte. Das versteht sie:

> „Weil, es ist ja nicht Sinn und Zweck, dass ich während der Chemotherapie noch mehr Lymphknoten bekomme und das Lymphom sich noch mehr verteilt. Das ist nicht Sinn und Zweck von dem Ganzen. Sondern es sollte ja eher anders sein, dass es eher rückläufig ist.

Wobei es in der einen Sache rückläufig ist, aber scheinbar, wo anders, ja, sich was angesiedelt hat, oder vergrößert ist".

Nicht nur die Ärzte, sondern auch Vera möchte „auf alle Fälle auf Nummer sicher" gehen, speziell durch den augenblicklich irritierenden Befund:

„Hat auch die Fr. Dr. X irritiert, weil sie hat gemeint: ‚Na ja, wir haben im Vergleich nur das PET-CT vom XY[471]'. Nur denke ich mir, ich meine im PET-CT hätten sie es eher gesehen, ja, wenn irgendwo noch [etwas] gewesen wäre, als wie das CT jetzt. Aber scheinbar nicht, scheinbar ist es da auch irgendwie anders, und ja, sie hat das dann mit dem Prof. X noch besprochen".

Da Vera einen Spender hat, ist es sicherer, dass sie das durchzieht und es nicht so lange dauert.

Vera hat sich in den Psychotherapiestunden gut aufgehoben gefühlt.

Vor allem, sagt Vera, musste sie sich nicht zurücknehmen: „Ich konnte weinen, wenn mir danach war, oder ganz egal, ich konnte sagen, was ich wollte. Und das ist halt das Angenehme daran". Ungefiltert zu reden, gehört und angenommen zu werden, so wie es gerade ist, war ihr wichtig, bestätigt Vera: „weil es mir immer eigentlich sehr gut gegangen ist, wenn ich weggegangen bin nach den Gesprächen".

„Ja, wie gesagt, diese Klemmung, die ich halt so da innen spüre und so, das war weg".

Nach den Gesprächen ist die innere Beklemmung (beispielsweise durch die Atmosphäre des Krankenzimmers ausgelöst) weg: „So wie vorige Woche, das war – ich bin dort reingekommen und Ding, und war total Ding dann plötzlich. Das war einfach dieses, dieses Krankenzimmer". Die psychotherapeutischen Gespräche sind für Vera beruhigend und erleichternd.

„Ich finde, dass die Psychotherapie für mich zumindest mehr bringt".

Vera findet, Psychotherapie bringt ihr mehr, als der Psychologe oder Psychiater oder Neurologe, weil sie alle nur mit Tabletten kommen. Die Auswirkungen der Medikamente sieht sie auch bei ihrer Tochter, die unter einem hohen Blutdruck leidet und ein Burn-Out hatte. Daher ist Vera hinsichtlich ihrer Psychotherapie der Meinung: „Ja, also für mich persönlich bringt es mehr, als das Medikamentöse".

„Für mich ist es angenehm, so wie es war oder ist".

Für Vera ist ihre erste Psychotherapie angenehm: „und darum kann ich nicht sagen, ob mir was gefehlt hat oder nicht". Sie für ihren Teil ist zufrieden, und es geht ihr gut damit.

---

471 Das ist ein Krankenhaus.

Themenspezifische Schwerpunkte zur Aktualisierung

Vera bringt die Psychotherapie subjektiv mehr, als Psychopharmaka.
- Für mich waren die psychotherapeutischen Gespräche entlastend. Ich konnte sagen, was ich wollte, das ist das Angenehme daran.
- Ich kann jetzt mit meinem Mann über mir wichtige Angelegenheiten, über die Erkrankung und daraus resultierende Entscheidungen reden.
- Ich werde den Satz „Wir stehen das gemeinsam durch" nicht mehr hören.
- Meinen Sohn will ich in seiner Ausbildung nicht stören.
- Die Angst vor der KMT relativierte sich für mich.
- Breche ich die Behandlung ab, ist es sicher schlimmer. Dann sterbe ich. Wahrscheinlich geht es relativ schnell, aber die Zeit bis dorthin ist sicher nicht lustig.
- Momentan sage ich mir, es muss halt so sein, wie es ist.
- Ich möchte in meinem aktuellen Erleben bleiben und Schritt für Schritt gehen, auch wenn sich der Druck erhöht.
- Für mich sind klare Aussagen wichtig.
- Ich fühlte mich in den Psychotherapiestunden gut aufgehoben.
- Ich musste mich nicht zurücknehmen, konnte weinen oder so sein, wie ich wollte.
- Mir wurde gehört, und ich wurde angenommen.
- Mir ging es nach der jeder Psychotherapiestunde gut. Verspürte innerliche Beklemmungen waren weg.
- Für mich war es beruhigend, erleichternd und angenehm, so wie es war.

6.8 Frau Christine – Diagnose: Morbus Hodgkin

6.8.1 Da war ich am Limit

Frau Christine[472] ist ledig, siebenundzwanzig Jahre alt, lebte in einer Partnerschaft, die sich durch ihre Krebserkrankung auflöste und wohnt zurzeit bei ihren Eltern. Sie ist ausgebildete Kindergartenpädagogin und konnte durch ihr Studium als Sozialarbeiterin in den Fachbereich Familie und Jugend wechseln. Im Juni 2007 bemerkt Christine eine Rötung und im September eine Erhöhung an ihrem Dekolleté. Der Erstdiagnose im Dezember 2007 folgte im NN[473] die sofortige Behandlung durch Chemotherapien, Körperbestrahlung, gefolgt von einer Transplantation eigener Stammzellen und der Suche nach einem Fremdstammzellenspender. Da kein geeigneter Spender gefunden werden konnte, erhielt Christine im Mai 2010 auf der KMT des XY[474] Nabelschnurstammzellen. Aufgrund einiger Reaktionen nach der (*)Fremdstammzellentransplantation[475] musste sie abermals auf die KMT. Seit dieser Zeit ist sie, bis auf zwei kurze Aufenthalte zu

---

472 Christine 2010, I: Die Ansprache wird im Textfluss auf „Christine" gekürzt.
473 Das ist das erste Krankenhaus.
474 Das ist das zweite Krankenhaus.
475 Ergänzungen vom 23.08.2010 sind mit einem „(*)" gekennzeichnet.

Hause, aufgrund von Abstoßungsreaktionen im Krankenhaus. Christine wurde auf ihren Wunsch hin psychologisch begleitet. Nach einer Anfrage des betreuenden Oberarztes nahm ich Anfang Juli 2010 mit Christine Kontakt auf. Sie möchte eine Psychotherapie, die sie auch nach ihrem Krankenhausaufenthalt fortsetzen kann. Das Erstinterview findet am 2. Juli 2010 statt.

Personenbezogene Aussagen zum Erstinterview

Christines Erleben der Krankheitsentdeckung

Die im Juni 2007 entdeckte Rötung am Dekolleté irritierte Christine zunächst nicht. Sie konsultierte verschiedene Hausärzte, „die auch alle meinten, das ist ein Ausschlag, das wird schon vergehen". Im September kam „so eine Erhöhung" dazu: „Ich habe nicht gewusst, was das ist und die anderen Ärzte auch nicht". Es dauerte zwei Monate, bis Christine einen Magnetresonanztermin erhielt. Den Befund des Röntgeninstituts im November öffnete Christine neugierig im Auto. Das „war dann schon ein Schock", als sie diesen las. Ein zehn Zentimeter großen Tumor und Metastasen: „Tumor habe ich mir sofort gedacht, oje, das ist irgendwas mit Krebs. Das ist nicht so positiv". Weinend rief sie ihre Mutter an, fragte, was sie jetzt machen solle, und fuhr sofort ins Spital.

Christines Erleben mit und nach der Erstdiagnose im ersten Krankenhaus

Ihre erste Frage war: „Muss ich jetzt sterben? Tumor, das heißt dann Krebs, so dann muss ich sterben". Christine wurde gleich stationär aufgenommen:

> „Das war leider ein bisserl ein schlechter Start sozusagen, weil der Arzt zu mir gekommen ist: ‚Aha, jetzt plötzlich ist es bei Ihnen akut geworden'. Und ich war noch so geschockt von dem Tumor-Ding und habe nicht genau gewusst, was er jetzt meint, ob er mich jetzt irgendwie heckerln möchte (lacht). Habe ich gesagt: ‚Ja, jetzt habe ich eben erfahren, dass das ein zehn Zentimeter großer Tumor ist', und was man jetzt machen kann. ‚Ja da müssen wir jetzt weiter schauen und fangen einmal die ganzen Behandlungen an'".

Für Christine war es „so ein großer Schock". Ihre Mutter kam. Christine weinte: „weil ich überhaupt nicht gewusst habe, was jetzt los ist". Eine hinzugezogene Psychologin bot Tabletten an, „um den verschneiten Weg wiederzufinden". Christine lehnte ab, wollte erst schauen, was los ist. Die Diagnose Morbus Hodgkin stand im Dezember fest: „Also Weihnachten war ich dann auch im Spital und das war heftig". Christine war irritiert: „Die Ärzte sind so unterschiedlich damit umgegangen [...], da habe ich mich nicht gut aufgehoben gefühlt". Sie wurde mit Fragen konfrontiert, deren Inhalt sie gar nicht verstehen konnte. Wechselnde Ärzte vermittelten das Gefühl, immer in der Luft zu hängen: „Es war zu wenig. Einige Ärzte haben wirklich überhaupt nichts preisgegeben, die anderen haben wieder die extremen Horrorszenarien ausgeführt". Christine hätte sich ein oder zwei Ärzte als Ansprechpartner gewünscht. Erste Anzeichen ihrer Erkrankung, wie beispielsweise einen Alkoholschmerz, hätte Christine nie einer möglichen Krebserkrankung zuordnen können. Durch Internetrecherchen ihres Vaters entdeckte sie Übereinstimmungen, stellte Vermutungen an:

> „Der Tumor entartet praktisch und sozusagen habe ich dann schon angenommen, dass ich das habe. Also schon fast gewusst eigentlich, dass ich das habe. Und die Ärzte haben mich trotzdem in der Luft hängen gelassen: ‚Es *könnte* (betont) das sein, aber nein, nein, das ist noch gar nicht sicher. Jetzt schauen wir einmal'. Die Zeit war wirklich heftig. Das war schlimm".

Eine kurz angedachte Eizellenentnahme wurde aufgrund Christines Erkrankungsstadiums als zu riskant eingestuft. Das bedeutet, wahrscheinlich keine eigenen Kinder haben zu können: „Das ist für mich eines der schlimmsten Sachen, weil, Familie war eigentlich immer das Hauptziel für mich, also der Lebensmittelpunkt später einmal". Christine erhielt eine stationäre Chemotherapie und durfte nach einer Woche nach Hause. Ihre Ärzte waren zuversichtlich und sie selbst ging davon aus, dass sie in einem halben Jahr wieder gesund sei. Sie setzte ihre Diplomarbeit fort und ging vierzehntägig zur ambulanten Chemotherapie. „Ich habe mich gar nicht so viel mit der Krankheit auseinandergesetzt, beziehungsweise habe immer gedacht, das ist jetzt ein kurzer Abschnitt, ich mache das und bin nachher gesund". Die ersten Chemotherapien waren für Christine schon eine Umstellung: „Aber ich habe mir gedacht, solange es mich nicht weiter einschränkt, okay, mache ich das so, und ich werde wieder gesund".

Trotz Bedenken und ihrer Angst vor einem Sekundärkrebs, machte Christine am Ende der Chemotherapien zur Absicherung die empfohlene Körperbestrahlung am Brustbein: „Dass sich der Krebs nicht wieder ausbreitet, dass das praktisch wirklich bekämpft wird und dann verklumpt irgendwie. Also habe ich das auch noch gemacht, ein Monat lang Bestrahlung. Und mit Mai hat es dann geheißen, ich bin geheilt, ich bin gesund".

Christines Erleben nach ihrem ersten Rezidiv

Die erste Kontrolluntersuchung im August 2008 zeigte ein Rezidiv. Nun möchte Christine genau Bescheid wissen, ihre ursprünglichen Bilder sehen und verstehen. Eine Akteneinsicht war sehr schwierig und nur begrenzt möglich:

> „Ich habe dann nachher erst die Bilder gesehen. Das ist sicher aus psychologischen Gründen – hat man mir die Bilder erst zirka 2008 gezeigt, wie ich gesagt habe: ‚Ich bestehe darauf, dass ich jetzt einmal den Ursprungskrebs sehe' [...]. Man hat gesagt: ‚Das müssen Sie nicht sehen'. Er war ziemlich groß, er hat die Masse vom Gehirn gehabt, so zirka (zeigt es) richtig schön da angesiedelt. Es war sicher aus einem psychologischen Effekt heraus, dass man sagt, lieber muten wir ihr das nicht zu, das wird schon".

Christine bemühte sich die Position der Ärzte zu sehen. Dennoch stellte sie für sich fest: „Das ist ja meine Erkrankung". Es ist ja um mich gegangen". Abgeblockt fühlte sie sich schlecht – „du bist eine Nummer und geht schon, Nächster. So habe ich das leider ein bisserl empfunden". Chemotherapien und ihre Umstellungen, Computertomografien und PET-Untersuchungen häuften sich. Christine hatte Angst vor einem Sekundärkrebs, hatte keinen konkreten Ansprechpartner und für sie zuständigen Arzt. Damit ging es ihr „ganz, ganz schlecht", sie fühlte sich nicht gut aufgehoben und abhängig: „Weil jeder Arzt anders war". Für Christine war überall die Beziehung anders: „Ich habe auch nicht mehr gewusst, was ich da machen soll. Man kann nicht einfach sagen: ‚So, ich will den Arzt jetzt nicht'. Man muss ja dorthin. Wenn man aufgerufen wird, muss man zu dem

Arzt rein". Sie erfuhr von der Notwendigkeit einer zusätzlichen Stammzellentransplantation. Auf den vierten Chemozyklus im November 2008 sprach Christine an. Dieser wurde bis zu ihrer Eigenstammzellentransplantation Ende März 2009 fortgesetzt.

Über diesen Zeitraum lag Christine mit älteren Frauen, die Hilfe benötigten und sich teilweise nicht mehr selbst kontrollieren konnten, in einem Zimmer: „Da war ich in einem Drei-Bett-Zimmer, *immer* (betont). Aber *immer* (betont) sind bei mir die älteren Leute im Zimmer gelegen, (*)siebzig- bis fünfundachtzigjährige Frauen, die oft in die Windeln gemacht haben". Das war für Christine „wirklich total psychisch belastend", da war sie „schon wirklich am Ende, ja. Das war wirklich furchtbar". Die ganzen Automaten haben gepiepst, und die Monitore haben in der Nacht gepiepst. Christine konnte nie schlafen:

> „Weil ich es im Zimmer nicht ausgehalten habe, habe mir zwei Sesseln hingestellt oder im Fernsehraum zwei Sesseln hingestellt, eine Decke mitgenommen und habe versucht, dort ein bisserl mich zu entspannen. Ein bisserl zu schlafen, mich zu erholen, um danach wieder in dieses stinkige Zimmer hineinzugehen zu den alten Damen, die herumgehustet haben, mit Lungenentzündung und Sonstigem. Es ist nicht darauf geachtet worden, welche (*)Menschen mit welchen Krankheiten da herumliegen, und wenn man selber keine Abwehr hat, das war egal. Man war halt da im Zimmer".

Das waren für Christine „wirkliche Horrorzustände". Trotz eindringlicher Bitten wurde Christine nicht mit Nina, einer anderen jüngeren Patientin zusammengelegt: „Und ich habe dann, glaube ich, auch so ein kleines Trauma erlitten". Christine glaubt, dass es von dem kommt, dass sie sich im Spital nicht wirklich wohlfühlt:

> „Ich habe dann praktisch auch die ganzen Therapieeinheiten überwachen müssen, ob ich die richtige Chemotherapie bekomme, die richtigen Blutplättchen, das richtige Blut, die richtigen kleinen Stamperln gegen Übelkeit und die richtigen Tabletten, weil täglich immer andere Tabletten drinnen waren [...]. Ich habe wirklich kontrollieren müssen und überwachen müssen. Und das war richtig, richtig mühsam".

Christine war schockiert, fühlte sich katastrophal: „Ich habe mich da total hilflos gefühlt und habe trotzdem noch schauen müssen, dass ich alles noch so weit mitbekomme, was total anstrengend war". Sie verlor ihr Vertrauen zur Gänze, wollte nicht mehr, musste aber. Sie fühlte sich benutzt und verrichtete, „sozial veranlagt", Hilfstätigkeiten: „Man hat nicht schlafen können, dann die Übelkeit der anderen Leute, dann den Stuhl und den Geruch und ach, und den Gestank und die Geräusche". Christine war, entgegen ihrem sonstigen Optimismus frustriert, traurig und komplett isoliert. Keiner kümmerte sich, fühlte sich verantwortlich. Von Nina vorgewarnt, versuchte sich Christine trotzdem darauf einzustellen. Die noch im NN durchgeführte Transplantation funktionierte recht gut:

> „Da war ich natürlich auch wieder in Quarantäne drei Wochen, und da habe ich allerhand kleinere Reaktionen gehabt. Das heißt Magen-Darm-Reaktionen, hat fürchterlich wehgetan, dauernd Durchfall [...]. Übelkeit sowieso dauernd, Erbrechen am Tag war so sieben, acht Mal durchgehend eigentlich".

Die Hygienebestimmungen jedoch, beschäftigten Christine und ließen für sie zu wünschen übrig. Das darf nicht sein, meint Christine, es war wirklich schlimm: „Dann geht es einem psychisch auch wirklich schon schlecht und sich dann denkt, super, jetzt ist das schon ein Dahinvegetieren". Dennoch helfen Christine ihre Erfahrungen:

> „Ja sicher. Ich bin ja eigentlich ein optimistischer, positiver Mensch. Ich war dann fast schon, also nicht grantig aber bisserl traurig, frustrierter halt. Irgendwie habe ich gesehen, dass das überhaupt nichts bringt, keiner kümmert sich so richtig. Es fühlt sich keiner zuständig, verantwortlich und ja, wir sind halt Patienten, wir sind da, und das wird schon irgendwie. Es war auch keine Herzlichkeit von den Schwestern da, die hat komplett gefehlt. Sie müssen ja nicht Freundschaften mit uns schließen, ja, aber es war nicht einmal eine gescheite Ansprechperson, irgendwie da. Und das hat es wirklich schwierig auch gemacht, mit der ganzen Situation dann leichter umzugehen".

Obwohl sie von Menschen umgeben war, fühlte sich Christine isoliert, „ja, so komplett". Nach insgesamt fünf Wochen wurde sie ohne Vorwarnung „rausgeworfen". So spürte es sich für Christine zumindest an. Ihrer Meinung nach benötigte man das Zimmer. Sie fühlte sich, als ob sie nichts wert wäre: „Ich mag nicht, dass einer besser behandelt wird, einer schlechter, es sollte immer gleich sein". Gleichbehandlung ist Christine „schon wichtig". Im Mai 2009 wurde sie geheilt entlassen und fuhr auf Urlaub.

Christines Erleben nach ihrem zweiten Rezidiv

Im Dezember 2009 trat ein neuerlicher Verdacht auf. Obwohl die Ärzte beschwichtigten, war sich Christine sicher:

> „Ich habe sehr wohl gewusst, und ich habe auch das Stechen gespürt, dass da irgendetwas ist und habe auch dem Arzt gesagt: ‚Ich glaube schon, dass da was ist', und er hat das total ignoriert, hat gesagt: ‚Nein, machen Sie sich da nicht fertig', immer auf diese eher beruhigende beziehungsweise auf diese (*)Art – ach, die steigert sich da rein".

Christine fühlte sich wie ein kleines Kind, ignoriert und nicht ernst genommen. Aber „das Stärkste kommt ja noch". Das Resultat ihres histologischen Befundes erfuhr Christine telefonisch. Einen kurzen, persönlichen Gesprächstermin in der Privatordination ihres Arztes zu bekommen war schwierig und erst am Folgetag möglich. Christine war total geschockt, aufgelöst und weinte: „Ich habe überhaupt nicht gewusst, was jetzt los ist. Das ist schon wieder, das dritte Mal Krebs, was soll ich jetzt tun? Heißt das jetzt, dass die Sache erledigt ist?" Sie erfuhr formal, dass sie für eine Fremdstammzellentransplantation in das XY wechseln sollte. Dann wurden sie und ihre Mutter aus der Privatordination „rauskomplimentiert": „Dem war das zu viel, der Arzt hat mich nur abgeschoben. Aus, in das nächste Spital". Nebenbei erfuhr Christine, dass ihr Arzt ein Monat zuvor die Fremdstammzellensuche für sie einstellte, die Spendersuche daher erneut beginnen musste.

Christines Erfahrungen im zweiten Krankenhaus

Den Kontakt zum XY leitete Christines Vater in die Wege. Alle Befunde, Bilder und Unterlagen musste sie selbst zusammensammeln: „Und das war auch noch einmal ein Schock [...]. Ich muss alles selbst schauen, bin eh schon so fertig mit den Nerven [...]. Also alles noch einmal komplett aufrollen müssen, die ganze Geschichte für drei, vier verschiedene Ärzte. Das war schon mühsam". Aufgrund ihrer Vorerfahrungen und daraus entstandener Vorurteile bestand Christine nun auf eine Psychologin und sagte zu ihr: „Ich glaube, ich packe das alles nicht mehr. Mir wird das zu viel". Diese riet ihr komplett neu anzufangen und dem Spital, wie auch den Ärzten eine neue Chance zu geben:

> „Und das habe ich wirklich probiert und hat recht gut funktioniert. Natürlich war ich am Anfang schon immer ein bisserl vorsichtig und habe genau geschaut, was gemacht wird, aber ich habe mich innerhalb kürzester Zeit auf die Schwestern hier und auf die Ärzte verlassen. Auch jetzt kontrolliere ich nicht, was da eigentlich läuft, weil ich weiß, das rennt gut. Aber das passt. Und dann kommen auch keine falschen Medikamente und falsche Tabletten. Das ist wirklich auch befreiend, ja. Das ist irgendwie, huch, endlich läuft einmal was, und ich muss mich nicht um alles selbst kümmern".

Der nächste Schock folgte als Christine in der Vorbereitung für die Fremdstammzellentransplantation ihre Haare zum dritten Mal komplett abrasieren musste:

> „Super, obwohl ich meine Haare gehabt habe und nach der ganzen Therapie nicht verloren habe. Das war für mich schon auch ein Schock. Und das hat die eine Krankenschwester bestimmt, die Oberschwester, und das sehe ich nicht ein. Da hat der Arzt nämlich gesagt, er wäre dafür, dass die Haare bleiben, und ich kann ja ein Kopftuch nehmen. Aber dann hat er mit der Schwester geredet. Hat er gesagt: ‚Nein die Schwester (*)weicht nicht davon ab'. Und der Herr Prof. gesagt hat: ‚Wir sind ja da kein Konzentrationslager' (lacht), aber ja, das ist halt Standard. Ich habe sie abrasieren müssen, ganz. Es war nicht einmal ein Kompromiss möglich von drei bis vier Zentimeter. Ich habe einen Brief verfasst, ob der Kompromiss wenigsten möglich wäre, da würde ich mich wohler fühlen. Nichts da, ganz abrasieren, super".

Das war für Christines Psyche „total schlimm", sie fühlte sich „als halbe Frau, wie ein Alien", wenn sie in den Spiegel schaute. Da sich für Christine kein geeigneter Fremdspender fand, erhielt sie nach einer Hochdosischemo und Ganzkörperbestrahlung im Mai 2010 eine Nabelschnurstammzellentransplantation. Das war für sie die einzige Möglichkeit und in der Durchführung ein Gefühl: „als würde ich einen Herzinfarkt bekommen [...]. So könnte ich ihn mir auch vorstellen, wenn man dann kurz vorm Sterben irgendwie ist, wenn das Herz dann versagt, so ungefähr". Trotz arger Reaktionen möchte Christine die Situation bewusst durchstehen: „Das gehört dazu, ich will das erleben", obwohl sie schon alles störte und jedes Geräusch sie fertigmachte. Christine erholte sich, trainierte und durfte nach fünf Wochen auf die Tagesstation:

> „Psychisch ist es mir schon schlechter gegangen. Ich habe die Psychologin gebeten, ab der sechsten, siebenten Woche bitte mehr zu mir zu kommen, weil psychisch ist das so eine Belastung[...]. Was das psychisch mit einem macht, wenn man eingesperrt ist, angehängt ist, sich eigentlich kaum bewegen kann, kaum Freiheiten hat, kaum rausgehen darf, weil das darf man noch nicht, das ist schon heftig. Und da heißt es: ‚Na, anderen geht es ja viel schlechter'. Ich soll dankbar sein, dass es mir nicht schlecht geht. Und das ist halt – da geht es mir dann auch gleich wieder schlechter, weil ich mir denke, dir geht es auch schlecht, na ja super. Dann muss ich schon irgendwie dankbar sein?"

Dieser Vergleich ist für Christine unverständlich: „Es gibt siebzig bis achtzig Prozent, die haben keinen Krebs. Also denen geht es besser". Psychisch war sie an der Grenze: „Da habe ich geweint und mich reingesteigert, ich komme da nie wieder raus, und ich werde nie wieder gesund". In dieser harten Zeit fühlte Christine sich von der Psychologin nicht ausreichend betreut: „Ich glaube, sie hat nicht weiter gewusst, und sie hat mir auch nicht weiter helfen können". Nach insgesamt sieben Wochen wurde Christine entlassen, jedoch aufgrund von Abstoßungsreaktionen und einem Virus nach einer Woche wieder aufgenommen: „Ein Schock, dass ich wieder da bin". Sie fühlte sich negativ, war total unten, fragte sich, ob sie „noch ein bisserl normal" wäre:

> „Und was sie [Psychologin] mir zum Schluss dann gegeben hat, waren – weil ich schon gesagt habe, ob sie vielleicht irgendwas hat, das mir vielleicht helfen könnte – Persönlichkeitstests, ob ich noch ein bisserl normal bin? Ich habe alles ausgefüllt, und sie hat nur eines ausgewertet. Den anderen hat sie dann vergessen und hat mir das auch nicht erklärt, hat mir das hingelegt, hat gesagt: ‚So, da, das ist es'. Sie hat mir auch die Auswertung falsch erklärt. Ich habe mir gedacht, na ja, ist vielleicht nicht so ganz ihre Stärke, aber gut. Ich kenne mich mit dem nicht so gut aus, aber wenn sie das genau gegengleich erklärt, was da herauskommt, ich meine, da muss man nicht so viel können. Da muss man nur ablesen können".

Eine Psychiaterin wurde beratend hinzugezogen: „Das war eine total nette Dame, hat sich Zeit genommen, hat einmal geschaut, wie ich wahrscheinlich beieinander (lacht) bin. Wie gesagt, jetzt geht es mir eh schon ein bisschen besser".

Christines Selbstwahrnehmung und Lebensgefühle

Bereits mit der Erstdiagnose ist für Christine „wirklich alles zusammengestürzt". Zu dem phasenweisen Gefühl, in der Isolation dahinzuvegetieren, kommt das Bewusstsein nicht zu wissen, wie es ausgeht: „Es hätte ja auch schlimm enden können. Also, dass man dann – ja, also ans Sterben habe ich jetzt nicht gedacht, aber das war schon eine kritische Phase, und ich habe eben ausgeschaut (Pause)". Bestärkt wird dieser Eindruck durch die Reaktionen anderer Personen: „Die Besucher waren oft geschockt [...]. Die haben geglaubt, ich sterbe da drinnen". Christine fragte sich, ob sie wirklich so schlimm aussah. Für sie wichtige Lebensmaxime wie Unabhängigkeit, Selbstständigkeit und stabile Strukturen lösten sich auf, und dennoch disziplinierte sie sich: „Ich wollte mich da *nie* (betont) abhängig machen [...]. Ich habe mich gezwungen [...]. Mein Körper muss normal arbeiten. Ich meine, da tun wir keine Spompanadeln (lacht). Soll ordentlich weiterarbeiten". Psychischen Widerstand spürt Christine auch, sobald sie Tabletten schlucken soll: „Nein ich will die nicht nehmen, ich kann die nicht nehmen". Sie hat Angst vor der Reaktion, der Übelkeit. Mögliche Tricks helfen nicht. Sie mag sie nicht mehr schlucken. Andererseits ist genau das ein großes Problem, weil sie noch lange an Tabletten gebunden sein wird:

> „Weil, das Schlucken selber, der Schluckprozess selber ist zwar grauslich, aber das macht mir nichts. Es ist die Reaktion, oft wird mir nämlich übel. Ich weiß nicht, ob die Psyche da nicht oft mitspielt, weil ich mir denke, mir ist nicht übel, mir ist nicht übel. Ich habe nichts, mir geht es gut, und dann schaue ich noch Fernsehen und lenke mich ab, und trotzdem kommt es immer wieder rauf".

Christines körperliches und psychisches Erleben

Am Anfang lief es eher leicht. Ihre Gesundung stand im Mittelpunkt, Christine fühlte sich psychisch normal. Auch als die Nebenwirkungen, die Erschöpfung und Müdigkeit zunahmen, wollte sie es sich zunächst nicht eingestehen:

> „Mit zunehmender Therapie eben habe ich dann schon mehr Müdigkeit gemerkt, mehr Erschöpfung. Das heißt, ich habe mich dann wirklich schon gequält in die Fachhochschule. Ich habe schon sonst nicht immer gescheit gehen können, mir hat ja alles wehgetan. Aber ich wollte das natürlich nicht eingestehen und habe mir gedacht, aus, nein, das geht, ich bin bald gesund".

Erst nach der zweiten Diagnose geriet Christine in ein tiefes Loch und war am Limit: „Ja das war ein Riesenschock". Sie war über die Nebenwirkungen der Chemotherapie informiert, verspürte diese jedoch zu Beginn nicht so extrem: „Nur bisserl ein Geschmacksverlust war natürlich, der Geruchssinn war empfindlicher, aber das war alles nicht so extrem traumatisch [...]". Christine nahm wahr, dass sich das dann noch steigern kann. Dennoch war für sie noch alles „im grünen Bereich": „Ich habe das schon irgendwie noch gepackt. Sicher Kopfweh und so Zeug, aber – Konzentrationsschwierigkeiten".

Nach ihrem Rezidiv fällt Christine in „ein tiefes Loch", trotzdem denkt sie: „Ich bin eine Kämpfernatur, ich schaffe das, aus, jetzt besiege ich den aber endgültig. Jetzt aber erst recht". Sie merkte, dass die Zustände schlimmer wurden, sie psychisch belasteten:

> „Ich habe wirklich nur geschlafen, nur Kopfweh gehabt, nur Übelkeit gehabt. Also, da habe ich richtig gemerkt, die Zustände sind viel, viel, viel schlimmer geworden. Ich habe Schmerzmittel genommen, die ganze Zeit nur mehr geschluckt. Also der Zustand war, es war, also, wenn das mehrere Monate weitergegangen wäre, glaube hätte ich nicht mehr wollen – leben wollen. Das hätte ich gerne alles abschließen wollen. Es war wirklich, und ich halte viel aus, aber das war extrem viel, das war fast nicht mehr zum Aushalten, ja. Und da hat das Psychische auch reingespielt, das weiß ich, weil ich halt so fertig war, dass der Krebs wiedergekommen ist – (atmet aus) ja das war ein Riesenschock".

Daher ist es gut, sich selbst davon zu überzeugen, anstatt zu resignieren: „Wenn man sich gut zuredet, wenn man der Überzeugung ist, man wird gesund und besiegt das Ding, glaube ich, ist das sicher besser, als wenn man sich sagt, oje, jetzt bin ich wieder krank, und jetzt weiß ich nicht, wie es da weitergeht". Auch zu Hause dauerte es Monate, bis Christine „wieder ein bisserl fitter war". Anfangs kugelte sie nur auf der Couch herum. Sie konnte sich aufgrund ihrer Krämpfe nicht viel bewegen. Die Übelkeit und der Durchfall hielten an. Erst drei, vier Monate später war Christine in der Lage, sich wieder „ein bisserl normal" zu bewegen.

Noch nicht verkraften konnte Christine, dass sie ihre Haare ein drittes Mal abrasieren musste, obwohl sie nicht ausfielen. Jetzt wachsen sie nicht mehr so gut nach: „Augenbrauen und so weiter, das wächst schon, aber die Haare [am Kopf], da tut sich eben nichts oder wenig halt, fast nichts. Nicht gleichmäßig und, das war bei den vorigen Malen anders". Schlimm, weil Christine sich „da schon über die Haare auf die Weiblichkeit" definiert:

> „Ganz am Anfang habe ich ja lange, blonde Haare gehabt. Dann habe ich sie eh geschnitten, bräunlich kurz. Beim ersten Mal sind sie auch erst ganz spät ausgefallen. Ganz spät (*)hat mein damaliger Freund sie erst abrasiert. Und beim zweiten Mal sind sie fast nicht ausgefallen, aber da haben wir [sie] dann trotzdem kurz abrasiert, ganz kurz, also kurz geschnitten. Und beim dritten Mal sind sie eben nicht ausgefallen, ja und das (Pause)".

Wieder so ein Moment „man stößt an eine Grenze, an eine blöde, stupide und kann sich nicht dagegen wehren. Es ist da Vorschrift, aus". Das Risiko auf sich zu nehmen und selbst zu entscheiden, war nicht möglich: „Das ist auch das Erste, was man auf der Straße sieht, wenn man keine Haare hat". Haare sind für Christine ein nach außen sofort sichtbares Merkmal, und die Perücke bot ihr keine sichere Alternative. Ein Windstoß genügte, und es wurde „schon arg [...], irgendwie peinlich".

Auch die Angst vor einem Sekundärkrebs beschäftigt Christine: „Das muss ich noch irgendwie überwinden. Dass ich das ein bisserl ausschalte. Ja und hin und wieder stechen halt die Lymphknoten links unter der Achsel, wo eben der Krebs war".

Auswirkungen auf Christines Beziehungen

Christine lebte seit ungefähr einem Jahr mit ihrem *Freund* zusammen. Anfangs war er noch für sie da, wiewohl er ihre Erkrankung bagatellisierte und sich in Christines Situation und ihre Bedürfnisse nicht einfühlen konnte: „Für ihn war das fast wie Schnupfen". Christine sollte nicht jammern, sich nicht reinsteigern und nicht übertreiben. Im Gegenteil, sie sollte noch Kraft und Trost für ihn aufbringen: „Er hat wirklich an mir gezehrt, und ich habe ja fast keine Reserven mehr gehabt". Das war ein Limit für Christine, belastend, wirklich schlimm. Sie resümiert Charakter und Wertvorstellungen. Der Vater ihres Freundes, „wollte keine Frau, die denkt, oder selbstständig ist und arbeitet". Demgegenüber vertrat Christine freundlich, höflich und respektvoll ihren Standpunkt, wollte nicht still sein, klein beigeben oder nichts sagen. Ihre Bedürfnisse wurden nicht wahrgenommen, „das Empathische war nicht vorhanden". Letztendlich löste sich die Beziehung auf: „Ich habe das nicht verdient. Ich finde, das hat keiner verdient, dass man sich sagen lässt: ‚Du faule Sau, du, geh einkaufen, mach den Haushalt, wisch auf jeden Tag!'" Und das kurz nach der Stammzellentransplantation.

Von ihrer *Familie* und ihren *Freundinnen* fühlt sich Christine wahrgenommen und stark unterstützt. Sie sind rund um die Uhr für sie da, und dafür ist Christine dankbar. Sie wohnt wieder bei ihren Eltern, stressfreier, weil sich ihre Mutter als Hausfrau um Christine kümmern kann. Traurig ist sie, durch ihre langen Aufenthalte in der KMT von der restlichen Familie und ihren Festivitäten immer wieder isoliert zu sein.

Beruflich nicht aktiv sein zu können, wirft Christine aus der Bahn. Es ist normal, „man definiert sich über die Arbeit", als normaler Teil gesellschaftlichen Lebens. Anfangs probierte es Christine dennoch, um nicht gekündigt zu werden. Es war mühsam und körperlich anstrengend. Sie schloss ihre Ausbildung ab, ließ sich versetzen und wurde durch ihren Rückfall wieder aus der Arbeitswelt gerissen: „Die warten jetzt, dass ich mich melde". Als Christine dies nach einer Kontrolluntersuchung tun wollte, musste sie wieder ins Krankenhaus: „Nichts da. Sie warten halt irgendwie. Wobei, es ist eher die Neugier, es sind keine Sorgen, die sich die Leute machen, wenn ich das richtig einschätze kann, dann ist es eher so".

Als ihr die Kündigung drohte, suchte sie um einen Behindertenpass an: „Ich gehöre jetzt zu dem Personenkreis der begünstigten Behinderten". Das gibt Christine bis Juni 2011 Sicherheit, ihre Arbeit nicht zu verlieren. Sie denkt über eine Versetzung nach, aber das wird noch dauern, auch wenn es sie belastet: „Ich würde schon gerne normal arbeiten, alles abschließen, nicht mehr an die blöden Mittel, Medikamente, Spitäler und sonst was denken müssen". Rein theoretisch, weiß Christine, kann ihr ganzes Leben lang irgendeine Reaktion kommen.

Christine wünscht sich Ruhe und ein ganz normal geregeltes Leben, so wie es ihre Freundinnen auch führen:

> „Ohne dem Ganzen, ohne Krebsgeschichte. Wieder einmal arbeiten gehen. Wieder einen lieben Partner an meiner Seite haben. Dann wieder eine schöne Wohnung alleine haben[...]. Solche Sachen halt, also wirklich ein normales, geregeltes Leben zu führen, ohne diesen Krebs dauernd im Hinterkopf zu haben. Wenn er kommt, ich weiß nicht, ob ich das noch einmal durchstehen will, nachdem ich das jetzt dreimal (*)durchgemacht habe – ich meine ich bin noch jung, aber ich denke mir, irgendwann hat der Körper auch seine Grenzen erreicht".

Im Augenblick geht es in Christines Erleben vorrangig um die onkologische Versorgung. Es fällt ihr gar nicht leicht, sich zurückzuerinnern: „Seltsam, dass man das eigentlich vergisst, verdrängt. Ich weiß nicht, ob das wirklich nicht ein bisserl auch Verdrängung manchmal ist".

Themenspezifische Schwerpunkte zum Selbstkonzept vor der Psychotherapie

Christines Auffassung über ihr Ich
- Ich bin eine optimistische und positiv denkende Person, auch eine Kämpfernatur.
- Ich bin der Meinung meinen Standpunkt vertreten zu können, freundlich, höflich, respektvoll. Ich muss nicht still sein, klein beigeben oder schweigen.
- Die berufliche Laufbahn ist mein Anhaltspunkt für ein gesellschaftlich normales Leben.
- Persönlich kann ich mich gut selbst einschätzen. Ich weiß ungefähr, wo ich stehe, wo meine Grenzen liegen und wann ich Hilfe benötige.
- Meine Lebensvorstellungen beinhalten den Wunsch nach einer eigenen Familie und Kinder als Lebensmittelpunkt.
- Ich fühle mich mit meiner Familie und meinen Freunden verbunden.

Christines Auffassung über ihre onkologische Versorgung
- Alle drei Diagnosen waren für mich ein großer Schock und konfrontierten mich mit der Frage, sterben zu müssen.
- Meine Erfahrungen in zwei Krankenhäusern wirkten sich sehr unterschiedlich und phasenweise verunsichert aus.
- Ich möchte genau wissen, was meine Erkrankung für mich bedeutet und wie sie sich entwickeln kann.
- Meine Grundeinstellung ist wieder gesund zu werden. Die zunächst zuversichtliche Prognose verhalf mir zu einer ressourcenorientierten Einstellung und gab mir Hoffnung, mein Leben so normal wie möglich weiterzuführen.

Christines Auffassung über ihr Erleben im ersten Krankenhaus
Unterschiedliche, zum Teil widersprüchliche Aussagen und Begegnungen im Rahmen der Arzt-Patienten-Beziehung oder Pflege-Patienten-Beziehung verunsicherten mich. Ich wünschte mir:
– Ein, zwei Ärzte als Ansprechpartner.
– Genaue Information, Aufklärung, Offenlegung und Klarheit.
– Unzählige Strahlenuntersuchungen zu hinterfragen.
– Für mich selbst zu entscheiden und in meiner Eigenverantwortung wahrgenommen zu werden.
– Gut aufgehoben zu sein, statt dem Gefühl, anderen egal zu sein.
– Menschlichkeit, Herzlichkeit und gleiche Behandlung aller.
– Ich möchte ernst genommen werden.
– Ich möchte nicht wie ein kleines Kind bewertet, behandelt und verniedlicht werden.

Christines Auffassung über entstandene Konflikte oder Spannungen
– Meine Wünsche und Bedürfnisse wurden nicht wahrgenommen. Das wirkte sich psychisch total belastend, ja traumatisch aus.
– Ich konnte mich im ersten Krankenhaus auf die onkologische Versorgung nicht verlassen, musste mühsam kontrollieren, überwachen, selbst zur Expertin werden und mich um alles selbst kümmern.
– Ich fühlte mich katastrophal, total hilflos, komplett isoliert und musste meine ganze Kraft aufwenden.
– Geräusche verschiedener Geräte sind an traumatische Wahrnehmungen und Erfahrungen gekoppelt, lösen Flashbacks aus.
– Meine Intensität der Wahrnehmungen veränderte sich.
– Das Gefühl nicht umsorgt zu werden, alleine gelassen zu werden, löste bei mir Gedanken aus dahinzuvegetieren.
– Bei ungleicher oder ungerechter Behandlung hatte ich das Gefühl, nichts wert zu sein, nicht erstgenommen zu werden.
– Ich geriet in Situationen, mich und mein Recht verteidigen zu müssen.

Christines Auffassung über ihr Erleben im zweiten Krankenhaus
– Ich war zunehmend müde, erschöpft und kraftlos. Mich um alles selbst zu kümmern wurde zu viel.
– Ich bemühte mich, dem Rat folgend, komplett neu anzufangen.
– Ich konnte mich innerhalb kürzester Zeit auf die Ärzte verlassen. Das war befreiend und erleichterte mich spürbar, mich nicht um alles selbst kümmern zu müssen.
– Auch hier möchte ich bewusst erleben und durchstehen, was mit mir passiert. Das gehört dazu, auch wenn es heftig ist.
– Psychische Rückschläge verspüre ich, wenn ich das Gefühl habe, als Person in meiner Argumentation und Identität ignoriert zu werden und Anforderungen für mich nicht stimmig sind.

- Vergleiche mit anderen Betroffenen helfen mir in meiner aktuellen Befindlichkeit nicht.
- In meiner Verzweiflung fühle ich mich alleine. Hier hätte die Kontinuität empathischer Gespräche helfen können.
- Meine abermalige Aufnahme in die KMT war wieder ein Schock. Ich war negativ, total unten.
- Ich frage mich, ob ich noch ein bisserl normal bin, möchte Unterstützung um das herauszufinden.

Christines Auffassung über ihre jetzigen Wahrnehmungen
- Für mich steht meine Gesundheit im Mittelpunkt.
- Auch wenn es mir schwerfiel, war ich überzeugt es sei besser, sich zuzureden gesund zu werden.
- Ich spürte zunehmend die Erschöpfung und Nebenwirkungen der Chemotherapien. Trotzdem kämpfte ich, möchte wieder gesund werden.
- Mit der zweiten Diagnose geriet ich psychisch verstärkt unter Druck, ein Schock folgte dem anderen.
- Ich könnte auch sterben.
- Ich setzte mich vermehrt mit meiner Krankheit auseinander.
- Meine Angst verstärkte sich durch die Isolation der Quarantäne und Rückmeldungen von außen.
- Unabhängigkeit, Selbstständigkeit und Strukturen sind für mich wichtig.
- Ich will mich nie abhängig machen.
- Ich will keine Tabletten schlucken. Die Blockade ist psychisch bedingt.
- Durch den Verlust meiner Haare werde ich immer wieder mit meiner Weiblichkeit konfrontiert.
- Ich konnte nicht selbstbestimmt entscheiden, musste jedoch mit den Auswirkungen zurechtkommen.

Christines Auffassung über die Interaktionen und Reaktionen des Umfeldes
- Meine Partnerschaft war mir keine Hilfe, sie löste sich auf.
- Ich wurde nicht wahrgenommen und vor allem in meinem Frauenbild, stigmatisiert.
- Von meinen Eltern, meiner Familie und Freundinnen fühle ich mich angenommen.
- Beruflich fühle ich mich durch den Erkrankungsverlauf aus der Bahn geworfen.
- Ein weiteres Merkmal für Normalität, an der ich augenblicklich nicht teilnehmen kann, mich jedoch zukunftsorientiert absicherte.

6.8.2 Das habe ich ja genau so empfunden

Nach telefonischer Absprache mit Christine fand das Abschlussgespräch am Nachmittag des 31. Juli 2010 im Krankenhaus statt. Dieses Gespräch und dieser Abschied berührten mich aufgrund der Unmittelbarkeit der Ereignisse persönlich emotional sehr. Christine und ich hatten zweimal pro Woche insgesamt sieben einstündige Therapiestunden. Das ausführliche Eingangsinterview erfolgte in drei Etappen jeweils vor der Psychotherapie. Das Abschlussinterview[476] zum Therapieprozess wurde separat geführt. Durch die Aufhebung meiner Vertragsverlängerung musste ich den Psychotherapieprozess in einer ungünstigen Prozessphase vorübergehend abbrechen, stand jedoch mit Christine weiterhin regelmäßig in Kontakt.

Personenbezogene Aussagen zum Psychotherapieprozess

In dem für Christine recht angenehmen Erstgespräch deutete sie ihre Hoffnung an, durch Psychotherapie selbst auf etwas draufzukommen. Sie fragte sich, ob ihr Sträuben und ihr Widerstand normal wären oder sie medikamentöse Unterstützung benötige. Eigentlich möchte sie mit allem selbst fertig werden, nimmt sich als starke Person wahr, die es schon irgendwie schafft. In der Psychotherapie sieht Christine eine sinnvolle Möglichkeit weiterzukommen, auch wenn es gar nicht so einfach ist, sich zurückzuerinnern: „Es ist seltsam, dass man das eigentlich vergisst, ich weiß nicht, ob das wirklich nicht ein bisserl auch Verdrängung manchmal ist".

Die Gespräche „waren wirklich hilfreich und haben gutgetan".

Für Christine waren die psychotherapeutischen Gespräche eine gute Basis: „Alleine dieses genauere Nachfragen, dann noch einmal darüber nachdenken, wie man was verbessern könnte". Die Suche nach Möglichkeiten und das Ausprobieren von Alternativen halfen, auch wenn es nicht gleich zu idealen Lösungen führte:

> „Zum Beispiel auch beim Tablettenschlucken. Nase zuhalten, also ich habe es probiert, es ist ein bisserl besser, aber es ist noch nicht das Optimale (lachend) [...].Oder auch diese piepsenden Geräusche, (*)die medizinischen Geräte, also das hat mir auch geholfen. Ich denke jetzt immer an einen großen paradiesischen Vogel, der will gefunden werden, wenn es piepst (lacht). Also ein bisserl positiver halt, also ein bisserl ummünzen. Das war schon toll".

Die Psychotherapeutin nahm sich Zeit. Christine konnte ihre wichtigen Themen ansprechen und intensiver in die Tiefe gehen.

„Ich bin eigentlich ruhiger geworden".

Es hat Christine ein Stück weit geholfen, „das einfach besser zu reflektieren": „Dass ich selber die Situation auch ein bisschen besser im Bild habe, und das Lustige ist, ich bin eigentlich ruhiger geworden". Nach der Psychotherapie verstand Christine „einfach alles wieder besser". Sie kann trotz negativer Vorerfahrungen wahrnehmen, dass sie sich in ihrer aktuellen Spitalssituation besser aufgehoben fühlt, kann Zusammenhänge besser verstehen, sich mit der Gegenwart leichter abfinden und sie als augenblicklich dazugehörend annehmen. Es war auch die Zeit vorhanden für Rückmeldungen und Rückfragen. Das half Christine schon.

---

476   Christine 2010, II.

"Ja, es bewegt sich schon was, doch, auch von der Einstellung her".

Die negative Einstellung konnte Christine besser auflösen. Jetzt versuche sie, „das einfach hinzunehmen –, das gehört jetzt dazu und wird dann hoffentlich mal vorbei sein". Christine kann wieder „ein bisserl in die Zukunft blicken", auch wenn sie das Negative immer wieder verfolgt. Die Erfahrungen in verschiedenen Krankenhäusern aus mehreren Blickwinkeln zu betrachten und zu reflektieren, war für Christine wichtig. Aktuell habe sie das Gefühl, mit den Ärzten und Schwestern „normal" reden zu können: „Und so (*)fühle ich mich besser aufgehoben".

"Sie merken auch, dass ich ein bisserl entspannter bin".

Positive Rückmeldungen bekam Christine von ihrer Mutter. Sie meistert ihre Situation total gut, ist entspannter, kommt ein bisschen leichter damit zurecht: „Aber ja, natürlich habe ich manchmal auch am Abend so kleine Absturzphasen, wo ich dann schon noch traurig bin". Dennoch merkt Christine eine Veränderung.

„Ich habe auch den Austausch wirklich interessant und wichtig gefunden".

Für Christine hat es „eigentlich gepasst". Der Austausch von Standpunkten zeigte Christine, „wie unterschiedlich man da herangehen kann". Es entstand ein Prozess, „ein leider zu kurzer Prozess. So lange haben wir ja leider nicht (Pause), ja". Trotz der geringen Therapiestunden hat sich „ein bisserl was verändert. Das stimmt, ja".

„Weil das habe ich ja genau so empfunden, ja".

Durch die direkte Art der Therapeutin und das klare Ansprechen der empfundenen Horrorsituationen fühlte sich Christine wahrgenommen: „Das hat mir gut gefallen". Mit „Wischiwaschi"-Aussagen kann sie nichts anfangen. Der dialogische Austausch war für Christine interessant, hilfreich und wichtig. Verschiedene Perspektiven gaben im Hinblick auf den Prozess Stoff zum Nachdenken: „Ihre Art, daneben immer wieder kurz einmal von Ihnen, wie Sie das sehen, und wie ich das in dem Rahmen verstanden habe, ja das hat gut gepasst". Christine bedauert die Psychotherapie in diesem direkten Setting am Krankenbett und in ihrer aktuellen Isolation nicht mehr fortsetzen zu können:

> „Die Gespräche werden mir fehlen, weil mir die wirklich auch geholfen haben, und ich mich eigentlich immer auch darauf gefreut habe [...]. Dass jetzt wieder Zeit ist, sich auszutauschen, um da ein bisserl weiter zu tun, also prozessartig weiterzuarbeiten. Das wird mir schon sehr abgehen".

Dass Christine nach fünf Wochen Spitalsaufenthalt in wenigen Tagen entlassen wird, „das ist eh schon ein Lichtblick (beide lachen)".

Themenspezifische Schwerpunkte zur Aktualisierung

„Ich empfand die psychotherapeutischen Gespräche sehr hilfreich, sie tun mir gut, es bewegt sich etwas und „ein bisserl was [hat sich] verändert". Die Gespräche „werden mir fehlen".
- In die Tiefe zu gehen, und wichtige Themen anzusprechen, ist für mich hilfreich.
- Genauer nachfragen und darüber nachdenken, verbessert meine Befindlichkeit.

- Ich kann ursprünglich negative Bilder positiver „ummünzen".
- Besser zu reflektieren bedeutet, Zusammenhänge herzustellen und die Situation besser im Bild zu haben.
- Besser zu verstehen, ermöglicht es mir ruhiger zu werden.
- Wenn ich die Zusammenhänge verstehe, kann ich mich leichter mit der Situation abfinden, sie hinnehmen.
- Dennoch verfolgt mich das Negative immer wieder, manchmal bin ich abends traurig.
- Ein normaler Umgang und normales Reden hilft, mir die aktuelle Situation zu vergegenwärtigen.
- So fühle ich mich besser aufgehoben.
- Ich bin entspannter und komme besser zurecht.
- Trotz geringer Therapiestunden entstand ein Prozess, es bewegte sich etwas, ein bisschen veränderte sich etwas
- Durch ein dialogisches direktes und klares Ansprechen fühlte ich mich in meinem Erleben wahrgenommen.

7 Ein Panorama von Lebenswirklichkeiten

> „Allem Glauben zugrunde liegt die Empfindung des Angenehmen oder Schmerzhaften in Bezug auf das empfindende Subjekt".[477]

Mit dem nun folgenden Gesamtüberblick möchte ich sowohl die Vielfalt als auch eventuelle Gemeinsamkeiten der Erlebensdimensionen unter Berücksichtigung der individuellen Selbstkonzepte krebskranker Personen in eine überschaubare Form bringen. Es ist dies *eine* mögliche Darstellung subjektiver Betrachtungen und daher von meinem Verständnis sowie dem einhergehenden Prozess der Verknüpfungen und Interpretationen gefärbt. Mit diesem Panorama von Lebenswirklichkeiten erhebe ich weder in der Vielfalt noch in den Gemeinsamkeiten der Erlebensdimensionen und ihrer Veränderungsmöglichkeiten durch Psychotherapie Anspruch auf Vollständigkeit und Allgemeingültigkeit, dennoch könnten die Ergebnisse auf ihre Verallgemeinerbarkeit hin überprüft werden. Erwähnte Zitate stammen aus den Verdichtungsprotokollen der Erstinterviews und der Abschlussgespräche zum Psychotherapieprozess.

7.1 Selbstkonzept und die Vielfalt der Erlebensdimensionen

Das Erleben von krebskranken Personen umfasst eine Fülle unterschiedlicher Ausprägungen, die allesamt in Verbindung zum Selbstkonzept sowie der subjektiven Empfindung und Vorstellung von Lebensrealität und Lebensqualität stehen. Aktuelle Situationen und Befindlichkeiten waren ausschlaggebend dafür, welche individuellen Dimensionen im Hier und Jetzt im Vordergrund standen und sich während der Erstinterviews bedeutungsvoll ihren Weg bahnten.

7.1.1 Erfahrungen des Geworden-Seins

Subjektiv förderlich wahrgenommene Erfahrungen aus dem Bezugssystem, aufkommende Kindheitserinnerungen, einhergehende Wertungen und Gefühle können im Rahmen der Aufarbeitung oder Bewältigung einer Krebserkrankung Ressourcen aktivieren. Die Liebe der Eltern, wie sie aus früheren Tagen erinnerlich ist oder im aktuellen Erleben empfunden wird, kann Geborgenheit und Sicherheit vermitteln, wie allenfalls die Familie insgesamt als wichtiger Rückhalt und als Glück im Dasein wahrgenommen werden kann. Dann bieten Eltern und Familie vielleicht ein Netz, das Betroffene in der Bewältigung ihrer Krebserkrankung förderlich auffängt, ihnen Hilfe und Unterstützung zugleich ist. Die elterliche Liebe kann zudem eine Art Sehnsucht auslösen und Bedürfnisse spürbar werden lassen, wenn ich mich als Kind sehr behütet fühlte und meine Eltern bereits verstorben sind. Heidi konnte den Tod ihrer Eltern nicht integrieren und vermisst genau jene Innigkeit und Herzlichkeit, die ihr im aktuellen Erleben trotz Mann

---

477 Nietzsche 2008, 34.

und Kind fehlen. Weinen zu können war für sie eine Erleichterung und half den Verlust der Eltern über die Zeit zu akzeptieren. Während die wesentlich älteren Geschwister in Heidis Leben nicht wirklich präsent waren, bedeuten Geschwister und Eltern für Brigitte und Christine so etwas wie Verlässlichkeit, Halt, Geborgenheit und Sicherheit. Diese Werte vermitteln eine Stabilität, die sich auf die Beziehungsqualität generell günstig auswirkt.

Eine förderlich oder großteils förderlich erlebte Kindheit kann das sein, woran ich mich als erwachsene Person gerne erinnere. Vielleicht vermitteln mir die einhergegangenen Erfahrungen in der wahrgenommenen Intensität eine gewisse stützende Kraft. Es kann auch sein, dass mich meine Kindheit in ihrer Gesamtheit so beeindruckte, dass ich diese erlebte Qualität an die nächste Generation weitergeben möchte. So können beispielsweise Naturverbundenheit und Bodenständigkeit Werte beinhalten, in der grundsätzlicher Respekt und Achtung eine tragende Bedeutung haben und mit Haltungen verbunden sind, die bis in die Gegenwart ihre Wirkung entfalten. Werte die positiv und lebensbegleitend wahrgenommen werden oder mir als Person, mir selbst vertrauend, wieder den Weg zu meinen Gefühlen, zu meinem Instinkt und zu meiner Intuition ebnen. Nicht alle Erfahrungen der Kindheit werden jedoch förderlich erlebt. Unter Umständen tendiere ich dann eher dazu, tradiertes Verhalten zu hinterfragen oder abzulehnen, wie Rosamaria es teilweise tat. Auf einem Bauernhof aufgewachsen stehen für sie jene Ressourcen im Vordergrund, die sie ganz nach dem Leitmotiv – säen und ernten – an Zufriedenheit und Glück gekoppelt findet. Demgegenüber störte es sie, dass es in ihrem Elternhaus üblich war, vom Feld kommend mit schmutzigen Schuhen die Küche zu betreten. Denn, den Schmutz musste sie dann aufkehren. Eine Diskrepanz zu ihrem eigentlichen Bedürfnis nach Ordnung und Sauberkeit, die sie schon als Kind denken ließ, dass sie es einmal anders haben wollte.

Hinderliche Kindheitserfahrungen, psychische und körperliche Gewalt, das Gefühl unerwünscht zu sein oder keine Lebensberechtigung zu empfinden, wie Monika es erdulden musste, können dazu führen, sich einerseits irgendwie schuldig zu fühlen und/oder sich andererseits in den eigenen Bemühungen um eine Veränderung immer wieder zu überfordern. Selbstzweifel und Selbstüberzeugung standen in einem permanenten Widerspruch, der sich erst in einer förderlichen Umgebung, durch hilfreiche Beziehungen auflösen konnte. Monika ist es ein Bedürfnis mit ihren negativen Kindheitserfahrungen und damit verbundenen Erinnerungen, im Sinne eines Arrangements mit sich selbst, durch ein Loslassen-Können abzuschließen.

Unsicher empfundene Bezugssysteme führen möglicherweise dazu, sich, ursprünglich nach elterlicher Liebe sehnend, bis zur Erschöpfung über Leistung, Wertungen und Anerkennung zu definieren. Glaubenssätze der Vergangenheit, wie Brigitte[478] es so trefflich formulierte, – „du hast, du sollst, du musst" – spüren sich wie ein Widerspruch zu der eigentlich förderlich erlebten Kindheit an. Die Aussage, „man ist aber so erzogen worden", deutet an, wie sich ursprünglich aus dem Bezugssystem stammende Bewertungsbedingungen wider dem Gefühlten entwickelten und, im Sinne eines erhöhten

---

478 Brigitte 2010, I.

Leistungsanspruchs an sich selbst, bis in die Gegenwart ihre Wirkung entfalten. Oder Zuschreibungen, wie beispielsweise „die Starke"[479] in der Familie zu sein, die im Sinne eines Stark-sein-Müssens so selbstverständlich verankert scheinen und parallel dazu das Streben nach Perfektionismus trotz phasenweiser Überforderungen begünstigen können.

7.1.2 Bin das ich?

Die Wahrnehmungen und damit verbundenen Vorstellungen über mich, beziehungsweise über das Ich, das ich geworden bin, und Einflüsse des Umfeldes auf mich und mein Geworden-Sein und Dasein, formten und prägten das Bild, das ich von mir selbst als Person heute habe. Zugesprochene Stärke, Direktheit, Offenheit und Aktivität haben für einige Gesprächspartnerinnen einen hohen Stellenwert. Sie gehen auf andere zu, sind für andere da und können sich prinzipiell gut behaupten. Belastendes verschieben sie eher oder verdrängen es. Sie sind es gewohnt, alles selbst zu machen und selbst zu tragen. Trotz der Last auf ihren Schultern ist es für sie selbstverständlich, ohne Unterstützung zu funktionieren und perfekt zu sein. Die Erfahrungen der Vergangenheit lehrten sie, sich auf andere eher nicht verlassen zu können. Von anderen etwas zu beanspruchen, liegt ihnen daher fern. Heidi bezeichnet sich eher als introvertiert und sensibel. Sie fühlt sich als eine erfahrene, freundliche Frau, die dennoch selten auf ihr Umfeld zugeht. Andere müssen auf sie zukommen. Aktuell erlebt sie sich zwischen Hilflosigkeit und Verzweiflung schwankend, wobei der manchmal aufflackernde Sarkasmus ihr ein Schutzschild und Ventil zugleich bietet. Auf andere wirke sie, so die Rückmeldungen ihrer Umgebung, eher hart. Geli wiederum hilft der Sarkasmus dabei, Spannung zwischen der zugesprochenen Stärke und der gefühlten Erschöpfung zu überbrücken.

Liebe, Wertschätzung, Freundlichkeit, Höflichkeit und Respekt sind Werte, die wiederholt verbalisiert wurden und für eine gute Beziehungsqualität ausschlaggebend sind. Das Gemeinte beinhaltet jedoch keineswegs den Anspruch, als Person selbst still zu sein, zu schweigen oder gar klein beizugeben. Sie können ihren Standpunkt vertreten und selbstständig agieren, verfügen über eine gute Selbsteinschätzung, wissen, wo sie stehen und können grundsätzlich Grenzen ziehen. Auch können sie abschätzen, wann sie Hilfe benötigen. Die Selbstverständlichkeit des Lebensalltags jedoch ist oftmals ein wesentlicher, phasenweise jedoch mühsamer Faktor. Dann besteht die Gefahr, sich zwischen Automatismen und abwartender Zurückhaltung hin und her gerissen zu fühlen. In diesem Zwiespalt nicht nein sagen zu können und nach außen immer zu agieren, kann anstrengen. Es entsteht der Eindruck einer Diskrepanz zwischen den eigenen moralischen Vorstellungen, dem Gewissen, dem Verantwortungsbewusstsein, einem einhergehenden Leistungsanspruch und einem möglichen Versagen. Dies führt unter Umständen dazu, dass ich als Person meine Erschöpfung nicht wahrnehme und diese durch eine gefühlte Bedrohung oder mitschwingenden Schuldgefühle überlagere. Das kann in eine Angst auslösende innere Zerrissenheit münden, denn einerseits muss ich aktiv sein und gehe andererseits durch mein Verhalten über mich selbst hinweg: „Geht es anderen

---

[479] Geli 2010, I.

gut, geht es mir gut"[480]. Diesen Leitsatz der Vergangenheit bezeichnet Rosamaria durch ihre Erkenntnisse in der Erkrankung als ihren größten Irrtum.

Positives Denken und Optimismus sind hilfreich. Diese Erfahrungen deuten wirksame Bewältigungsstrategien an, selbst wenn die gefühlte Ohnmacht aktuell im Vordergrund zu stehen vermag. Gespürt wird, dass es guttut, selbstfürsorglich zu sein. Ohnmacht kann ich als Person eventuell dann empfinden, wenn ich zu viel agiere, mich für alle verantwortlich fühle und davon ausgehe, jederzeit Lösungen entwickeln oder finden zu müssen.

Ordnen ist ein Bedürfnis, das auf alle zutrifft, wenngleich in unterschiedlichen Ausprägungen. Sei es Haus und Haushalt, seien es Angelegenheiten der Familie oder berufliche Belange. Das In-Ordnung-Bringen kann möglicherweise gefühlte Spannungen zwischen Verzweiflung, Liebe, Verantwortung, Sicherheit und einer ersehnten Entlastung lösen. Dabei gelingt es Rosamaria heute zum Beispiel gut, Ereignisse auf sich zukommen zu lassen. Sie handelt erst, wenn die Zeit reif ist. Auf ihre Intuition und Erfahrung kann sie sich mittlerweile verlassen. Für Monika und Löwe war das Ordnen der elterlichen Beziehungsqualität wichtig. Monika recherchierte und entdeckte, was ihr in ihrer Kindheit und Jugendzeit widerfuhr. Bei Löwe löste das elterliche Desinteresse einen Konflikt aus. Was ursprünglich zählte, waren nur Leistung und Arbeit. Er selbst fühlte sich als Person nicht wahrgenommen, erhielt keine förderliche Unterstützung. Was blieb, waren seine Einsamkeit und eine aufkeimende Wut. Erst im Vergleich mit den Schwiegereltern erlebte er eine wohltuende Differenz im familiären Miteinander, die ihn mit Dankbarkeit erfüllt.

Druck erzeugt generell Gegendruck. Darin stimmen alle überein. Es ist daher wesentlich, offen miteinander zu kommunizieren, um Kränkungen oder Rückzugstendenzen anzusprechen und um verstanden zu werden. Emotional verspürter Druck kann, sich selbst schützen wollend, bis hin zur emotionalen Verdrängung zu einem inneren Rückzug führen. Dies zu ändern und neue Erfahrungen zu integrieren, braucht personale Begegnung und das Gefühl wahrgenommen zu werden. Unehrlichkeiten fallen auf, werden gespürt und abgelehnt. Klarheit und Ehrlichkeit sind die Voraussetzungen dafür, den nächsten Schritt andenken oder setzen zu können.

Hohe Selbstansprüche, wie sie sich in allen Biografien finden, können auch in einem engeren Zusammenhang mit dem darin verwobenen Bedürfnis nach Gerechtigkeit, Fairness oder Ausgleich verstanden werden. Die Balance zwischen dem Selbsterleben – wie es Heidi beispielsweise selbstkritisch wahrnimmt, manchmal hart zu sein, obwohl es die anderen nicht verdienen –, den hohen Selbstansprüchen, und den individuellen Bedeutungszuschreibungen kann starke Diskrepanzen zwischen dem Selbstbild und vermittelten Fremdbild verursachen und verunsichern. Monika nennt es „zweigespalten"[481] und kennt dieses Gefühl zur Genüge aus ihrer Kindheit. Diesen Spannungsbogen zwischen einem positiven Selbstbild und einem negativ vermittelten Fremdbild zu überbrücken, kann zum Rückzug führen, wenn etwas nervt. Demgegenüber rüsten sich

---

480 Rosamaria 2010, I.
481 Monika 2010, I.

andere Gesprächspartnerinnen eher für ihren Kampf. Sie wollen sich empfundenen Ungerechtigkeiten entgegenstellen. Andererseits sollten sie, so der Anspruch, besser auf sich aufpassen. Eine Herausforderung, denn die jeweiligen Partner und Familien brauchen sie, ja fordern sie. Hier geduldig zu sein, ist schwierig und dennoch eine wahrgenommene Notwendigkeit. Keine Angst vor dem Gegenüber zu haben und zu sagen, was nicht passt, ist wichtig, um den Bogen zu dem täglichen Müssen und den Anspruch an andere, (ebenfalls) wahrzunehmen und zu lernen, organismisch zu kompensieren. Ich machte, was ich machen musste – mit einem einhergehenden Ignorieren der eigenen Gefühle – zieht nahezu wie ein Leitmotiv, das sich in so manchen Erzählungen widerspiegelt, durch. Das macht es manchmal schwierig auf sich selbst zu achten, obwohl die Außenwelt zwar oftmals darauf drängt und dies verbalisiert, andererseits jedoch durch gewisse Anspruchshaltungen einen Widerspruch verursachen kann. Im Rahmen dieses Spannungsbogens mit der Kritik anderer umzugehen, ist nicht einfach. Ungerechte empfundene Kritik kann mich als Person unter Druck setzen. Sie kann in eine Reaktion münden, die mir das Gefühl vermittelt, handeln zu müssen und mich selbst zu verteidigen.

Gut zuhören und genau beobachten zu können, wird von den meisten Gesprächspartnerinnen hervorgehoben. Was sie dabei wahrnehmen, und wie sie es bewerten, spüren sie durch ihre daraus gefühlten Spannungen. Diese bestimmen sodann die Art und Weise des Agierens aus ihrer Sicht der Dinge. Die Individualität ihres Gegenübers dabei zu berücksichtigen, das heißt nicht unbedingt zu verallgemeinern, versuchen sie dabei, je nach Möglichkeit, mitzudenken.

Aus Brigittes[482] Erzählungen erfahren wir, wie sie über sich selbst aus der Position einer „dritte Person" spricht. Dieses Pronomen *man* findet sich in allen Gesprächen. Bei Brigitte löst das Erkennen einer Art Abgetrenntheit von sich selbst starke Gefühle aus: „Dann kommt es wieder über mich", sagt sie und verspürt ihre Emotionen. Es ist dies, wie eine gefühlte Distanz zum Ich, ein hilfreicher Schutz zumindest so lange, bis das eigentliche Gefühl in den Vordergrund treten darf.

Der eigene Wille zählt. Davon sind die meisten Gesprächspartnerinnen überzeugt, denn letztendlich können nur sie sich selbst helfen. Dies wahrzunehmen, zu erkennen und zu bedenken, macht selbstbestimmtes Handeln erst möglich.

7.1.3 Berufliche Existenz

Trotz Krebserkrankung ist es oftmals existenziell notwendig, den Arbeitsplatz zu erhalten. Positive Unterstützung durch die Arbeitgeber, wie auch ein fürsorglicher und bedachter Umgang zwischen Arbeitskollegen, kann sich schützend und haltgebend auswirken. Für Christine war der Erhalt eines Behindertenpasses hilfreich, sie fühlte sich dadurch besser abgesichert. Eher am Beginn ihrer beruflichen Laufbahn stehend, definiert sie ihr Leben aktuell über die Arbeit, hat Freude daran und will gesellschaftlich ein normales Leben führen. Geli wurde durch ihren Beruf ursprünglich sehr vereinnahmt,

---

482 Brigitte 2010, I.

hatte das Gefühl ihre Kinder zu vernachlässigen, ihnen zu schaden. Für sie stand eine neue Berufswahl zur Diskussion. Ein Beruf, der ihren Intuitionen, Bedürfnissen und Fähigkeiten eher entspricht und ihr mehr Zeit für die Familie lässt. Für Brigitte ist das berufliche Können insofern wichtig, als es ihr Rückhalt, Status und eine bestimmte Stellung ermöglichte. Obwohl sie bereits pensioniert ist, greift sie selbstbewusst auf wertvolle Erfahrungen zurück und möchte diese weitergeben. Die nächste Generation zu fördern, ihre Erfahrungen und ihr Wissen weiterzuvermitteln, ist ihr ein starkes Anliegen. Zudem repräsentieren der Beruf und die Arbeit einen insgesamt wichtigen zum Leben gehörenden Teilaspekt und stützen individuelle Vorstellungen von Normalität.

Andererseits können im Rahmen einer Krebserkrankung auch die Reorganisation, die Relativierung und die gefühlte Entlastung der beruflichen Situation, hin bis zum Abschied aus dem Berufsleben, im Vordergrund stehen. Heidi fühlte sich durch ihre Erkrankung aus dem Berufsleben „herausgerissen"[483], der Wunsch nach Ordnung und Neustrukturierung half ihr bei der Bewältigung. Vera und Rosamaria wurden krankheitsbedingt pensioniert. Sich dessen emotional bewusst zu werden, kann eine schmerzvolle Erfahrung sein. Für Rosamaria stand zunächst die Frage im Raum, ob die Pensionierung zugleich ihr „Todesurteil"[484] wäre? Dennoch sahen es beide in der Folge eher als eine Erleichterung, eine Entlastung, dass der berufliche Stress, der tägliche Druck und die begleitende Angst fit sein zu müssen, wegfielen. Was blieb, ist ein gewisser finanzieller Druck, der durch die Entdeckung neuer Lebensqualitäten aufgelöst werden konnte.

7.1.4 Diagnose: Warum ich?

Die Reaktionen bei der Übermittlung einer Krebsdiagnose können sehr unterschiedlich, ja nahezu entgegengesetzt erscheinen. Dem voraus gehen eventuell gewisse Vorahnungen oder Befürchtungen, unbewusste Empfindungen oder körperliche Signale, oder völlige Überraschung. Vielleicht jedoch hat eine nahestehende Person so etwas wie eine Vorahnung. Die Diagnose selbst kann ein „großer Schock"[485] sein, eine Welt zusammenbrechen oder -stürzen lassen, ein „Keulenschlag"[486] sein. Eine Krebsdiagnose kann sich traumatisierend auswirken oder „komischerweise"[487] zunächst nicht „so schlimm" empfunden werden. Einhergehende Gefühle wirken zunächst unter Umständen emotionslos, blockieren den Weg zu den Empfindungen oder lassen mich als Person eher atypisch ohne Angst reagieren, wenn Erklärungen und Klartext mir grundsätzlich eher dazu verhelfen, mit einer schwierigen Situation besser umzugehen. Die verspürte Gefühlsdynamik kann Betroffene in eine große Diskrepanz stützen. Rosamaria nahm die Diagnose wahr, als ob es nicht um sie selbst ginge. Das Bodenständige war „am Boden

---

483   Heidi 2010, I.
484   Rosamaria 2010, I.
485   Christine 2010, I.
486   Heidi 2010, I.
487   Vera 2010, I.

zerstört"[488]. Ähnlich erging es Löwe bei der Nachricht, dass er ein Rezidiv habe. Während Rosamaria verdrängte, ihr inneres Schutzschild aktivierte, Empfindungen nicht zuließ und nach außen nicht reagierte, schottete sich Löwe schon während der Diagnosemitteilung gedanklich komplett ab, war in seiner Welt der Fragen gefangen und hörte sonst nichts mehr. Gelis Reaktionsweise war im Sinne von Emotionen ausschalten oder verdrängen auf ihr Funktionieren-Wollen ausgerichtet. Monika nahm wahr, sich nicht mehr im Griff zu haben und fuhr in den Wald, um ihren Gefühlen freien Lauf zu lassen. Rosamaria[489] entschied sich zur Bewältigung der Diagnose für eine „Leberkässemmel". Etwas, was sie sich, ob ihres Körpergefühls, sonst nie leistete. Selbst die angedeutete Somatisierung, das Wort „unheilbar" würde ihr noch heute „Magenweh" verursachen, kann in diesem doppelten Sinn interpretiert werden. Die Diagnose – unheilbare Krebserkrankung – verursacht Schmerzen, sie drückt. Es folgte der totale Rückzug, der Drang, Aufkeimendes mit sich selbst auszumachen, nicht mehr aufzustehen, nichts mehr zu erleben, niemanden zu treffen und nicht mehr zu reden. Vera erging es nach der Bestätigung ihres Rezidivs ähnlich. Gedanken wie, „das wird nichts mehr"[490], sie werde nicht überleben und sterben, drängten sich in den Vordergrund, gefolgt von Gefühlen der Angst, des Zweifels und der Unsicherheit. Oder wie bei Christine, die sich damit konfrontierte, ob sie sterben müsse und Brigitte, die fragte, ob sie demnächst eine „Todeskandidatin"[491] wäre?

Das Erleben einer Krebsdiagnose kann in ein Dilemma zwischen gewünschter Selbstinitiative und Selbstbestimmtheit versus dem Erfassen und Begreifen einer notwendigen, aber nicht selbst gewählten Abhängigkeit münden. Interessanterweise deutet Geli rationalisierend auf eine Doppelbödigkeit der Abhängigkeit hin. Wir Krebspatientinnen, sagt sie sinngemäß, sind von den Ärzten abhängig, aber darüber hinaus stünden die Ärzte ebenso in einem Abhängigkeitsverhältnis zu ihren Patientinnen. Denn, ohne diese könnten sie ihren Beruf nicht ausüben. Sich dieser Relativierung bewusst zu werden kann unter Umständen helfen, eigene Hürden bis hin zu einer mündigen Patientin zu überwinden.

Der Erhalt einer Krebsdiagnose kann Betroffene darüber hinaus mit Selbstvorwürfen und Schuldfragen konfrontieren, vielleicht jedoch steht eher ein pragmatisches und auf Funktionieren ausgerichtetes Reaktionsmuster im Vordergrund. Wie auch immer ich als Person reagiere, die einschießende Angst kann mich ertauben lassen, mich ohnmächtig fühlen lassen, sie kann mich verzweifeln lassen oder mich hadernd zurücklassen, in diesen Momenten. Ein Spagat zwischen Distanzierung zwecks Selbstkontrolle oder dem Verschieben, Verdrängen, Wegschalten – sich Herausnehmen-Wollen aus einer Situation, hin zu Zuversicht, Hoffnung, Halt, Absicherung und Sicherheit, die sich in dem Wunsch nach einer klaren Krankheitsabklärung ausdrücken mag.

---

488   Rosamaria 2010, I.
489   Ebd.
490   Vera 2010, I.
491   Brigitte 2010, I.

7.1.5 Onkologische Versorgung

Fachliche und soziale Kompetenzen, gepaart mit hohen Erwartungen an die onkologische Versorgung, haben für alle Betroffenen des Projekts einen existenziell hohen Stellenwert. Angst und Verzweiflung können sich in und durch individuelle Befindlichkeiten ausdrücken. Fragen wie beispielsweise: Kann ich gesund werden? Bin ich noch normal? – ergreifen Raum und wollen Antworten. Es kann auch sein, dass ich mich aufgrund der vorherrschenden Angst in meine Befindlichkeit hineinsteigere, wie Christine erzählt. Empathische Gespräche und eine subjektiv verspürte Kontinuität in der Versorgung können dabei als enorme Stütze empfunden werden.

Die achtsame Pflege und eine gute ärztliche Betreuung sind elementar. Darin sind sich alle einig. Löwe fühlte sich wohl und gut. Er bedankt sich für die Möglichkeiten, die ihm das Sozialsystem bietet. Für ihn waren die ärztliche Versorgung und die Pflege komplett in Ordnung. Andere Gesprächspartnerinnen äußern sich ebenso positiv, denn eine gute Versorgung ist befreiend und entlastend. Heidi ist begeistert und beschreibt die Begegnungsqualität als „lieb, nett, höflich, zuvorkommend"[492]. Brigitte ist es sehr wichtig zu differenzieren. Sie schwankt zwischen „sehr nett", „großartig" und „super", „wirklich toll" und „sehr empört"[493]. Wie mit Menschen teilweise umgegangen und gesprochen wird, stört sie. Obwohl es phasenweise und situationsbedingt zu unterschiedlichen Wahrnehmungen kommen kann, ist es oftmals erleichternd, nicht alles kontrollieren zu müssen oder sich nicht um alles selbst kümmern zu müssen. Dankbarkeit und Wertschätzung werden anerkennend ausgedrückt, denn der medizinische Fortschritt wäre zwar nicht selbstverständlich, fördere jedoch das Vertrauen und die Eigenverantwortung. Eine gute Behandlung ist insbesondere dann wichtig, wenn der Körper schmerzt und die psychische Verfasstheit sich verschlechtert. Der Wunsch nach einer guten Versorgung lässt Betroffene eventuell zu Experten werden, denn der Weg ist das Problem, und er ist schwierig. Daher ist es zwar oftmals nicht einfach aber wichtig, sich auf andere einzustellen, sich mit der mitmenschlichen Begegnungsqualität zu konfrontieren und auseinanderzusetzen, Gemeinsamkeiten zu finden und zu stärken, sowie gegebenenfalls kompromissbereit zu sein.

Wahrheit macht handlungsfähig, stärkt das Vertrauen. Darüber herrscht Einigkeit, obwohl es nicht immer einfach ist, damit umzugehen. Das Vertrauen und die positive Wahrnehmung der Versorgungsqualität stehen an oberster Stelle. Darüber hinaus ist es wichtig, die Behandlungen an sich hinterfragen zu dürfen, um eventuell auftauchende Ängste vor Folgeschäden überwinden, einordnen oder begrenzen zu können. Von einer Krebserkrankung betroffene Personen möchten über ihr Leben selbst entscheiden und in ihrer Selbstverantwortlichkeit wahrgenommen werden. Christine beispielsweise hat aufgrund ihrer divergierenden Erlebnisse in zwei Krankenhäusern mit traumatisierenden Erfahrungen und akustischen Flashbacks zu kämpfen. Als an sich positiv denkende

---

492 Heidi 2010, I.
493 Brigitte 2010, I.

„Kämpfernatur"[494] möchte sie die verspürte Gefahr und Bedrohung gerne selbst einschätzen dürfen.

Trotz des Bedürfnisses nach fachkundigen und vertrauensstiftenden Experten kann der Umgang mit Patientinnen phasenweise subjektiv kritischer wahrgenommen werden. So ist Geli einerseits über die kompetente und rasche Vorgangsweise überrascht, ärgert sich andererseits jedoch über Abläufe, die nicht abgestimmt werden und zu langen Wartezeiten führen. Lange Wartezeiten sind für den gesamten Organismus anstrengend und können sich zu einer schmerzvollen Herausforderung entwickeln. Oder Monika und Brigitte, die zwar den Vorteil, Patientinnen direkt am Krankenbett zu ihrer Krankengeschichte zu befragen, wahrnehmen, aber das Mithören der anwesenden Öffentlichkeit hinterfragen. Überforderung und Zeitdruck des medizinischen Personals werden für Krebserkrankte nicht nur nonverbal spürbar, sondern drücken sich vor allem durch und über die Qualität verbaler Äußerungen aus. Einhergehende Gefühle können in Ärger, Wut oder Zorn münden und das verspürte Ausgeliefert-Sein, ebenso wie das gefühlte Leid bewusster werden lassen. Daher ist es wichtig, negative Erfahrungen artikulieren zu dürfen. Empörung und Kritik über subjektiv wahrgenommene Missstände können mich als Person sehr beschäftigen. Unter Umständen lenkt diese Reaktionsweise von mir als Person ab oder kann als Ausdrucksmittel meiner inneren Verzweiflung, meiner Ohnmacht und Wut interpretiert werden.

Während Brigitte keine Schmerzen hat, sich nicht krank fühlt und daher genauer und kritischer beobachtet, verspüren Vera und Christine ob ihrer Erkrankungsphase eine existenzielle Unsicherheit. Bei Brigitte ist es eventuell ihr Bedürfnis nach Sicherheit samt einer zugrundeliegenden Angst, die durch ihre Zuwendung zu sozialen und institutionellen Belangen überbrückt werden kann. Individuelle Verhaltensweisen und damit verbundene Reaktionen können vielleicht auch dem inneren Bedürfnis nach Sicherheit, Ordnung und Struktur entspringen. Die Sorge um die Sicherheit und um hygienische Gegebenheiten im Krankenhaus mögen darauf hinweisen und phasenweise belastend wahrgenommen werden genauso, wie der generelle Umgang mit Mitpatientinnen vielen sehr am Herzen liegt.

Das Erleben von Struktur und Kontinuität kann dem ängstigenden Kontrollverlust entgegenwirken, den Druck der wahrnehmenden Abhängigkeit relativieren und einer ohnmächtig verspürten Rückzugstendenz entgegenwirken. Bewusstes Erleben und Durchstehen, so Christine, gehören für sie dazu, selbst wenn es heftig ist. Die notwendige Quarantäne und damit verbundene völlige Isolation, für Vera und Christine ihr reales Erleben, ängstigen. Hygienevorschriften, künstliche Ernährung, Beeinträchtigungen beziehungsweise Reaktionen des vegetativen Systems, des Nervensystems oder der Organe an sich, entziehen jegliche Vorstellungskraft von Freiheit für Wochen. Die Nachbetreuung in dieser Zeit haben Vera und Christine durch ihre Begegnungs- und Kommunikationsabhängigkeit, oder vielleicht zusätzlich durch die lange Trennung von der Familie und der Außenwelt, phasenweise negativ wahrgenommen. Ärger, Empörung und ein kommunikatives Sich-Wehren waren die Folge. Widersprüchliche Aussa-

---

494   Christine 2010, I.

gen des Umfeldes sind kritisch. Sie machen Angst, verunsichern, beeinträchtigen die Beziehungsqualität und können zu zusätzlichen psychischen Belastungen führen.

Organisatorische Inputs aus der Perspektive Betroffener, im Warte- und Beobachtungsmodus sozusagen, könnten im Sinne der Qualitätssicherung unterstützend aufgenommen werden. Die Gesprächspartnerinnen wollen sich als die Personen, die sie sind, wahrgenommen und respektiert fühlen und verweisen auf die Wichtigkeit konstanter persönlicher Ansprechpartner im Bereich der medizinischen und pflegenden Versorgung. Für sie haben die Lebens- und Beziehungsqualität und die personale Diskretion einen hohen Stellenwert. Diese Qualitäten werden vertrauensstiftend und förderlich erlebt, sind in ihren Selbstkonzepten verankert und stark an das persönliche Gefühl von Sicherheit geknüpft.

Energieraubende Schmerzen müssen heute nicht mehr sein. Davon ist Monika überzeugt. Sich dies bewusst zu machen und entsprechend klar zu äußern, ist für sie wesentlich. Dafür gäbe es heute eine Schmerzambulanz und die Möglichkeit, die Dosis der Schmerzmedikation anzupassen. Damit machte sie gute Erfahrungen, anstatt sich immer wieder die Frage zu stellen, was da mit dem Tumor gerade los ist, denn die empfundenen Schmerzen beeinflussen die Lebensqualität massiv.

7.1.6 Krebs: Gehörst du zu mir?

Die persönliche Grundeinstellung zum Leben kann für die Krankheitsbewältigung maßgeblich sein. Alle wollen gesund werden. Zuversichtliche Prognosen unterstützen eine ressourcenorientierte Einstellung, die Resilienz und fördern die Hoffnung, bald wieder ein möglichst normales Leben zu führen. Trotz Erkrankung bemühen sich die Gesprächspartnerinnen ihren Lebensalltag wie gewohnt zu verrichten, obwohl die Erschöpfung im Krankheitsverlauf immer mehr Raum einnimmt. Vergleiche mit anderen werden unterschiedlich bewertet. Während sie einerseits eine Möglichkeit vermitteln relativieren zu können und Hoffnung zu schöpfen, fühlt sich Christine aus ihren Erfahrungen heraus durch Vergleiche manchmal persönlich nicht wahr- und ernstgenommen. Wahrnehmungen, die vielleicht durch ihre Jugend und der Befürchtung, wie ein Kind bewertet, behandelt und verniedlicht zu werden, begünstigt sind. Defizitorientierte Gegenüberstellungen mit Befindlichkeiten anderer Erkrankten helfen ihr nicht in der aktuellen Befindlichkeit. Sie fokussiert den Vergleich mit siebzig bis achtzig Prozent gesunder Menschen.

Nur ich als betroffene Person weiß, wie es mir geht. Daher können Betroffene nur selbst einen Weg finden, mit ihrer Erkrankung umzugehen. Verallgemeinerungen, Ratschläge oder Ermutigungen aus einer Wir-Position sind nicht hilfreich, im Gegenteil, sie können negative Gefühle forcieren und destruktiv wirken. Ich bin die betroffene Person, andere können mein Erleben einer Krebserkrankung daher nicht nachfühlen. In diesem Sinne will ich als Person über mich und mein Leben selbst entscheiden und in meiner Eigenverantwortung wahrgenommen werden. Ungeschickte Äußerungen vom Umfeld führen manchmal in eine gefühlte Ohnmacht oder Aggressivität als einzig mögliche Ausdrucksform der Verzweiflung in bestimmten Situationen. Nur ich als Betroffene kann kämpfen, nur ich kann es schaffen. Auch wenn das Gefühl einer inneren Zerrissenheit dominiert oder die nach außen gezeigte Ruhe mit dem innerlich gespürten Vulkan kollidiert.

Der Druck von außen, mitsamt wahrgenommener Erwartungshaltungen, kann auf die Gefühlslandschaft so wirken, dass daraus folgende Interpretationen und Verhaltensweisen die aktuelle Befindlichkeit stark beeinflussen und Abhängigkeiten spürbarer werden lassen. Dem zugrunde liegt eine von allen Gesprächspartnerinnen erlebte andere Wahrnehmungsintensität, die auf das Dilemma zwischen Selbst- und Fremdakzeptanz in ihrer Unsicherheit und der Notwendigkeit, Veränderungen annehmen zu müssen, verweisen kann. Die notwendige Veränderung ist meist von einem Gefühl der Unsicherheit vor Neuem begleitet und der Angst davor, mit welchen Auswirkungen aus dem Umfeld ich als Person sodann konfrontiert werde. Dabei wird im Herantasten an die Selbstwahrnehmung der Bezug zu einer möglichst realistischen Selbsteinschätzung beachtet und von allen betont.

Inneren Widerständen und Diskrepanzen zu begegnen ist schwierig. Diese Pole zu überwinden kann mit Spannungen zwischen dem Anspruch auf Rücksichtnahme anderen gegenüber, einhergehenden Verlustängsten und den gespürten Auswirkungen der Erkrankung verbunden sein. Überfürsorglichkeit von außen, eine entmündigende Behandlung oder Verniedlichungen können mit dem Bedürfnis nach Selbstbestimmtheit divergieren und aggressives Verhalten begünstigen, obwohl die Person selbst es eigentlich nicht möchte. Werden Wünsche oder Bedürfnisse nicht wahrgenommen, können die Auswirkungen psychisch belasten, zu Konflikten und Spannungen führen oder traumatisieren. Daher ist das An- und Aussprechen just verspürter Empfindungen wie zum Beispiel der Wut, des Ärgers, des Zorns und der Ohnmacht wichtig, um Verhaltensweisen, wie Rebellion oder Rückzug auch aus dem Blickwinkel innewohnender Ressourcen und vorhandener Resilienz, wahrnehmen zu können. Das Gefühl von anderen ignoriert zu werden kann kränken, den Stolz und die Würde verletzen, und sich in Form eines Gegendrucks, wie beispielsweise Widerstand, Rechtfertigung und Zurechtweisung, äußern.

Der Ausdruck – tumorfrei – bietet noch keine Sicherheit. Negative Bilder und subjektive Erlebnisse können extrem ängstigen. Gefühle wie katastrophal, total hilflos, alleine gelassen, wertlos sein, müde, erschöpft kraftlos und entwürdigend, stellen sich gegen den eigenen, vielleicht aber ebenso von außen geforderten Anspruch, Kräfte zu sammeln und diszipliniert zu sein. Diese Gefühle erschöpfen. „Dahinvegetieren"[495], ist der Gedanke, der Christine überkommt. Eine Krebserkrankung ist weder ein „Schnupfen" noch eine „Grippe", die mit einem „Aspirin" bekämpft werden kann[496], sondern ist schmerzhaft für alle außer Brigitte, weil sie aktuell keine Schmerzen verspürt, jedoch riesige Angst davor hat, was auf sie zukommt. Mit den Folgen und Wirkungen der Behandlungen und Medikamente zurechtzukommen, ist für Gesprächspartnerinnen eine unfassbare Herausforderung. Wahrgenommene Einschränkungen oder der zunehmende

---

495   Christine 2010, I.
496   Ebd.; Geli 2010, I.

Verlust des Feingefühls (Geschmack, Nerven) können zu einer Art Bescheidenheit führen, die Löwe und Brigitte auch Demut nennen wollen. Schlaflosigkeit, Angst und Sorge, Gedanken um die Familie und damit verbundener Verpflichtungen können mit den Auswirkungen und Unsicherheiten aus Therapiezyklen kollidieren.

Einige Gesprächspartnerinnen drücken ihr Bedürfnis aus, weinen zu wollen. Zu weinen, kann ein Signal dafür sein, Emotionen (wieder) zuzulassen, sich zu spüren. Begleitende Gefühle können zwischen Ohnmacht, Taubheit, Verzweiflung, Trauer und Erleichterung schwanken. Heidi glaubt es nicht mehr zu können. Sie fühlt sich erstarrt und verhärtet. Weinen zu können oder sich weinen zu gestatten, kann zugleich als ein Bedürfnis und eine Bewältigungsstrategie verstanden werden. Monika und Löwe sprechen ähnlich darüber. Bei ihnen steht der Zwiespalt zwischen Ohnmacht und ihnen möglichen Alternativen bis hin zu dem Finden eines Kompromisses im Vordergrund. Für Rosamaria ist es wichtig, sich wieder zu spüren. Ihre Befindlichkeiten besser auszudrücken, hat sie durch die Erfahrungen mit ihrer Erkrankung gelernt. Einerseits geht es darum, der Selbstbestimmtheit Raum zu geben. Andererseits ist das Ausdrücken des Gewollten förderlich dafür, in der Hilflosigkeit und der gefühlten Angst wahrgenommen zu werden. Die individuellen Bedeutungszuschreibungen und subjektiven Qualitäten der Selbstwahrnehmung werden in allen Gesprächen deutlich.

Bewältigungsstrategien zu entwickeln, hilft bei der Verträglichkeit. Mit eventuell einhergehenden Verlustängsten und Alpträumen müssen Krebserkrankte alleine umgehen lernen. Mögliche Auswirkungen der Therapien erschließen eine Bandbreite, die Phänomene samt begleitender Körpergefühle wie Lethargie, Müdigkeit, Ohnmacht versus Leiden, versus Dulden, eventuelle Hyperaktivität in Phasen dazwischen versus Zusammenbruch, und Schmerzen zu beschreiben. Am anderen Ende der Skala steht die Hoffnung auf Gesundung. Sie haben keine Wahl, müssen ihre Stationen durchlaufen und auf ihre Weise erfahren, dass es keine Garantien gibt. Unzufriedenheit, Schuldgefühle und Fragen nach der Selbstverantwortung breiten sich aus, um letztendlich vielleicht zu dem Schluss zu kommen, dass die Schuldfrage nicht zu beantworten ist und daher nicht weiterhilft. Was Sinn macht, ist möglicherweise die Auseinandersetzung mit der Frage, was eine Krebserkrankung begünstigen kann.

Subjektive Krankheitstheorien, wie die Sinn- oder Schicksalsfrage, oder die Aufforderung, das eigene Leben aufzuarbeiten oder die Erkrankung als Hilfeschrei des Körpers wahrzunehmen, können als Lösungsversuche oder als Wunsch interpretiert werden, der notwendigen Klarheit ein Stück näher zu rücken. In jedem Fall sind es Strategien, die den Umgang mit der Angst ermöglichen, anstatt zu verharren oder sich die Decke über den Kopf zu ziehen. Sollen die Tage vergehen, mir als Person ist alles egal. Diesen Mechanismus kennt Vera gut, wenn es ihr körperlich und psychisch besonders schlecht geht. Grundsätzlich jedoch wendet sie erlernte Bewältigungsstrategien an. Bewährt haben sich Reflexionen, das Erstellen eines Fragekatalogs, besonders vor den Therapien und/oder Arztkonsultationen, oder generell das Schreiben eines Tagebuches. Gespräche, Bestätigungen und Unterstützung durch andere, oder direkte Hilfe können Sicherheit vermitteln und eine positivere Selbstwahrnehmung durch Bekräftigungen von außen begünstigen.

Sich diverser Krafträuber bewusst zu werden und diese abzubauen hilft, besser auf sich selbst zu achten. *Nein* sagen zu lernen, war auch für Rosamaria förderlich, um sich wieder nach außen hin öffnen zu können und zugleich auf sich selbst zu achten. Durch ihre Erkrankung lernte sie es und übernahm damit wieder Selbstverantwortung. Auf ihre Intuition zu hören, und Aufkeimendes zu beachten, verbesserte die Entscheidungsfähigkeit zum richtigen Zeitpunkt. Ich muss mich nicht zerreißen, sondern kann die Zeit so einteilen, dass ich – der Selbstachtsamkeit und Lebensqualität entsprechend – situationsbedingt entscheide und damit gute Erfahrungen mache.

Ich bin gut so, wie ich als Person bin. Diese Erkenntnis stärkt. Die Bekräftigung tut gut, Ressourcen werden eingeteilt, positive Lebensgefühle und Energien können wieder erspürt werden. Sich selbst zu entdecken und zu erkennen, wäre ohne Erkrankung für Rosamaria nicht möglich gewesen, meint sie. Heute empfindet sie Freude, ist stolz und verblüfft ob ihrer Lebensqualität und Fertigkeiten. Löwe und Monika ergeht es ähnlich. Die Wahrnehmung der eigenen Kreativität als weitere Ausdrucksform kann zu Zufriedenheit und Ruhe führen und gegebenenfalls aufkeimende Emotionen balancieren. Vielleicht kann allein schon die ungewöhnlich anmutende Auswahl eines frei gewählten Namens, wie „Löwe"[497], als griechisches Symbol für Mut oder eventuell im Sinne eines kraftspendenden Mantras, eine Art Zuversicht hin zu einer gewollten Wandlung vermitteln.

7.1.7 Organismisches Erleben: Wie spüre ich mich?

Der organismische Prozess beinhaltet jene Bewertungen, die mir aufgrund meiner augenblicklichen organismischen Erfahrungen zugänglich sind und mein Befinden im Hier und Jetzt bestimmen. Im Erleben einer Krebserkrankung stellt sich die dringliche Frage inwiefern das, was mir aktuell widerfährt, meinen Organismus an sich und meine Selbsterhaltung überhaupt fördern kann. In jedem Fall ist dieser Prozess schmerzvoll.

Während einige Gesprächspartnerinnen vor der Diagnose so etwas wie eine Vorahnung hatten, kann für andere jegliches Krankheitsgefühl ausbleiben. Viele verspürten anfangs eine ungewöhnliche Müdigkeit. Das Leben geht zunächst jedoch normal weiter, es tut nichts weh. Eine Diskrepanz, die – wie die Biografien zeigen – den Bogen zwischen Hoffnung, Krankheitseinsicht und einhergehender Selbstbehauptung spannte. Am Alltag festzuhalten scheint nahezu selbstverständlich. Die Gefahr liegt darin, die eigenen körperlichen Bedürfnisse zu ignorieren. In der Qualität der Erzählungen wird die empfundene Schwere durch die Art und Weise der Betonung, der Satz- oder Gedankenabbrüche, der einhergehenden Atmung und den gesetzten Pausen spürbar. Wie ich früher lebte, kommen Löwe und Brigitte zur Einsicht, habe ich mich selbst nicht wahrgenommen, nicht an mich gedacht. Andere wissen es scheinbar besser, bemerkt Löwe vergleichend dazu. Sich selbst und die eigenen Bedürfnisse zu spüren, ist ein Lernprozess, in dem es schwerfallen kann, loszulassen und wohltuende Momente zu genießen. Kann ich mich auf mein Inneres und meine Gefühle verlassen? Diese Frage scheint sich

---

497 Löwe 2010, I.

wie von selbst zu stellen. Vielleicht ist es wichtig zu lernen, Körperreaktionen abzuwarten, resümieren einige. Ihr Rezidiv, sagt Vera, habe sie eigentlich gespürt. Wie sonst wäre sie überhaupt auf die Idee gekommen, sich in der Rehaklinik nach ihren Chancen zu erkundigen, bevor sie erfuhr, dass sie wieder erkrankt war. Auch Rosamaria habe etwas erahnt, anscheinend erspürt. Für sie ist die Erkrankung ein Hilfeschrei des Körpers – „er geht zugrunde"[498] – dem es zu be- und entgegnen gilt. Möglicherweise ist es wesentlich, das einhergehende Rückzugsbedürfnis neu zu erfühlen und konstruktiv neu zu bewerten, im Sinne von, sich Zeit zum Atmen zu nehmen, um Aufnehmen-zu-Können, zur Auseinandersetzung mit sich selbst oder um einem Körperbedürfnis tiefer nachzugehen. Das Ruhe- und Rückzugsbedürfnis neu zu ordnen, kann ein anderes Gefühl von Freiheit und Selbst-Sein entstehen lassen. Vorhandene Ressourcen können dabei helfen den Stress zu reduzieren und das seelische Gleichgewicht in dem individuell möglichen Ausmaß herzustellen.

Über den Körper hinwegzugehen, war den meisten Gesprächspartnerinnen ursprünglich eher möglich, als sich selbst Ruhe zu gestatten. Das Loslassen fiel schwer. Es entsteht der Eindruck, dass die Therapien dem Körper zeigen, wo es lang geht. Es folgten körperliche Schwäche, Erschöpfung, Energie- und Kraftlosigkeit oder ein erhöhtes Schlafbedürfnis. Auf Konzentrationsschwierigkeiten und die mögliche Verschlechterung der Sehkraft wurde ebenfalls hingewiesen. Der Körper wehrte sich immer weniger gegen die Chemos, er wurde schwächer. Phasenweise können Schuldgefühle hochkommen, nicht mehr leistungsfähig genug zu sein, nicht mehr zu funktionieren. Geistig und körperlich fühlen sie sich schwach, sie können und wollen sich nicht aufraffen, erzählen Geli und Christine. Geli kommt zu dem Schluss, dass die Medikamente sie so „krank und grausam"[499] machen. Das Bedürfnis sich zurückziehen zu wollen, wird von den meisten Gesprächspartnerinnen bestätigt. Coping kann ein wenig helfen, die Kräfte zu bündeln.

Bei der Ernährung mussten Löwe, Vera und Christine genau auf die Verträglichkeit achten. Die Chemotherapien sind „Gift"[500], sie machen krank, der Körper sträubt sich, die Angst vor Sekundärschäden steigt. Dennoch hatten sie keine Wahl und spürten, wie das Sträuben des Körpers nachließ. Der Körper baut ab. Es folgen möglicherweise Kopfschmerzen, Augenschmerzen, Müdigkeit, Krämpfe, Matt-Sein, Übelkeit, Erbrechen, Durchfall, Appetitlosigkeit, Gewichtsabnahme und Atembeschwerden. Die Reserven schwinden, die Hoffnung sinkt ebenso wie die Motivation. Die Unkontrollierbarkeit des Körpers zu erleben, ist demütigend und entwürdigend. Wenn der Körper entgleist, wollen Betroffene darauf vorbereitet sein, informiert werden, was auf sie zukommen kann, betonen sie. Irgendwie möchten sie das Verhalten ihres Körpers steuern und kontrollieren können. Wie dem begegnet wird, und wie genau die Reaktion auf ihr Bedürfnis erfolgte, wird nicht nur von Brigitte, sondern insbesondere von Vera und Christine in ihrem organismischen Erleben sensibel und phasenweise existenziell bedrohlich wahrgenommen. Sie erleben eine existenzielle Grenzsituation für Körper, Geist

---

498 Rosamaria 2010, I.
499 Geli 2010, I.
500 Christine 2010, I; Löwe 2010, I; Vera 2010, I.

und Seele, fühlen sich alleine und auf sich selbst zurückgeworfen. Hier beengt und trennt nicht nur der verschlossene Raum und der eigene Körper an sich, sondern zudem noch die Dauerverkabelung an Geräte, die „sieben Meter" lange „Leine"[501]. Sie – so kommt es mir fast bildhaft vor – trennt oder isoliert dich als Person, trotz des verbindenden Elements, nahezu von dir selbst. Ähnliches beschreibt Christine bildhaft: „Vier, fünf Stunden ist man da gesessen, wie so eine Krake mit Riesenkabeln, und die Stammzellen sind gefiltert worden. Und das hat zwei Tage gedauert".[502]

Für Löwe war sein „Schlecht-Sein" und „Dreckig-Sein [...] ziemlich arg"[503]. Behandlungen wie, Hochdosischemo, Ganzkörperbestrahlung, Fremdzellentransplantation, Nabelschnurstammzellentransplantation zerstörten das Immunsystem bevor es wieder aufgebaut werden konnte, verursachten Abstoßungsreaktionen, Magen-Darm-Reaktionen, Probleme mit dem vegetativen System an sich und möglicherweise auch Nervenschmerzen. Für Christine war es wie ein „Herzinfarkt [...], die ganzen Organe haben gesponnen"[504], so in etwa kann sie es sich vorstellen, kurz vorm Sterben, erzählt sie sinngemäß. Es ist dies ein Dahinvegetieren, eine Aussichtslosigkeit, die von Gefühlen der Einsamkeit, der Wertlosigkeit und der Angst beherrscht waren. Es ist dies ein subjektives zum Sterben krank fühlen.

Ich als Betroffene kann nicht mehr so viel machen. Das ist den meisten Gesprächspartnerinnen zwar rational bewusst, emotional und körperlich jedoch schmerzt es sehr. Der Körper zwingt sie dazu, weniger zu tun und kann unter Umständen das Gefühl vermitteln, um Jahrzehnte gealtert zu sein. Sich bewusst zu machen, dass nichts selbstverständlich ist, ist irritierend, anstrengend und schwierig. Daher gehe es darum, Gewohntes zu hinterfragen, in sich selbst hineinzuhorchen, sich bestmöglich zu spüren und sich im aktuellen Erleben wahrzunehmen. Bewusst intensiv Leben zu tanken, das steht jetzt im Vordergrund. Die Zeit ist kostbar. Daher geht es vorrangig darum, auf die innere Stimme zu hören, sich eigene Freiräume zu schaffen, persönliche Ziele zu überdenken und neu zu gestalten.

Die Angst davor, wieder zu erkranken, beschäftigt alle intensiv. Ob Löwe es ein drittes Mal schaffe, wisse er nicht. Mit diesem Gedanken ist er nicht alleine. Viele Körpersignale, die im normalen Alltag nicht wahrgenommen werden, können sich in sensiblen Phasen einer Krebserkrankung zu Alarmglocken wandeln. Dann besteht die Gefahr, aus der gefühlten Angst heraus jedes noch so kleine Signal zu interpretieren. Diese Angst kann Unruhegefühle und Aggressionen insbesondere vor angespannten Situationen, wie beispielsweise einer Kontrolluntersuchung, begünstigen. Die Angst ist dann zwar fühlbar, die einhergehenden Spannungen jedoch können nur schwer reguliert werden. Was ist richtig, was ist falsch? Die Antwort auf diese oder ähnliche Fragen kann manchmal in schlaflose Nächte münden. Was im Erkrankungsverlauf vielleicht besser spürbar wird ist, sich bei Bedarf Hilfe von außen zu holen.

---

501 Vera 2010, I.
502 Christine 2010, I.
503 Löwe 2010, I.
504 Christine 2010, I.

7.1.8 Frau – Mann – Partnerschaft

Eine Krebserkrankung kann davon Betroffene mit Situationen konfrontieren, die mit ihren Bedürfnissen und Ansprüchen sowie ihrem Konzept vom Selbst kollidieren und belastend erlebt werden. Geli beispielsweise erzählt gleich zu Beginn über ihre Wahrnehmungen und einhergehenden Bewertungen in ihren Begegnungen mit Frauen. Oftmals fühlt sie sich in ein Klischee gedrückt. Inwiefern kulturell geprägte Eindrücke dafür Auslöser gewesen sein mögen, und sie in eine bestimmte Form des Frauseins zwingen sollten, fiele in den Bereich der Interpretation. In jedem Fall wünscht sie sich eine neutrale Grundeinstellung. Gemachte Erfahrungen wiederholten sich in ihrem Leben mehrmals, bestätigten ihr negatives Bild und führten dazu, Kontakte mit Frauen allgemein kritisch zu betrachten. Mit Klischees und Stigmatisierungen kann sie nichts anfangen. Sie möchte grundsätzlich als Mensch und nicht nur als Frau wahrgenommen werden.

Die Beziehungsqualität und einhergehende Erfahrungen in der Partnerschaft können in Frage gestellt werden oder zu Reflexionen führen, inwieweit diese sich auf die Erkrankung auswirkten oder ihren Einfluss in der Gegenwart ausüben. Dieses Hinterfragen und Bewerten der Bindungen und Beziehungen kann nur aus dem individuellen Selbstkonzept heraus verstanden werden. So hebt beispielsweise ein dominanter Lebenspartner für Heidi die ursprüngliche Sehnsucht nach der elterlichen Geborgenheit nicht auf. Für Vera bleibt die Sehnsucht, von ihrer Mutter umarmt zu werden, unlösbar. Für Monika findet Beziehung in ihrem ehelichen Heim und in ihrem Verhältnis zu ihrer Tochter eine erfüllende Qualität. Christine bekommt sie von den Eltern und ihren Freundinnen, nicht jedoch von ihrem Lebenspartner, was schließlich zu einer Trennung führte. Er war ihr in ihrer Erkrankung keine Hilfe, sondern zehrte sie aus und stigmatisierte sie in ihrem Frau-Sein. Ein Schema, das er von seinem Bezugssystem übernahm, interpretiert Christine in ihren Ausführungen. Ihr Selbstkonzept war das, was die Familie ihres Partners nicht wollte, nicht akzeptieren konnte und bis zur Unerträglichkeit abwerten musste.

Gefühlsdimensionen können schwankend wahrgenommen werden, von Ausgeliefert-Sein, über Hin- und Hergerissen-Sein, bis hin zum Wunsch loszulassen. Die partnerschaftliche Beziehungsqualität wird von allen Gesprächspartnerinnen reflektiert. So beschäftigte sich Heidi mit diesem Thema unter dem Blickwinkel partnerschaftlichen Teilens und kam zu dem Schluss, dass es materiell gut funktionierte, sie aber emotional ein Defizit verspürt. Zurück bleibt so etwas wie eine gefühlte Leere seitens ihres Partners, die sich durch seine Erkrankung (Schlaganfälle) verstärkte, und ihre Wahrnehmung gebraucht zu werden dominieren ließ. Sie nennt ihren Mann, „das zweite Kind für mich"[505]. Eher teilen, einander helfen und immer miteinander sein, bestimmt Veras Partnerschaft. Sie freut sich schon darauf, mit ihrem Mann mehr unternehmen zu können, sobald ihr Sohn selbstständig genug ist.

---

505   Heidi 2010, I.

Von der Sorge um ihre Partner erzählen alle, wenngleich unterschiedliche Ebenen betreffend. Heidi beispielsweise fühlt sich beherrscht, hat keine Zeit für sich, außerdem nimmt ihr Mann ihre Erkrankung nicht wirklich wahr. Brigitte sorgt sich um ihren eher introvertierten Ehemann ebenfalls, weil er dazu tendiert, ihre Erkrankung zu verdrängen, zu ignorieren, und vielleicht aus einem Gefühl der Angst heraus nicht annehmen zu können. Zudem hat sie das Gefühl, dass die Abnabelung von seiner dominanten Mutter noch nicht wirklich erfolgt sei. Bis auf Christine, stellen aktuell alle Gesprächspartnerinnen ihr Pflichtgefühl den eigenen Bedürfnissen voran. Aggression, Wut und Ärger verspüren einige vor allem dann, wenn sie mit Empathie-Bekundungen konfrontiert werden, die der Realität nicht entsprechen können. Nicht weil ihre Partner es nicht wollen, sondern weil sie sich mangels Erfahrung und Vorstellungskraft nicht einfühlen können.

Der Anspruch, trotz Erkrankung als Frau oder Mann zu funktionieren ist ein wichtiger Aspekt und wird in den Gesprächen durchgängig deutlich. Rosamaria sieht es zurzeit etwas differenzierter. Sie half früher allen in ihrem Umfeld, insbesondere durch ihre Gesprächsbereitschaft und ihr Zuhören-Können. Bis zu dem „Eklat"[506] mit ihrem Mann, als eine Freundin in ihre Familie eindrang und sie sich dafür selbst die Schuld gab. Lange Zeit konnte sie sich selbst und ihren Gefühle nicht mehr trauen und zog sich nur mehr zurück. Obwohl aufgearbeitet, geht es ihr selbst heute noch nicht gut mit dieser Erfahrung, sobald sie darüber spricht. Der Anspruch, sich nicht gehen zu lassen, findet sich in den meisten Erzählungen. Dabei geht es existenziell vorrangig darum, Kräfte zu bündeln, nicht zu jammern und trotz Erkrankung die Alltagsaktivitäten möglichst aufrecht zu erhalten. Sich in einer Partnerschaft verteidigen zu müssen, kann als sehr kraftraubend empfunden werden. Möglicherweise geht es jedoch auch ein Stück weit darum, Selbstverantwortung und Eigeninitiative bewusst in den Mittelpunkt zu rücken, anstatt auf partnerschaftliche Unterstützung zu warten. Das Bedürfnis das Selbst leben zu dürfen und sich der eigenen Identität bewusster zu werden, äußern Monika, Brigitte und Vera. Dabei könnten von außen kommende (partnerschaftliche) Ansprüche und verspürte Anhänglichkeit kritisch hinterfragt und in Beziehung zum eigenen Ich gesetzt werden. Oder Löwe, der von seiner Frau vollste Unterstützung bekommt und dafür sehr dankbar ist. Dennoch möchte er die inneren Konflikte durch seine Krebserkrankung alleine mit sich selbst ausmachen, denn – wie die anderen auch – seine Krebserkrankung kann nur er alleine bekämpfen.

7.1.9 Auswirkungen auf die Sexualität

Das Erleben einer Krebserkrankung beeinflusst die Sexualität. Sie führt in eine ungeahnte Erschöpfung, die die Frage nach dem existenziellen Sein in den Vordergrund drängt. Persönliche Einstellungen oder Annahmen zum eigenen Körperbild und der Sexualität sowie einhergehende individuelle Bewältigungsmechanismen wirken sich zusätzlich beeinflussend auf die Gesamtbefindlichkeit aus. Bei einigen Gesprächspart-

---

506 Rosamaria 2010, I.

nerinnen kam es beispielsweise zu Ambivalenzen, die in eine Distanz zu, oder Abspaltung von, ihrer Körperlichkeit mündeten. Dies führte in der Folge indirekt auch in eine phasenweise Abwendung oder Ablehnung ihrer Sexualität, wenngleich aus unterschiedlichen Gründen. Während bei Geli ihre auf Funktionieren und Perfektion ausgerichtete Anspruchshaltung im Vordergrund stand, in der sie sich in ihrer Klar- und Direktheit als einen „sehr eitlen"[507] Mensch bezeichnet, war es bei Rosamaria, trotz ihrer Achtsamkeit, eine grundsätzliche Unzufriedenheit mit ihrem Körper, ihr „Lebensproblem", wie sie es nannte. Rosamaria[508] fühlte sich immer schon zu „füllig", zeichnet in der Beschreibung ihrer Person nach außen das Bild eines „Hausmeisters" und innwendig gefühlt eines „Aschenputtels". Sie fragt sich, ob diese Unzufriedenheit der Grund für ihr ewiges Bemühen gewesen sein möge, von allen liebgehabt zu werden. Geli wiederum kann sich, aus ihrer ursprünglichen Unzufriedenheit mit ihrem Körper nach der Geburt ihrer Zwillinge und ihrer aktuell gespürten Lethargie, ihrer Müdigkeit und Erschöpfung heraus, kaum dazu überwinden, diesen wahrzunehmen. Sie fühlt sich phasenweise wie eine Neunzigjährige, ihre Erkrankung und die Chemotherapien haben sie nicht nur ihre Gesundheit, sondern auch „ihr Äußeres gekostet"[509]. Ihr Äußeres, das im Spiegel zu betrachten ihr schwerfällt.

Vor ihrer Brustoperation erfuhr Rosamaria[510], dass ihr eine Brust entfernt wird. „Da ist ein Busen, und da [andere Brustseite] ist gar nichts", stellt sie zur heutigen Realität „plötzlich keine Brust" zu haben fest. Sich an dieses neue Körperbild zu gewöhnen, dauerte zirka ein Jahr. Es war für sie, wie ein Sich-selbst-neu-Kennenlernen. Seitdem leidet Rosamaria an Berührungsängsten und Lustlosigkeit: „Ich kann es nicht zulassen", sagt sie, obwohl sie gerade in dieser Zeit viel Liebe braucht. Für sie ist die Sexualität ausgeblendet, ihre Lust durch die Medikamente vorbei. Der abrupte Übergang in den künstlich eingeleiteten Wechsel war „ein Wahnsinn für den Körper". Ähnliches äußern Geli und Vera. Was manchmal hilft, sind Gespräche mit anderen Brustkrebspatientinnen. Obwohl es für manche nicht einfach ist über die eigene Körperlichkeit und Sexualität zu reden, kann das Gefühl, nicht alleine zu sein, bei der Bewältigung dieser Erfahrungen helfen. Monika[511] bezeichnet ihre zweite, große Operation als „eine Amputation", die sie alle Kraft gekostet hatte, die ihr noch zur Verfügung stand. Sie könne damit umgehen, ab und an werde sie traurig, habe jedoch „Mittel und Wege" gefunden, dies zu verarbeiten.

Krebstherapien können Veränderungen des sexuellen Empfindens nach sich ziehen. Nicht darauf vorbereitet zu sein, und keine oder nicht ausreichende Informationen zu erhalten, kann das Annehmen der körperlichen Veränderung und des plötzlichen Soseins erschweren und die Sorge um den Partner, ob dieser Verfasstheit, in den Vordergrund dringen lassen. Vera[512] fühlt sich geschlechtslos, wie ein „Es", „weder Weiberl

---

507 Geli 2010, I.
508 Rosamaria 2010, I.
509 Geli 2010, I.
510 Rosamaria 2010, I.
511 Monika 2010, I.
512 Vera 2010, I.

noch Manderl". Um ihre Menstruation wäre es ihr nicht leid, äußert sie sich räuspernd, aber die verloren gegangene Libido? Sie störe es nicht, manchmal nur denke sie, wie es ihren Mann stören könnte und bespricht es mit ihm. Für Heidi wiederum war das Thema Sexualität nie so vorherrschend. Und dennoch glaubt sie, dass ihr Wunsch nach einer körperlichen Berührung im Sinne einer Umarmung als Wunsch nach Sex ausgelegt werden könnte. „Bei einem Mann ist es halt so"[513], davon ist sie überzeugt. Die Veränderungen ihres Körpers kann sie gut annehmen, es seien ja nur Äußerlichkeiten, die zum Krankheitsbild dazugehörten.

Während Löwe auf die Frage, warum er eine Glatze habe, offen antworten konnte und Auskunft gab, wurde diese Verfasstheit von einigen Gesprächspartnerinnen anders wahrgenommen. Schwer habe sie sich mit den Haaren getan, erzählt Heidi. Obwohl sie ursprünglich glaubte darüberzustehen, sind die Haare „für eine Frau doch irgendwas".[514] Das realisierte sie erst, als sie keine Haare mehr hatte und spürte, dass ihr Selbstbild mitsamt der ursprünglichen Zuschreibung ein anderes war. Geli litt darunter, ihre seit fünfzehn Jahren wachsenden Haare verloren zu haben. Die Stoppellocken, ihr Markenzeichen, waren „mehr als wallend"[515], etwas Besonderes, zumindest äußerlich, erklärt Geli, und vielleicht mit ein Grund zur Abwendung von ihrem Körper. Christine[516] musste ihre Haare im Rahmen ihrer Therapien dreimal abrasieren, trotz heftiger Gegenwehr. Ein Schock, ein wirklich großer Rückschlag, resümiert sie, für die Psyche „unheimlich toll" sich als halbe Frau, „wie ein Alien" im Spiegel zu sehen. Haare sind ein nach außen sofort sichtbares Merkmal. Die Alternative – eine Perücke. Doch auch der Umgang mit Perücken fiel den davon Betroffenen sehr schwer. Eigentlich nur ein Notlösung, die mit Sich-verstecken-Müssen und Damit-andere-sich-nicht-schlecht-Fühlen assoziiert wurde. Einer der „schlimmsten Sachen" jedoch war es für Christine zu erfahren, dass sie aufgrund ihrer Erkrankung und den einhergehenden Therapien in Zukunft keine Kinder haben kann. Besonders schlimm, weil die Familiengründung ihre Vorstellung von einem deklarierten „Lebensmittelpunkt" erfüllen sollte und jetzt so nicht mehr möglich ist.

7.1.10 Vorbild Eltern

Bin ich eine gute Mutter? Bin ich ein guter Vater? Die Sorge um die eigenen Kinder ist groß. Im Zuge einer Krebserkrankung kann es nicht nur zu einem intensiven Hinterfragen der Bindungs- und Beziehungsqualität kommen. Sie kann auch intensive Fragen nach dem eigenen Verhalten als Elternteil auslösen. So steht unter Umständen die Auseinandersetzung damit, was ich als Mutter oder Vater meinem Kind über die Lebensspanne bisher mitgeben konnte, im Raum. Vielleicht mache ich mir als Elternteil auch Vorwürfe und kämpfe mit Schuldgefühlen oder erkenne mein eigenes Verhalten in der

---

513 Heidi 2010, I.
514 Ebd.
515 Geli 2010, I.
516 Christine 2010, I.

Erkrankung nicht mehr. So erging es Löwe in seiner Anspannung sobald ein Untersuchungstermin bevorstand oder Heidi, die ihren Sohn wegstieß, als er sie einmal liebevoll umarmen wollte. Die eigene Abwehr und eventuell einhergehende aggressive Reaktionen wahrzunehmen kann schockieren und zutiefst erschüttern, vor allem dann, wenn diese mit dem eigentlichen Bedürfnis kollidieren. Interpretierend könnte ich annehmen, dass dies ein rückbezügliches Verhalten ist, das durch die Projektion auf die andere Person zum Ausdruck kommt: Weil ich mich von mir selbst abgestoßen fühle, kann es nicht sein, dass der andere mir echte Gefühle entgegenbringt. Ich muss ihn daher wegstoßen. Diese Gefahr besteht in Zeiten höchster Anspannung vor allem dann, wenn sowohl die eigenen Bedürfnisse als auch die entgegengebrachten Gefühle nicht mehr genau differenziert werden können. Es entsteht eine Inkongruenz. Das emotional spontane Verhalten ihres Kindes aus ihrer eigenen Angst und Ohnmacht heraus abzuwehren, erschütterte Heidi. Sie ist davon überzeugt, sich trotz ihrer Erkrankung nicht so gehenlassen zu dürfen.

Ähnliche Einstellungen teilen Löwe und Geli: Die Kinder – sie tun sich sehr schwer, erfahren wir von beiden. Löwe bemerkte, dass sein Sohn sich verschloss, „öfter aufs Klo geht" und Unterstützung braucht: „Und die Psychotherapeutin hat ihm das halt so auf spielerische Weise erklärt, wie das ist mit Gut und Böse. Sie hat das mit so einem Drachen gemacht, und er hat es dann relativ gut verstanden und war wieder okay".[517] Auch Geli beschreibt, trotz eines offenen und bedachten Umgangs im Familienverband, die Angst und damit verbundenen Reaktionen ihrer Zwillinge. Sie fragt sich, wie sie beide unterstützen kann, wie sie den Gedanken ihres Sohnes, dass sie nicht mehr gesund wird und sterben wird, „aus dem Kind rauskriegt"[518]. Kinder leiden und können nur sehr schwer mit der Krebserkrankung eines Elternteils umgehen. Über die körpersprachliche Wahrnehmung, und das mit dem Erleben einer Krebserkrankung einhergehende Verhalten hinaus, können auch äußere Merkmale der Veränderung, wie der Verlust der Haare oder das Tragen einer Perücke bei Kindern belastende Fantasien auslösen.

Nahezu alle Gesprächspartnerinnen erzählen von der Beziehung zu ihren Kindern, ihren grundsätzlichen Einstellungen und ihren Wünschen für die Zukunft ihrer Kinder. Die Sorge um eine liebevolle Förderung trotz eines manchmal hektischen Lebensalltags sowie des Alltags in der Erkrankungsphase ist immerwährend da. Ebenso wie die Sorge darüber, ob die Krebserkrankung an die Kinder vererbt wurde. Daher ist es wichtig, hebt Löwe hervor, sich diesbezüglich zu erkundigen, achtsam zu sein, genau zu überlegen und darüber hinaus den Umgang mit der Natur und der Umwelt zu überdenken.

Für Monika ist das Urvertrauen maßgeblich, etwas, was sie selbst nie hatte. Hier geht es um die Beziehungs- und Lebensqualität betont sie in ihrem Bedürfnis nach Kompensation ihrer eigenen Kindheitserfahrungen. Brigitte ist sehr an der Weitergabe der inneren Werte gelegen, die sie an ein wertschätzendes und soziales Klima in der Familie gebunden sieht. Sie und Rosamaria gaben all das selbst förderlich Erlebte an die nächste Generation weiter und sind heute dafür dankbar, dass sich ihre Kinder um sie

---

517 Löwe 2010, I.
518 Geli 2010, I.

kümmern. Vera wünscht sich Enkelkinder und hofft, dass der Wunsch vielleicht durch ihre Tochter bald erfüllt wird.

Eine Mutter oder ein Vater sind nicht ersetzbar. Es geht nur gemeinsam, trotz gefühlter Belastungen und trotz Überforderungen im aktuellen Erleben. Die Erkrankung kann zusammenschweißen. Sie kann jedoch auch das Gefühl auslösen, scheinbar voneinander getrennt zu sein. Kinder spüren die Befindlichkeiten, so Geli, man kann sie nicht belügen, stellt Monika aufgrund ihrer eigenen biografischen Erfahrungen fest. Daher ist es wichtig, sie einzubinden und sie zu informieren. Trotz des empfundenen Drucks oder hoher Selbstansprüche und trotz der Wahrnehmung der mit der Erkrankung zusammenhängenden Körpergefühle, steht die Zeit mit den Kindern, ihre psychische Unterstützung und die Förderung der Bindungs- und Beziehungsqualität im Vordergrund.

7.1.11 Außen-Wirkung und soziales Umfeld

Geli erlebt sich anders, hat ein schlechtes Gewissen und in ihrer Selbstwahrnehmung das Gefühl, ihren Mann und ihr Umfeld auszunutzen. „Was früher direkt war, ist jetzt eher aggressiv geworden"[519], erzählt sie über sich. Ähnlich ergeht es Vera. Sie fühlt sich phasenweise aggressiv, wenn mit ihr umgegangen wird, als ob sie nicht mehr handlungsfähig wäre. Das schwierige Spannungsverhältnis zwischen Fremd- und Eigenverantwortung zeichnet sich, wenngleich in unterschiedlichen Ausprägungen, in den Gesprächen ab. Es entstehen Bilder, aus welchen heraus wiederholt die Verantwortung für andere, wenn nicht gar für alle, im Fokus steht. Während bei Christine, vermutlich aufgrund ihrer Situation in Isolation, die Beschreibung des aktuellen Erlebens nachvollziehbar im Vordergrund steht, sind die ihr wichtigen Kompetenzen im sozialen Umgang durch die Beschreibung ihren sozialen Verhaltens Mitpatientinnen gegenüber, ihres Berufes und ihrer Einstellung auf beruflicher, familiärer, freundschaftlicher und partnerschaftlicher Ebene erkennbar. Wichtig sind ihr Fairness und eine gerechte Behandlung aller.

Viel zu tragen sind Geli und Rosamaria gewohnt, und den anderen sind sie es ihrer Meinung nach schuldig. So schuldig, dass Schwäche, Empfindungen und Befindlichkeiten vom Umfeld nicht mehr wahrgenommen werden. Diesen äußeren Anforderungen müssen beide entsprechen, denn in den Biografien versteckt findet sich implizit das individuelle Scheitern jeglicher Bemühungen, gefestigte Fremdbilder zu korrigieren, in nahezu einer resignativen Form beschrieben. In jedem Fall so, dass ihnen Erklärungen und Rechtfertigungen über die Zeit mühsam erschienen. Sie verstummten in gewisser Weise und agierten. „Bevor die anderen leiden, leide ich", bringt es Geli auf den Punkt und bekräftigt dies mit dem Hinweis darauf, dass sie den Kampf gegen ihre Erkrankung vorranging „für die anderen" aufnahm.[520] Vera argumentiert ähnlich. Auch anderen Gesprächspartnerinnen ist dieser Standpunkt nicht ganz fremd. Halt zu geben kann bedeuten, eigene Gefühle verleugnen, verstecken oder übergehen zu müssen, wenn das

---

519 Geli 2010, I.
520 Ebd.

Sich-Kümmern und Sich-Sorgen dominiert. Rosamaria merkt in ihren Reflexionen, wie selbstverständlich sie für andere da war und ihnen instinktiv durch viele Gespräche half. „Es hat einen Grund gehabt, warum ich ein zweites Mal krank geworden bin", resümiert sie.[521]

Alle Gesprächspartnerinnen lassen sich innerlich sehr berühren. Einige gehen auf ihr Gegenüber aktiv zu und interagieren. Das Miteinander-Reden ist für sie wesentlich. Dennoch kann da manchmal so eine diffus gespürte Angst aufkommen. Angst davor, wie die Reaktionen des Umfeldes sein mögen. Darf ich es mir gutgehen lassen? Diese Frage taucht im Hinblick auf das eigene Gewissen wiederholt auf. Schuldgefühle und Leistungsansprüche deuten eine innere Diskrepanz an, die in einem gefühlten Druck münden kann und mit der Frage – darf ich so sein, wie ich bin? – gekoppelt scheinen. Das schlechte Gewissen produziert, entgegen dem eigentlich gespürten Bedürfnis, Schuldgefühle, die zugunsten der anderen das Funktionieren-Müssen in den Vordergrund drängen. Darf ich als krebskranke Person beispielsweise mein Bedürfnis nach Ruhe artikulieren? Darf ich es aussprechen, selbst wenn ich Gefahr laufe damit anderen wehzutun? Hier kann das eigentliche organismische Bedürfnis nach Ruhe mit dem Gedanken, damit andere eventuell zu kränken kollidieren.

Die Bagatellisierung einer Krebserkrankung durch das soziale Umfeld kränkt, macht ohnmächtig, wütend und kann manchmal nur mit Sarkasmus bewältigt werden. Wie komme ich als Person dazu? Diese Frage steht wiederholt im Raum. Desgleichen können gutgemeinte Ratschläge belastend empfunden werden. Oftmals lösen sie innerlich Ärger oder Aggressionen aus. Das Verhalten führt dann eventuell zu einer Verleugnung der eigenen Befindlichkeit um das Umfeld zu schonen. Von Heidi erfahren wir, dass sie ihre Umgebung eher kritisch betrachtet. Eine sie treffende Kränkung mündet in eine Distanzierung vom Gegenüber oder im Rückzug. Wehtun lässt sie sich nur einmal. Heidi und Brigitte bewerten die Äußerungen und Verhaltensweisen ihres Umfeldes und interpretieren dann. Grundsätzlich wollen sie die anderen nicht verletzen. Während Heidi sich zurückzieht, wählt Brigitte eher einen offensiven Weg. Heidis Rückzug kann aus einer Angst davor, andere vor den Kopf zu stoßen interpretiert werden. In ihr divergieren dann Selbstkritik und die Angst vor der eigenen Verletzlichkeit sowie die Angst davor, bemitleidet zu werden. Vielleicht, so frage ich mich, kann ihre Reaktion auch als eine Art Beziehungstest verstanden werden.

Die mit einer Krebserkrankung einhergehende phasenweise Isolation von der Umwelt ist kaum verkraftbar. Es ist ein großer Unterschied, ob ich mich als Person von meinem Umfeld isolieren möchte oder isolieren muss. Tiefgehende Beschreibungen dazu finden sich in allen Erzählungen. In jedem Fall ist dieses Getrennt-sein-Müssen schlimm. Vera, Christine und Heidi drücken aus, wie sie sich eingesperrt fühlen. So eingesperrt, das sie trotz ihrer Erkrankung manchmal ein Risiko eingehen und der Isolation entfliehen. Hier könnte ich provokant die Frage an die Allgemeinheit stellen, wovor das Risiko eigentlich größer ist? Vor einer möglichen Infektion oder davor, das Anderssein durch das Umfeld gespiegelt zu bekommen? Denn, die Hilflosigkeit der anderen ist

---

[521] Rosamaria 2010, I.

großteils spürbar. Sie ist so spürbar, dass sich, gepaart mit der eigenen Hilflosigkeit, aus der eventuell wahrgenommenen persönlichen Kränkung einerseits und dem Wunsch nach Hilfe andererseits, eine nahezu notwendige Reaktion aufdrängt. Diese kann in Form eines Rückzugs oder gerade durch aktives Zugehen auf andere in einer eher klärenden Art und Weise erfolgen. Eventuell ist es sogar möglich, für die Perspektive des Gegenübers so etwas wie Verständnis aufzubringen und das Verhalten zu entschuldigen. Für Geli und Vera hat selbst hier in ihrer Entscheidungsfindung die Schonung des Umfeldes höchste Priorität.

Empfundene Ungerechtigkeiten und Unfairness können schwer zu ertragen sein. Sie lösen unter Umständen Ärger aus, manchmal auch Zorn und kreieren ein ungutes Gefühl, ein gespürtes Etwas zwischen Ohnmacht und Macht. Hinterfragen und eventuellen Abhängigkeiten auf die zu Spur kommen, kann bei der Findung von Reaktionsmustern hilfreich sein. Löwe beschäftigt die Tabuisierung der Krebserkrankung seitens seiner Herkunftsfamilie. Er erfährt keine Unterstützung und ist wütend über das Verhalten seines Vaters. Er kränkt sich über das ihm entgegengebrachte Desinteresse, über ironische Bemerkungen und die Abwendung beziehungsweise Ignoranz einiger Familienmitglieder. In dem schmerzhaften Erkennen, nicht wahrgenommen zu werden, schwankt er immer wieder zwischen Rückzug und Kampf hin und her. Nachvollziehbar, dass ihm daher grundsätzlich die Enttabuisierung des Themas Krebs am Herzen liegt. Er selbst bemerkt, dass das nicht so einfach ist, denn, obgleich er selbst Krebs hat, weiß er nicht, wie es anderen damit geht. Er nimmt wahr, dass die Erkrankung sich für jeden anders vollzieht und daher unterschiedlich wahrgenommen wird. Somit kann er sich trotz eigener Erfahrungen nicht in das Erleben einer anderen Person hineinfühlen. Darüber zu reden, zu informieren, wie es für ihn war, ist ihm ein großes Anliegen. Löwes soziales Ich tastet sich an die Menschen heran. Er schaut vorsichtig, wie er mit anderen umgehen kann und möchte. Sein Kredo ist, „es geht nur gemeinsam"[522], und es komme auf die innere Einstellung an. Der offene Umgang mit der Erkrankung ist für die meisten Gesprächspartnerinnen zentral. Die Person, die etwas wissen will, soll fragen, meinen sie. Vielleicht werden sie weinen oder es werden Tränen in die Augen schießen, aber sie werden sprechen, weil sie sprechen wollen.

Löwe ist dafür dankbar, in ein gutes Sozialsystem eingebettet zu sein. Er ärgert sich, wenn andere die Leistungen nicht wertschätzen. Für ihn ist es nicht selbstverständlich. Daher möchte er dieses Bewusstsein vermitteln. Gerade aus seinem Erleben resultierend, interessiert und engagiert er sich heute in einer anderen Intensität für die Umwelt. Er wünscht sich allgemein mehr Sensibilität für die Natur und die Umwelt in Abstimmung mit neuen Technologien und verweist auf die Verantwortung für die nächste Generation. Brigitte ist es ein besonderes Bedürfnis, Außenstehende und soziale Randgruppen besser zu integrieren. Ihr pädagogisch-psychologischer Blickwinkel drängt sie zum Handeln. Sie ist überzeugt davon, es zu können. Bei Unrecht zu agieren, kann grundsätzlich ein großes Anliegen sein. Implizit verborgen findet sich darin vielleicht so etwas wie eine Idee für eine bessere Welt. Strikt gegen Gewalt äußern sich Monika und

---

522 Löwe 2010, I.

Brigitte. Ihre innere Haltung ist von einer grundsätzlichen Wertschätzung und Vertrauen anderen gegenüber geprägt. Dies gelte es mit den externen Ansprüchen zu koordinieren. Daher ist es für sie wichtig, ihre Meinung zu äußern, Stellung zu beziehen, hin zu einer möglichst positiven Wendung zugunsten einer besseren Lebensqualität.

7.1.12 Woran glaube ich noch?

Die Frage nach dem – Warum? – beschäftigt. Ist die Krebserkrankung eine Bestrafung? Auch die Frage nach dem – Warum ich? – oder nach dem: Was will mir die Erkrankung sagen? Antworten darauf finden sich in der Sinnsuche oder in der Akzeptanz des eigenen Schicksals. Oftmals wird das mögliche Eigenverschulden in Relation zu dem Verständnis von sich selbst reflektiert. Die gefühlte Angst und Unsicherheit stehen im Vordergrund. Sich der Konflikte bewusst zu werden und abzuwägen, ist ein möglicher Weg. Dabei können die Hoffnung und das Finden von Antworten für die Verbesserung der Lebensqualität im Vordergrund stehen. Möglicherweise jedoch finde ich als betroffene Person den Sinn der Erkrankung darin, dazuzulernen und mitmenschlichen Umgang aufzuzeigen. Monika und Rosamaria gehen davon aus, dass sie zweimal erkrankt sind, um sich ihren „Dingen"[523] zu stellen. Es ist schwierig eine Krebserkrankung anzunehmen und individuelle Bewältigungsstrategien zu entdecken.

Vera fragt sich in ihren Zwiegesprächen, warum sie so undankbar ist und hadert, jetzt, wo Gott ihr, über ihren Bruder als geeigneten Spender, eine zweite Chance geben will. Darf sie sich Gott entgegenstellen und auf eine zweite Transplantation verzichten? Ich bin gläubig, erzählt Brigitte von sich. Sie beschreibt ihr Bedürfnis nach Schutz und Kraft. Die Kirche brauche sie dazu. Der Glaube und das Gottvertrauen sind Kraftspender. Gott weiß, warum er es geschehen ließ. In diesem Glauben schöpft Brigitte Hoffnung, auf Gott könne sie sich verlassen. Vielleicht wäre es ja ihre Bestimmung, vielleicht sollte sie beispielführend für andere sein. Für Brigitte stand nicht die Frage, „warum gerade ich?"[524], im Vordergrund, sondern die Frage, was das für einen Sinn hat und warum sie da jetzt durch muss? Die Antwort findet sie in ihrer Aufgabe aufzuzeigen, wie mit Menschen umgegangen wird. Dieses Streben nach außen und Aufzeigen, kann einerseits die Antwort auf die Frage nach dem Lebenssinn andeuten oder als Abwendung oder Abwehr vom eigenen Erleben interpretiert werden. Indem ich mich den anderen widme, kann ich mich von meinen schmerzhaften Gefühlen distanzieren. Ähnliches könnte eventuell auf Geli zutreffen. Im Funktionieren-Müssen für andere, braucht sie sich und ihren Schmerz nicht zu fühlen.

Rosamaria kommt durch ihre Erfahrungen und Reflexionen zu der Erkenntnis, dass das Universum sie erhört. Dort gibt es „so viel Platz"[525] für ihre Metastasen. Rosamaria helfen Metaphern, Bilder und Imaginationen bei der Bewältigung ihrer Erkrankung,

---

523 Monika 2010, I; Rosamaria 2010, I.
524 Brigitte 2010, I.
525 Rosamaria 2010, I.

ebenso wie Löwe[526], indem er die „Medizin" als seine „Truppen" aktiviert. Wenn es Rosamaria gut geht, „darf" sie sich mit ihren Gedanken „sehr spirituell beschäftigen". Sie ist von der Kraft und dem Glauben an die Selbstheilungskräfte überzeugt und geht davon aus, dass es nichts gibt, „was nicht heilbar ist. Alles ist heilbar. Und zu diesen gehöre ich, das weiß ich", resümiert Rosamaria.[527] Die Krankheit als Chance, und „nicht als Strafe"[528], in ihr Leben zu integrieren, steht für einige Gesprächspartnerinnen im Vordergrund ihrer Bewältigungsbemühungen. Die Chance sehen sie darin, die eigene Biografie zu reflektieren und wiederkehrende belastende Lebensereignisse aufzuarbeiten.

Einige Gesprächspartnerinnen schöpfen aus der Natur, der Quelle für Besinnlichkeit und Ruhe, ihre Kraft. Die Natur wird zu einer spirituellen Ressource: „In der Natur liegt wahrscheinlich das Mittel, um den Krebs zu heilen", meint Löwe[529] in seiner Hoffnung nicht ein drittes Mal zu erkranken. Ganz allgemein und besonders für Kinder bemerkt er: „Wie er [Gott] Menschen geheilt hat, das wünschte ich mir auch manchmal. Ganz besonders beim SO [Name eines Kinderspitals]. Nur es geht leider nicht".

7.1.13 Gewesen-Sein

„Wenn ich tot bin, dann bin ich tot, aus". Wenn ich umfalle und tot bin, gibt es da nichts mehr. Dann spürt Geli[530] nichts mehr von der Erkrankung, die so grausam ist, nichts von den Chemotherapien und ganzen Medikamenten. Wäre sie einsam, ohne Familie, ohne Kinder, ohne jemanden, der um sie trauert, würde sie nicht so am Leben hängen und nicht so kämpfen. Wie es im Endstadium der Krebserkrankung tatsächlich sein wird, weiß Geli natürlich nicht: „Allein der Gedanke, dass egal welche Kinder, aber natürlich in dem Fall meine, ohne Mutter aufwachsen müssten, der stimmt mich traurig". Ihr Kampf gegen die Erkrankung, ist der Kampf für die anderen. Sie nicht erdulden können, heißt für sie zu sterben.

Rosamaria lernte sich durch ihre Erkrankung erst selbst kennen. Für sie gehören Geburt und Tod zusammen, denn in dem Moment, wo wir geboren werden, wissen wir eigentlich, dass wir eines Tages sterben werden. Und dennoch: „Ich habe keinen Herzinfarkt gekriegt, bin umgefallen und war tot, sondern ja möglicherweise hat mich das Universum so erhört, dass es mir die Krankheit geschickt hat, und jetzt habe ich entscheiden können, sterbe ich daran oder nicht".[531] Manchmal hat sie schon Lebensängste, andererseits fragt sie sich, warum sie sich da jetzt schon fertig macht. Heute prägt sie sich all jene schönen Momente in ihr Gedächtnis ein, die sie erlebt und kann diese, wann immer sie will abrufen. Rosamaria beschloss, nicht an ihrer Krebserkrankung zu sterben.

---

526 Löwe 2010,I.
527 Rosamaria 2010, I.
528 Vgl. Monika 2010; I; Rosamaria 2010, I.
529 Löwe 2010, I.
530 Geli 2010, I.
531 Rosamaria 2010, I.

Für Heidi[532] ist der Tod zum Leben gehörend und daher vorbestimmt, wobei die Antwort auf die Frage, ob es Schicksal oder Eigenverschulden ist, für sie nicht ganz geklärt werden kann. Ihrem Selbstkonzept entsprechend wünscht sie sich eine realistische Einschätzung, denn der Tod war für sie „immer beklemmend". Träume – und nicht zu wissen „was dann passiert" – ängstigen, verursachen Panik. Andererseits plagen sie manchmal „frevelhaft" Gedanken und lassen sie verzweifeln. Selbst hier versucht Heidi sich nicht so wichtig zu nehmen und kämpft dagegen an. Der Gedanke sterben zu wollen ist böse, selbst unter Berücksichtigung, dass jeder Mensch ein Ablaufdatum hat. Über die Statistik versucht sie ihre Lebenserwartung zu eruieren und beginnt dann wieder zu denken.

Mit dem Sterben und dem Tod, „mit dem kann ich nicht wirklich gut umgehen", äußert Monika[533], sich davon distanzieren wollend. Sie möchte nicht ans Sterben denken und bei ihrer positiven Lebenseinstellung verweilen. Kommt dennoch ein Gedanke daran, beschleicht sie eine typische Angst, ein eigenes Gefühl, das sie nicht im Griff hat. Auch sie träumte von ihrem Tod, ihrer eigenen Beerdigung und schaute „wie ein Außenseiter-Beteiligter" zu, „was da abläuft". Einerseits war dies „irrsinnig traurig, andererseits dachte sie sich, „ist es nichts Schlimmes". Das Sterben und der Tod „ist schon ein Thema, das einem in dieser Situation [beschäftigt], wo man normalerweise ja nie daran denkt, bis es eintritt". Monika fragt sich, wie man sich darauf einstellen kann? Drei Jahre zuvor starb ihre Schwägerin mit knapp achtundzwanzig Jahren an den Folgen ihrer Krebserkrankung. „Es war einfach schiach zum Zuschauen", sie fühlte sich hilflos und vermutet darin die Ursache, warum sie sich so schwertut. Was Monika bewusst wurde, ist dieses angstmachende „Angewiesen-Sein auf die anderen dann". Sie weiß, dass sie sich mit dem Unerträglichen auseinandersetzen muss, „wenn die Zeit kommt", und glaubt, „wenn man alles geregelt hat, was man selber niemals regeln will, dann tut man sich damit auch leichter". Es akzeptieren zu können, das ist offen.

Vera[534] ist es wichtig, sich mit dem Sterben auseinanderzusetzen. Sie möchte die Angelegenheiten geregelt wissen und spricht ihre Wünsche offen und direkt an, obwohl sich ihre Familie damit schwertut. Die Versorgung und die Sinnhaftigkeit stehen für sie im Vordergrund. Daher gibt es eine Patientenverfügung. Sie will nicht „an Geräten hängen", und selbst die Kosten für das Begräbnis sind geregelt. Sie fragt sich nach dem Sinn: „So viel Quälerei, nur damit man im Endeffekt dann doch vielleicht stirbt?" Für Vera ist nicht der Zeitpunkt, sondern die Relation ihrer Lebenserwartung im Vergleich zu einer von ihr selbstbestimmten Lebensqualität wichtig. Das bedrückt sie und möchte gelöst werden.

Christine[535] konzentriert sich auf ihr Leben. Sie möchte ein „normales, geregeltes Leben" führen, „ohne diesen Krebs dauernd im Hinterkopf zu haben". Diese Gedanken möchte sie gerne verdrängen können. Mit dem Sterben und dem Tod setzte sie sich insofern auseinander, als ihr dies bei der Mitteilung ihrer Diagnosen immer wieder

---

532 Heidi 2010, I.
533 Monika 2010, I.
534 Vera 2010, I.
535 Christine 2010, I.

bewusst wurde. Ihre Vorstellung zu sterben vergleicht sie mit ihrer Erfahrung während der Nabelschnurstammzellentransplantation, „wenn das Herz dann versagt, so ungefähr". Deshalb versucht sie sehr vorsichtig zu sein, auf sich selbst zu achten und möglichst selbstbestimmt zu kämpfen, anstatt abzuschließen und zu resignieren. Dennoch – „wenn er [Krebs] kommt, ich weiß nicht, ob ich das noch einmal durchstehen will, nachdem ich das jetzt (*)dreimal durchgemacht habe, [...] irgendwann hat der Körper auch seine Grenzen erreicht".

7.2 Psychotherapie und die Vielfalt der Veränderungen

Veränderungen sind dann möglich, wenn ich als Person die Gegenwart bewusst wahrnehme und mich achtsam an mein Wollen herantaste. Die Rekonstruktion und Vergegenwärtigung des Gewordenen sowie das Erkennen biografischer Zusammenhänge bilden in ihren Bedeutungszuschreibungen eine Brücke zum nunmehr aktualisierten Selbstkonzept. Diese Zusammenschau bezieht sich auf die individuell wahrgenommenen Veränderungen der (Er-)Lebensqualität zum Zeitpunkt des Therapiestichtages und beinhaltet die Erfahrungen aus dem Psychotherapieprozess. Was ist das, was ich *eigentlich* will? Wie will ich es? Und, welche Möglichkeiten kann ich erkennen, um dorthin zu kommen, *wohin* ich will? Zu Beginn möchte ich mir daher nochmals kurz die individuellen Bedürfnisse, Wünsche und Motive der Gesprächspartnerinnen beziehungsweise Klientinnen in Bezug auf die Inanspruchnahme von Psychotherapie vergegenwärtigen und zusammenfassend wiedergeben:

Während unserer ersten Begegnung erzählte mir Geli, dass sie sich kraftlos und zeitweise depressiv fühlte. Damals wusste sie nicht, was noch auf sie zukommen würde und wünschte sich einen neutralen Gesprächspartner. Sie möchte das Erleben in ihrer Erkrankung gerne etwas leichter nehmen können, weniger kraftraubend und schwächend. Ein weiterer Gedanke war sich zu gestatten, die Zeit zwischen den Therapien zu Hause auch zu genießen. Sie litt unter dem Verlust ihrer Haare und darunter, dass ihr das, was sie im Spiegel sah, nicht gefiel. Es gibt da einige Bereiche in ihrem Umfeld, die sie genauer betrachten und besser verstehen will.

Monika hatte das Gefühl, dass es da noch etwas anzuschauen gibt, wie beispielsweise das Thema Sterben und Tod, das sie bisher tabuisierte. Die früher in Anspruch genommene Gesprächspsychotherapie ist ihr in positiver Erinnerung. Die Erfahrungen ihrer Kindheit jedoch kommen immer wieder hoch und wühlen sie so auf, dass sie herausfinden möchte, wie sie damit zurechtkommen kann.

Löwe will seine, ihm innewohnende Dynamik besser verstehen und seiner Familie zuliebe psychotherapeutische Unterstützung in Anspruch nehmen. Sein Ziel ist ein gutes, gesundes und verantwortungsbewusstes Leben mit seiner Familie. Vielleicht, bemerkt er, geht es darum, manchmal ein Stopp zu setzen, unter Umständen geht es jedoch um eine reduziertere Betrachtungsweise. Er braucht etwas, um die Zukunft besser einschätzen und abwägen zu können, denn er will noch viel sehen, kennenlernen und genießen.

Brigitte ist sozial sehr interessiert und engagiert. Fairness und gegenseitige Wertschätzung stehen ganz oben auf ihrer Werteskala. Daher hat sie das Bedürfnis, belastende Wahrnehmungen aufzuzeigen und mitzuteilen. Sie schätzt anregende und ausführliche Gespräche. Durch ihre Kontaktfreudigkeit und daraus resultierenden Gesprächen kann sie Erfahrungen sammeln, selbst lernen, viel weitergeben und andere fördern. Sie möchte das, was sie betroffen macht, erzählen, und in ihren Hinweisen ernst genommen werden. Wieweit sie selbst Hilfe braucht, kann sie zu diesem Zeitpunkt nicht beurteilen.

Rosamaria ging es, als ich ihr das zweite Mal begegnete, nicht gut. Sie hatte Angst und wollte psychotherapeutische Begleitung. Phasenweise spürt sie ihre Angst intensiver. Sie möchte die aktuelle Gefühlsdynamik und damit einhergehende Lebensereignisse genauer betrachten. Für sie war das Erstgespräch „schön"[536], wobei die Sympathie – wie für alle anderen Klientinnen – eine große Rolle spielte. Der Faktor Sympathie ist deshalb so wesentlich, weil sie ihre innersten Gedanken preisgibt und davon erzählen möchte, was andere nicht verstehen können oder vertragen würden. Ihr Humor, das fiel mir an Rosamaria besonders auf, ist nahezu immerwährend präsent. Selbst in sehr berührenden Momenten möchte er sich in der Art und Weise ihrer Aussagen irgendwie einen Weg durchbahnen.

Heidi beobachtete mein Tun zunächst und sprach mich eines Tages an, obwohl es so gar nicht ihre Art ist direkt auf Menschen zuzugehen. Seit zirka zwei Monaten weiß sie, dass ihre Erkrankung nicht heilbar ist. Sie wünscht sich, dass „ein bisschen was bleibt" für sie, nämlich Abstand, Ruhe und Erholung. Sie findet es schwierig, Gefühle und Empfindungen so in Worte zu fassen, dass es beim Gegenüber in ihrem Sinne ankommt, so „wie du es wirklich in dir hast". Sie möchte ihre Sorgen teilen, „nur" aussprechen, in jedem Fall jedoch sprechen ohne sich überlegen zu müssen, jemand zu belasten oder zu verletzen. Für sie war das Erstinterview „faszinierend", weil ihr gar nicht bewusst war, dass sie zirka eineinhalb Stunden reden kann.[537]

Vera befindet sich in einer Entscheidungsphase. Sie ängstigt sich vor einer nochmaligen Zelltransplantation. Die Fragen, wer sie ist, was sie will und was sie braucht, um zu einer Entscheidung zu kommen, beschäftigen sie. Vera möchte ihre Wünsche analysieren und überlegen, welche davon tatsächlich realisierbar sind. Auch ihre Gewohnheiten zu überdenken und zu erkennen, was sie neu oder anders in ihr Leben einfließen lassen kann, liegt ihr am Herzen. Es ist dies so etwas wie Klarheit und Ordnung, die sie sich für ihre Gedanken und ihre Gefühle wünscht. Respekt, Wertschätzung und Selbstbestimmung sind ihr bedeutsame Werte.

Auf Anfrage eines betreuenden Oberarztes lernte ich Christine kennen. Abstoßungsreaktionen aufgrund der Fremdstammzellentransplantation zwingen sie wiederholt in das Krankenhaus, in die Quarantäne und somit in die Isolation. In der Psychotherapie sieht sie die Möglichkeit „weiterzukommen", „vielleicht selber auf irgendwas" draufzukommen. Sie fragt sich, ob sie jetzt zum „psychiatrischen Klientel gehöre" und ist der Meinung, dass Psychologie zwar „zum Reden da" ist, aber nicht weiter „auf die Prob-

---

536 Rosamaria 2010, II.
537 Heidi 2010, II.

leme" eingeht. Es ist für sie gar nicht so leicht sich aufgrund der Vielfalt an Ereignissen und Untersuchungen zu erinnern. Irgendwie hat sie es zwar abgespeichert, fragt sich jedoch selbst, „ob das wirklich nicht ein bisserl auch Verdrängung manchmal ist".[538] Ihr Blickwinkel konzentriert sich auf ihr aktuelles Befinden.

7.2.1 Das bin ich

Die *Individualität* ist für Geli das Eigentliche am Menschen. Darauf einzugehen, half ihr sehr. Der Fokus auf das Individuelle ermöglicht eine Neuordnung unter dem Aspekt, was sie für sich will. Geli sind die Auswirkungen ihres „großen Themas", Perfektionismus, während der Psychotherapie bewusster geworden. Das genauer anzuschauen, war ihr ein Anliegen. Heute kann sie *loslassen*: „Es stört mich zwar immer noch, [...] ja, dann ist es halt so. Dann schaut es halt so aus. Und das ist in vielen Bereichen in meinem Leben".[539] Sie müssen jetzt nicht mehr zaubern, erkennen einige Klientinnen im Rahmen ihrer Psychotherapie. Die Energie dafür reicht nicht mehr, und das kann vom Umfeld auch gut angenommen werden. Sie achten mehr auf sich selbst und darauf, was ihnen guttut.

Das schlechte *Gewissen* relativierte sich für die meisten Klientinnen im Verlauf der Psychotherapie. Zwar könnten sie manchmal eventuell mehr tun, aber sie wollen es nicht. Ein schlechtes Gewissen ist nicht notwendig. Wesentlich ist es jedoch, auf sich selbst und den eigenen Körper zu hören. In mich selbst hineinzuhören, mich selbst als Person zu verstehen und mir in diesem Verstehen bewusster zu werden was ich will, steht nun im Vordergrund.

Sich mit sich selbst zu *konfrontieren* und sich zu *erkennen*, war für Geli schwierig, aber ein wesentlicher Aspekt für Veränderung. Löwe möchte seine „Fehler"[540] sehen und an sich arbeiten. Schwierig und mühsam war es insofern, als es für beide neu war, sich mit sich selbst auseinanderzusetzen und sich anzunehmen. Jetzt stimmen sie darin überein, dass die Selbstakzeptanz einer möglichen Veränderung vorausgeht.

Die Anregung ihres *Denkprozesses* war für die Klientinnen wertvoll. Das Überlegen und Überdenken ist hilfreich. Dabei geht es darum, alles Automatische und Anerzogene durch Selbstbeobachtung wahrzunehmen, wiederholt zu reflektieren und neu zu bewerten. Mehrere Impulse oder Anregungen von verschiedenen Seiten sind für Monika insofern hilfreich, als sie dadurch schneller agieren oder sich schneller entscheiden kann. Bewusster nachzudenken und zu entdecken, was sie überhaupt will, ist ein großer Fortschritt für sie. Die Selbstverständlichkeit von früher ist für Geli „jetzt nicht mehr vorhanden".[541] Sie hinterfragt sich, auch wenn es für sie spürbar mühsam ist. Alle Gesprächspartnerinnen überlegen heute, was gut für sie ist. Sie möchten sich von außen

---

538 Christine 2010, II.
539 Geli 2010, II.
540 Löwe 2010, II.
541 Geli 2010, II.

nicht beeinflussen lassen und Dinge machen, die sie *für sich wichtig* finden. In diesen Erfahrungen liegt ein großer Gewinn und Lernprozess.

Direkt zu *sagen*, was sie wollen, lernten Löwe, Heidi und Vera im Rahmen ihres Psychotherapieprozesses. Nicht schweigen, nicht umschreiben, sondern direkt. Sie sind offene Menschen und machen die Erfahrung, dass Offenheit das Verstehen fördert. Ihnen geht es darum, miteinander zu reden, Kompromisse zu finden und das Ziel in der Gemeinsamkeit zu finden.

Durch die Stärkung des *Selbstvertrauens* habe ich Einfluss darauf, wie es wird, erfahren Löwe und Brigitte: Ich bestimme, was wichtig ist, und das habe ich erfasst. Wenn ich mir als krebserkrankte Person bewusst mache, *dass ich da bin und lebe*, verbessert sich mein psychisches Befinden, und ich agiere damit gegen meine Verzweiflung und Todesangst. Das Leben ist lebenswert, beschließt Rosamaria für sich und fokussiert immer wieder ihre Lichtschimmer.

Heidi fand zu einer gewissen *Stärke,* sie kann sich wieder wehren und Unklarheiten im Rahmen ihrer Erkrankung hinterfragen oder ansprechen. Genau das ist auch ihr Recht. Für sie gilt: Ich bin ich, ich bin wichtig. Nur ich kann aus meinem Leben etwas machen.

Zusammenhänge zu *erkennen*, zu verknüpfen und zu integrieren oder Erfahrungen *abzuschließen*, ist für das Wohlbefinden der Klientinnen von Bedeutung. Es erleichtert Entscheidungen zu treffen, die mir als Person guttun. Christine wurde dadurch *ruhiger* und *entspannter*, sie kann besser reflektieren, hat ein genaueres Bild von ihrer aktuellen Situation, versteht die Sinnhaftigkeit besser und kann sich leichter abfinden. *Gute Unterstützung und Rückmeldungen* werden dabei förderlich wahrgenommen.

Die Entwicklung der Persönlichkeit betreffend sind es, in Andeutung des *Psychotherapieprozesses*, manchmal kleine Schritte der *Veränderung*. Einige Veränderungen geschehen eher unbewusst. Bewusste Selbstbeobachtung kann bei der Wahrnehmung helfen. Sie führt vielleicht zu mehr Klarheit, wie bei Vera, die zu der Entscheidung kam, im aktuellen Erleben bleiben zu wollen und nun einen Schritt nach dem anderen setzt. Für Geli war die Psychotherapie ein Prozess, der ihr im Rahmen ihres Urlaubes nachhaltig bewusst wurde. Auch Christine erkennt, dass sich hinsichtlich ihrer persönlichen Einstellungen durch den therapeutischen Prozess etwas bewegte. Für Heidi war es wichtig wahrzunehmen, dass sie in ihrer Einzigartigkeit als Person wertvoll ist. Für Brigitte ist Psychotherapie eine Art Lernen, das bis in die Gegenwart anhält und gut und richtig war.

7.2.2   Ich in meiner Krebserkrankung

„Ich möchte nicht mehr erleben, was ich erlebt habe". *Ich weiß heute, was es heißt Brustkrebs zu haben*, sagt Geli.[542] Diese Erfahrung ist für sie „die größte Veränderung" gewesen. Anfangs wusste sie nicht, was auf sie zukommt, ob sie „heil wieder aus dem Ganzen rauskomme", und hatte große Angst. Heute steht nicht mehr die Angst „vorm

---

542   Ebd.

Sterben" aber die Angst davor, „das Ganze noch einmal durchzumachen" im Vordergrund. Seine *Angst wieder zu erkranken*, drückte auch Löwe aus. Er wollte den *eigenen Weg* des Umgangs damit finden, wobei ihm die Auseinandersetzung mit den Fragen – Was ist richtig? Was ist falsch? – bei der *Entscheidungsfindung* weiterhilft.

Für Heidi war die Ausgangssituation eher von Aussichtslosigkeit geprägt. Ein Spagat zwischen Befürchtungen und Hoffnungen, der schwer zu bewältigen war und viele Spannungen verursachte. Im Rahmen der Psychotherapie fand sie „den goldenen Mittelweg", ihre Erkrankung anzunehmen und zu erkennen: „Es ist noch nicht vorbei, sondern erst am letzten Tag".[543] Insgesamt geht es darum, ihre *Lebenssituation so anzunehmen*, wie sie ist, obwohl es schwerfällt.

Ich bin in Ordnung so, wie ich bin, ich muss mich als Person nicht verteidigen. „Aber der Geist, der hat das lange Zeit nicht kapiert"[544], formuliert Geli ihren Prozess: Es ist *normal, wie ich mich fühle*. Sich dessen bewusst zu werden und sich selbst anzunehmen, war für alle Klientinnen förderlich.

Psychotherapie in der onkologischen Tagesklinik ermöglichte Monika eine gute Vorbereitung auf ihre Chemotherapie und bot Rosamaria die Gelegenheit, ihre aktuellen Ängste zu *verbalisieren. Imagination, „das Verbildlichen"*[545] im Sinne von einem angenehmen Bild schaffen und darüber reden kann helfen, Ängste und Panikattacken zu überbrücken und die Situation positiver wahrzunehmen.

Einige Klientinnen sind durch die Gespräche *ruhiger geworden*. Für Monika und Rosamaria war es ein fließender Übergang hin zu den bevorstehenden Chemotherapien. Das bot sich gut an, tat gut und passte genau. „Ideal"[546], um die Chemotherapien angenehm zu erleben und einen Sinn darin zu finden. Monika war es darüber hinaus sehr wichtig, trotz ihrer Chemotherapien ihren Beruf ausüben zu können. *Positiv zu denken* verbessert ihr Wohlbefinden und macht sie arbeitsfähig. Für Christine waren die akustischen Flashbacks belastend. Sie konnte im Rahmen der Psychotherapie in der Quarantäne, das Piepsen der Monitore in das Zwitschern eines Paradiesvogels verwandeln. Dies *positiv „umzumünzen"* war „toll".[547] Eine positivere Einstellung zu verspüren, ist eine Erleichterung, eine extreme Hilfe und dient der Bewältigung von schwierigen Situationen, stimmen Monika und Christine überein.

Christine konnte negative Erfahrungen aus verschiedenen Blickwinkeln *reflektieren* und *Zusammenhänge* zu ihren Erfahrungen, Vorannahmen und einhergehenden Ängsten oder Befürchtungen *erkennen*. Sie fühlt sich nun besser aufgehoben und ist zuversichtlich. Ihre aktuelle Befindlichkeit gehört für sie dazu und wird „hoffentlich mal vorbei sein".[548]

Vera hatte Panik und schreckliche Angst vor der ihr bevorstehenden Transplantation und einhergehenden Quarantäne. Sie kam zu dem Schluss, dass sie sein muss, da die

---

543   Heidi 2010, II.
544   Geli 2010, II.
545   Monika 2010, II.
546   Ebd.
547   Christine 2010, II.
548   Ebd.

Alternative, nämlich zu sterben, schlimmer ist. Diese *Relativierung* half ihr, die gefühlten Beklemmungen, „die ich halt so da innen spüre" aufzulösen. Sie nahm wahr, wie hilfreich *klare Aussagen* für sie sind und ihr die Entscheidung, auf „Nummer sicher" zu gehen, erleichtern.[549]

7.2.3 Organismische Aktualisierung

Einige Klientinnen kannten ursprünglich keine *Grenzen*. Sie nahmen diese erst wahr, als ihr Körper nicht mehr mitmachte. Heute erspüren sie rechtzeitiger, wann sie an ihre Grenzen gelangen und können entsprechend ihren Bedürfnissen und reflektierten Erfahrungen gegensteuern. Das Erkennen ihres individuellen Potenzials zur Regulierung und die Wahrnehmung der dadurch veränderten Lebensqualität motiviert dazu, weiterhin achtsam zu sein. So war der psychotherapeutische Prozess für Heidi eine große Unterstützung zu lernen, ihre Verfasstheit für sich adäquat zu verbalisieren und zu bewerten. Dieses dann stimmige Gefühl unterstützt sie dabei, nicht aufzugeben und ihr Leben selbst in die Hand zu nehmen.

Brigitte machte noch nie viel Aufsehen um ihr Äußeres, ihre Figur oder gar ihre Person. In den letzten Monaten hat sich „überhaupt sehr viel verändert", sagt sie dazu. „Gezwungenermaßen" nimmt sie sich heute mehr wahr, achtet mehr auf sich und ihre *Bedürfnisse*. Vor allem bemüht sie sich abzustimmen, wie sie mit sich selbst umgeht: „Hätte ich mir nicht gedacht, dass das einmal so ist".[550] Die *Kraft* und die *Nerven* sind zwar nicht mehr so da, dennoch ist es ihr gelungen, ihre Erkrankung zu integrieren. Die Unterstützung bei dem, was ist, ist daher von Bedeutung, denn für sie ist es eine Erleichterung zu sagen, was sie tatsächlich empfindet.

Für Löwes organismischen Prozess war es spürbar wesentlich, sich mit dem gefühlten inneren Druck auseinanderzusetzen. Sich manches bewusst zu machen, führte zu einer *entspannteren Wahrnehmung*, die ihn deutlich entlastete und den Weg für seine Entscheidungen ebnete.

Rosamaria konnte sich ihrer durchlebten Ängste, ihrer Schwäche, Müdigkeit, Übelkeit und ihrer Verzweiflung bewusster werden. Sie fühlte sich nach der Psychotherapie befreiter. *Sich zu spüren* ist richtig und gut, das darf sein, beschließt sie für sich.

Für Monika sind Entspannungstechniken hilfreich und förderlich. Diese kann sie sich, vor allem in Situationen, die sie organismisch bedrohlich wahrnimmt, bewusst hernehmen und einsetzen und sich dadurch auf sich selbst konzentrieren. Eine hilfreiche Strategie, die ihr über das unmittelbare *Spüren der Auswirkungen auf ihr Erleben* ermöglicht, zu sich zu kommen oder bei sich zu bleiben.

Ihr Gespürtes zuzulassen und dementsprechend schrittweise vorzugehen, war für Vera zentral. Anstatt dem Druck und dem geforderten Tempo zu entsprechen, erspürte sie im Verlauf an sie gerichtete *Anforderungen* in einer anderen Qualität zu *gewichten*

---

549 Vera 2010, II.
550 Brigitte 2010, II.

und so zu regulieren, dass sie ihrem Bedürfnis entsprechend im aktuellen Erleben bleiben kann.

Christine möchte in die *Tiefe gehen*. Nur so kann sie eine Situation besser verstehen und annehmen. Sie will nachfragen, nachdenken, reflektieren und verstehen. Durch diese, dann für sie entstandene Stimmigkeit konnte sie sich entspannter fühlen, ruhiger werden und ihre Zuversicht entdecken.

7.2.4 Innen-Wirkung und soziales Umfeld

Die Angst zu sterben anderen gegenüber zu verbalisieren, ist nicht möglich. Die Klientinnen wollen ihr Umfeld nicht belasten. Im Rahmen des psychotherapeutischen Prozesses konnten sie ihre *existenziellen Ängste an- und aussprechen*, wurden verstanden und bekamen etwas zurück. Sie konnten darüber reden und mussten innewohnende Spannungen nicht mit sich selbst austragen. Dieses Verbalisieren dürfen und können war zugleich ein Abladen dürfen, eine Erleichterung und Entlastung der innerlich gefühlten Schwere und des innerlich verspürten Drucks. Ihre Psychotherapieeinheiten waren dabei *eine Stunde, ohne auf andere Rücksicht nehmen zu müssen*. Davon profitierten sie persönlich sehr. Themen ohne Angst davor, dass das Gegenüber verzweifelt oder erschrickt an- und auszusprechen, war spürbar förderlich und entlastend.

Geli, Rosamaria und Vera erlebten, wie es ihnen immer besser gelang, sich von ihrem Umfeld *abzugrenzen*. Dabei kann es darum gehen, nicht alle Menschen „reinlassen" zu wollen, oder auch darum, die Grenzziehung anderen gegenüber in den Vordergrund zu stellen: „Bis daher, mehr lasse ich nicht zu"[551]. Sie achteten besonders darauf, wer auf sie persönlich einging: *Ich bin wichtig*, daher dürfen nicht alle an mich heran. Das zu erkennen, war ein Lernprozess des Abgrenzens und Neinsagens und eine wichtige Erfahrung.

Alle Klientinnen versuchten in der Vergangenheit den Anforderungen ihres sozialen Umfeldes zu entsprechen. Sie spürten, dass dieses Entsprechen-Müssen sie anstrengte und ihnen Kraft raubte. Derzeit gehen sie *achtsamer* mit ihrer physischen und psychischen Energie um. Dafür ist es notwendig, genau zu differenzieren und den Fokus auf andere Qualitäten zu lenken. Aktuell, erkennen alle, geht es um sie selbst.

Löwe wurde klar, dass sein Vater die Welt aus einer anderen Perspektive betrachtete als er selbst. Er kam zu dem Schluss, dass jede Person sich selbst entspricht und daher nur aus diesem Sein-Können heraus verstanden werden will und kann: *Ich bin ich und du bist du.* Diese Erfahrung führte dazu, dass er abschließen konnte und sich nun seinem Weg widmet.

Brigitte fühlte sich durch „Kleinigkeiten" ihres Umfeldes sehr berührt. Am Beispiel einer von ihrem Bruder erhaltenen Marillenmarmelade machte sie sich ihr Gefühl der *Geborgenheit* im Familienverband bewusst. Ihre Biografie zu erzählen, Erlebtes Revue

---

[551] Rosamaria 2010, II.

passieren zu lassen, „ist schön" und verdeutlicht, wie wichtig ihr die wahrnehmende und gegenseitig wertschätzende familiäre Einbettung ist.[552]

In den Psychotherapieeinheiten über alles *offen zu reden*, was Klientinnen beschäftigte und bewegte, war hilfreich. Es gab keine Vorgaben, sie konnten dort verweilen, wo sie sich gedanklich oder emotional gerade befanden. Brigitte wurde dadurch ihr Eindruck, dass nahezu generell alles eskaliere, bewusster und spürte ihre allgemeine Betroffenheit. Über „Gott und die Welt" zu reden, war auch für Löwe „total positiv".[553] Sozial- und umweltpolitische Themen brodeln und berühren. Sie sind ein Zeichen für die Normalität im Lebensalltag und – im Hinblick auf Ressourcen und Resilienz – repräsentieren den Wunsch, im Erleben stehen und bleiben zu wollen.

Durch mehr *Klarheit* darüber, was gewisse Themen mit und in mir machen, fühle ich mich ein Stück sicherer und kann entscheiden, was für mich jetzt zu tun ist. Ihr *Erleben biografisch* zu betrachten und *aufzuarbeiten*, war dabei für alle Klientinnen förderlich.

7.2.5 Beziehung als rhythmische Bewegung[554]

Psychotherapie kann, ein Sich-Finden oder vielleicht Wiederfinden sein. Diese Art *Finden* einer „Betriebsanleitung", als nahezu existenzielles Bedürfnis, kann bei Löwe[555], aus seiner Profession als Tischler heraus, gut nachvollzogen werden. Denn ohne das *Wie?* Oder *Wie genau?*, gibt es kein funktionierendes Endprodukt. Dass Löwe beruflich auf Genauigkeit großen Wert legt, ist in seiner Persönlichkeit und grundsätzlichen Einstellung der Welt gegenüber verankert und spiegelt sich im Psychotherapieprozess wider. Die therapeutischen Gespräche an sich sind von Bedeutung. Es ist wichtig, Diverses zu besprechen und zu lernen, „Dinge" anders zu sehen. Für Löwe war es zentral, „sich selbst zu ertappen", sich seiner selbst gewahr zu werden, um in der Folge Neues auszuprobieren, etwas anders zu machen, oder umzusetzen, kurz um so zu experimentieren, dass eine „schwere Last" von ihm weggehen konnte. *Miteinander-Reden* und eine *persönliche Entwicklung zuzulassen*, tat gut, war hilfreich und wurde auch von den anderen Gesprächspartnerinnen förderlich erlebt.

Gespräche über die persönliche *Erlebenstiefe* können erleichternd wahrgenommen werden. Dabei kann ich als Person sagen, was ich wirklich empfinde. Das führt dazu, dass ich mich ohne Angst besser verstanden fühle. Gefühle, Ängste und Gedanken abzustellen, gelingt alleine meist nicht, bemerken Rosamaria und Heidi. Psychotherapie an sich wurde als eine Erleichterung, Befreiung und Stütze wahrgenommen sowie als Möglichkeit genutzt, den Raum für Veränderungen zu öffnen. Darüber hinaus war das *variable Setting* angenehm, sei es jetzt im klinischen Kontext oder durch die doch andere

---

552 Brigitte 2010, II.
553 Löwe 2010, II.
554 Rogers 2005c, 197: Interpersonale Beziehungen stellen sich für Rogers als eine rhythmische Bewegung dar: „Offenheit und Ausdruck und danach Angleichung; Fluß und Wandel und danach Ruhe; Risiko und Angst und danach Sicherheit".
555 Löwe 2010, II.

Umgebung im Rahmen einer psychotherapeutischen Praxis. Sich das „Klima" auszusuchen, findet Löwe[556] „super".

Die Psychotherapeutin ist da und hört ohne Vorurteile zu. Geli, Rosamaria und Heidi wollten psychotherapeutisch begleitet werden und bekamen vermittelt, dass sie mit ihren Ängsten und Gefühlen nicht alleine sind. Es war für sie sehr positiv zu verspüren, dass sich jemand um sie „kümmert"[557], ihrem organismischen Prozess Raum gibt und bekräftigt, dass ihre Ängste und Gefühle in Ordnung sind und sein dürfen. Die Psychotherapeutin hört zu und argumentiert, ist hellhörig, zeigt Ansätze auf und gibt keine Ratschläge. Dadurch konnten gemeinsam verschiedene Blickwinkel und Standpunkte betrachtet werden. Das war am hilfreichsten für Löwe und Christine. Sie haben geredet, „konsumiert"[558] und sich darauf gefreut. Das Zuhören und das Gemeinte aufzugreifen, war für einige Gesprächspartnerinnen faszinierend.

Die Psychotherapeutin versteht, fühlt mit und gibt etwas. In der Psychotherapie darf ich als Person etwas sagen. Es folgen „keine Ratschläge, Ansätze, weil, du musst ja selbst draufkommen".[559] Ich kann selbst erkennen, wo ich ansetzen möchte, und was ich umsetzen möchte, heben einige Klientinnen hervor. Empathie und das mitschwingende Gefühl angenommen zu werden, ist schön und wichtig für Rosamaria. Heidi konnte dadurch tiefergehen. Die Rückmeldungen der Therapeutin waren positive Bekräftigungen, die das Selbstbewusstsein stärkten. Die Therapeutin hilft mir als Person, in mich selbst hineinzuschauen. Dadurch gelange ich als Klientin zu anderen Sichtweisen und erfahre zugleich mehr Sicherheit.

Die *direkte Art der Psychotherapeutin* gefiel Christine. Durch Klarheit und Direktheit fühlte sie sich verstanden und fand den Weg für einen gemeinsamen Reflexionsprozess geebnet. Das genauere Nachfragen und darüber nachzudenken, wie ich als Klientin etwas verstehe und verändern könnte, war für Brigitte und Christine hilfreich, interessant und wichtig, um in die Tiefe gehen zu können.

Die Psychotherapeutin ist persönlich nicht eingebunden und kann daher von außen objektiv beobachten, meint Geli. Heidi[560] nennt es den „gewissen" Abstand, der ihr das Gefühl gab, verstanden zu werden, warum es ihr schlecht geht, oder sie verzweifelt ist oder Angst hat. Sie konnten überlegen, nachdenken und darüber hinaus das Gefühl verspüren, dass jemand da ist, der sie versteht und hilft, sich selbst besser zu erkennen.

Die Psychotherapeutin ist geschlechtsneutral. Dies änderte die allgemeine Einstellung Gelis Frauen gegenüber zwar nicht, dennoch war es eine positive Erfahrung, die Erkrankung nicht am Geschlecht festzumachen. Das Geschlecht war komplett ausgeklammert. Die neutrale und wertfreie Haltung ermöglichte den Raum für andere Blickwinkel. Dabei geht es nicht darum, abzulenken, aufzumuntern oder zu beschwichtigen, sondern darum, ein wert- und klischeefreies Miteinander anzubieten. Dadurch konnte sich Geli selbst ausprobieren und ihr Sosein sukzessive zulassen. Das half sehr, sich

---

556   Löwe 2010, II.
557   Geli 2010, II.
558   Löwe 2010, II.
559   Heidi 2010, II.
560   Ebd.

wohlzufühlen und sich nicht nur als Frau, sondern als Mensch angenommen zu fühlen. Nicht exakt zutreffende Äußerungen der Psychotherapeutin konnte sie in dem Moment zur Sprache bringen und korrigieren. Da die Therapeutin ja nicht in sie hineinschauen oder bloß in ihr lesen kann, ist es okay, so wie es ist.

Der durch den Psychotherapieprozess entstandene *therapeutische Dialog* ermöglichte andere Blickwinkel und Räume für Reflexionen. Miteinander reden und nicht nur zuhören, und über dieses Gesprochene und Gehörte hinaus angenommen zu werden, war von Bedeutung. Die Klientinnen konnten dadurch in ihrem Tempo andere Sichtweisen entwickeln und Möglichkeiten entdecken, ihre gewonnenen Erkenntnisse im Rahmen neuer Erfahrungen umzusetzen.

Die *therapeutische Beziehungsqualität* spürte sich für alle förderlich an. Ausschlaggebend dafür waren die zwischenmenschliche Chemie und Sympathie, die Offenheit und die Akzeptanz des Gegenübers. Zentral war der gegenseitige Austausch und sich als Klientin die Zeit zu nehmen, die es braucht, um zu dem eigentlichen Ich zu gelangen. Dadurch entwickelten sich neue Impulse und Denkanstöße sowie Wege mit dem subjektiv Gefühlten und Erlebten umzugehen. Sich selbst leichter annehmen zu können, war sehr positiv und wichtig.

Die *Flexibilität der Psychotherapeutin* wurde großteils als hilfreicher Faktor unterstrichen. Die Klientinnen konnten sich ihre Themen aussuchen, es wurde nichts vorgegeben. Diese *nichtdirektive* Vorgangsweise begünstigte das Gefühl, alles frei zur Sprache zu bringen und sich nicht blockiert zu fühlen. Dadurch konnten auch allgemeine Themen angesprochen werden. Genau jene Themen, die gerade im Zentrum der Aufmerksamkeit standen, ohne von der Therapeutin eingeschränkt oder zu irgendeinem anderen Schwerpunkt zurückgeführt zu werden.

Die *Zeit der Psychotherapie* war ein Fixpunkt, ein Ruhepunkt für die Klientinnen, die nur ihnen und ihren Auseinandersetzungen galt. So kann ich als Klientin zu mir selbst (zurück-)kommen, ich kann nachspüren und reflektieren. Selbst wenn ich vielleicht danach gar nicht mehr weiß, was ich geredet habe, kann ich spüren, dass es mir guttut. Es ist *die* Zeit für mich. So wie es war, war es für alle angenehm und gut.

Durch die „unheimliche", ruhige *Ausstrahlung der Psychotherapeutin* konnte Heidi[561] aus sich herausgehen, trotzdem sie sich selbst manchmal „konfus" und „abschweifend" wahrnahm. Die Therapeutin war empathisch, hat mich als Klientin genommen, genauso wie ich bin, hatte Verständnis und war nicht neugierig. Es war nicht notwendig, sich zu verstellen, die Klientinnen konnten sein, wie sie sind. Diese Ruhe überträgt sich auch. „Sie hat *mich als mich (betont) gesehen*", resümiert Heidi, „ich als Person wurde immer wieder wahrgenommen", das war „*so* (betont)" eine „unheimliche Stütze", das war das Angenehme daran. Gepaart mit einer empathischen Einfühlung war diese Haltung ebenso für Vera eine Erleichterung. Sie fühlten sich gut aufgehoben, konnten weinen und sagen, was da gerade auftauchte. Die Ruhe, Stärke und Kompetenz der Therapeutin und der Aspekt ohne Erwartungshaltung in die Therapie hineingehen zu

---

561 Heidi 2010, II.

können, passte für Heidi immer. Ihr Leben anzunehmen, wurde ihr „bis in die letzte Faser hinein vermittelt".

Das Gefühl *mit der Psychotherapeutin auf einer Linie zu stehen* und ähnliche Überzeugungen zu teilen, war für Brigitte interessant, förderlich und wertvoll. Heidi kämpfte ab und an mit dem Naheverhältnis und ihrem Gefühl, die Therapeutin zu belasten. Diese rückbezügliche Frage, ob sie sich der Therapeutin zumuten könne, löste sich jedoch in der Folge immer wieder auf, denn in der Therapiesituation sprudelte alles wieder aus ihr heraus.

„Für mich war es perfekt, [...] sehr, sehr wichtig"[562], „zu hundert Prozent"[563] gut, sagen Heidi, Rosamaria, über ihren *Psychotherapieprozess*. Sie konnte sich wohlfühlen, und deshalb seien wir uns auch begegnet, meint Rosamaria. „Ich empfand es als sehr positiv"[564], resümiert Geli und Monika[565] äußert: „Das ist etwas, was ich als totalen Gewinn empfunden habe". Brigitte bezeichnet es als „Glück", in der Situation zu sein, „noch andere Dinge in irgendeiner Form"[566] kennenzulernen. Über alles gesprochen zu haben, war für Löwe „total positiv".[567] Er freute sich auf seine Psychotherapiestunden. Vera empfand „es angenehm, so wie es war oder ist"[568], Christine werden die Gespräche „sehr fehlen"[569]. Auch sie freute sich ursprünglich auf ihre Psychotherapieeinheiten und darauf „prozessartig weiterzuarbeiten". Das wird ihr nun abgehen.

7.3 Gemeinsamkeiten im Erleben

Dasein ist gleich Sosein. Eine Krebserkrankung ist eine Herausforderung an das Dasein. Sie verunsichert und ängstigt enorm. Grundsätzlich geht es darum, Voraussetzungen zu schaffen, um diese Lebenssituation annehmen und bewältigen zu können. Die Intensität der Wahrnehmungen hat dabei eine andere Qualität. Das macht es unter Umständen schwierig, sich dem sozialen Umfeld mitzuteilen. Gesund zu werden, steht für alle Gesprächspartnerinnen im Zentrum aller Bemühungen. Oft keine Wahl zu haben, sich Entscheidungsfreiheit jedoch zu wünschen und diese spürbar leben zu wollen, macht die Suche nach Ressourcen, Resilienz und Bewältigungsstrategien zwar schwierig, aber dennoch unentbehrlich. Die realistische Selbsteinschätzung gepaart mit einer möglichst umfassenden Einschätzung der Gesamtsituation hilft Betroffenen, ihre gefühlten Spannungen und einhergehende Inkongruenzen im aktuellen Erleben klarer zu ordnen. Den Umgang mit Erwartungen und Ansprüchen gegenüber dem organismischen Bedürfnis nach Abgrenzung, Ruhe und Sicherheit abzuwiegen, ist dafür wichtig. Beispielsweise zu hinterfragen, ob der Anspruch funktionieren zu müssen, immer präsent und ge-

---

562   Heidi 2010, II.
563   Rosamaria 2010, II.
564   Geli 2010, II.
565   Monika 2010, II.
566   Brigitte 2010, II.
567   Löwe 2010, II.
568   Vera 2010, II.
569   Christine 2010, II.

sprächsbereit zu sein oder immer zuzuhören, das ist, was ich als Person wirklich will? Denn Druck erzeugt Gegendruck, erfahren wir übereinstimmend. Es braucht die Erkenntnis, dass soziale Kontakte nur dann gut funktionieren, wenn von einem Ansatz ausgegangen wird, der andere grundsätzlich miteinbezieht. Miteinander reden, Kompromisse finden und eventuelle Ziele definieren, ist dafür eine erforderliche Bedingung. Psychische Rückschläge und körperliche Grenzerfahrungen belasten und sind schwierig zu überwinden. Mit dieser Tatsache sind alle konfrontiert. Genau dann ist es notwendig, in der Individualität und daraus folgenden Argumentation angenommen zu werden. Sind Anforderungen oder Aufforderungen für das Selbstkonzept nicht stimmig, können Inkongruenzen entstehen, die das Gefühl der Abhängigkeit intensivieren und zu einer psychischen und physischen Destabilisierung führen. Daher ist etwa das Bedürfnis nach Menschlichkeit, Herzlichkeit, Freundlichkeit und Gleichbehandlung nachvollziehbar. Diese einhergehenden Bedürfnisse gilt es wahrzunehmen und ernst zu nehmen. Psychisch traumatisierende Belastungen können dann besser verarbeitet werden, die Angst darf realisiert werden und das Gefühl umsorgt zu werden, kann bei der Aufarbeitung hilfreich sein. Dieses Umsorgt-Werden kann dafür freimachen, dem Wunsch nach Entwicklung individueller Strategien gegen beispielsweise die Hilflosigkeit, gegen die gespürte Isolation und gegen die Ohnmacht nachzukommen.[570]

Wahrheit und Klarheit machen handlungsfähiger. Sie stärken das Selbstvertrauen und das Vertrauen in das soziale Umfeld. Informationen beziehungsweise der Austausch von Informationen, sind für alle Betroffenen elementar, um mehr Klarheit in dem Dilemma zwischen Illusion und Desillusion zu erlangen. Genaue Information, Aufklärung und Offenlegung können dann eine gute Basis bieten, sich aus dem eventuell gefühlten Entsetzen oder Widerstand zu lösen. Coping-Strategien zu finden und aktiv mitzugestalten, kann dabei ein deklariertes Bedürfnis sein. In der Pflege und der medizinischen Versorgung braucht es für Krebserkrankte ein implizit mitschwingendes Gefühl von Sicherheit, wie in jedem anderen Kontakt (Angehörige, Freunde, berufliches Umfeld) auch. Hier artikulieren die Gesprächspartnerinnen ein Bild von Sicherheit, das davon geprägt ist, sich in Übereinstimmung auf die Außenwelt verlassen zu können, nicht selbst kontrollieren zu müssen, sich nicht selbst kümmern zu müssen. Dieses Bild kann dem inneren Verlangen nach Ordnung entspringen, oder ein Loslassen-Wollen andeuten oder für den Organismus insgesamt eine existenziell empfundene Notwendigkeit widerspiegeln.

In der Bewältigung ihrer Krebserkrankung und den einhergehenden Konflikten sind davon Betroffene alleine. Sie kostet Kraft und kann phasenweise in eine Isolation führen. Andererseits ist der Wunsch nach Normalität immerwährend präsent. Der Wunsch danach, Lebensalltag leben zu dürfen und zu können. Veränderungen sind hier in dem Ausmaß sinnvoll, als die Normalität mit der individuell möglichen Verantwortung in der Qualität, die gelebt werden kann, abgestimmt werden will: eine Normalität, die dem Erleben des Soseins im Dasein – im eigenen Tempo – ausreichend Raum gewährt.

---

570 Vgl. Brigitte 2010, II; Christine 2010, II; Geli 2010, II; Monika 2010, II; Vera 2010, II.

Einigkeit besteht auch darüber, dass die Begegnungsqualität ein hoher Wirkfaktor ist. Ein Wirkfaktor, der die Diskrepanz zwischen Würde, Abhängigkeit und Entwertung überwinden kann. Ärger, Wut, Sarkasmus und Zynismus können als eine Form der Abwehr oder als eine Art Bewältigung im Sinne einer lebensbejahenden Ressource verstanden werden. Divergierende Wahrnehmungen in der Begegnungsqualität wirken sich belastend aus. Positiv wahrgenommene Begegnungen werden wertgeschätzt und gehen mit einem Gefühl der Erleichterung einher. Gute Erfahrungen, Sympathie und die Art und Weise der Begegnungs- und Beziehungsqualitäten kann die Qualität der Selbstregulierung beeinflussen, beziehungsweise zur Stärkung des Selbstwertes, zur Aktivierung der Ressourcen, und zur Bekräftigung des subjektiv empfundenen Sicherheitsgefühls beitragen. So gesehen, können sich alle Gesprächspartnerinnen ihr individuelles Potenzial sowie bewährte, neu entdeckte oder wiedergefundene Ressourcen vergegenwärtigen und an ihr aktuelles Erleben angleichen.

Psychotherapie kann dabei, lesen wir bei Löwe, „wie eine verloren gegangene Betriebsanleitung"[571] sein. Für Geli sollte sie in einer psychoonkologischen Einrichtung, wie die Seelsorge auch, normal sein: "Sollte gerade bei chronisch kranken Menschen eigentlich eine Selbstverständlichkeit sein [...] für die, die es wollen".[572] Schade, dass sie begleitend „so nicht durchführbar ist"[573], bemerkt Monika, „dass es jetzt nicht weitergeführt wird"[574], bedauert Christine, denn „jetzt war gerade die Basis irgendwie da, intensiver in die Tiefe zu gehen". „Das hat mich fasziniert, dass jemand da so heraushört, wie ich es eigentlich gemeint habe"[575], sagt Brigitte. „Das ist etwas, was sehr viel bringen würde und nicht nur für mich gebracht hat, sondern auch sehr viel anderen helfen würde"[576], betont Monika. „Psychotherapie [bringt] für mich zumindest mehr als das Medikamentöse"[577], fasst Vera zusammen. „Wir Chemo-Patienten, wir brauchen eine psychotherapeutische Unterstützung"[578], resümiert Rosamaria.

Ergänzend hervorgehoben wird die Wichtigkeit einer ambulanten und mobilen Betreuung für jene Patientinnen, die diese in Anspruch nehmen wollen. Vier der interviewten Gesprächspartnerinnen wohnen in anderen Bundesländern. Daraus lässt sich eine gewisse Bedeutung und Notwendigkeit stationärer und ambulanter Psychotherapie in der Onkologie und/oder der Bedarf an mobiler Psychotherapie herauslesen. Unterschiedliche körperliche Verfasstheiten und die allgemein hohen Kosten für eine ambulante Psychotherapie werden als belastende Kriterien angeführt. Psychotherapie auf Krankenschein bei freier Psychotherapeutenwahl wäre ideal, ist jedoch aufgrund eingeschränkter Kontingente nur schwer realisierbar.

Persönlich tief beeindruckten mich im Rahmen der Untersuchung nachfolgend angeführte drei übergeordnete Hauptmerkmale:

---

571 Löwe 2010, II.
572 Geli 2010, II.
573 Monika 2010, II.
574 Christine 2010, II.
575 Brigitte 2010, II.
576 Monika 2010, II.
577 Vera 2010, II.
578 Rosamaria 2010, II.

Das Bedürfnis nach dem Ich bin Ich

Ich als krebskranke Person möchte als die Person, die ich bin, aus meinem inneren Bezugsrahmen heraus wahrgenommen werden. Diese Lebenseinstellung kann das Vertrauen in die individuellen Ressourcen des Selbstkonzepts fördern und sich auf das organismische Erleben sowie das Bedürfnis nach Veränderung und Selbstregulierung günstig auswirken. Der Zugang und die Verbindung zu mir selbst und meinen Möglichkeiten zu sein, können qualitativ direkt das Erleben, das Verhalten und den Umgang mit meiner Krebserkrankung beeinflussen. Nur *ich* als krebskranke Person weiß ob meiner Bewertungsbedingungen und Bedeutungszuschreibungen, meiner Bedürfnisse und Notwendigkeiten im substanziellen und relationalen Spannungsverhältnis und Kontext. Daher ist es nur *mir* als betroffene Person möglich, meine Erkrankung anzunehmen, sie zu integrieren und mit ihr leben zu lernen.

Das Bedürfnis nach der Ordnung der „Dinge"[579]

Sei es strukturell oder biografisch, der Ordnung der Dinge gaben alle Gesprächspartnerinnen einen bedeutungsvollen, persönlichen Sinn. Ihr Erleben bewusst werden zu lassen, Erfahrungen zu sortieren und verbalisieren und einhergehende Bedürfnisse zu erfassen, mündet in die Suche nach individueller Ordnung und Struktur. So kann das Ordnen beispielsweise im biografischen Kontext zu einer Art Klarheit und Beruhigung führen, eine Stütze sein oder Krebserkrankten die Sinnhaftigkeit ihres Lebens ein Stück näher bringen. Vielleicht jedoch steht die eigene „Ver-Zweiflung" und „Be-Sorgung" anderer in einem ursächlichen Zusammenhang zu den Bedürfnissen nach Sicherheit, Ruhe, Abstand und Sosein. Auch der spürbare Wunsch nach Erleichterung kann darin verortet sein. Loslassen könnte demnach Entlastung bedeuten, zu einer Art Leichtigkeit und inneren Frieden führen und zu einer Anbindung an das individuelle Leben im Hier und Jetzt verhelfen.

Das Bedürfnis nach Normalität

Das Bedürfnis krebserkrankter Personen im Leben zu stehen und an den Alltag der Gemeinschaft anknüpfen zu wollen, wird im Rahmen der zahlreichen Gespräche deutlich. Krebskranke Menschen sind Teil dieses Lebens, dieser Normalität und dieser Gesellschaft. Die Einbindung von Normalität in den Lebensalltag kann dabei die Stabilität, Hoffnung und Zuversicht unterstützen und das Gefühl stärken, dabei zu sein und im Leben zu stehen. Die von Gesprächspartnerinnen oftmals an mich gerichtete Frage: Wer bist du als Mensch und Psychotherapeutin? – verstand ich in diesem Sinn als eine Aufforderung und Einladung, die Normalität des Alltags, als verbindendes und vitales Element, in die Begegnungen einfließen zu lassen und dem Alltagsgeschehen auch in der Erkrankung Raum zu geben.

---

579 Es ist kein Zufall – „das die Ordnung in ihrem Sein selbst befreit"! Es ist eher „die nackte Erfahrung der Ordnung und ihrer Seinsweisen". (Foucault 1974, 23f).

8   Nichts ist endgültig

> „Menschen Leben und Erfahrung heißt – [was] allmählich geworden ist, je noch völlig im Werden ist und deshalb nicht als feste Größe betrachtet werden soll, von welcher aus man einen Schluß über den Urheber (den zureichenden Grund) machen oder auch nur ablehnen dürfte".[580]

Auszüge des Erlebens krebskranker Menschen in den Mittelpunkt dieses Forschungsprojektes zu stellen, entsprang dem Bedürfnis eines tieferen Verstehen-Wollens. Das Projekt ermöglichte den teilnehmenden Personen im Rahmen des therapeutischen Einzelsettings ein gegenseitiges Kennenlernen und Voneinander-erfahren-Dürfen, das qualitativ den Raum für bedürfnisorientierte, psychotherapeutische Begleitung durch authentische und wertschätzende Einfühlung in individuelle Erlebenswelten öffnete. Die daraus entstandene Vielfalt führte zu einer Fülle intensiver Erfahrungen und Erkenntnisse, die aus ganz spezifischen Lebenssituationen und der Einzigartigkeit persönlicher Biografien zur Beantwortung der Forschungsfrage – *Wie erleben sich krebskranke Menschen, und wie kann sich Personenzentrierte Psychotherapie auf das Erleben und das Selbstkonzept Betroffener auswirken?* – herausgelesen werden können. Das Ziel dieses Forschungsprojekts lag nicht in einer Theoriebildung, sondern in dem Aufzeigen und Hinweisen auf etwas Implizites, auf Etwas, das da ist. Dieses Was-da-Ist und Wie-es-Ist wollte bewusst oder bewusster werden. Das Erkennen des Zugrundeliegenden in seiner Qualität erst, ermöglichte die Idee der zu werdenden Veränderung.

Eine Krebserkrankung kann zu einer retrospektiven Analyse des biografischen Erlebens führen.[581] Alle Gesprächspartnerinnen brachten ihr aktuelles Erleben und ihre Erfahrungen mit ihrem Geworden-Sein in Verbindung. Erst der Vergleich und die Vergegenwärtigung dessen, wie ich als Person aus dem aktuellen Erleben auf mich selbst schaue, mich selbst wahrnehme und spüre, kann zu so etwas wie einem klärenden, annehmenden oder stabilisierenden Verhältnis zu mir selbst führen. Ich kann mich als Person auf der Suche nach dem *Zwischen* und dem *Durch* öffnen. Das Bewusstwerden, das Ein-, Erfühlen und Wahrnehmen von Veränderungen oder des Anders-Seins, das Herantasten und Zulassen der eigenen Lebenssituation, können für die Aktivierung von Resilienz und Bewältigungsstrategien wie auch für die Entdeckung persönlicher Ressourcen und Lebenskonzepte hilfreich und förderlich sein. Es ist dies im besten Fall der Weg *von einer* Lebensrealität *zu einer* Lebensqualität, die sich am subjektiven Wohlbefinden orientiert und für das Erleben im Hier und Jetzt von Bedeutung ist.

Nicht alle Gesprächspartnerinnen erzählten und gewichteten ihr Geworden-Sein gleich. Die Bedeutungszuschreibungen, die Qualität und Intensität der Auseinandersetzung mit dem Kind in mir als erwachsene Person, erlebte Erfahrungen, widerfahrene Kränkungen und einhergehende Interaktionen und Reaktionen jedoch, geben einen

---

580   Nietzsche 2008, 31.
581   Bei Heidi, Vera und Brigitte war das vielleicht der Fall. Sie durfte ich von Jänner bis April 2011 in ihrem Abschied von diesem Leben begleiten und einigen ihrer Angehörigen zur Seite stehen.

Hinweis auf das Selbstkonzept und darin mitschwingenden Inkongruenzen. Es kann ein Ausdruck dessen sein, was für den Erkenntnisprozess krebskranker Menschen, für die Entdeckung und Bewusstwerdung wenig oder nicht verstandener Verhaltensweisen und Reaktionen im Sinne einer Verbesserung der Lebensqualität maßgeblich ist. Positive Erfahrungen als Kind wirken sich auf das Selbstbild, Selbstkonzept und die Entwicklung von Beziehungen so aus, dass sie auch in der Krebserkrankung Quelle für Resilienz und Ressourcen sein können und Hoffnung, Zuversicht und den Glauben an sich selbst stärken. Bewährte Bewältigungsstrategien der Kindheit können dabei lebenslange Begleiter sein. Sie ermutigen Neues oder Anderes auszuprobieren und Veränderungen zu integrieren. Schlechte Erfahrungen oder traumatische Erlebnisse können bewirken, sich als Einzelperson nur schwer oder gar nicht an die eigene Kindheit, oder an das innewohnende Kind, zu erinnern. Massiv empfundene Kränkungen führen unter Umständen dazu, die Gefühlswelt des inneren Kindes eher so zu distanzieren, zu verdrängen oder zu ignorieren, dass sie sich in Form von Spannungen manifestieren, und sich im Verhalten wie auch im Rahmen der Krankheitsverarbeitung ausdrücken. Selbiges gilt für laufende Lebenserfahrungen als erwachsene Person. Förderliche und hinderliche Aspekte des Geworden-Seins samt einhergehender Spannungen prägen unser Selbstkonzept und Selbstbild. In einem entsprechend angstfreien Klima wahrgenommen, mobilisieren sie das individuelle Potenzial zur Selbstregulierung der Aktualisierungs- und Selbstaktualisierungstendenz sowie der Formung des Selbstkonzepts.

Die auffallende Man-Perspektive im Rahmen der Gespräche verhalf Gesprächspartnerinnen unter Umständen dazu, bei der Selbstwahrnehmung eine gewisse Distanz zu schaffen oder bot Schutz vor zu starker Emotionalität. Andererseits kann sie als ein Versuch aufgefasst werden, das eigene Erleben im Hinblick auf Klarheit aus einer distanzierteren Position reflektieren zu wollen. Es kann Ausdruck eines impliziten Wunsches nach Verallgemeinerung sein, nach der Normalität, die ich als Einzelperson *eigentlich* leben möchte und die durch die Erkrankung ins Wanken gerät. In ihrer Krebserkrankung verspüren Betroffene die Gefahr, ihre bisher gewohnte Normalität zu verlassen. Das ängstigt und drückt sich mehr oder weniger unbewusst sprachlich in einem möglichen Man-bin-nicht-Ich oder Ich-bin-wie-Alle aus, bis es gewahr werden darf und einer Regulierung zugeführt werden kann: „Weil ich manchmal das Gefühl habe, ich spreche über eine dritte Person, und dann kommt es wieder über mich", erzählt uns Brigitte. Man lässt sich leichter aussprechen als das verbindende Ich. Man verallgemeinert. Insofern könnte ich die durchgängige Verwendung des Pronomens als eine Aufforderung interpretieren, Tabus zu öffnen und *das Thema* der Allgemeinheit zuführen, ganz im Sinne des Bedürfnisses nach Normalität.

Für mich als Psychotherapeutin ist dieses *Man* wie der Ausdruck eines darin verwobenen Kampfes mit sich selbst, auf der Suche nach einem Anker. Man ist etwas Unbestimmtes, das bestimmt werden will. Man ist ein Ausdruck für die Suche, was im existentialistischen Sinn, der Suche nach dem Sein entsprechen könnte.[582] Vielleicht ist es

---

582 Vgl. Sartre 2009, 1070.

die Suche nach der „Sinnfülle der Existenz"[583], wie bei Vera, die darüber nachdenkt, wie sinnvoll es für sie ist, ihr Leben um jeden Preis zu verlängern. Oder Brigitte, die nach einer Beantwortung der ihr gestellten Aufgabe durch und in ihre/r Erkrankung sucht und zunächst im Sozialen verankert sieht.

Eine Krebserkrankung führt in die radikale Konfrontation mit sich selbst, in die radikale Konfrontation mit dem existentiellen Sein und in die radikale Konfrontation mit der eigenen Körperlichkeit. Betroffene brauchen daher eine Neugestaltung der Verhältnisse die, spürbare Ängste, Verantwortungen und einhergehenden Sorgen, die Beziehungsgeflechte, die es in und mit sich selbst wie mit anderen zu entflechten gilt, die gefühlten Abhängigkeiten in sich selbst und in der Angewiesenheit auf andere (Arzt-Pflege-Patient, Partnerschaft, Familie, soziales Umfeld), einbindet. Tatsache ist, dass krebserkrankte Personen in ihrem Wollen auf andere angewiesen sind. Ordnen ist ein Bedürfnis – sei es die Ordnung in oder mit mir selbst als Person oder im Außen mit anderen. Dabei kann es darum gehen, die Voraussetzungen dafür zu schaffen, sich der eigenen Gefühle und Ansprüche, der eigenen Gedanken und des eigenen Verhaltens bewusst zu werden, die Qualität der Selbstwahrnehmung mit einhergehenden Bedeutungszuschreibungen und Bewertungsbedingungen zu ergründen, und im Sinne einer Regulierung mit der Gegenwart abstimmen zu können. Die Chance liegt darin, eine Verbindung zum Ich zu erspüren, das subjektiv empfundene Bedürfnis nach Ordnung und Struktur aufzugreifen und der Frage oder den Fragen nachzugehen, was Normalität bedeuten kann, und wie sie gelebt werden will und kann. Die Bedürfnisse nach dem Ich bin Ich, nach Ordnung und Struktur und nach Normalität sind lebensbejahende. Die Frage nach dem Sinn oder dem Warum gehen, wie die Gespräche zeigen, dem voraus. Psychotherapie, die Vermittlung psychoedukativer Inhalte und der Austausch erlebter Beobachtungen und Erfahrungen boten dabei oftmals eine Stütze für das Finden und die Klärung der eigenen Position in, durch und mit der Krebserkrankung. In diesem *Zwischen* hatten sie eine stabilisierende Wirkung.

Nicht-Direktivität ließ den Projektteilnehmerinnen den selbstbestimmten Freiraum und die Wahlmöglichkeit für Entdeckungen, für das Ordnen oder Neuordnen des Erlebten und das Finden einer, ihren persönlichen Lebensqualitäten entsprechenden Struktur. Nicht-direktives Annehmen ermöglichte ihnen dabei eine langsame, vertrauensvolle Annäherung und Neuordnung der Gefühle und Gedanken in dem individuell notwendigen Tempo. Sich der eigenen Verknüpfungen selbstbestimmt bewusst zu werden und zu erkennen, wie ich als Person damit umgehen möchte, ebnet den Weg für neue oder andere Erfahrungen im Sinne einer Adaptierung oder Weiterentwicklung.[584] Im Vordergrund der psychotherapeutischen Einstellung stand das unmittelbare Mit-Sein, Berühren-Lassen, Mit-Gehen sowie das Zulassen einer Beziehung und möglichst unvoreingenommen Begegnung. Die Offenlegung und Reflexion einzelner Erkenntnisschritte unterstützten mich als Psychotherapeutin und Forscherin dabei, eine distanziertere Betrachtungsweise einzunehmen, dienten der Ordnung von Widersprüchen und führten zu

---

583 Frankl 2009, 261.
584 Vgl. Topaloglou & Tschugguel 2015, 59.

einem vertiefenden Verständnis und Erkenntnisgewinn. Das Aufzeigen gefühlter und erlebter Hürden in unterschiedlichen Rollen sowie in der Durchführung des gewählten Forschungsdesigns bekam somit Raum. Aufgrund des einzigen Kriteriums – *des Wollens* – für die Auswahl der Gesprächspartnerinnen konnten angedachte geschlechterspezifische Aspekte nicht ausreichend berücksichtigt und differenziert werden. Ansatzweise spiegeln sie sich dennoch in den Aussagen von Frau Geli und Herrn Löwe oder in der Frage der partnerschaftlichen Beziehungsqualität bei allen Gesprächspartnerinnen wider. Die Gesprächspartnerinnen hatten teils verschiedene Formen der Krebserkrankung und/oder befanden sich in unterschiedlichen Erkrankungsstadien, die im Rahmen ihrer Erlebensdimensionen über das Erzählte differenziert werden konnten. Je nach Erkrankungsstadium und Behandlungsphase – kurativ, chronisch und palliativ[585] – standen daher jene Themen im Vordergrund, die Teile des aktuellen Erlebens und damit verbundener Belastungen waren. Sie sind Teile der entstandenen Vielfalt.

Der ursprünglich sehr bedenklich eingestufte Kooperationsbruch in der onkologischen Tagesklinik führte im Prozessverlauf zu der persönlichen Erfahrung, dass ausschließlich die Qualität – vielleicht Intensität – des Gelingens einer therapeutischen Beziehung für Veränderungen maßgeblich ist und einer gedacht notwendigen Therapiedauer vorauseilt. So reichten Frau Rosamaria und Frau Vera bereits wenige Stunden, um einen Veränderungsprozess zu initiieren. Weitere persönliche Erfahrungen legte ich auszugsweise aus dem Forschungstagebuch und den Gedächtnisprotokollen der Psychotherapiestunden so offen, dass die gesetzlich verankerte, psychotherapeutische Schweigepflicht gewahrt blieb und dennoch ein nachvollziehbarer Prozess entstand.

Die Etablierung und Akzeptanz von Psychotherapie ist ein versorgungstechnisches Kriterium der Psychoonkologie[586], das sich im Rahmen des Erlebten deutlich zeigte. Für betroffene Personen stellt sich die Frage nach Ressourcen für ein soziales und konstruktives Miteinander auf physischer, seelischer und geistiger Ebene.[587] Wie für andere Psychoonkologen und Psychotherapeuten auch, steht für Meerwein der „psychische Gewinn" durch Psychotherapie als Krisenintervention, Stütztherapie und Persönlichkeitsentwicklung außer Frage.[588] Das klassische Verständnis von Psychotherapie, hin zu einer notwendigen Flexibilität (Angebot, Passung, Setting, Mobilität) seitens der Psychotherapeuten jedoch, ist nach wie vor zu beleuchten.

Das phänomenologische Potenzial für ein besseres Verständnis der Lebensrealität Krebserkrankter zur Stärkung vorhandener Ressourcen und zum Überdenken qualitätssichernder Aspekte ist sowohl aus dem Blickwinkel der Psychotherapiewissenschaft als auch der Medizin, der Psychologie, der Bindungs- und Resilienzforschung, der Pflegewissenschaft und Rehabilitation qualitativ zwar wichtig, jedoch wenig erforscht. Darüber hinaus enthält das Erlebte in Form artikulierter Betroffenheit, Bedürfnisse und Notwendigkeiten eine auffordernd politische Dimension für das Gesundheitssystem. Die theoretische Fachliteratur betont die Notwendigkeit umfassender, interdisziplinärer

---

585 Vgl. Fässler-Weibel & Gaiger 2009, 189.
586 Vgl. ebd., 46.
587 Vgl. LeShan 2006, 52f.
588 Meerwein 2000, 126f.

Zusammenarbeit und zeigt Modelle[589] oder medizinische Konzepte zur Betreuung krebskranker Menschen. Studien im Bereich günstiger psychotherapeutischer Interventionen werden als noch nicht ausreichend und zu defizitär eingestuft.[590] Personenzentrierte Studien über Erfahrungen und Perspektiven Betroffener aus ihrer Erlebenswelt konnte ich nur bei Anne-Marie und Reinhard Tausch im Rahmen gruppentherapeutischer Angebote, nicht jedoch im Einzelsetting finden.[591] Auch im Rahmen dieses Forschungsprojektes war es nur möglich, einige Ebenen zu berücksichtigen und andere anzudeuten oder bloß auf sie hinzuweisen.

Die Einschränkung der Gültigkeit wurde bereits im methodischen Teil ausführlich beschrieben. Das Problem, so Stipsits, ist einerseits die Frage der Objektivität als Gütekriterium in der wissenschaftstheoretischen Diskussion und andererseits der Herrschaftsanspruch von Diagnosen und Deutungen. In diesem Denken besteht die Gefahr, sich von dem Eigentlichen – der subjektiven Lebensrealität – zu entfernen. Demgegenüber steht das, was Psychotherapie und Psychotherapieforschung ausmacht: dem Zufälligen in jeder individuellen Lebensgeschichte in seiner subjektiven Betroffenheit Bedeutung zu geben.[592] Diese Diskrepanz zwischen deiktischem Verständnis und wissenschaftlichem Anspruch auf Verallgemeinerung zeigte sich auch bei Langers „übergeordnete[n] verallgemeinernden Aussagen"[593] oder der „Zusammenfügung von mehreren Gesprächsdokumentationen zu einer Gesamtaussage".[594] Wird die Methode ab diesem Schritt inkonsequent? Hier erkenne ich, dass durch das Lesen der Verallgemeinerungen *auch nur* so etwas, wie ein subjektives Verstehen entstehen kann, das die Verallgemeinerung, von der subjektiven Rezeption abhängig, wieder aufhebt. Daraus ergibt sich eine Vielfalt an Auslegungen, die an den Betrachtungswinkel der Lesenden und wiederum rückbezüglich an deren Biografie gebunden ist und Rogers' Aussage – „Das Persönlichste ist das Allgemeinste"[595] – entspricht. Insofern kann ich die Verallgemeinerungen beziehungsweise das Zusammenführen in Form eines Gesamtpanoramas bei Langer als einen subjektiven Akt mit doch vorhandener Konsequenz in der qualitativen Methodenwahl verstehen.

Verallgemeinerungen könnten nur in Bezug auf die Stichprobe getroffen werden, helfen allerdings nicht über die Hürde der Subjektivität und einhergehender Interpretation hinweg. Sie können eine Stütze, eine Ideensammlung des bisher Gedachten oder Gezeigten sein und als solche eine wertvolle und brückenbauende Aufgabe erfüllen. Die subtile Pluralität menschlichen Seins und Erlebens jedoch spiegeln sie nicht wider. Inwiefern daher eine Verallgemeinerung möglich und gültig ist, überlasse ich hiermit, schelmisch ausgedrückt, der mündigen Leserin oder dem mündigen Leser. Insbesondere dann, wenn Fischer darauf hinweist, dass „das Allgemeine im Einzelnen aufbewahrt"

---

589   Z. B. Tschuschke 2006.
590   Vgl. ebd., 201.
591   Vgl. Grawe et al. 2001; Tausch 2004; Tausch & Tausch 2004.
592   Stipsits 1999, 179.
593   Langer 2000, 87.
594   Ebd., 80.
595   Rogers 2002, 41.

ist, und er es unter diesem Gesichtspunkt als legitim erachtet, das „Einzelne als ein einzelnes Allgemeines zu bezeichnen".[596] Die Frage ist also nicht, so Fischer, wie man von vielen Einzelfällen auf ein Allgemeines schließen kann. Die Frage ist, wie sich das im Einzelnen enthaltene Allgemeine in der Folge differenzieren lässt, um zu einer Art von Erkenntnis zu gelangen, die dem Gegenstand Psychotherapiewissenschaft angemessen ist.[597] Eine Krebserkrankung kann jedem widerfahren. Alles, was auf mich als Person zutrifft, kann auf andere Personen zutreffen. In der Verknüpfung mit der einzigartigen Biografie ist es allerdings nur die Person selbst, die das Dasein und Sosein für sich selbst einordnen und daraus den Grad der möglichen Veränderung (im Rahmen eines psychotherapeutischen Prozesses) bestimmen kann. Das Persönlichste mag das Allgemeinste im Sinne Rogers' repräsentieren und bleibt der Qualität nach, in der individuellen Auslegung, dennoch immer der erlebten subjektiven Dimension einzigartig verhaftet. Dieses Projekt betreffend wollte ich mich entscheiden, und diese Entscheidung fiel zugunsten der Einzelperson und *eines* Panoramas von Lebenswirklichkeiten. Dieser Standpunkt ist für einen geforderten oder erwarteten empirischen Zugang kritisch. Rieken bemerkt aus der Perspektive volkskundlicher Erzählforschung in seinem Artikel, „Homo narrans – das Unfassbare verarbeiten", hinsichtlich Albrecht Lehmanns Hinweis auf die Skepsis einiger Forscher universalistischen Konzepten gegenüber: „Das ist ein berechtigter Einwand, denn die Frage nach möglichen Universalien ist ein heikler Punkt, weil dabei die Gefahr besteht, dass das konkrete Individuum in einem nebulosen Allgemeinen zu verschwinden droht".[598] Und dennoch brauchen wir beides. Ich könnte auch sagen, die Pluralität der Möglichkeiten ist eine von Gott, oder der Natur, oder dem Schicksal gewollte. Das Individuelle führt zum Universalen, aber das Universale würde ohne das Individuelle nicht existieren – wenn ich davon ausgehe, dass alles Leben sich in und durch Veränderung in sich vollzieht.

Die Verknüpfung der Position als Psychotherapeutin und Forscherin in ihrer Subjektivität kann kritisch hinterfragt werden. Andererseits besteht die Option, gerade das Potenzial dieser Verbindung in einer Person herauszulesen. Dem folgend bemühte ich mich um nachvollziehbare Offenlegung. Die durchgängige Intersubjektivität meiner Herangehensweise im psychotherapeutischen Prozess findet sich theoretisch in den themenspezifischen Schwerpunkten und den Bezügen zu Rogers' neunzehn Thesen einer Theorie der Persönlichkeit und des Verhaltens dargestellt. Es ist dies jenes Bild, das meiner therapeutischen Vorgangsweise zugrunde liegt und im Psychotherapieprozess seine Entfaltung fand, denn:

– die Aktualisierungstendenz als Axiom lässt keine allgemeingültigen Rückschlüsse zu. Sie ist an die intra- und interpersonalen Beziehungs- und Begegnungsqualitäten des Selbst sowie an substanzielle und relationale Spannungsverhältnisse menschlichen Seins gekoppelt.

---

596 Fischer 2008, 136.
597 Ebd., 136f.
598 Rieken 2015, 109.

- Psychotherapie ist ein Prozess, der sich aus subjektiven Momenten zwischen Klientin und Therapeutin zusammensetzt. Keine Interaktion und Reaktion ist durch eine andere Person austauschbar oder wiederholbar – sie ist einzigartig und einmalig.
- Erleben ist nicht auf einen Nenner reduzierbar.

9 Eine disziplinäre Rückbindung

> „Alles aber ist geworden; es gibt *keine ewigen Tatsachen*: so wie es keine absoluten Wahrheiten gibt".[599]

Leben ist Erleben. Erleben ist einzigartig. Erleben will Raum und Zeit. Viel Aufgezeigtes findet sich in der erwähnten Fachliteratur theoretisch abgebildet und ist, in der Qualität der Wahrnehmung und daraus resultierenden Reaktionen, dennoch individuell. Es ist dies ein Weg der, wie Daston und Galison ausführen, auch wissenschaftstheoretisch herausfordert und erkennen möchte, dass die Subjektivität keine zu korrigierende „Schwäche des Selbst" sei, sondern das Selbst an sich ist. Dieses uns allen innewohnende wissende Selbst gelte es anzunehmen.[600] In ihren Kernaussagen stimmen genannte Autoren zur Objektivitäts- und Subjektivitätsdebatte darin überein: Erst wenn ich mir meiner selbst bewusst werde, bin ich in der Lage mit einem wissenschaftlichen Blick eine Welt an sich schauen zu können. Selbiges trifft grundsätzlich auf allen Ebenen für jeden Menschen zu. Es ist das *Wie* (qualitativ und quantitativ) und das *Wo* (Raum und Zeit), das im aristotelischen Sinn in seiner Frage und Antwort immer wieder intentional auf mich selbst, als der Mensch, der ich bin, zurückgeworfen werden will.

Heidegger[601] verweist darauf, dass sich der ‚Subjektcharakter' des Daseins als herausragendes Merkmal durch die Existenz des Menschen an sich bestimmt und von bestimmten Seinsweisen genährt wird. Die sich im Rahmen des Forschungsprojekts herauskristallisierten drei übergeordneten Hauptmerkmale als Bedürfnisse nach dem Ich bin Ich, nach der Ordnung der Dinge und nach Normalität verweisen darauf. Das zitierte Man als Pronomen verdeutlicht die Diskrepanz zwischen dem Ich, das ich bin oder sich finden will, dem Eigentlichen, in der Sorge darüber, was ich für andere bin und darstelle beziehungsweise, wie ich mich selbst in die Allgemeinheit oder die Öffentlichkeit, wie Heidegger es nennt, eingebettet fühle. Der Mensch ist ein soziales Wesen und als solches immer mit anderen verbunden. Dennoch ist es sinnvoll, die grundsätzliche Qualität dieser Verbindungen, gerade in so einer schwierigen Lebenssituation wie einer Krebserkrankung, zu hinterfragen. Im umweltlich Besorgten treten die Anderen so auf, wie sie aus sich selbst heraus sind. Im Besorgen dessen, was eine Person mit, für und gegen die anderen ergreift und beschäftigt, liegt ständig die Sorge um den Unterschied zwischen sich selbst und den anderen und das Bedürfnis, mit diesem Unterschied umzugehen, dazwischen. Die auftretende und notwendige Differenz kann beruhigen oder beunruhigen, denn die einzelne Existenz betreffend hat sie für Heidegger den Charakter der „*Abständigkeit*": „In dieser zum Mitsein gehörigen Abständigkeit liegt aber: das Dasein steht als alltägliches Miteinandersein in der *Botmäßigkeit* der Anderen. Nicht es selbst *ist*, die Anderen haben ihm das Sein abgenommen".[602] Es sind dies keine bestimmten anderen, wesentlich jedoch ist die wahrgenommene und gefühlte „Herrschaft" der ande-

---

599 Nietzsche 2008, 21.
600 Daston & Galison 2007, 397.
601 Heidegger 2001, § 27. Das alltägliche Selbstsein und das Man, 126–130.
602 Ebd., 126.

ren im Man, die zugleich immer ein Teil von uns selbst ist. Ich als Person gehöre selbst zu den anderen und verfestige und/oder bestätige ihre Macht:

> „‚Die Anderen‘, die man so nennt, um die eigene wesenhafte Zugehörigkeit zu ihnen zu verdecken, sind die, die im alltäglichen Miteinandersein zunächst und zumeist ‚da sind‘. Das Wer ist nicht dieser und nicht jener, nicht man selbst und nicht einige und nicht die Summe Aller. Das ‚Wer‘ ist das Neutrum, *das Man*".[603]

Dieses von Heidegger bezeichnete Miteinandersein löst das Dasein in die Seinsart der anderen so auf, dass die anderen in ihrer Unterschiedlichkeit und Ausdrücklichkeit noch mehr verschwinden, wie ich selbst als Person auch. Die wahrgenommene Differenz reduziert sich bis hin zu jener Qualität von Auflösung, in der das Man seine eigene beherrschende Dynamik bekommt: „Das Man, das kein bestimmtes ist und das Alle, obzwar nicht als Summe, sind, schreibt die Seinsart der Alltäglichkeit vor". Es zeichnet den Menschen in seiner kulturellen, geschichtlichen und gesellschaftlichen Einbettung und Abhängigkeit im Dasein. Das Man besorgt die Durchschnittlichkeit, die Heidegger als „eine wesenhafte Tendenz des Daseins" bezeichnet, die er die *„Einebnung"* aller Seinsmöglichkeiten nennt. Sowohl die Abständigkeit, die Durchschnittlichkeit und die Einebnung sind Seinsweisen des Man, die Welt- und Daseinsauslegungen regeln und wir als die Öffentlichkeit oder die Allgemeinheit kennen. Das Verdeckte oder das Verborgene wird durch diese Öffentlichkeit, als etwas Bekanntes und jedem Zugängliches ausgegeben und nimmt dem jeweilig individuellen Dasein in gewisser Weise die Verantwortung ab: „Das Man ist überall dabei, doch so, daß es sich auch schon immer davongeschlichen hat, wo das Dasein auf Entscheidung drängt".[604] Dieses Man hat sowohl im Dasein als auch in der Alltäglichkeit eine entlastende Funktion. Da es mit dieser Seinsentlastung jedem individuellen Dasein permanent entgegenkommt, behält es auch seine Hartnäckigkeit. Mein Selbst als Person hat sich noch nicht gefunden, genauso wie das Selbst des anderen sich noch nicht gefunden hat – und dies nicht im Sinne einer Herabminderung, sondern im Sinne einer Realität. Allerdings, betont Heidegger, ist das Man so wenig vorhanden wie das Dasein überhaupt. Das Dasein versteckt, was es zu verstecken hat und wird umso weniger fassbar als das Man seine Herrschaft antritt. Umso wichtiger ist es, die Ausarbeitung des individuellen Seinsbegriffs nach diesen unabweisbaren Phänomenen zu richten. Das Man ist ein *„Existenzial"* und gehört als *„ursprüngliches Phänomen zur positiven Verfassung des Daseins"*[605]: Das Selbst des alltäglichen Daseins ist das *Man-selbst*, das wir von dem *eigentlichen*, das heißt eigens ergriffenen *Selbst* unterscheiden. Frau Geli deutet in ihrem Erstgespräch an, was im Rahmen des Abschlussinterviews als ihr Bedürfnis nach dem Eigentlichen klar ausgedrückt werden kann. Es ist dies die Frage nach dem Fremdbestimmten hin zu einem gefühlt Selbstbestimmten und die Frage danach, inwiefern dieses Man-selbst klar werden kann oder sich erst finden will. Denn zunächst ‚bin‘ nicht ‚ich‘ selbst im Sinne des eigenen Selbst, sondern durch die anderen in der Weise des Man. Wenn das Selbst, das sich selbst entdeckt, die schützenden oder abriegelnden „Verdeckungen" und „Verdun-

---

603 Ebd.
604 Ebd., 127.
605 Ebd., 129.

kelungen" wegräumt, erschließt sich das eigentliche Selbst im Dasein: Das In-der-Weltsein. Die Qualität des Mitseins und des Selbstseins im Man beantwortet die Frage nach dem Wer der Alltäglichkeit des Miteinanderseins und mündet zugleich in ein Verständnis der Grundverfassung des Daseins, denn das In-der-Welt-sein wurde in seiner Alltäglichkeit und Durchschnittlichkeit sichtbar. Für Heidegger beruht das „*eigentliche Selbstsein*" nicht auf einem vom Man abgelösten Ausnahmezustand des Subjekts, es ist vielmehr „*eine existenzielle Modifikation des Man als eines wesenhaften Existenzials*".[606] Das eigentlich existierende Selbst ist dann jedoch durch eine Kluft, eine Differenz von der Identität des Ich in seiner Erlebnisvielfalt getrennt und kann von einem Gefühl der Fremdbestimmtheit, wie sich in den Erzählungen der Gesprächspartnerinnen zeigt, beherrscht werden. Der Weg zum Eigentlichen ist von der Qualität des „In-Sein als solches" im Dasein, von der Befindlichkeit, dem Verstehen und Auslegen des Daseins und von der Qualität der Rede, der Sprache, der Mitteilung geprägt.[607] Das In-der-Weltsein ist die Person durch ihr Mit- und Selbstsein. Das Dasein „*ist*" ein Dasein als verstehendes Sein-Können, dem es in der Qualität des Seins um dieses Sein als eigenes Sein geht.[608] Das eigentliche Dasein ist das Ich in seiner Freiheit zu handeln unter der Erkenntnis, dass auch der Entschluss auf das Man und seine Welt angewiesen ist. Das gilt es als etwas erschließend Zugehöriges zu verstehen, „sofern die Entschlossenheit erst dem Dasein die eigentliche Durchsichtigkeit gibt".[609]

Merleau-Ponty verweist in seiner Synthesis von „*An-Sich und Für-sich in der Gegenwart. Meine Bedeutung liegt außer mir*"[610] auf die grundsätzliche Problematik der Freiheit und sieht darin zugleich in gewisser Weise die Wesensbestimmung der Existenz selbst. Dadurch, dass ich als Person die Gegenwart übernehme, erfasse ich meine Vergangenheit neu und verwandle sie. Mich von der Vergangenheit befreiend, löse ich mich von ihr nur, indem ich mich etwas anderem zuwende, „mich anderswo engagiere". Merleau-Ponty verdeutlicht in dem Beispiel einer psychoanalytischen Behandlung, dass die Heilung des Patienten nicht dadurch erfolgt, dass er sich seiner Vergangenheit bewusst wird, sondern durch seine Bindung an den Therapeuten, an den Arzt, in Form eines neuen Existenzverhältnisses und dem daraus Resultierenden. Hervorgehoben wird der Akt des Bewusstwerdens, der sich „aber nur im Impliziten" vollzieht und bloß über einen bestimmten Zeitraum in Kraft bleibt. Es ist nie eine absolute Schöpfung neuen Sinnes und somit nie die absolute Freiheit, sondern eine relative und zeitlich begrenzte, die das Faktum der Endlichkeit jedoch niemals aufheben kann. Alle Erklärungen des individuellen Verhaltens – beispielsweise der Vergangenheit, des Temperaments, des Milieus – einer Person sind zwar wahr, können aber nur als „Momente [...] absoluten Seins" verstanden werden, „deren Sinn in verschiedenen Richtungen auszulegen mir freisteht, ohne daß je zu entscheiden wäre, ob ich es bin, der ihnen ihren Sinn gibt, oder ob ich diesen von ihnen empfange". Für Merleau-Ponty ist das Ich ein Ich als psycholo-

---

606 Ebd., 130.
607 Ebd., 130–160.
608 Ebd., 231.
609 Ebd., 299.
610 Merleau-Ponty 1966, 516f.

gische und geschichtliche Struktur, das in seiner Existenz schon eine Weise zu existieren, einen zugrundeliegenden „Stil", wie er es nennt, empfangen hat. All mein Denken und Handeln steht demnach in Bezug zu dieser, meiner Struktur. Und dennoch – und gerade deshalb – bin ich frei. Denn dieses bestimmte Leben, das ich als Person in meiner Körperlichkeit bin und die Bedeutungen, die ich diesem Leben gebe, beschränken mich nicht in meinem Zugang zu der Welt. Mein Leben, so Merleau-Ponty, ist mein Mittel mit ihr zu kommunizieren:

> „Indem ich vorbehaltlos und uneingeschränkt bin, was ich gegenwärtig bin, habe ich Aussicht, voranzuschreiten, indem ich meine Zeit er-lebe, kann ich andere Zeiten verstehen; indem ich mich in der Gegenwart und die Welt versenke, entschlossen übernehmend, was ich zufällig bin, wollend das, was ich will, tuend das, was ich tue, kann ich darüber hinaus".[611]

Wie auch immer die menschliche Existenz als Dasein und Sosein definiert werden möchte, als Selbstentwurf, als Natur- und Menschenwelt, als gottgewolltes Sein, als soziales Sein oder fragendes und wählenden Sein, die Qualität des Erlebens war und ist individuell, vielfältig, vielschichtig, immer beziehungs- und kommunikationsabhängig[612]: Dialektik ist dabei, so Merleau-Ponty, nicht ein Verhältnis zwischen einander widersprechenden und doch voneinander unablöslichen Gedanken. Es ist die Spannung der Existenz auf eine andere Existenz hin, die sie verneint, und ohne die sie doch sich selbst nicht aufrechtzuerhalten vermag.[613]

Das Annehmen des Soseins beinhaltet notwendig die Auseinandersetzung mit dem Vorhandenen, mit dem, was für mich als Person subjektiv ist sowie mit dem Man als Allgemeinheit und Öffentlichkeit, das rückbezüglich seine Wirkung zeigt. Es beinhaltet das Erkennen und Umgehen mit einhergehenden Differenzen, das Finden des für mich als Person Eigentlichen und das Entdecken einer Normalität, die meine ist. Die Bewusstmachung und Reflexion des Geworden-Seins und Seins, der innewohnenden Individualität und Vorstellung von Freiheit ermöglichen mir als Person das Verweilen im Erleben, in meiner Realität. Für den Akt des Wahrnehmens und Bewusstwerdens bietet Psychotherapie in seiner intersubjektiven Beziehungs- und Kommunikationsqualität jenen Raum, der das mögliche Finden einer persönlichen (Er-)Lebensqualität gestattet.

In den Ausführungen legte ich den Fokus auf das Erleben *zwischen* und das Erleben *durch* etwas, das da verursacht wurde. Es ist dies die Suche nach dem Zugrundeliegenden in einer aktuell gefühlten Lebensrealität, das zweierlei bewirkten kann. Dem *Zwischen* liegt die bewusste Wahrnehmung im Sosein zugrunde, das sich in so einer spezifischen Lebenssituation in Leid, Schmerz und Qual ausdrücken kann und die Körperlichkeit, den Geist und die Psyche umfasst. In der Frage nach dem *Durch* begebe ich mich auf die Suche nach dem, wie es geworden ist. Die Wahrnehmung, so Rogers, „stellt eine Vermutung oder eine Vorhersage einer Handlung dar, die im Gewahrsein entsteht, wenn Reize auf den Organismus einwirken".[614] Genau in diesem Prozess der Wahrnehmung, des sich Gewahr- und Bewusst-Werdens, – des Entdeckens oder Aufde-

---

611 Ebd., 517.
612 Vgl. Heidegger 2001; Merleau-Ponty 1966; Rogers 2002; Sartre 2007; Swildens 1991.
613 Vgl. Merleau-Ponty 1966, 200.
614 Rogers 2009, 30.

ckens des implizit Vorhandenen – findet sich das Potenzial für Veränderung, das im *Zwischen* und *Durch* verborgen liegt und gefunden werden will. Dieses sich auf den Weg begeben und suchen, kann durch Psychotherapie, als Bestandteil der psychoonkologischen Versorgung, förderlich gestützt werden. Rachel L. Rosenberg weist darauf hin, dass eine „auch noch so winzige ‚Neuordnung' der Wahrnehmung" bereits ein immenses Befreiungspotenzial enthält.[615] Sie macht spürbar bewusst, dass ich als Person etwas verändern kann. Etwas loszulassen gelingt mir als Person dabei dann, wenn ich eine tiefe innere Erfahrung ganz akzeptieren und auch genau benennen kann. Dann, so Rogers, „kann die Person sie hinter sich lassen und weitergehen".[616]

Durch eine lebensbedrohliche Erkrankung können grundlegende Annahmen und Wertesysteme einer Person zutiefst erschüttert werden. Das Gefühl einer autobiografischen Kontinuität und Kohärenz ist bedroht. Deshalb, hebt Anja Mehnert hervor, erfordert die Auseinandersetzung mit krankheitsspezifischen Belastungen auch die Auseinandersetzung damit, wie Menschen ihren Lebenshintergrund und ihre Biografie verstehen, und an welche Werte sie glauben. Für die Autorin liegt das Ziel „sinnbasierter Interventionen" darin, „das Leben mit der Krebserkrankung so authentisch wie möglich zu leben".[617] Letztendlich, resümiert Tschuschke, „wird es jedem Individuum stets selbst überlassen bleiben müssen, ob es und wie weit es einen Sinn und eine Qualität für sich darin erkennt, Kräfte und Ressourcen zu aktivieren, um sein Leben zu verlängern".[618] Der psychotherapeutische Schwerpunkt der Begegnung, fokussiere für Tschuschke mehr die empathische Kompetenz und basiere „weniger auf den technischen Aspekten".[619] Für ihn ist der psychoonkologische Ansatz eine Option zur Bewältigung einer Krebserkrankung sowie zur Verbesserung der Überlebenschance.[620]

In Franks Sammelband zur Wohlbefindensforschung, „Therapieziel Wohlbefinden", finden sich Hinweise, die mit den Bedürfnissen so mancher Gesprächspartnerin korrespondieren und im Rahmen ihrer Erzählungen aufgegriffen wurden.[621] Sei es die Suche nach der Quelle für Hoffnung und Kraft, oder das dem Wohlbefinden dienliche Finden von Ressourcen und Lösungen, oder die an die Bindungsforschung andockende Rückbesinnung auf die förderliche Kindheit, die Suche nach Geborgenheit oder die Pflege der Partnerschaft. Wesentliche Ziele liegen in der Verbesserung des körperlichen Wohlbefindens durch Selbstregulation, in der Förderung der Selbstakzeptanz oder in der Stärkung der Identität und Authentizität. Es sind dies theoretische und praktische Ansätze und Erfahrungsberichte, die Wege anbieten und das Finden und die Auswahl individueller Lösungen bei der Einzelperson belassen. Diese Bedürfnisse nach Individualität und persönlicher Wahlfreiheit wurden von allen Gesprächspartnerinnen ausgedrückt.

---

615 Rosenberg 2005, 73.
616 Rogers 2005a, 91.
617 Vgl. Mehnert 2010, 129.
618 Tschuschke 2006, 279.
619 Ebd, 172.
620 Vgl. ebd., 279f.
621 Bodenmann 2007; Frank 2007; Hartmann 2007; Kaimer 2007; Kast 2007; Potreck-Rose 2007; Reuter 2007; Zwingmann 2007.

Das Entdecken subjektiver Bewertungen und Bewertungsbedingungen ermöglicht betroffenen Personen ihren inneren, oft tradierten Bezugsrahmen zu überdenken, und gibt im Spüren der organismischen Erfahrungen die Gelegenheit zu überprüfen, ob diese für sie in der Gegenwart noch Gültigkeit haben wollen und können. Der Wahrnehmungs- und Bewusstwerdungsprozess bietet die Grundlage dafür, das innewohnende Potenzial zu erkennen und zu erspüren, wie gewisse Situationen im bisherigen Leben bewältigt wurden. Bereits positiv erlebte Bewältigungsstrategien können so reaktiviert und adaptiert werden. Vielleicht jedoch geht es auch darum, etwas dem aktuellen Leben und Erleben – im Sinne der Resilienz, der Selbstregulierung und Ressourcenfindung – Entsprechendes auszuprobieren und neu zu bewerten oder zu gewichten.

Christoph Schmeling-Kludas verweist in seinem Artikel „Gesprächspsychotherapie bei körperlich Kranken und Sterbenden"[622] darauf, die Bedeutung notwendiger professioneller Ausbildungen und Einstellungen sowie indikationsbezogener Vorgehensweisen nicht außer Acht zu lassen, denn oftmals sind die „Behandlungsnotwendigkeiten"[623] eine größere Belastung für Betroffene als die Erkrankung selbst. Einige Gesprächsausschnitte dieses Forschungsprojekts weisen darauf hin. Für betroffene Personen geht es darum, einhergehende Inkongruenzen der organischen Auswirkungen einer Krebserkrankung und ihrer Therapien wie auch der veränderten Körper- und Affektwahrnehmungen auszuhalten. Zusätzlich stehen emotionale Belastungen durch Tabuisierung bestimmter Problem- und Lebensbereiche im Vordergrund. Traumatische Erfahrungen können das Zeit-, Raum- und Selbsterleben verändern, die Wahrnehmungen verzerren oder eine Dissoziation als Schutzreaktion hervorrufen. Sie setzen unter Umständen Grundsätze normaler Erlebnisverarbeitung außer Kraft und können darauf folgende Belastungsreaktionen begünstigen.[624] Übergeordnete Ziele einer Psychotherapie mit Krebserkrankten sind für Schmeling-Kludas daher die emotionale Stabilisierung, die Reduktion vorhandener Inkongruenzen und die positive Beeinflussung des körperlichen Krankheitsverlaufs.[625] Dieser gehaltvollen Essenz, die die Anerkennung des erlebten Traumas und eine Einbindung der traumatischen Erfahrung/en berücksichtigt, kann ich mich nur anschließen.

Die Kombination unmittelbarer qualitativer Forschung und therapeutischer Praxis im Rahmen eines Settings, ähnlich einer Feldforschung, im psychoonkologischen Bereich war, im Vergleich zu den sonst eher bevorzugten und bekannten klinischen Studien, zumindest jener onkologischen Institution neu, die dieses Forschungsprojekt zunächst begrüßte. Vielleicht lag trotz aller Bemühungen gerade in dem Unbekannten und der schließlich nicht möglichen beziehungsweise nicht gelungenen Kommunikations- und Beziehungsgestaltung der Auslöser für den abrupten Kooperationsabbruch. Aus einem anderen Blickwinkel heraus betrachtet jedoch, spiegelte genau diese Erfahrung eine institutionelle Realität wider. Umstrukturierungen und Reorganisationen sind Teil der Arbeitsrealität und wahrscheinlich phasenweise notwendig. Andererseits verweist

---

622 Schmeling-Kludas 2006.
623 Ebd., 393.
624 Vgl. Claas & Schulz 2002; Fischer & Riedesser 2003; Topaloglou & Tschugguel 2015.
625 Schmeling-Kludas 2006, 393–399.

Pörtner auf eine notwendige qualitative Auseinandersetzung im institutionellen Alltag, – im personenzentrierten, wie im Allgemeinen – in dem *„Erleben eine zentrale Bedeutung"* hat.[626] Wenn wir in den fachlichen Bereichen unsere Wahrnehmung in Richtung Lebensqualität sensibilisieren, so Pörtner zu ihrem Konzept ‚Erstnehmen, Zutrauen, Verstehen'[627], können wir das darin verborgene Potenzial in unserem Arbeitsalltag interdisziplinär für neue oder andere Formen der Kommunikations- und Beziehungsgestaltung einfließen lassen. Das war im Rahmen dieses Projekts auf der Ebene der unmittelbaren Zusammenarbeit zwar möglich, wurde jedoch aufgrund der durchgeführten Umstrukturierungen abgebrochen. Diese Erfahrung veranschaulichte mir persönlich die Bedeutung und Notwendigkeit von Flexibilität im psychotherapeutischen Arbeitsalltag. Denn, letztendlich lag die seitens der Institution getroffene Entscheidung außerhalb meines nachvollziehbaren Verstehen-Könnens und blieb als ungeklärtes Ereignis für mich offen.

Im Rahmen dieses Forschungsprojekts neu ist es, das subjektive Erleben krebskranker Menschen in den Mittelpunkt zu stellen. Der direkte Bezug auf das *Selbstkonzept* krebskranker Menschen war darin ein wesentlicher Bestandteil des Forschungsdesigns. Neu ist auch der Versuch einer möglichst durchgängigen *nichtdirektiven Subjektivität*, das bedeutet im Sinne einer Öffnung *nur* aufzuzeigen, subjektive Bewertungen und Interpretationen explizit auszuweisen und weitere Schlüsse bei dem Lesenden belassen zu wollen. Zudem hebt die Untersuchung die Bedeutung von Autobiografien in ihrer grundsätzlichen Verbindung zum Selbstkonzept einer Person hervor und veranschaulicht damit die Schwierigkeit generalisierender Aussagen. Ein weiteres Ziel war die Möglichkeit des subjektiven Blickwinkels, im Sinne von implizit vorhandenem Wissen, für Lesende aufrechtzuerhalten. Individuelle Erkenntnisse bekommen so ihren Raum für Entfaltung und Bedeutungszuschreibungen oder Interpretationen aus unterschiedlichen persönlichen oder disziplinären Perspektiven. In diesem Versuch der nichtdirektiven Subjektivität – als mitschwingendem Ideal[628] – bemühte ich mich der Reduktion auf ein wie immer geartetes Fachvokabular zu widerstehen, und in der Sprache der Gesprächspartnerinnen zu verweilen. Diese Vorgehensweise bietet Interessierten verschiedenster Disziplinen in einem weiteren Schritt die Wahl, Übersetzungen oder Interpretationen des Datenmaterials im Rahmen ihrer jeweiligen Fachgebiete zu vollziehen.

Im psychoonkologischen Kontext eher unüblich ist es, die Kommunikation grundsätzlich auf einer nichtdirektiven Ebene aufzubauen, – nicht nur in und für die therapeutische Situation, sondern gerade für multidisziplinäre, wissenschaftliche Auslegungsvarianten – um für vielschichtige Zugangsweisen offenzubleiben. Genau darin liegt jedoch eine zusätzliche Chance. „Eine nichtdirektive Vorgangsweise ist der wesentliche Faktor für die Förderung einer nachhaltigen Entwicklung", formuliert Hutterer seine These für personenzentrierte Psychotherapie.[629] Unter nachhaltiger Entwicklung[630] in der Psycho-

---

626 Pörtner 2002, 525.
627 Ebd.
628 Im Sinne richtungsweisender Ideale – wie der Objektivität auch – deren Erlangung oder Perfektion als subjektives Konstrukt eine Utopie ist.
629 Hutterer 2012, 48.

therapie versteht er „das Phänomen der Langzeitwirkung oder Spätwirkungen". Die Klientinnen entwickeln die Kompetenzen, sich mit ihrer schwierigen Situation auch nach Beendigung der Therapie auseinanderzusetzen.[631] Implizit ausgesagt wird dadurch, dass Nicht-Direktivität die Entwicklung jeder Person im Sinne der Nachhaltigkeit begünstigen kann und auf die Fähigkeit zur Selbstregulierung vertraut. Hier erkenne ich ein noch nicht ausgeschöpftes Potenzial, auf das ich hinweisen möchte.

Erleben kann nicht allumfassend beschrieben werden. Es kann jedoch durch Als-ob-Positionen für individuelle Rezeptionen verständlicher oder nachfühlbarer werden. In der Betrachtung möglicher Verzerrungen oder Missverständnisse beinhaltet *das Erleben* gerade für die Psychotherapiewissenschaft, wie auch alle anderen einhergehenden Fachbereiche, das Potenzial, subjektive Wahrnehmungen aufzugreifen und deren Bedeutung für allgemeine Fragestellungen zu erfassen. Eventuell medikamentös bedingte Einflüsse zum Beispiel oder verhaltensbeeinträchtigende Phänomene könnten disziplinübergreifend besser oder genauer in die versorgungstechnischen Betrachtungsweisen einfließen und einen erheblichen Beitrag zur Verbesserung subjektiver Lebensqualität beisteuern. Eine zusätzliche Überlegung folgte der Frage, inwieweit Verzerrungen der Erlebnisqualität und Erlebensintensität zugunsten einer allgemeinen Vergleichbarkeit oder Kategorisierung blinde Flecken produzieren kann. Dies war ein wesentliches Kriterium dafür, mich für die Methode des „Persönlichen Gesprächs" nach Langer zu entscheiden und ein „deiktisches" Verständnis möglichst aufrecht zu erhalten. Langer versucht bewusst zu machen, dass wir „es eben mit Qualitäten von Erlebensweisen zu tun"[632] haben. Quantitäten könnten uns zwar eine gewisse Orientierung vermitteln, „bedürfen aber in jedem Fall auch einer rein inhaltlichen Bewertung für die Übertragung auf den Lebenskontext einer Leserin bzw. eines Lesers".[633] Diesen Raum wollte ich für die Rezipienten offenhalten. Denn, hier kann die Palette an Erlebensformen phänomenologisch betrachtet zu einer, die Individualität berücksichtigenden, Qualitätsüberprüfung und -sicherung beitragen.

Die *Be-Sinnung* sowohl auf das Erleben an sich, als auch auf einige Grundlagen der Phänomenologie, ist für mich von Bedeutung. Gerade diese kann einen hermeneutischen Zirkel produzieren, um deren Früchte im Rahmen von Feedbackschleifen zu überprüfen und einzubinden. Sie bietet zudem die Möglichkeit zur Dekonstruktion, einen Weg zur Erfassung von Sinnzusammenhängen hin zu einer zu werdenden neuen Idee, einer Verschiebung oder Umformung, oder einer Um-Erzählung, wie Stipsits es in seinem Werk „Gegenlicht" ausführt, wenn er über den „Stellenwert von Erzählungen" schreibt.[634] Vielleicht jedoch besinne ich mich eher auf Merleau-Pontys Zusammenführung des *„Für-sich-sein und Für-Andere-sein"* in Form der intersubjektiven Betrachtung, die darauf hinweist, dass das Anonyme „im Sinne absoluter Individualität" und

---

630   Frau Gelis Aussage, dass ihr die Nachhaltigkeit ihrer Psychotherapieeinheiten während ihres mehrwöchigen Urlaubes bewusst wurde, und sie verspürte in einem Prozess zu sein, verdeutlicht ansatzweise das Gemeinte.
631   Ebd., 48f.
632   Langer 2000, 80.
633   Ebd.
634   Vgl. Stipsits 1999, 22; 245.

das Anonyme, „im Sinne absoluter Generalität", eins sind, in der der „Andere-als-Gegenstand" nur „eine unaufrichtige Modalität des Anderen, so wie die absolute Subjektivität nur als ein abstrakter Begriff von mir selbst ist".[635]

Das Eingehen auf die *phänomenale Welt* einer krebserkrankten Person in ihrem Ringen zwischen Selbstbestimmung und Beziehungsangewiesenheit erlaubt Psychotherapeuten, die Dynamik und Intensität durch Begegnungen, durch das Einfühlen und das Verstehen, in welcher Welt sich diese Person gerade befindet, aus ihrem inneren Bezugsrahmen heraus annähernd nachzuvollziehen und angemessen zu verstehen. Für krebskranke Menschen vielleicht ein Angebot, sich in Abstimmung mit ihrem Erleben und Erfahren, mit ihrem Wissen und Beobachtungen an jene Ebenen heranzuwagen, die sich am Rande der Gewahrwerdung befinden. Ein Angebot zur Relativierung und Regulierung der eigenen Einstellungen, einhergehender Verhaltensweisen und Bewertungen. Oder ein Angebot, Gewahrwerdendes zu öffnen, zu reflektieren, mit Bisherigem zu vergleichen und Neues auszuprobieren. Diese dann entstandene Reorganisation und Integration in das Selbstkonzept bewirkt eine Veränderung, die Entwicklung und Entfaltung – die Aktualisierung – der Persönlichkeit.

Betroffenen krebskranken Personen erlauben die Erzählungen dieses Buches eventuell eine Entdeckungsreise. Zu entdecken nicht alleine zu sein. Oder sich dem Erleben und Momentaufnahmen des eigenen Seins in diversen Spannungsverhältnissen ein Stück bewusster zu werden. Oder den Anregungen und Variationen psychotherapeutischer *Selbst-Entfaltung* offener begegnen zu können. Das Erkennen und Feststellen dessen, was eine Krebserkrankung auslöst und macht, ist für Betroffene ein angst- und leidvoller Weg. Es ist dies eine existenziell zugrundeliegende Angst durch das Erfahren der eigenen Endlichkeit, die Paul Tillich „die natürliche Angst des Menschen als Mensch" bezeichnet: Es ist die Angst des endlichen Wesens vor dem Nichtsein, vor der Drohung des Nichtsein und das Gewahrwerden der Endlichkeit als eigener Endlichkeit, die nicht aufgehoben werden kann.[636] Diese zu überwinden erfordert Mut. Mut im Sinne einer Selbstbejahung des Seienden trotz des Nichtseins. Es ist dies für Tillich ein Akt des individuellen Selbst, „durch die Bejahung seines Selbst als einen Teils in einem umfassenden Ganzen oder durch die Bejahung seines Selbst als eines individuellen Selbst"[637], um aus sich das zu machen, was man sein will.[638]

Dieses Gewahrwerden und Bejahen seines Selbst unter Berücksichtigung vieler möglicher Perspektiven, das Bewusstmachen eigener Ressourcen und Veränderungspotenziale, kann helfen, subjektive Vorstellungen von *Lebensqualitäten* zu realisieren. Für Partner, Familie, Angehörige und Freunde bietet das Geschriebene unter Umständen Anregungen für innere *Wahr-Nehmungen, Aus-ein-ander-Setzungen* und Verständnis für Ängste, Zweifel und Sorgen einerseits, sowie Wünsche, Bedürfnisse und Notwendigkeiten andererseits. Dem professionellen Umfeld gewährt sie darüber hinaus Einblick in zwischenmenschliche und institutionell bedingte Spannungsverhältnisse in

---

635 Merleau-Ponty 1966, 508f.
636 Tillich 1991, 35–38.
637 Ebd., 117.
638 Ebd., 113

Relation zu eigenen Vorstellungen, Bedürfnissen und Grenzen. So könnte ich mir beispielsweise die Frage stellen, welche Auswirkungen sich auf die Theorie, Praxis, Art und Weise der Begegnung und Beziehung, Flexibilität und Mobilität ergeben? Welches Angebot genau braucht es, und was davon ist tatsächlich realisierbar?

Diese und ähnliche Fragestellungen werden insbesondere dann relevanter, wenn ich Hinweise über das Verhalten und die Prozesse von Krebszellen, wie Siddhartha Mukherjee[639] sie beispielsweise in seinem Werk, „Der König aller Krankheiten. Krebs – eine Biografie", ausführt in meine Überlegungen einbeziehe, die zwar auf eine umstrittene und extreme Annahme hinweisen, jedoch auch die „Unsterblichkeit" von Krebszellen in Betracht ziehen: „Treiben wir diese Logik ins Extrem, so wirkt die Fähigkeit der Krebszelle, die normale Physiologie unbeirrbar nachzuahmen, zu korrumpieren und zu pervertieren, die ominöse Frage auf, was ‚Normalität' denn eigentlich ist".[640] Wenn ich zudem bedenke, dass zwar die Lebenserwartung steigt, das damit einhergehende Risiko einer Krebserkrankung allerdings zunimmt, kann ich die Aussage, „dass der Krebs auch *unsere* Normalität ist, dass es uns von Natur aus bestimmt ist auf ein malignes Ende zuzuschlurfen", nachvollziehen. Denn, so der Autor, „Krebs ist tatsächlich auf dem Weg, unsere Normalität zu werden – das ist unausweichlich".[641] Dann, resümiert Mukherjee, stellt sich nicht mehr die Frage nach dem *Ob*, sondern die Frage nach dem *Wann?*

---

639 Mukherjee 2012, 566.
640 Ebd.
641 Ebd.

10 Was ich noch lernen durfte?

> „Eins und eins ist nicht gleich zwei. Es ist zu mathematisch, zu abstrakt – Zeit, Raum und Klima werden vergessen! Sie erst ermöglichen die Schlupflöcher".[642]

Von Gesprächspartnerinnen

Für die Psychotherapie mit krebskranken Menschen gilt eine Aussage wie beispielsweise – *„schaden kann es auf keinen Fall"* – nicht. Eine nicht gelungene oder nicht gut aufgelöste Therapiestunde kann fatale Konsequenzen für die unmittelbare Befindlichkeit krebskranker Menschen haben. Alles ist möglich, nichts ist unmöglich – auch das Unvorstellbare will und braucht seinen Raum. Das im Vorwort ausgedrückte persönliche Bedürfnis als betroffene Angehörige, „in echter Begegnung und Beziehung – in meinem Erleben wertfrei *wahr-genommen* zu werden und selbst *wahr-nehmen* zu dürfen, gerade so, wie ich im Augenblick bin", spürte ich in jedem einzelnen Gespräch, als ebensolches meines Gegenübers. Ist es wohl das, was sich allgemeingültig herauskristallisiert? Vielleicht ja, das Wesentliche aber liegt in dem *Wie?* Es braucht die Gewichtung der Relation zwischen Objektivität und Subjektivität, zwischen Nähe und Distanz, zwischen Offenheit für die Unendlichkeit von Erlebensformen und Erlebensqualitäten oder gewolltem Rückzug, in guter Abstimmung mit eigenen Möglichkeiten, Ressourcen und Kompetenzen als Mensch und Psychotherapeutin. Gemeinsames Lachen und Weinen, Humor und Sarkasmus, Schweigen oder Schreien, Bewegen, Berühren oder Distanzieren als Ausdruck innerer Zustände und Bedürfnisse, sind nonverbale und verbale Momente tiefster innerlicher Berührungen und Öffnungen der Seele mit all ihrem innewohnenden Potenzial, das freigelegt und gelebt werden will. Der therapeutische Entfaltungsprozess geht über das gesprochene Wort hinaus. Krebs drückt sich über den Körper aus. Die Erkrankung fordert die Einbindung der Körpersprache, die wahrgenommen, erfasst und verstanden werden will. Das Beobachten und Wahrnehmen körpersprachlicher Äußerungen ist für die jeweilige Situation, in der gewählten Form des Ausdrucks und für die Qualität des gemeinsamen Weges, maßgeblich. Sich dieser Nuancen therapeutischer Vielfalt bewusst zu werden, und die Bereitschaft anzunehmen, verbal und nonverbal in die Tiefe zu gehen, ist eine Herausforderung, die auch in eine mögliche Konfrontation mit der Fehlbarkeit als Therapeutin münden kann. Dieser Tiefgang setzt das Wollen voraus, sich selbst im Sosein zu akzeptieren und in der therapeutischen Situation, im Sinne der Echtheit in der Beziehung, wertschätzend und empathisch zu reagieren. Je besser ich mich in der Begegnung und Beziehung kennenlernen darf, desto kongruenter, empathischer und wertschätzender kann ich auf Menschen therapeutisch zugehen. Und dennoch gilt: *„Das wichtigste [sic!] geschieht außerhalb der Therapiestunde* – diese Binsenwahrheit können sich Therapeuten nie genug vor

---

642 Topaloglou 2008: Zwischenbilanz wahr-nehmen: Zukunft leben! Vortrag im Rahmen des VRP-Symposiums 2008 zum Thema „Identität".

Augen halten".[643] Es ist dies ein Hinweis, den ich mit Achtsamkeit, Bescheidenheit und Demut als Psychotherapeutin verinnerlichen möchte, denn die Erfahrung zeigt, dass jede Person im Vertrauen auf die eigene Aktualisierungstendenz *ihren* individuellen Weg findet. Psychotherapie ist nicht eine Reise, die in einer Stunde ihre Erfüllung findet, sondern andauert, wie Frau Geli, Herr Löwe, Frau Rosamaria und Frau Christine für sich feststellten. Der Wunsch diese Reise antreten zu wollen, kann Türen öffnen und birgt eine selbstbestimmte, vielschichtig brückenbauende Kraft in sich, die krebskranken Menschen eine würdevolle Suche nach ihrer Lebensqualität anbietet. Einen Raum, um all jene Themen anzusprechen, die organismische Bedürfnisse, Gefühle, Gedanken und einhergehende Verhaltensweisen hervorrufen, die vielleicht die Welt im Allgemeinen oder das Leben als soziales Mitglied betreffen, auch wenn der unmittelbare Zusammenhang zum eigenen Selbst zunächst nicht deutlich ist. Mit diesem Verweis auf das Außen erkenne ich mich als Person vielleicht als wichtiges Sandkorn in der Wüste, das unbedeutend erscheinen mag und doch zu dem Bewusstsein führt, dass es ohne jedes einzelne Sandteilchen die Wüste nicht gäbe.

Über mich selbst

Die Öffnung und Einbringung der eigenen Person, der subjektiven Erlebensdimensionen, der Subjektivität als Forscherin, als Psychotherapeutin, als Frau, als Angehörige und als Mensch, barg einen Erfahrungsschatz in sich, den auszuwerten eine eigene Erzählung[644] wäre. Brücken zu bauen – wie ich es auch nennen möchte – und konstant zu halten, war nicht immer einfach. In meinen Rollen fand ich mich selbst zwischen einem permanenten Suchen und Experimentieren und dem Bedürfnis nach Balance, und Loslassen-Dürfen sowie Loslassen-Können, wieder. Würde, Mitgefühl und Respekt sind für Luise Reedemann, Grundbedingungen des Umgangs mit Schmerz in der Psychoonkologie. Mit Klientinnen in Würde und Respekt zu sein und auf die Autonomie des Gegenübers zu achten beinhaltet die Gefahr, als Therapeutin von sich selbst wegzugleiten. Das Bewusstwerden dessen, dass auch ich als ganzer Mensch reagiere, und dass Erlebtes für mich schmerzliche „menschliche Grenzerfahrungen" mit sich brachte, machte es notwendig, das, was passierte, immer wieder zu durchleuchten und zu regulieren.[645] Mitgefühl im Sinne der Empathie entsteht nicht aus Mitleid, sondern „aus einer vorübergehenden Identifikation und einer darauf folgenden Distanzierung".[646] Genau so spürte es sich für mich an, dieses In-die-Schuhe-des-anderen-zu-Schlüpfen, als ob es meine eigenen wären, um dann herausschlüpfend und auf Distanz gehend, die Differenz (wieder) wahrzunehmen.

Sich selbst zu fühlen kann erschöpfen – körperlich, seelisch und geistig. Persönlich gespürte Inkongruenzen und Ohnmacht, das Empfinden und Realisieren verschiedenster

---

643   Pörtner 2002, 522.
644   Stipsits 1999.
645   Reedemann 2010, 122.
646   Ebd. 123.

Brüche und Abschiede waren schmerzhafte Phasen: Ein Zurückgeworfen-Werden auf sich selbst und Neubeginn zugleich. Es beinhaltete einen Trauerprozess in doppelter Weise: den Tod meines Mannes und den sich abrupt anfühlenden Abschied von diesem Forschungsprozess – ein Dilemma, das für mich teilweise intransparent blieb und nur radikal angenommen werden konnte. Eine persönlich berührende Antwort finde ich bei Stipsits Hinweis, dass „Psychotherapie eine Einübung in das Sterbenlernen überhaupt ist".[647] Auch gehöre es „zum Wesen der Psychotherapie", „das Endliche zu begleiten".[648] Als qualitatives Merkmal therapeutischen Vorgehens kommt Stipsits daher zu dem Schluss: „Wenn nun Personenzentrierte Psychotherapie so existentiell auf die Beziehung zwischen Therapeut und Klient baut, wie uns Rogers nahelegt, ist Beginn und Entwicklung der Beziehung wichtig und erfährt ihre Prüfung in der Bewältigung des Abschiednehmens einander Wertschätzender".[649] Das erinnerte mich an die telefonische Aussage meines Dissertationsbetreuers, Anfang August 2010: „Da ist ja auch etwas gestorben". Stimmt, dachte ich mir und fühlte mich irgendwie erleichtert, doch einen Weg des Abschiednehmens – mein Schlupfloch sozusagen – gefunden zu haben. Das Gespürte ist! Das Gespürte hat auch Worte. Für das Gespürte fanden andere bereits Worte – welch ein Trost!

Mir dieser Bedürfnisse gewahr zu werden, ihre Bedeutungszusammenhänge und persönliche Gewichtung zu erkennen, mit ihnen umzugehen, sie für mich passend einzuordnen und auszugleichen, führten in einen spannenden, manchmal traurigen, aber befruchtenden Prozess: In jedem Fall in einen, der mich, in tiefer Dankbarkeit für Intervisionen, Supervisionen, fachinternen und -externen Austausch und Halt bietenden Stützen, wo ich einfach nur ich sein durfte, immer wieder zu mir selbst führte. Es braucht Mut und Kraft die Endlichkeit des Lebens zu erkennen, sich darauf vorzubereiten, sie anzunehmen und diesen Weg in Frieden zu gehen. Zuhören ist dabei eine Kunstform, die zu vollenden wohl ein Leben lang andauert.

Was immer ich höre, ich werde nicht in der Lage sein, es zu Ende zu hören. Was immer ich sehe, ich werde nie in der Lage sein, alles zu sehen. Was immer ich denke, ich werde nie in der Lage sein, es zu Ende zu denken. Was immer ich fühle, ich werde nie in der Lage sein, es zu Ende zu fühlen. Ich glaube, es ist das, was, im Sinne des *Das-Leben-Ist*, bewusst werden will.

---

647 Stipsits 1999, 246.
648 Ebd., 245.
649 Ebd.

11 Ausblick

Wenn ich als Person ich selbst bin und sein darf, kann ich, wie jede andere Person, einen Teil zu der Unendlichkeit von Erlebensformen beitragen. Die Ergebnisse dieses qualitativen Forschungsprojekts verdeutlichen die Notwendigkeit sowohl die Pluralität von Erlebensformen als auch die mit einer Krebserkrankung individuell einhergehenden Dynamiken wahrzunehmen, aufzugreifen und in umfangreichere und repräsentativere Studien einfließen zu lassen. Daraus resultierende Betrachtungen und Konsequenzen könnten durch die Anerkennung und Einbindung des subjektiven Faktors in Form von qualitätssichernden Maßnahmen ihren Ausdruck finden und ihr positives Potenzial entfalten. In gewisser Weise lassen sich auch Verbindungen zur Nicht-Direktivität als möglichen Ausgleich rigider Strukturen herauslesen. Dies anzudenken, in Erwägung zu ziehen und zu balancieren ist sicher nicht einfach. Andererseits beinhaltet sowohl die Akzeptanz von Pluralität als auch Nicht-Direktivität noch ungenutztes Potenzial für Erkenntnisse der Wissenschaft und Forschung.

Psychotherapie im onkologischen Kontext wird zwar als theoretisch notwendig erkannt, ist praktisch jedoch – nicht zuletzt aus der budgetären Situation des Gesundheitssystems im deutschsprachigen Raum – in der Versorgung nicht ausreichend vorgesehen. Die politische Dimension der Aussagen einiger Gesprächspartnerinnen kann daher als eine Aufforderung an das Gesundheitssystem verstanden werden, auf die Möglichkeit einer Psychotherapie für Krebserkrankte einzugehen und diese im Hinblick auf ihre Notwendigkeit und ihren Anspruch auf Leistbarkeit für Betroffene zu überprüfen.

Der Brückenbau ist scheinbar nicht überall gelungen, die Hoffnung bleibt. Der Vorschlag individuelle Erlebensdimensionen aufzugreifen und Aussagen betroffener Personen in ihrer Interdisziplinarität zu betrachten und zu argumentieren wurde leider im Rahmen der institutionellen Projektphase nicht reflektiert. Darin verborgen liegt jedoch ein Schlüssel, der für die Bedeutung von Begegnung, Beziehung und Kommunikation, ihrer einhergehenden Qualitäten und daraus resultierenden Veränderungsmöglichkeiten, mehr Sicherheit vermitteln könnte und einen stabilisierenden Beitrag zur Erhaltung von Lebenssinn und Lebensqualität beisteuert.

12 Kurzes Nachwort

Für das Panorama von Lebenswirklichkeiten waren die Verdichtungsprotokolle[650] die Ausgangspunkte für den Forschungsprozess. Sie bildeten die Brücke zu den individuellen Selbstkonzepten und waren zugleich die Basis für die weiterführenden Psychotherapieprozesse. Andererseits beinhalten sie für die Leserin oder den Leser eventuell ganz andere Dimensionen des *Darauf-Blickens* und *Daraus-Lesens*, die von meiner ursprünglichen Idee weit entfernt sein mögen. So wären Ergebnisse aus der Perspektive der Bewältigungsstrategien ebenso bedeutsam, wie vielleicht das genauere Herausarbeiten der Gefühlsdimensionen und ihrer Auswirkungen, der körperlichen Phänomene und ihrer Zusammenhänge oder des interaktiven Umgangs im sozialen Umfeld. Auch Interpretationen aus verschiedenen psychotherapeutischen Fachrichtungen könnten eine weitere Herausforderung sein. Dieses *Zur-Verfügung-Stellen*, um vielleicht ein anderes Panorama der Lebenswirklichkeiten zu entdecken, ist mir ein Anliegen. Sich damit auseinanderzusetzen, lade ich Sie ein.

Mir persönlich wurde bewusst, was mich kurz nach dem Tod meines Mannes an der sinngemäßen Aussage Judith Butlers – der Nährboden für eine empathische Form des Miteinanderseins wird erst dann möglich, wenn Endlichkeit als Grundlage unseres Lebens in die Öffentlichkeit treten darf und akzeptiert werden kann[651] – so berührte. Der Weg zu den Wurzeln befand sich im Eingangsinterview: Es war der Mut, der gefunden werden wollte und mich dazu animierte, Begegnung, Berührung und Betroffenheit offen und klar zu leben und zu transportieren. Ich brauche mich nicht zu verstecken, auch ich darf sein. Diese logisch scheinende Erkenntnis kam mir 2009 in meiner unmittelbaren persönlichen Trauer um meinen Mann irgendwann abhanden, war mir aber, *wiederentdeckt*, ein sicheres Fundament. Dass wir sterben, wissen wir alle. Mein Anliegen betraf die Frage, wie jene Qualität aussehen kann, die wir leben, wie wir uns der Endlichkeit bewusst werden können, Gefühle zulassen, spüren und aus diesen heraus unseren Weg zu einer ganz individuellen und stets wandelbaren (Er)-Lebensqualität finden. In diesem Sein wünsche ich mir, die innere Differenziertheit oder die inneren Nuancen so zu sehen, zu hören, zu spüren und aufzufangen, dass sowohl ich mich, als auch andere sich, im aktuellen Erleben wahrgenommen fühlen und den Zugang zu sich selbst finden.

Ist dieses Buch nichts anderes als ein verstehen wollendes Ringen um mich selbst? Als ein Ringen um Etwas, das *eigentlich* immer schon da war? Ja schon, denn darin lag auch für mich etwas Verborgenes, was entdeckt werden wollte.

---

650 Die Verdichtungsprotokolle sind unter www.waxmann.com/buch3605 abrufbar.
651 Judith Butler – Philosophin der Gender. ARTE Dokumentation 2006.

Literatur

Adler, Rolf H.; Herrmann, Jörg M.; Köhle, Karl; Langewitz, Wolf; Schonecke, Othmar W.; Uexküll, Thure v.; Wesiack, Wolfgang (Hrsg.) (2008): Psychosomatische Medizin. Modelle ärztlichen Denkens und Handelns (6. Auflage). München: Urban & Fischer.

Arbeitsgemeinschaft Personenzentrierte Gesprächsführung (APG) (1984): Persönlichkeitsentwicklung durch Begegnung. Das personenzentrierte Konzept in Psychotherapie, Erziehung und Wissenschaft. Wien: Franz Deuticke.

Aristoteles (1995a): Metaphysik. In: Philosophische Schriften in sechs Bänden, Bd. 5. Hamburg: Felix Meiner, 131–169.

Aristoteles (1995b): Physik. In: Philosophische Schriften in sechs Bänden, Bd. 6. Hamburg: Felix Meiner, 1–258.

Biermann-Ratjen, Eva-Maria; Eckert, Jochen; Schwarzt, Hans-Joachim (2003): Gesprächspsychotherapie. Verändern durch Verstehen (9., überarbeitete und erweiterte Auflage). Stuttgart: Kohlhammer.

Biermann-Ratjen, Eva-Maria (2010): Das Konzept der Aktualisierungstendenz bestimmt mein non-direktives Beziehungsangebot an den Klienten, Person 14. Jg. 2010, Heft 2: 139–140, Wien: Facultas.

Bortz, Jürgen; Döring, Nicola (2006): Forschungsmethoden und Evaluation für Human- und Sozialwissenschaftler (4., überarbeitete Auflage). Heidelberg: Springer Medizin.

Brentano, Franz (2008): Sämtliche veröffentlichte Schriften, Band I. Psychologie vom empirischen Standpunkte. Von der Klassifikation der psychischen Phänomene. Niederhausen: ontos.

Brodley, Barbara T. (2005a): About the non-directive Attidute. In: Levitt, B.E. (Ed.), Embracing Non-directivity: Reassessing person-centered theory and practice for the 21st century. Ross-on-Wye: PCCS Books, 1–4.

Brodley, Barbara T. (2005b): 'It Enlightens Everything You Do': Observing non-directivity in a client-centered therapy demonstration session. In: Levitt, B.E. (Ed.), Embracing Non-directivity: Reassessing person-centered theory and practice for the 21st century. Ross-on-Wye: PCCS Books, 96–112.

Brodley, Barbara T. (2006): Non-directivity in Client-Centered Therapy, Person-Centered & Experiential Psychotherapies, Journal of the World Association for Person-Centered and Experiential Psychotherapy and Counseling Vol.5 [5]. Ross-on-Wye: PCCS Books, 36–52.

Brömmel, Bernhard (1995): Lebensqualität. In: Frischenschlager, O., Hexel, M., Kantner-Rumplmair, W., Ringler, M., Söllner, W., Wisiak, U. V. (Hrsg.): Lehrbuch der Psychosozialen Medizin. Grundlagen der Medizinischen Psychologie, Psychosomatik, Psychotherapie und Medizinischen Soziologie. Wien: Springer, 54–68.

Buber, Martin (1995): Ich und Du (11. durchgesehene Auflage). Stuttgart: Reclam.

Buchinger, Kurt (1995): Wissenschaftstheoretische Grundlagen der Psychotherapie. In: Frischenschlager, O., Hexel, M., Kantner-Rumplmair, W., Ringler, M., Söllner, W., Wisiak, U. V. (Hrsg.): Lehrbuch der Psychosozialen Medizin. Grundlagen der Medizinischen Psychologie, Psychosomatik, Psychotherapie und Medizinischen Soziologie. Wien: Springer, 775–789.

Claas, Petra; Schulze, Christa (2002): Prozessorientierte Psychotherapie bei Traumaverarbeitung. Tübingen: dgvt.

Combs, Arthur W.; Richards, Anne Cohen; Richards, Fred (1988): Perceptual Psychology. A Humanistic Approach to the Study of Person. Lanham: University Press of America. (Im Original erschienen Snygg, Donald; Combs, Arthur W. (1949/1959): Individual Behavior: A Perceptual Approach to Behavior. New York: Harper & Row.)

Cornelius-White, Jeffrey (2010): Aktualisierungstendenz – Welche Bedeutung hat sie für mich in Theorie und Praxis? Person 14. Jg. 2010, Heft 2:140–141, Wien: Facultas.

Creutzfeld, Otto (1992): Gehirn und Geist. In: Elsner, N., Richter, D. W. (Eds.): Rhythmogenesis in Neurons and Networks. Proceedings of the 20th Göttingen Neurobiology Conference. Stuttgart: Thieme, 109–138.

Daston, Lorraine; Galison, Peter (2007): Objektivität. Frankfurt am Main: Suhrkamp.

Devereux, Georges (1984): Angst und Methode in den Verhaltenswissenschaften. Frankfurt am Main: Suhrkamp. (Im Original erschienen 1967: From Anxiety to Method in the Behavioral Sciences. Edition Mouton & Co. und Ecole Pratique de Hautes Etudes.)

Dewey, John (2000): Demokratie und Erziehung. Eine Einleitung in die philosophische Pädagogik. Weinheim und Basel: Beltz. (Im Original erschienen 1916: Democracy and education. New York: The Free Press.)

Diekmann, Andreas (2012): Empirische Sozialforschung. Grundlagen, Methoden, Anwendungen (6. Auflage). Reinbek bei Hamburg: Rowohlt Taschenbuch.

Diegelmann, Christa; Isermann, Margarete (Hrsg.) (2010): Ressourcenorientierte Psychoonkologie. Psyche und Körper ermutigen. Stuttgart: Kohlhammer.

Diethardt, Ulrike; Korbei, Lore; Pelinka, Brigitte (Hrsg.) (2012): Klientenzentrierte Psychotherapie – quo vadis? Festschrift zum 75. Geburtstag von Prof. Mag. Wolfgang W. Keil. Wien: Facultas.

Dilthey, Wilhelm (1990): Einleitung in die Geisteswissenschaften. Versuch einer Grundlegung für das Studium der Gesellschaft und der Geschichte. In: Dilthey, W.: Gesammelte Schriften. I. Band (9., unveränderte Auflage). Stuttgart: B. G. Teubner, 3–120.

Eckert, Jochen; Biermann-Ratjen, Eva-Maria; Höger, Diether (Hrsg.) (2006): Gesprächspsychotherapie. Lehrbuch für die Praxis. Heidelberg: Springer Medizin.

Elliott, Robert; Slatick, Emil; Urman, Michelle (2006): Qualitative Change Process Research on Psychotherapy. In: Frommer, J., Rennie, D. L. (Eds.): Qualitative Psychotherapy Research: Methods and Methodology (2nd Edition). Lengerich: Pabst Science Publishers, 69–111.

Fässler Weibel, Peter; Gaiger, Alexander (2009): Über den Schatten springen. Vom Entwirren einer Krankheit durch Begegnung. Freiburg: Paulusverlag.

Feyerabend, Paul (1984): Wissenschaft als Kunst. Frankfurt am Main: Suhrkamp.

Feyerabend, Paul (1986): Wider den Methodenzwang. Frankfurt am Main: Suhrkamp.

Fischer, Gottfried (2008): Logik der Psychotherapie. Philosophische Grundlagen der Psychotherapiewissenschaft. Kröning: Asanger.

Fischer, Gottfried; Riesesser, Peter (2003): Lehrbuch der Psychotraumatologie (3. Auflage). München, Basel: Reinhardt.

Flick, Uwe; Kardorff Ernst v.: Steinke, Ines (Hrsg.) (2009): Qualitative Forschung. Ein Handbuch (7. Auflage). Reinbek bei Hamburg: Rowohlt Taschenbuch.

Frank, Renate (Hrsg.) (2007): Therapieziel Wohlbefinden. Ressourcen aktivieren in der Psychotherapie. Heidelberg: Springer Medizin.

Frankl, Viktor E. (2005): ... trotzdem Ja zum Leben sagen (9. Auflage). München: Kösel-Verlag.

Frankl, Viktor E. (2009): Der Mensch vor der Frage nach dem Sinn (22. Auflage). München: Piper.

Frischenschlager, Oskar; Hexel, Martina; Kantner-Rumplmair, Wilhelm; Ringler, Marianne; Söllner, Wolfgang; Wisiak, Ursula V. (Hrsg.) (1995): Lehrbuch der Psychosozialen Medizin. Grundlagen der Medizinischen Psychologie, Psychosomatik, Psychotherapie und Medizinischen Soziologie. Wien: Springer.

Fromm, Erich (2008): Authentisch leben (5. Auflage). Freiburg: Herder.

Frommer, Jörg; Rennie, David L. (Eds.) (2006): Qualitative Psychotherapy Research: Methods and Methodology (2nd Edition). Lengerich: Pabst Science Publishers.

Foucault, Michel (1974): Die Ordnung der Dinge. Eine Archäologie der Humanwissenschaften. Frankfurt am Main: Suhrkamp.

Gendlin, Eugene T. (1998): Focusing-orientierte Psychotherapie. Ein Handbuch der erlebensbezogenen Methode. München: J. Pfeiffer. (Im Original erschienen 1976: Focusing-oriented Psychotherapy. New York: The Guilford Press.)

Gigerenzer, Gerd (2008): Bauchentscheidungen. Die Intelligenz des Unbewussten und die Macht der Intuition (5. Auflage). München: Wilhelm Goldmann.

Grawe, Klaus; Donati, Ruth; Bernauer, Friederike (2001): Psychotherapie im Wandel. Von der Konfession zur Profession. Göttingen: Hogrefe.

Hartmann, Matthias S. (1991): Praktische Psycho-Onkologie. Psychologische Therapiekonzepte und Anleitungen für Patienten zur psycho-sozialen Selbsthilfe bei Krebserkrankungen. München: J. Pfeiffer.

Heidegger, Martin (2001): Sein und Zeit (18. Auflage). Tübingen: Max Niemayer.

Hermer, Matthias (Hrsg.) (2000): Psychotherapeutische Perspektiven am Beginn des 21. Jahrhunderts. Tübingen: DGVT.

Höger, Diether (2006): Klientenzentrierte Persönlichkeitstheorie. In: Eckert, J., Biermann-Ratjen, E.-M., Höger, D. (Hrsg.): Gesprächspsychotherapie. Lehrbuch für die Praxis. Heidelberg: Springer Medizin, 37–72.

Hürny, Christoph (2008): Psychische und soziale Faktoren in Entstehung und Verlauf maligner Erkrankungen. In: Adler, R. H., Herrmann, J. M., Köhle, K., Langewitz, W., Schonecke, O. W., Uexküll, T. v., Wesiack, W. (Hrsg.): Psychosomatische Medizin. Modelle ärztlichen Denkens und Handelns (6. Auflage). München: Urban & Fischer, 1013–1029.

Hüther, Gerald (2010): Psycho-somatik und Somato-psychik – Die untrennbare Einheit von Körper und Gehirn. In: Diegelmann, C., Isermann, M. (Hrsg.): Ressourcenorientierte Psychoonkologie. Psyche und Körper ermutigen. Stuttgart: Kohlhammer, 51–60.

Husserl, Edmund (1985): Die phänomenologische Methode. Ausgewählte Texte I. Stuttgart: Reclam.

Husserl, Edmund (1986): Die Phänomenologie der Lebenswelt. Ausgewählte Texte II. Stuttgart: Reclam.

Hutterer, Robert (1984): Authentische Wissenschaft. Auf der Suche nach einem personenzentrierten, humanistischen Verständnis von Wissenschaft und Forschung. In: Arbeitsgemeinschaft Personenzentrierte Psychotherapie (Hrsg.): Persönlichkeitsentwicklung durch Begegnung. Das personenzentrierte Konzept in Psychotherapie, Erziehung und Wissenschaft. Wien: Deuticke, 27–51.

Hutterer, Robert (1992): Aktualisierungstendenz und Selbstaktualisierung. Eine personenzentrierte Theorie der Motivation. In: Stipsits, R., Hutterer, R. (Hrsg.): Perspektiven Rogerianischer Psychotherapie. Wien: WUV, 146–171.

Hutterer, Robert (1995): Rogerianische Psychotherapie. In: Frischenschlager, O., Hexel, M., Kantner-Rumplmair, W., Ringler, M., Söllner, W., Wisiak, U. V. (Hrsg.): Lehrbuch der Psychosozialen Medizin. Grundlagen der Medizinischen Psychologie, Psychosomatik, Psychotherapie und Medizinischen Soziologie. Wien: Springer, 839–842.

Hutterer, Robert (1997): Carl Ransom Rogers (1902–1987) – 10 Jahre nach seinem Tode. In: Psychotherapie Forum 5:175–176.

Hutterer, Robert (1998): Das Paradigma der Humanistischen Psychologie. Entwicklung, Ideengeschichte und Produktivität. Wien: Springer.

Hutterer, Robert (2009): Personenzentrierte Perspektive. Beratung, Psychotherapie und Persönlichkeitsentwicklung. Reader zur Vorlesung. Univ. Wien.

Hutterer, Robert (2012): Nicht-Direktivität und nachhaltige Entwicklung. In: Diethardt, U.; Korbei, L.; Pelinka, B. (Hrsg.): Klientenzentrierte Psychotherapie – quo vadis? Festschrift zum 75. Geburtstag von Prof. Mag. Wolfgang W. Keil. Wien: Facultas, 44–50.

Isermann, Margarete (2010): Krebs und Stress: Hinweise aus der Psychoneuroimmunologie für therapeutisches Handeln. In: Diegelmann, C., Isermann, M., (Hrsg.): Ressourcenorientierte Psychoonkologie. Psyche und Körper ermutigen. Stuttgart: Kohlhammer, 61–79.

Kast, Verena (2003): Trotz allem Ich. Gefühle des Selbstwerts und die Erfahrung von Identität (4. Auflage). Freiburg: Herder.

Kast, Verena (2007): Lebenskrisen werden Lebenschancen. Wendepunkte des Lebens aktiv gestalten (6. Auflage). Freiburg: Herder.

Keil, Wolfgang W.; Stumm, Gerhard (Hrsg.) (2002): Die vielen Gesichter der personzentrierten Psychotherapie. Wien: Springer.

Kierkegaard, Sören (2002): Die Krankheit zum Tode (4. Auflage). Hamburg: Europäische Verlagsanstalt. (Im Original erschienen 1949: Kopenhagen.)

Kriz, Jürgen (2000): Perspektiven zur „Wissenschaftlichkeit" von Psychotherapie. In: Hermer, M. (Hrsg.): Psychotherapeutische Perspektiven am Beginn des 21. Jahrhunderts. Tübingen: DGVT, 43–66.

Kriz, Jürgen; Slunecko, Thomas (2007): Gesprächspsychotherapie. Die therapeutische Vielfalt des personzentrierten Ansatzes. Wien: Facultas.

Lamnek, Siegfried (1995a): Qualitative Sozialforschung. Band I Methodologie (3. korrigierte Auflage). Weinheim: Beltz.

Lamnek, Siegfried (1995b): Qualitative Sozialforschung. Band II Methoden und Techniken (3. korrigierte Auflage). Weinheim: Beltz.

Langer, Inghard (1985): Das persönliche Gespräch als Weg in der psychologischen Forschung. In: Zeitschrift für personenzentrierte Psychologie und Psychotherapie, 4, 4/1985, 447–457.

Langer, Inghard (2000): Das Persönliche Gespräch als Weg in der psychologischen Forschung. Köln: GwG Verlag.

LeShan, Lawrence (2006): Diagnose Krebs. Wendepunkt und Neubeginn (7. Auflage). Stuttgart: Klett-Cotta. (Im Original erschienen 1989: Cancer as a Turning Point. New York: E. P. Dutton.)

LeShan, Lawrence (2008): Psychotherapie gegen Krebs (10. Auflage). Stuttgart: Klett-Cotta. (Im Original erschienen 1977: You can fight for your life. New York: Harcourt Brace Jovanovich Inc.)

Levitt, Brian E. (Ed.) (2005): Embracing Non-directivity: Reassessing person-centered theory and practice for the 21st century. Ross-on-Wye: PCCS Books.

Macke-Bruck, Brigitte; Nemeskeri, Nora (2002): Der Personzentrierte Ansatz in der Psychoonkologie. In: Keil, W. W., Stumm, G. (Hrsg.): Die vielen Gesichter der personzentrierten Psychotherapie. Wien: Springer, 563–583.

Mayring, Philipp (2008): Qualitative Inhaltsanalyse. Grundlagen und Techniken (10. Auflage). Weinheim und Basel: Beltz.

McPherrin, John K. (2005): Client-centered family and couple therapy: a retrospective and a practitioner's guide. In: Levitt, B. E. (Ed.): Embracing Non-directivity: Reassessing person-centered theory and practice for the 21st century. Ross-on-Wye: PCCS Books, 303–313.

Meerwein, Fritz; Bräutigam, Walter (Hrsg.) (2000): Einführung in die Psycho-Onkologie (5. Auflage). Bern: Hans Huber.

Meerwein, Fritz (2000): Die Arzt-Patienten-Beziehung des Krebskranken. In: Meerwein, F., Bräutigam, W. (Hrsg.): Einführung in die Psycho-Onkologie (5. Auflage). Bern: Hans Huber, 63–142.

Mehnert, Anja (2010): Sinnbasierte Intervention. In: Diegelmann, C., Isermann, M. (Hrsg.): Ressourcenorientierte Psychoonkologie. Psyche und Körper ermutigen. Stuttgart: Kohlhammer, 127–133.

Meran, Johannes G.; Späth-Schwalbe, Ernst (2009): Lebensqualität und Ethik als wichtige Grundsatzfrage der geriatrischen Onkologie, Onkologie 2009;32 (Suppl. 3):29–33.

Merleau-Ponty, Maurice (1966): Phänomenologie der Wahrnehmung. In: Graumann, C. F., Linschoten, J. (Hrsg.): Phänomenologisch-Psychologische Forschungen. Band 7. Berlin: Walter de Gruyter, 75–518.

Moon, Kathryn A. (2005): Non-directive Therapist Congruence in Theory and Practice. In: Levitt B. E. (Ed.): Embracing Non-directivity: Reassessing person-centered theory and practice for the 21st century. Ross-on-Wye: PCCS Books, 261–280.

Mukherjee, Siddhartha (2012): Der König aller Krankheiten. Krebs – eine Biografie (2. Auflage). Köln: DuMont.

Nietzsche, Friedrich (2008): Morgenröte. Gedanken über die moralischen Vorurteile. Köln: Anaconda.

Pervin, Lawrence A. (2000): Persönlichkeitstheorien (4. Auflage). München: Ernst Reinhardt.

Pieringer, Walter (1995): Die Methoden der Psychotherapie jenseits des Schulenstreits. In: Frischenschlager, O., Hexel, M., Kantner-Rumplmair, W., Ringler, M., Söllner, W., Wisiak, U. V. (Hrsg.): Lehrbuch der Psychosozialen Medizin. Grundlagen der Medizinischen Psychologie, Psychosomatik, Psychotherapie und Medizinischen Soziologie. Wien: Springer, 761–774.

Pörtner, Marlis (2002): Der Personenzentrierte Ansatz in der Arbeit mit geistig behinderten Menschen. In: Keil, W. W., Stumm, G. (Hrsg.): Die vielen Gesichter der personzentrierten Psychotherapie. Wien: Springer, 513–532.

Pörtner, Marlis (2005): Alt sein ist anders. Personzentrierte Betreuung von alten Menschen. Stuttgart: Klett-Cotta.

Pörtner, Marlis (2006): Ernstnehmen – Zutrauen – Verstehen. Personzentrierte Haltung im Umgang mit geistig behinderten und pflegebedürftigen Menschen (5. Auflage). Stuttgart: Klett-Cotta.

Polanyi, Michael (1962): Personal Knowledge. Towards a Post-Critical Philosophy. Chicago: The University of Chicago Press.

Polanyi, Michael (1985): Implizites Wissen. Frankfurt am Main: suhrkamp taschenbuch. (Im Original erschienen 1966: The Tacit Dimension. New York: Doubleday & Company Inc.)

Pritz, Alfred (Hrsg.) (1996): Psychotherapie – eine neue Wissenschaft vom Menschen. New York: Springer.

Pritz, Alfred; Teufelhart, Heinz (1996): Psychotherapie – Wissenschaft vom Subjektiven. In: Pritz, A. (Hrsg.): Psychotherapie – eine neue Wissenschaft vom Menschen. New York: Springer, 1–18.

Prouty, Garry; Pörtner, Marlis; Van Werde, Dion (1998): Prä-Therapie. Stuttgart: Klett-Cotta.

Reedemann, Luise (2010): Vom Umgang mit eigenem Schmerz in der Begleitung von schwerkranken Menschen. In: Diegelmann, C., Isermann, M. (Hrsg.): Ressourcenorientierte Psychoonkologie. Psyche und Körper ermutigen. Stuttgart: Kohlhammer, 121–126.

Reichmayer, Johannes (2003): Ethnopsychoanalyse. Geschichte, Konzepte, Anwendungen. Gießen: Psychosozial-Verlag.

Reimann, Swantje; Hammelstein, Philipp (2006): Ressourcenorientierte Ansätze. In: Renneberg, B., Hammelstein, P. (Hrsg.): Gesundheitspsychologie. Heidelberg: Springer, 13–28.

Reinelt, Toni (1995): Behindertsein und Krankheit. In: Frischenschlager, O., Hexel, M., Kantner-Rumplmair, W., Ringler, M., Söllner, W., Wisiak, U. V. (Hrsg.): Lehrbuch der Psychosozialen Medizin. Grundlagen der Medizinischen Psychologie, Psychosomatik, Psychotherapie und Medizinischen Soziologie. Wien: Springer, 438–447.

Reiter, Ludwig; Steiner, Egbert (1996): Psychotherapie und Wissenschaft. Beobachtungen einer Profession. In: Pritz, A. (Hrsg.): Psychotherapie – eine neue Wissenschaft vom Menschen. New York: Springer, 159–203.

Renneberg, Babette; Lippke, Sonja (2006): Lebensqualität. In: Renneberg, B., Hammelstein, P. (Hrsg.): Gesundheitspsychologie. Heidelberg: Springer, 29–33.

Renneberg, Babette; Hammelstein, Philipp (Hrsg.) (2006): Gesundheitspsychologie. Heidelberg: Springer.

Rieken, Bernd (2007): Methoden der qualitativen Forschung, PS M 2. Skriptum der Sigmund Freud Privat Universität, Wien. Online Download vom 15.12.2009, URL: http://www.sfu.ac.at/intern/docs/Rieken/Methoden%20der%20qualitativen%20Forschung%20PS.pdf.

Rieken, Bernd (2010): Schatten über Galtür? Gespräche mit Einheimischen über die Lawine von 1999. Münster: Waxmann.

Rieken, Bernd (Hrsg.) (2015): Wie bewältigt man das Unfassbare? Interdisziplinäre Zugänge am Beispiel der Lawinenkatastrophe von Galtür. Münster: Waxmann.

Rieken Bernd (2015): Homo narrans – das Unfassbare verarbeiten. Die Galtür-Interviews aus Sicht der Erzählforschung. In: Rieken, B. (Hrsg.): Wie bewältigt man das Unfassbare? Interdisziplinäre Zugänge am Beispiel der Lawinenkatastrophe von Galtür. Münster: Waxmann, 107–135.

Rogers, Carl R. (1975): Rogers Partnerschule. Zusammenleben will gelernt sein – das offene Gespräch mit Paaren und Ehepaaren. München: Kindler. (Im Original erschienen 1972: Becoming Partners: Marriage and its Alternatives. New York: Delacorte Press.)

Rogers, Carl R. (1997): Die notwendigen und hinreichenden Bedingungen therapeutischer Persönlichkeitsveränderung, Psychotherapie Forum 5:175–185. Wien: Springer. (Im Original erschienen 1957: The Necessary and Sufficient Conditions of Therapeutic Personality Change, Journal of Consulting Psychology Vol. 21 (2): 95–103.)

Rogers, Carl R. (2002): Entwicklung der Persönlichkeit. Psychotherapie aus der Sicht eines Therapeuten (14. Auflage). Stuttgart: Klett-Cotta. (Im Original erschienen 1961: On Becoming a Person. A Therapist's View of Psychotherapy. Boston: Houghton Mifflin.)

Rogers, Carl R. (2003a): Die klientenzentrierte Gesprächspsychotherapie (16. Auflage). Frankfurt am Main: Fischer Taschenbuch.

Rogers, Carl R. (2003b): Der neue Mensch (7. Auflage). Stuttgart: Klett-Cotta. (Im Original erschienen 1980: A Way of Being. Boston: Houghton Mifflin.)

Rogers, Carl R. (2004a): Die nicht-direktive Beratung (11. Auflage). Frankfurt am Main: Fischer Taschenbuch. (Im Original erschienen 1942: Counseling and Psychotherapy. Boston: Houghton Mifflin.)

Rogers, Carl R. (2004b): Therapeut und Klient. Grundlagen der Gesprächspsychotherapie (18. Auflage). Frankfurt am Main: Fischer Taschenbuch.

Rogers, Carl R. (2005a): Empathie – eine unterschätzte Seinsweise. In: Rogers, C. R., Rosenberg, R. L.: Die Person als Mittelpunkt der Wirklichkeit (2. Auflage). Stuttgart: Klett-Cotta, 75–93. (Im Original erschienen 1977: A Pessoa como Centro. Sao Paulo: Editoria Pedagógica e Universitária.)

Rogers, Carl R. (2005b): Neue Herausforderungen. In: Rogers, C. R., Rosenberg, R. L.: Die Person als Mittelpunkt der Wirklichkeit (2. Auflage). Stuttgart: Klett-Cotta, 156–174. (Im Original erschienen 1977: A Pessoa como Centro. Sao Paulo: Editoria Pedagógica e Universitária.)

Rogers, Carl R. (2005c): Meine Philosophie der interpersonalen Beziehungen und ihre Entstehung. In: Rogers, C. R., Rosenberg, R. L.: Die Person als Mittelpunkt der Wirklichkeit (2. Auflage). Stuttgart: Klett-Cotta, 185–198. (Im Original erschienen 1977: A Pessoa como Centro. Sao Paulo: Editoria Pedagógica e Universitária.)

Rogers, Carl R. (2005d): Brauchen wir ‚eine' Wirklichkeit? In: Rogers, C. R., Rosenberg, R. L.: Die Person als Mittelpunkt der Wirklichkeit (2. Auflage). Stuttgart: Klett-Cotta, 175–184. (Im Original erschienen 1977: A Pessoa como Centro. Sao Paulo: Editoria Pedagógica e Universitária.)

Rogers, Carl R. (2009): Eine Theorie der Psychotherapie. München: Ernst Reinhardt Verlag. (Im Original erschienen 1959: A Theory of Therapy, Personality, and Interpersonal Relationships, as Developed in the Client-centered Framework.)

Rogers, Carl R.; Rosenberg, Rachel L. (2005): Die Person als Mittelpunkt der Wirklichkeit (2. Auflage). Stuttgart: Klett-Cotta. (Im Original erschienen 1977: A Pessoa como Centro. Sao Paulo: Editora Pedagógica e Universitária.)

Rogers, Carl R.; Russell, David E. (2002): Carl Rogers. The Quiet Revolutionary. An Oral History. Roseville, California: Penmarin Books.

Rosenberg, Rachel L. (2005): Eine Therapie für heute. In: Rogers, C. R., Rosenberg, R. L.: Die Person als Mittelpunkt der Wirklichkeit (2. Auflage). Stuttgart: Klett-Cotta, 54–74. (Im Original erschienen 1977: A Pessoa como Centro. Sao Paulo: Editoria Pedagógica e Universitária.)

Sartre, Jean-Paul (2007): Der Existentialismus ist ein Humanismus und andere philosophische Essays (4. Auflage). Reinbek bei Hamburg: Rowohlt Taschenbuch.

Sartre, Jean-Paul (2009): Das Sein und das Nichts (15. Auflage). Reinbek bei Hamburg: Rowohlt Taschenbuch.

Schmeling-Kludas, Christoph (2006): Gesprächspsychotherapie bei körperlich Kranken und Sterbenden. In: Eckert, J., Biermann-Ratjen, E.-M., Höger, D. (Hrsg.): Gesprächspsychotherapie. Lehrbuch für die Praxis. Heidelberg: Springer Medizin, 393–407.

Schmid, Peter F. (1999): Personzentrierte Psychotherapie. In: Slunecko, T., Sonneck, G. (Hrsg.) (1999): Einführung in die Psychotherapie. Wien: UTB, 168–211.

Schmid, Peter F. (2002): Anspruch und Antwort: Personzentrierte Psychotherapie als Begegnung von Person zu Person. In: Keil, W. W., Stumm, G. (Hrsg.): Die vielen Gesichter der Personzentrierten Psychotherapie. Wien: Springer Verlag, 75–105.

Schmid, Peter F. (2007): Begegnung von Person zu Person. In: Kriz, J., Slunecko, T. (Hg.): Gesprächspsychotherapie. Die therapeutische Vielfalt des personzentrierten Ansatzes. Wien: Facultas, 34–48.

Schmid, Peter F. (2008): Eine zu stille Revolution? Zur Identität und Zukunft des Personzentrierten Ansatzes. In: Gesprächspsychotherapie und Personzentrierte Beratung 3/2008, 124–130.

Schnitzler, Arthur (1962): Der einsame Weg. Stuttgart: Reclam.

Schwarz, Reinhold (1994): Die Krebspersönlichkeit. Mythos und klinische Realität. Stuttgart: Schattauer.

Schwarz, Reinhold (2000): Psychosoziale Einflüsse auf die Krebsentstehung. In: Meerwein F., Bräutigam W. (Hrsg.): Einführung in die Psycho-Onkologie (5. Auflage). Bern: Hans Huber, 15–48.

Schwarz, Reinhold; Singer, Susanne (2008): Einführung Psychosoziale Onkologie. München: Ernst Reinhardt.

Senn Hans-Jörg; Glaus, Agnes (2000): Wahrhaftigkeit am Krankenbett – auch bei Tumorkranken? In: Meerwein, F., Bräutigam, W. (Hrsg.): Einführung in die Psycho-Onkologie (5. Auflage). Bern: Hans Huber, 49–61.

Slunecko, Thomas; Sonneck, Gernot (Hrsg.) (1999): Einführung in die Psychotherapie. Wien: UTB.

Steinke, Ines (2009): Gütekriterien qualitativer Forschung. In: Flick, U., Kardorff, E. v., Steinke, I. (Hg.): Qualitative Forschung. Ein Handbuch (7. Auflage). Reinbek bei Hamburg: Rowohlt Taschenbuch, 319–331.

Stipsits, Reinhold (1999): Gegenlicht. Studien zum Werk Carl R. Rogers (1902–1987). Wien: WUV.

Stipsits, Reinhold; Hutterer, Robert (1992): Perspektiven Rogerianischer Psychotherapie. Wien: WUV.

Stumm, Gerhard; Keil, Wolfgang W. (2002): Das Profil der Klienten-/ Personzentrierten Psychotherapie. In: Keil, W. W., Stumm, G. (Hrsg.): Die vielen Gesichter der personzentrierten Psychotherapie. Wien: Springer, 1–62.

Swildens, Hans (1991). Prozeßorientierte Gesprächspsychotherapie. Einführung in eine differenzielle Anwendung des klientenzentrierten Ansatzes bei der Behandlung psychischer Erkrankungen. Köln: Gwg-Verlag.

Tausch, Anne-Marie (2004): Gespräche gegen die Angst. Krankheit – ein Weg zum Leben (12. Auflage). Reinbek: Rowohlt.

Tausch, Anne-Marie; Tausch, Reinhard (2004): Sanftes Sterben. Was der Tod für das Leben bedeutet (8. Auflage). Reinbek: Rowohlt.

Teichmann-Wirth, Beatrix (2008): (M)Eine Krebserkrankung. Eine personzentrierte Wegbeschreibung. In: Tuczai, M., Stumm, G., Kimbacher, D. Nemeskeri, N. (Hrsg.): offenheit & vielfalt. personzentrierte psychotherapie: grundlagen, ansätze, anwendungen. Wien: Krammer, 291–304.

Tillich, Paul (1991): Der Mut zum Sein. Berlin, New York: de Gruyeter.

Topaloglou, Helena; Tschugguel, Sabine (2015): Lawinenunglück Galtür: Die Frage nach der individuellen Bewältigung aus personenzentrierter Sicht. In: Rieken, B. (Hrsg.): Wie bewältigt man das Unfassbare? Interdisziplinäre Zugänge am Beispiel der Lawinenkatastrophe von Galtür. Münster: Waxmann, 37–61.

Tschuschke, Volker (2006): Psychoonkologie. Psychologische Aspekte der Entstehung und Bewältigung von Krebs (2. Auflage). Stuttgart: Schattauer.

Tuczai, Monika; Stumm, Gerhard; Kimbacher, Doris; Nemeskeri, Nora (Hrsg.): offenheit & vielfalt. personzentrierte psychotherapie: grundlagen, ansätze, anwendungen. Wien: Krammer.

Wiltschko, Johannes (2007): Experiencing-Theorie und Focusing-Therapie. Konzepte und Methoden im Umgang mit strukturgebundenem Erleben. In: Kriz, J., Slunecko, T. (Hrsg.): Gesprächspsychotherapie. Die therapeutische Vielfalt des personzentrierten Ansatzes. Wien: Facultas, 95–108.

Wisiak, Ursula V. (1995): Schwerkrank sein. In: Frischenschlager, O., Hexel, M., Kantner-Rumplmair, W., Ringler, M., Söllner, W., Wisiak, U. V. (Hrsg.): Lehrbuch der Psychosozialen Medizin. Grundlagen der Medizinischen Psychologie, Psychosomatik, Psychotherapie und Medizinischen Soziologie. Wien: Springer, 448–452.

Witty, Majorie (2005): Non-Directiveness and the problem of influence. In: Levitt, B. E. (Ed.): Embracing Non-directivity: Reassessing person-centered theory and practice for the 21st century. Ross-on-Wye: PCCS Books, 228–247.

Woelfer, Claudia (2000): Das personzentrierte Interview als qualitative Forschungsmethode, Journal für Psychologie 8/1: 3–13.

Wolter, Birgit (2005): ‚Resilienzforschung' – das Geheimnis der inneren Stärke … In: systema 19/3: 299–304.

Wustmann, Corina (2009): Die Erkenntnisse der Resilienzforschung – Beziehungserfahrungen und Ressourcenaufbau. In: Psychotherapie Forum 17/2: 71–78.